KB081959

연극 놀이와 즉흥으로

1주일 만에
연뚝딱극
만들기

연극 놀이와 즉흥으로

1주일 만에
연극 뚝딱
만들기

제1판 제1쇄 발행 2016년 1월 25일
제1판 제5쇄 발행 2019년 12월 18일

엮은이   전국교사연극모임
펴낸이   강봉구

펴낸곳   작은숲출판사
등록번호   제406-2013-000081호
주소   10880 경기도 파주시 신촌로 21-30(신촌동)
전화   070-4067-8560
팩스   0505-499-8560
홈페이지   http://cafe.daum.net/littlef2010
이메일   littlef2010@daum.net
블로그   http://littlef2010.blog.me

ⓒ 전국교사연극모임

ISBN 978-89-97581-89-4   03680
값은 뒤표지에 있습니다.

※이 책은 저작권법에 따라 보호받는 저작물이므로 무단 전재와 무단 복제를 금합니다.
※이 책의 전부 또는 일부를 이용하려면 반드시 저작권자와 '작은숲출판사'의 동의를 받아야 합니다.

연극 놀이와 즉흥으로

1주일 만에 연극 뚝딱 만들기

전국교사연극모임 엮음

전국교사
연극모임
연수교재

작은숲

"연극으로 학교를 즐겁게!"

백인식

1

올 가을, 전국교사연극모임 선생님들은 분주했습니다.

부산의 '조명이 있는 교실'은 교과서에 나오는 시와 소설을 연극으로 만들어 공연했습니다. 충북의 '딴짓'은 옛이야기로 작품을 만들어 외딴 지역의 초등학교에 찾아가 아이들에게 좋은 공연을 보여 주었습니다. 인천의 '나무를심는 사람들'은 작년에 만든 낭독극으로 순회공연을 이어가며, 10월 말에는여러 학교의 학생들과 독서 활동을 꾸려나가는 교사 모임의 초청을 받아 즐거운 나눔을 가지기도 했습니다. 천안 아산의 '초록칠판'은 11월에 공연을 하려고 준비하고 있고, 10년째 해마다 공연을 거르지 않는 경남의 '연놀'도 늘그렇듯이 즐겁게 공연 준비를 하고 있다는 소식이 들립니다. 또한 강원의 '연어'와 광주의 '꿈틀'은 몇 해째 '어린이 연극캠프'를 열어서 지역 어린이들에게 좋은 선물을 주고 있습니다. 제주의 '책상밀락', 울진의 '거침없이'는 소담스럽게 모임을 계속 이어가고 있습니다. 한동안 쉬고 있는 서울 '징검다리'도연극놀이 소모임 활동을 이끌고 있다는 반가운 소식이 들리는군요.

전국교사연극모임의 연극 연수는 1992년부터 시작되었습니다. 강산이 세 번 바뀌는 30여 년의 세월 속에서 연수의 내용과 진행 방법은 많은 선생님들의 땀과 열정으로 발전을 거듭해 왔고, 이제는 선생님들 사이에서 꼭 한 번은 가 봐야 할 연수로 손꼽히고 있습니다. '더불어 함께 배우고 나누는 교사들의 문화 공동체'를 지향하는 전국교사연극모임의 연극 연수에 참여한 선생님들은 연수에서 얻은 성과를 가지고 교육 현장으로 돌아가 "연극으로 학교를 즐겁게" 만들고 있습니다.

이러한 전국교사연극모임의 성장과 결실은 지속적이고 체계적인 연수 방식이 있었기에 가능했습니다. 4박 5일 동안의 기본 과정 연수에서는 '몸과 마음을 자유롭게 하는 연극놀이'와 '즉흥을 중심으로 즐겁게 연극 만나기'가 주요 내용을 이루고 있습니다. 5박 6일 동안 이뤄지는 연극 만들기 과정은 '옛 이야기, 우리 이야기, 대본, 문학작품'으로 모둠을 나눠 연극놀이와 즉흥 중심의 과정으로 30분 정도의 연극을 만들어 발표합니다. 또한 심화 연구 과정은 기본 과정 연수와 같은 시기에 진행되는데, 연극의 여러 분야를 심도 있게 공부하고 있습니다. 그래도 더 연구하고 공부해야 할 주제가 있으면 일 년에 서너 차례에 걸쳐 외부 전문가를 초빙하여 '전교연 연극 사랑방'을 엽니다. '참교육 실천대회'도 빼놓을 수 없는 만남과 소통의 마당입니다.

뿐만 아니라 전국교사연극모임은 그동안 30권이 넘는 회보를 발간했습니다. 앞으로도 회보는 꾸준히 발간될 것이며, 우리의 활동을 책으로 엮는 징검다리가 될 것입니다.

전국교사연극모임 선생님들의 연극 활동은 즐겁고 자유로운 놀이 같습니다. 서로를 존중하며, 함께 만들어 나갑니다. 우리 사회를 따스하고 냉철한 시선으로 되돌아보고, 더불어 사는 사회로 만들기 위한 더 나은 길을 모색합니다. 이런 바탕 위에서 "연극놀이와 즉흥으로 연극 만들기"에 대한 탐색과 연구, 실천이 이루어져 왔습니다. 그리고 여러 지역 모임에서 시도한 연극 만들기와 공부, 교사 연수를 통한 정리와 나눔, 학생들과의 활동이 유기적으로 관계 맺으며, 전국교사연극모임은 성장해 왔습니다.

그 과정에서 정리된 자료들을 책으로 엮어 학교 현장에 보급하고자 하는 마음은 진즉부터 가지고 있었습니다. 외국 서적 번역본이 아닌, 우리의 정서와 땀이 스며 있는 자료를 원하는 선생님들이 많이 계시다는 것도 잘 알고 있습니다. 그럼에도 그동안 책을 엮지 않은 까닭은 '좀 더 다듬어서…', '학생들과 실천한 사례가 더 모아지면…' 등의 이유 때문이었습니다. 하지만 연수에 참가한 선생님들, 우리의 자료를 받아본 선생님들이 이 정도면 학교에서 활용하는 데 큰 도움이 될 것이라는 격려의 말씀을 주셨습니다. 그래서 학생들과의 실천 사례가 충분히 반영되지 못한 아쉬움이 있지만 용기를 내어 책으로 펴내게 되었습니다.

4

여러 전문 연극인들에게 이 자리를 빌려 깊은 감사의 말씀을 전합니다. 이

---

1 연극놀이와 즉흥으로 연극만들기 과정안은 전국교사연극모임 연수를 바탕으로, 1블럭을 2차시로 해 15블럭으로 나누어 정리하였다.

책에 소개되는 여러 방법론들은 현장의 여러 전문가들에게 도움 받은 내용이 많습니다. 우리 선생님들은 전문 연극인들의 가르침에서 좋은 점을 받아들이되, 학생과 교사에게 맞도록 창조적 변형을 했다고 믿습니다. 하지만 전문적 식견을 가진 분들의 입장에서 보면 빈틈이 있을 것입니다. 그러한 빈틈에 대해 지적해 주시면 지금까지 그래왔듯이 겸손하게 받아들여 올바른 방법을 찾기 위해 공부하고 실천하겠습니다. 올바른 교육과 연극의 만남을 실천하는 전문 연극인은 우리 선생님들의 길벗입니다.

전국교사연극모임의 선생님들은 '우리가 춤출 수 없다면 혁명이 아니다.'라는 마음으로 연극과 교육의 올바른 만남에 대해 옹골찬 걸음을 걸어 나갈 것입니다. 지금까지 함께하며 믿음과 열정을 보태주신 학생 여러분과 선생님들에게 깊은 감사를 드리며 인사의 말을 마칩니다.

2015년 12월
전국교사연극모임 대표 백인식

차례

교육 연극 / 변채우

놀이와 즉흥으로 연극 만들기 / 김종욱

1부
문을 열며

교육 연극

변채우

학자들의 정의에서부터 연극활동가의 개인적 입장까지 교육연극을 설명하는 말은 다양하다. 교육연극이라는 용어와 함께 연극놀이라는 용어를 사용하기도 한다. 이처럼 다양하게 혼재된 용어 속에서 우리는 교육연극에 담긴 개념과 본질을 이해해야 한다.

최영애[1] 는 연극놀이를 '연극과 연속개념 안에서 서로 넘나들며 교류되기도 하는 복합적인 개념으로 연극적 놀이를 활용한 간단한 엑서사이즈부터 연극 만들기에 이르기까지 즉흥을 이용한 모든 과정 중심의 연극적 활동'[2] 이라고 정의하였다. 정성희는 '교육연극은 전인교육이라는 궁극적인 목적 달성을 위하여 보다 효과적인 매개체로서 연극을 교육현장에 활용하는 것'[3] 이라고 했다.

교육연극에서 참여자는 잘 만들어진 연극 공연을 앉아서 감상하는 것이 아니라 연극적 활동에 직접 참여한다. '만약 ~라면'의 상상력으로 새로운 세계를 창조해내며 그 속에서 몸으로 체험하고 표현한다. 그리고 자신의 생각

---

1   한국예술종합학교 연극원 아동·청소년극 전공 교수
2   최영애, 〈연극놀이의 개념과 실제〉 p.110 「연극의 이론과 비평」, 한국예술종합학교, 2001
3   정성희, 「교육연극의 이해」 p.33, 연극과 인간, 2006

과 느낌을 다른 이들과 소통하기 위해서 탐구하고 공유한다. 교육연극에서는 관객과의 만남을 최종 목적으로 하지 않는다. 그 과정 속에서 전인적인 성장과 발달을 이루는 것이 중요하다.

교육연극에서 참여자들은 과정 중심의 경험을 통해 배움을 얻는다. 내가 아닌 다른 사람의 역할을 맡아서 행위하고 문제에 직면함으로써 그 인물의 입장에서 생각하고 느끼며 문제를 해결한다. 교육연극에서의 경험은 주관적인 느낌, 가치판단과 늘 함께 하며 삶에 대한 지식을 내면화시킨다.

교육연극에서 중요한 요소는 상상을 통한 변형과 즉흥이다. 상상을 통한 변형은 연극의 본질이라고 할 수 있다. 상상을 통해 믿음을 구축하는 행위는 교육연극에서 아주 기본이 되는 개념이다. 교육연극의 모든 활동에 이용되는 즉흥은 짧은 순간에 나의 직관과 온몸의 감각을 총체적으로 활용한다. 즉흥 활동을 하면서 가상의 시간과 공간에서 안전하게 삶의 갈등을 연습해 본다.

교육연극에서 연극을 바라보는 입장은 두 가지가 있다. 하나는 연극을 교육을 위한 수단으로 활용하는 입장이고, 또 하나는 연극 그 자체로서의 교육적, 예술적 목적을 강조하는 입장이다. 물론 대상과 목적에 따라 입장이 달라질 수 있겠지만 연극을 통해 교육적, 예술적 목적을 동시에 추구하는 것이 바람직하다고 생각한다. 왜냐하면 교육연극은 결과로서의 공연이 아니라 '과정 중심의 연극적 활동'이고, 참여자의 표현력과 상상력, 개개인의 고유성과 잠재력을 개발하는 과정에 중점을 두는 '과정 중심의 교육'이기 때문이다.

놀이와 즉흥으로 연극 만들기

김종욱

1. 놀이

어릴 때 난 좀 놀았다. 우리 세대 사람들은 다들 어릴 때 좀 놀았다. 산에서 전쟁놀이를 하고, 마당에서 꽃을 따 소꿉놀이를 했다. 편을 나누어 이기고 지는 놀이도 많이 했지만, 우린 어떤 역할을 맡아 그 역할 안에서 실제처럼 재밌게 놀았다. 때론 귀신도 되어 보고 엄마, 할아버지, 괴물도 되어 놀았다. 동생은 각시가 되어 연지 곤지를 찍는다고 본드로 바둑알을 볼에 붙였다가 결국 살이 떨어진 일도 있었다. 우리는 일상적인 삶의 시간과 공간으로부터 벗어나 자유롭게 노는 것을 좋아했다. 해가 질 때까지 놀다 엄마 아빠가 찾으러 와서야 집으로 돌아가곤 했던 기억이 난다.

지금 돌아보면 우리는 놀이를 통해 내가 아닌 다른 사람을 이해하고 있었는지도 모른다. 혹은, 내가 아닌 다른 사람의 삶을 살아보며, 조금씩 닮아가며, 어른이 되어갔는지도 모르겠다. 헷스컷은 공부의 핵심을 '자신을 타인의 입장에서 보도록 하는 공감의 원리'라 했다. 어릴 때 좀 논 우리 세대는 자연스럽게 다른 사람을 이해하고 공감하는 법을 배웠다고 생각한다.

'마치~인 것처럼(as if)' 다른 시간과 다른 사람의 삶을 '바로 지금 여기(now and here)'에 있는 일처럼 살아보는 경험을 '드라마'라고 한다.

(bolton, 1984)[4] 우리는 어릴 때 우리도 모르는 사이 드라마를 체험하며 놀았다. 요즘엔 학교에서 연극을 만들 때 이러한 놀이를 많이 활용하고 있다. 어떤 상황 속에서 역할로 놀며 그 속에서 생각하고 행동하는 것이 바로 극적체험, 연극이기 때문이다.

어릴 때는 즐겁게 놀기 위한 목적으로 어떤 상황과 역할에서 빠져나가지 않았다. 상황과 역할에서 빠져나갈 때 자연스럽게 놀이가 끝나기 때문이었다. 학교에서 연극으로 놀 때는 아이들이 역할과 상황에 빠져들 수 있도록 간단한 약속을 한다. 가령, 가족 놀이를 할 때, 역할을 정한 뒤 손뼉을 세 번 치면 역할과 상황 속으로 들어가도록 한다. 역할과 상황에서 밖으로 나올 때는 다시 세 번을 친다. 여기서 손뼉은 이야기 속을 드나드는 문과 같은 역할을 한다. 아이들이 이야기 상황 속에서 역할이 아닌 자신으로 행동하거나, 맥락에서 크게 벗어나는 경우 이야기 밖으로 나와 주의를 주거나 맥락을 환기시킨 후 다시 이야기 속으로 들어가도록 한다. 이처럼 간단한 약속만으로도 아이들은 상황 속에서 맘껏 자신의 역할로 살아간다. 역할 놀이는 연극 장면 만들기의 바탕이 된다.

2. 즉흥

즉흥이란, 사전에 준비된 대본이나 약속 없이 주어진 상황 속에서 역할에 맞게 충동적이고 감각적으로 표현하는 것을 말한다. 연극 만들기에서 즉흥은 이야기의 장면을 만들거나 이야기를 구축하는 방법으로 활용한다. 즉흥에서 참여자가 역할을 맡아 연기할 때, 인물이 느끼는 감정, 상황에 반응하는

---

4 정성희, 〈교육연극의 이해〉 p.187, 연극과 인간, 2006

태도, 주변과의 관계 등을 감각적으로 생각하며 행동한다. 안내자는 참여자가 이러한 상황과 역할에 몰입할 수 있도록 도와야 한다. 지금 여기에서 '마치 그 인물인 것처럼' 느낄 수 있도록 맥락 제시나, 단서, 상황 등을 적절히 구성해 줄 필요가 있다. 즉흥 놀이[5] 나, 준비되지 않은 즉흥 등은 참여자들이 즉흥 장면 속에서 감각적이고 충동적으로 표현할 수 있도록 하는 데 큰 도움을 준다.

가. 준비되지 않은 즉흥(Spontsneoud Improvisation)

준비되지 않은 즉흥은 상황과 역할에 대한 직관을 키워주며, 어떤 역할에 즉각적으로 연기하는 힘을 키워준다. 또한 다양한 상황 속에서 역할을 표현하며, 몸과 마음을 열도록 해준다. 준비하는 과정 없이 바로 이루진다고 해서 즉석 즉흥극[6] 이라고도 한다. 준비되지 않은 즉흥은 허구적인 상황 속에서 즉각적인 반응을 키우기 위한 활동이다.

연습 공간에 색 테이프로 금을 긋고 금 안을 무대라고 정한다. 무대 위에선 주어진 상황과 역할에 충실하도록 안내한다. 제일 먼저, 무대에서 아무 것도 하지 말고 그냥 평소 혼자 걷듯 걸어보라고 한다. 학생들은 아는 친구들과 걷다보니 장난치고 싶고 어떤 말이 하고 싶어 걷는 것에 쉽게 몰입하지 못한다. 함께 걷는 친구를 낯설게 보고 아무 것도 하지 않고 그냥 걷는 일에만 집중하도록 요구한다. 자신을 비워야만 다른 역할을 채울 수 있고, 아는 관계를 낯설게 보아야만 새로운 상황에서 새로운 관계를 만들 수 있기 때문이다. 어느 정도 걷는 것에만 집중했을 때, 다양한 상황과 역할을 제시한다. 준비하지 않고 주어진 상황에서 역할을 표현하는 연습을 한다.

---

5 '마법의 지팡이, 나는 누구일까'와 같은 놀이는 즉흥적으로 상황과 역할을 맡아 즐기는 놀이이다.
6 세실리 오닐 외, 〈교육연극수업가이드라인〉 p.143, 달라진책, 2007

먼저 혼자서 하는 즉흥을 시도한다. 예를 들면, "할머니가 되어 걸어 봅니다. 군인이 되어 걸어봅니다. 아기가 됩니다. 사자가 됩니다. 호랑이가 됩니다."와 같이 역할을 주고 그 공간에 혼자 있다 생각하고 역할에 맞는 표현을 해 보도록 한다.

혼자서 하는 즉흥에서 상황까지 함께 제시하면 좀 더 명확한 표현을 할 수 있다. '비바람이 부는 날 거지, 동굴을 탐험하는 탐험가, 물속을 헤엄치는 물고기, 비오는 날 우산을 쓰고 가는 아이'처럼 특정한 상황에서 역할을 표현해 보도록 한다. 혼자서 하는 즉흥은 약속을 정할 필요가 없이 자신이 생각나는 대로 맘껏 표현하기 때문에 자연스럽게 그 상황과 역할 안에서 표현을 즐길 수 있다.

두 사람이 하는 즉흥은 두 사람이 준비하지 않고 상황과 역할에 즉각적으로 반응하여 연기를 하는 것이다. 예를 들면, A와 B역할을 맡을 두 사람이 짝이 되어 걷는다. 안내자가 두 사람의 역할을 불러주면 약속 없이 즉각적으로 역할 속으로 들어가 표현하도록 한다. 'A는 도둑, B는 경찰'과 같이 안내자가 말하면, 도둑은 도망치고 경찰은 잡으러 다닌다. 잡고 나서도 즉흥은 계속된다. 환자와 간호사, 교사와 학생, 엄마와 아들 등 다양한 역할을 주고 즉각적으로 상황을 만들어 역할을 표현하도록 한다.

어떤 상황 안에서 자유롭게 역할을 정해도 좋은 장면의 경우, 전체 즉흥을 할 수도 있다. '따스한 날의 해변, 시장, 교실, 광장'과 같이 안내하면 그 상황 안에서 학생들은 자신이 그 상황에 있을 법한 인물을 표현해 보는 것이다.[7]

〈행복한 왕자〉를 연극으로 만들며, 광장에서 눈이 빠지고 금박이 벗겨진

---

7 전체 즉흥을 할 때, 우선 인물을 생각하고 걷다가 각자 그 인물을 정지장면으로 표현하는 것이 좋다. 정지장면에서 안내자가 한두 사람의 즉흥을 간단히 표현하도록 한 뒤 전체 즉흥으로 넘어가면 자연스럽다.

행복한 왕자를 보며 그 광장을 지나가는 사람들을 전체 즉흥으로 표현해 보도록 한 일이 있다.

"에이 흉해, 빨리 철거해야지 뭐하는 거야."

"행복한 왕자가 춥겠어. 내 옷이라도 덮어주어야지."

이처럼 즉흥에선 인물의 살아있는 말들이 쏟아진다. 그 상황 속에서 충동적으로 툭 튀어나오는 말들이기 때문이다. 마치 내가 그 광장에 서 있는 것처럼.

준비되지 않은 즉흥에는 다양한 놀이도 있다. 한 사람에게 마법의 지팡이를 주고, "나는 결혼하고 싶어."와 같이 바라는 상황을 말하라고 한다. 나머지 참여자들은 그 말과 함께 결혼식장을 준비해 축하해 준다. 지팡이를 돌려가며 즉흥 놀이를 즐긴다.

'나는 누구?'라는 즉흥 놀이도 해볼 수 있다. 한 사람을 술래로 정해 밖으로 나가게 한 뒤, 안에 있는 사람들이 이야기와 술래 역할을 정한다. 술래가 들어오면 나머지는 그 이야기 속 인물들로 살아가며 즉흥을 하고, 술래는 자기가 어떤 역할인지 맞히는 놀이이다. 이와 같이 다양한 방법으로 즉흥에 대한 연습을 할 수 있다.

나. 준비된 즉흥극(Prepared Improvisation)

준비된 즉흥극은 일정한 시간을 주고 장면을 만들도록 하는 것이다. 아이들이 주제에 맞게 서사가 있는 이야기를 극으로 만드는 것인데, 주제와 상황에 맞게 즉흥을 하는 동안 아이들은 자신이 보거나 겪은 경험들에 담긴 의미를 새롭게 찾을 수 있다.

준비된 즉흥에서 안내자의 역할은 아이들이 주제에 맞게 탐구하도록 하며, 각자가 발견한 것을 서로 나누도록 하는 일이다. 글쓰기, 신문기사 쓰기,

인터뷰, 토론, 문제를 해결하기 위한 단체 만들기, 이전과 이후 삶의 장면 탐색 등의 활동 과정 속에서 아이들은 이야기의 배경이 될 수 있는 많은 정보를 쌓아갈 수 있다. 많은 정보가 쌓일수록 주어진 제재에 대해 깊이 있는 즉흥극을 만들어내는 것이다.[8]

준비된 즉흥극에서는 표현할 장면이 '마치 지금 여기에서 일어나는 일처럼' 느껴지도록 하는 일이 중요하다. 〈학도병의 편지〉라는 연극을 만들 때, 안내자가 진짜 학도병이 쓴 편지처럼 낡은 편지를 한 통 준비해 보여준다. 그 편지를 보고 편지를 쓴 날 어떤 일이 일어났을까를 즉흥으로 표현해 보도록 한다. 모둠별로 편지에서 단서가 될 법한 것을 찾으며 다양한 상황을 이야기 나누고 장면을 탐색한다. 그리고 상황과 역할을 정해 즉흥으로 표현한다.

이렇듯, 준비된 즉흥은 이야기의 상황 속에서 어떤 일이 벌어질지에 대해 탐색하여 역할을 정하고 즉흥으로 표현하는 것이다. 준비된 즉흥을 하기 위해서는 이야기를 쌓아가는 과정이 필요하다. 즉흥을 통한 극적 체험은 인물과 상황에 대한 탐색과 추론을 통해 보다 탄탄해진다. 이처럼 극적 체험에서 즉흥을 돕기 위한 여러 방법들이 있는데, 이를 드라마 관습이라고 한다.

3. 즉흥을 돕는 방법, 드라마 관습 (drama convention)

드라마 관습은 극적 체험을 하는 과정에서 관습적으로 사용된 표현방법이다. 《스트럭처링 드라마》[9] 의 저자 조나단 닐랜즈[10] 는, '컨벤션'을 시간, 공간,

---

8 위의 책, 142쪽
9 조나단 닐랜즈/토닉드, 〈스트럭처링 드라마〉, 달라에듀테인먼트, 2013
10 조나단 닐랜즈는 위 책에서 드라마 관습을 극적 컨벤션이라고 소개하고 있다. 그는 극적 컨벤션을 극적 정황 형성 활동, 이야기 전개 활동, 심미적 활동, 반추활동으로 분류해 놓았다. 극적 컨벤션에 대한 자세한 내용은 위의 책을 참고 바란다.

존재가 서로 상호작용하여 극 속에서 다른 종류의 의미를 창조하기 위해 학생들의 상상력을 발휘하도록 하는 나침반이라고 했다. 즉 극적 체험을 돕는 나침반이라고 보면 되겠다. 드라마 관습은 인물을 탐색하는 활동, 사건을 전개하는 활동, 공간을 창조하는 활동, 극적 형상화를 돕는 활동 등에서 다양하게 쓰인다. 놀이와 즉흥으로 연극을 만드는데 있어 꼭 필요한 드라마 관습을 몇 가지 소개하고자 한다.[11]

가. 정지 장면 (still image)[12]

정지 장면은 개인 또는 모둠원들이 어떤 상황이나 생각 혹은 주제를 '몸'을 이용하여 이미지로 만드는 활동이다.[13] 정지장면은 한 장의 입체 사진이라고 생각하면 쉽다. 단, 사진처럼 항상 사실적일 필요는 없다. 추상적인 느낌이나 표현을 이미지로 나타낼 수도 있다.

예를 들어 한 편의 시를 읽고 가장 인상적인 구절을 각자 정지 장면으로 표현하도록 한다거나, 어떤 이야기를 읽고 모둠별로 책의 표지 사진을 정지 장면으로 만들어보는 활동을 할 수 있다. 이때 표현한 정지 장면들은 가장 인상적인 장면이다. 이 장면을 중심으로 하나의 이야기를 세 개, 다섯 개로 늘려가며 정지 장면을 만들도록 한다. 정지장면으로 이미지화하는 활동은 복잡한 내용을 쉽게 이해하거나 여럿이 이야기를 공유하는 데 효과적이다. 정지장면을 만든 뒤, 안내자가 한 사람씩 살짝 건드리면 그 사람은 그 상황에서

---

11 드라마 관습은 다음 장 '연극 만들기 과정'에서 다시 설명될 것이기 때문에 이 장에서는 자주 쓰이는 몇 가지만 소개하고자 한다.
12 정지장면을 연습하는 놀이로는 '얼음땡, 무궁화 꽃이 피었습니다' 등이 있다. 정지와 정지장면은 엄연히 다르다. 정지장면은 움직이다 순간 정지하는 것이 아니라 처음부터 정지된 이미지를 생각하여 만드는 것이다. 따라서 'tableau'라는 용어를 쓰기도 한다.
13 위의 책, 34쪽

했을 법한 말이나 생각을 즉흥적으로 말 한 뒤 다시 정지한다. 이 과정을 통해 그 상황 속 인물을 살짝 엿볼 수 있다.

나. 핫시팅(hot-sitting)

핫시팅은 학생 가운데 한 명이 이야기에 나오는 배역을 맡아 의자에 앉아 질문에 대답하는 활동이다. 핫시팅하는 인물은 중심인물일 수도 있고 주변 인물일 수도 있다. 예를 들어, 〈행복한 왕자〉의 '왕자'를 핫시팅해 볼 수도 있지만, 행복한 왕자를 모셨던 '시녀'를 핫시팅할 수도 있다. 중요한 것은 이야기 속 인물에 대한 탐색이나 구체적인 정보들을 끌어내 이야기를 확장하는 것이다.

의자 둘레에 앉은 학생들은 인물이나 이야기에 대해서 궁금한 점들을 질문한다. 배역을 맡은 학생은 실제 인물처럼 말하고 행동하며 진지하게 대답한다.[14] 질문을 할 때는 사실적인 질문 뿐 아니라 내면에 대한 이야기를 들을 수 있는 질문까지 하도록 한다. 핫시팅을 한 후 그 때 나온 이야기들 중 뺄 것은 빼고 더할 것은 더해가며, 전체가 합의를 통해 이야기를 구축하는 과정이 필요하다.

다. 소시오그램(sociogram)

소시오그램은 사회 집단 안에서 각 개인의 관계를 나타낸 도표를 말한다. 이야기 속 인물들 간의 사회적 관계를 알아봄으로써 이야기를 확장할 수 있다.

〈사랑방 손님과 어머니〉에서 어머니의 사회적 관계를 소시오그램으로 알

---

14 핫시팅을 시작하기 전에, 의자에 앉는 순간 이야기 속 인물이 되고 의자에서 일어나면 자신으로 돌아온다는 약속을 한다. 간단한 약속이지만 이렇게 하고 나면, 의자에 앉는 순간 마치 그 인물처럼 말하고 행동하기 시작한다.

아보는 활동을 살펴보자. 어머니 역할을 맡은 학생을 무대 중앙에 서도록 한다. 나머지 학생들은 어머니와 어떤 관계가 있는 인물들 중 한 명을 각자 즉흥적으로 생각한다. 그리고 어머니와 가까운 정도에 따라 거리를 두고 서도록 한다. 그렇게 서 있는 자리에서 왜 그만큼의 거리에 섰는지 인터뷰를 통해 이야기를 확산하는 활동이다.

인물들 간의 관계뿐만 아니라 인물과 관계있는 물건이나 공간과의 거리를 표현하고 왜 그만큼의 거리에 그 물건이나 공간이 있는지 인터뷰해 볼 수도 있다. 이러한 활동을 통해 인물의 심리나, 이야기 속에 자세히 드러나지 않은 상황 등을 구체화시킬 수 있다.

라. 마임(Mime)

마임은 장면을 움직임이나 행동으로만 표현하는 활동이다. 마임은 몸짓만으로 주제를 표현하기 때문에 대사에 대한 부담이 없다. 음악이나 소리와 함께 어우러져 표현하거나 속도를 늦추어 표현함으로써 의미를 강조할 수도 있다. 드라마 관습 가운데 인물로 하루살기[15] 나 꿈 표현하기, 군무(춤) 등에서 마임 기법을 주로 활용한다.

마. 일기, 편지

이 기법은 장면 속에서 인물의 내면을 탐색하거나, 이야기를 회상하는 데 사용한다. 모둠원들이 각자 한 부분씩 편지나 일기를 써서 이어 붙이면, 장면에 맞는 편지나 일기를 쉽게 완성할 수 있다. 또는 안내자가 인물의 편지나 일기를 제시하여 사건의 단서를 제공함으로써 이야기를 전개하는 활동으로

---

15 한 인물이 되어서 하루 24시간 동안의 일상적인 생활을 살아보는 것이다. 안내자가 시간을 알려주고, 학생들은 다른 이들과 관계 맺지 않은 채 인물로서 그 시간대를 살아본다.

사용하기도 한다.

　이밖에도 소문 만들기, 가장 행복한 순간-가장 불행한 순간, 분신, 플래시백, 내레이션, 해설, 가면, 공간꾸미기, 소리조각 모으기 등 다양한 드라마 관습들이 있다. 놀이와 즉흥으로 연극을 만드는 과정에서 이러한 관습들이 적절하게 배치된다면 극적체험이 자연스럽게 일어나 극이 더욱 풍성해진다.

　드라마 관습은 아니지만 연극을 만들 때, 꼭 하는 활동이 코러스 연습이다. 모둠별로 즉흥을 할 때 장면에 나오는 인물보다 참여자가 많을 경우 학생들에게 코러스로 장면에 참여하도록 한다. 코러스는 장면에 있을 법한 사물이 되기도 하고, 때론 해설을 맡기도 한다. 천과 같은 사물을 활용해 강을 만들기도 하고, 때론 마임으로 가시덤불을 표현할 수도 있다. 지난 여름연수 때 강병용 선생님이 연출한 〈소나기〉에서는 코러스들이 몸으로 징검다리, 허수아비, 들에 핀 꽃, 원두막, 물방울 등을 표현하였다. 참 아름다웠다. 사람이 연기를 하는데, 사람으로 보이는 것이 아니라 그때그때 표현하는 사물들로 보였다. 코러스들은 이처럼 공간을 창조하기도 하고, 인물의 마음을 들려주기도 하고, 소리를 만들기도 하며 극적 재미를 풍부하게 해 준다.

4. 놀이와 즉흥으로 연극을 만드는 의미

　대학교 때 〈파우스트〉를 공연한 일이 있다. 무슨 뜻인지도 모르는 대사를 외우고, 연출이 움직이라는 대로 움직이며 로봇처럼 연극을 했던 기억이 난다. 참 힘들었다. 그렇게 오래 연습을 했어도 상대 배우가 대사를 잘못 치면 어찌할 줄 몰라 쩔쩔 맸었다. 물론 지금은 그러한 과정에서 생겨나는 여러 어려움을 이겨내는 것 자체가 공부였다는 생각이 든다.

하지만 놀이와 즉흥으로 연극을 만드는 일은 달랐다. 우선 달달 외워야 하는 대본이 없다. 어떨 때는 이야기, 어떨 때는 시 한 편, 또는 그림 한 장의 텍스트에서 시작했다. 그 텍스트를 탐색하고 놀며 즉흥으로 장면을 만들다 보면 연극이 완성되었다. 신기했다. 무엇보다 연극을 만드는 과정이 좋았다. 지금 여기에서 내가 아닌 다른 인물로 자연스럽게 빠져 들어갔다. 사람들과 함께 이야기 나누는 활동 속에서 '나'로서 인물을 생각하기도 하고, '인물'로서 인물을 생각하기도 했다. 내 삶과 이야기가 절묘하게 겹쳐지며 고민하는 과정에서 내 안에 무엇인가가 생기는 그런 느낌이 들었다.

놀이와 즉흥으로 연극을 만든다는 것은 '지금, 여기'에서 인물로 살아가는 것이다. 무대에선 그게 현재다. 그러니 굳이 꾸밀 필요가 있겠는가. 그대로 살면 되는 것. 느끼고 생각한 대로. 이제 새로운 세상에서 또 다른 삶을 만나고 싶다면 만들어 보자. 놀이와 즉흥으로 연극을!

2005년 옛이야기로 연극 만들기를 시작한 이후 바리데기, 감은장애기, 구렁덩덩신선비, 백일홍, 선녀와 나무꾼, 해와 달이 된 오누이를 탐구하면서 신화와 전설, 민담이 가지는 각각의 특성을 고려하면서도 일관된 흐름을 가진 옛이야기로 극 만들기 과정 안을 만들어 가고 있다.

옛이야기로 연극 만들기 과정안의 핵심은 드라마활동을 통해 서사를 잘 따라가면서 이야기를 풍성하게 체험하는 것이다. 좀 더 나아가 옛이야기의 서사를 잘라내고, 재구성하고 다른 시점으로 바라보고 결국에는 자신의 이야기로 환원하는 구성을 찾아보는 작업이다.

옛이야기로 극 만들기 프로그램은 '이야기 만나기 - 이야기 탐색하기 - 이야기 형상화하기 - 극 만들기 - 공연 및 마무리' 과정으로 이루어진다. 이야기 만나기는 텍스트 작업을 위한 준비 과정으로 자기 소개하기, 게임으로 옛이야기 속의 인물 만나기, 줄거리로 다양하게 텍스트 맛보기, 이미지 그림 그리기 활동으로 이루어지는데 이 과정은 모둠원들이 처음 만나서 몸과 마음을 열고 텍스트 속으로 들어가기 위한 워밍업 작업이므로 기본적인 몸 풀기 활동과 게임을 통한 상상과 변형 활동, 이야기의 압축과 확장 작업을 다양하게 경험한다.

이야기 탐색하기는 핵심단어 찾기를 통한 정서 탐구하기, 질문카드 쓰기, 이야기를 다섯 개의 정지 장면으로 표현하기 등을 통해 텍스트를 구조화하기 위한 밑거름이 되는 활동을 한다.

이야기 형상화하기는 조밀하게 이야기를 엮어가는 극화 작업이 중심이 된다. 이야기의 주체 세우기, 이야기를 움직이는 동기(원인) 찾기, 사건의 중심 파악하기, 연극적 언어에 대한 고민 등을 서사를 중심으로 드라마 관습을 활용하여 다양한 장면 만들기 활동을 하고 인물 탐구하기를 통해 인물과 사건을 창조하고 극적 갈등을 탐구한다.

극 만들기와 공연 및 마무리 과정은 장면 카드를 배치하여 극의 플롯 짜기, 대본 정리하고 배역 결정하기, 소품, 의상 제작하기, 공연 , 공연 이후 소감 나누기로 이루어진다.(이미연)

2부
옛이야기로
연극 만들기

호랑이가 나타났다 이미연

원작 : 해와 달이 된 오누이

이. 작품을 고른 까닭

　누구나 잘 알고 있는 옛이야기를 연극으로 놀아보는 경험은 전혀 알지 못하는 세상으로 떠나는 창의적이고 즐거운 여행길이 된다. 해와 달이 된 오누이 역시 초등 2학년, 5학년 교과서에 실려 있지만 정말 제대로 알고 있나 물어보고 싶은 이야기이다. 엄마가 산을 넘어오다가 호랑이에게 떡을 빼앗기고 팔과 다리, 몸통을 차례로 내어주고, 집을 알아낸 호랑이가 젖먹이를 먼저 잡아먹고 오누이를 뒤쫓는 무서운 이야기 속에 숨겨진 비유와 상징을 하나하나 풀어가다 보면 오늘 날 우리가 살고 있는 현실이 바로 이야기 속 세상임을 깨닫게 된다.

　해와 달이 된 오누이는 일단 으스스하면서도 재밌는 요소가 많다.

　캐릭터가 분명하고 갈등도 분명하다. 숲 속 외따로 떨어진 오누이의 집, 엄마와 호랑이가 대면하는 산 속 공간은 상상력을 불러일으킨다. 다양한 놀이와 즉흥으로 놀아보기에 좋은 텍스트임이 분명하다. 게다가 우리 주변에는 여전히 수많은 호랑이가 "떡 하나 주면 안 잡아먹지" 협박을 하고 있지 않은가.

전국 교사 연극 모임 '놀이와 즉흥으로 극 만들기' 연수 (2011. 8. 8~8. 13)를 바탕으로 정리하였다. 주강사 이미연, 보조강사 김종욱, 김순남.

02. 과정 한눈에 보기

블록		주제	내용	비고
월	1	이야기 만나기	옛이야기로 놀기	
	2		이야기 다양하게 들려주기	
	3		이야기 다양하게 확장하기	
화	4	이야기 탐색하기	이야기를 정지로 표현하기	
	5		인물 탐색하기	
	6		즉흥으로 이야기 체험하기	
수	7	장면 만들기	즉흥으로 이야기 형상화하기	
	8		엄마와 호랑이의 만남 장면	
	9		오누이와 호랑이의 만남 장면	
목	10		이야기의 상징을 풀어서 장면으로 만들기	
	11		이야기의 현대적 의미 탐색	
	12	플롯 구성하기	장면 카드 만들고 플롯 정하기	
금	13	극 만들기	배역 정하기	
	14		의상, 소품, 무대 제작하기 장면 연습하기	
	15	공연하기	리허설 및 공연 올리기	

03. '호랑이가 나타났다' 연극 만들기

목표

1) 다양한 연극적 방법을 통해 해와 달이 된 오누이를 몸으로 놀아보면서 이야기를 새롭게 이해하고 재해석한다.
2) 옛이야기 속에 담긴 은유와 상징을 놀이와 즉흥을 통해 장면으로 풀어내고 체험해 본다.
3) 해와 달이 된 오누이를 현대적 이야기로 재구성해 본다.
4) 이야기 극화과정에서 사용된 연극놀이와 즉흥극의 결과물을 공연내용에 반영한다.

1 블럭 옛이야기로 놀기

1. 몸 풀기

- 천천히 걸으며 스트레칭
- 공간을 자유롭게 걷다 한 사람이 정지하여 스트레칭 자세를 취하면 모두 따라하기
- 먼저 정지한 사람이 움직이면 모두 걷고 다시 정지하면 정지
- 공간을 걷다 한 사람 이름을 부르면 그 사람 동작을 따라하며 움직이기, 돌아가며 하기
- 한 사람이 '왈츠를 춘다'와 같이 어떤 상황을 말로 하고 행동하면 나머지 사람은 그 행동을 따라하기

2. 빈방 있습니까?

- 서로를 알아가는 놀이로 변형한다.

- 당신이 좋아하는 과일은 무엇입니까? 와 같은 물음에 대답을 하면 방을 내주고 나와 술래가 된다. 또는 '비밀입니다, 어떤 사람에게 물어보세요.' 하면 어떤 사람들은 방에서 나와 다른 방을 찾는다.

3. 이야기 잘라 먹기

- 한 사람이 옛이야기를 시작하고 다른 사람들은 이야기를 듣다가, 이야기에 나온 어느 말에서 연상되는 옛 다른 옛이야기로 이어가도록 한다. 옛이야기가 생각나지 않을 땐 꾸며서 해도 좋다.

2 블럭 이야기 다양하게 들려주기

1. 내가 알고 있는 '해와 달이 된 오누이'와 어떤 점이 다른가?

- 팔 다리를 떼어주는 이야기는 들어보지 못했다. 아마도 아이들에게 들려주기엔 끔찍해 빼고 이야기를 들려주었나 보다.

- 젖먹이를 잡아먹는 장면은 끔찍하다. 처음 듣는 이야기다.

2. 연극으로 만들 때 극적인 장면을 생각해보자

- 팔 떨어져 피가 툭 튀는 장면
- 호랑이를 피해 오누이가 동아줄을 타고 올라가는 장면
- 엄마가 산에서 호랑이를 만나는 장면

3. 문장 나눔

『옛이야기의 세계』, 브루노 베텔하임, 옛이야기의 가치

- 옛이야기의 잔인성은 옛이야기의 가치와 연결된다.

- 옛이야기의 가치

  - 교훈적 가치 : 권선징악

  - 언어적 가치 : 이야기를 들려주는 까닭

  - 심리적 가치 : 잔인하지만 아이들의 마음과 만나는 부분이 있다. 겉으
    로 드러나는 의미와 속으로 드러나는 의미가 있다.

4. 역할을 맡아서 해와 달 이야기 새롭게 들려주기

- 서너 사람이 한 모둠이 되어 돌아가며 들려준다.

- 마을에서 가장 오래 산 할머니(엄마, 오누이 등 이야기 속의 인물)가 되
  어서 이야기를 들려준다.

- '넘어 가세요'라고 말하면 옆에 사람이 이야기를 이어받아서 역시 할머
  니가 되어서 들려준다.

5. 어떤 이야기들이 새롭게 나왔나요?

- 1모둠 - 처녀 때 혼자 크고 있는 호랑이를 봤다. 호랑이는 처녀를 사랑했
  는데 처녀는 호랑이를 버리고 이웃집 남자와 결혼했다. 계속 그리워하
  던 호랑이가 산에서 엄마가 된 처녀를 만나 애절하게 떡 하나만 달라고
  했지만 그녀는 매몰차게 거절하고 호랑이는 돌변해서 팔이라도 달라고
  계속 광기를 부린다.

- 2모둠 - 아빠가 있었는데 나무하러 가서 호랑이를 죽였다. 그래 호랑이
  가 복수를 하는 이야기이다.

• 3모둠 - 아빠가 가족을 돌보지 않고 술만 마셨다. 술 마시고 고개를 넘어
오다 죽고 엄마는 힘들게 떡 장사를 하다가 장사가 안 돼 방앗간에서 품
팔이를 시작하게 됐다.

※ 도움말

이야기 속의 인물이 되어서 이야기를 들려주다 보면 옛이야기가 전승되는 과
정에서 탈락되거나 덧붙여진 내용들을 상상할 수 있고 이야기꾼이 되어서 구
전을 실제로 경험해보는 효과가 있다. 화자에 따라서 이야기의 서사를 창의적
으로 들려주는 과정은 이야기의 빈공간을 탐색하는 재미가 있다.

3 블럭 이야기 다양하게 확장하기

1. 이미지 그림 그리기

가. 활동 방법

이야기를 읽거나 들으면서 느껴지는 인상적인 이미지를 구체적이거나 추
상적인 그림으로 그린다. 그림 속에는 다양한 의미가 함축되어 있어 이야기
극화에 대한 실마리를 주기도 하고 각자가 생각하는 주제를 한 눈에 보여주
기도 한다. 또한 그림을 통한 이미지 만들기는 참여자들이 자발적으로 반응
하고 탐구되고 있는 아이디어의 싹을 발견하게 한다.

나. 그림에 담긴 의미 설명하기

1) 보이는 것이 전부가 아니다. 문틈으로 서로를 바라보는 오누이와 호랑
이, 호랑이는 눈물을 흘리고 있으나 오누이에겐 동생을 잡아먹은 존재이다.

오누이는 지쳐 있으나 문틈으로 보이는 모습은 분노와 두려움에 가득찬 모습이다.

2) 아픔이 많은 호랑이, 호랑이 무늬는 붕대를 감고 있는 것처럼 보인다. 모정에 굶주린 호랑이의 어머니에 대한 사랑은 비극적 결말을 낳음. 어머니를 죽인 미안함에 막내를 살리려 떡을 주지만 아기에겐 위험한 일, 놀라서 껴안았으나 뼈가 으스러져 아기가 죽게 됨.

3) 제목은 '배틀' 문 하나를 사이에 두고 상반된 감정의 오누이와 호랑이. 한쪽은 엄마(오누이)가 와서 신나고, 한쪽(호랑이)은 먹을거리가 많이 생겨 신나는 모습

4) 어머니의 시각으로 이야기 해석, 이야기는 싱글맘으로서의 힘든 현실을 대변, 어머니가 고비를 넘기면서 호랑이에게 먹혔던 것은 사회적 편견을 극복하지 못한 것. 그 고비는 사회적 시선과 육아의 부담 등이다. 깜깜한 밤은 힘든 현실, 해와 달은 아이들. 즉, 아이들을 희망으로 생각하며 현실을 견딘다는 의미.

5) 호랑이에게 잡힐지도 모른다는 긴박함을 표현한 것.

2. 핵심단어로 이야기 확장하기

1주일 만에 뚝딱 연극 만들기

가. 활동 방법

이야기의 핵심을 관통하는 정서나 주제를 담고 있는 단어를 모둠원이 합의하지 않고 전지에 적어보는 활동이다. 핵심단어는 이후 전개될 다양한 극화 작업에서 방향을 잡아갈 수 있는 열쇠가 된다. 등장 인물과 관련해서 떠오르는 단어를 통해 성격을 구축하거나 그 특성을 찾아낼 수 있다. 각자 적은 단어들 중에서 논의하여 5개의 핵심 단어를 선택한다.

나. 모둠이 선택한 핵심단어

1) 1모둠
● 아버지의 부재 : 사건의 발생
● 철없음 : 동생의 철없음, 아이답지만 급박한 상황 인지 못하고 어려움 초래
● 왜곡 : 호랑이가 엄마가 되고 싶었으나 결국 본능을 이기지 못하고 잡아먹음
● 간절함 : 호랑이에게 먹히면서도 집에 가서 아이들을 만나고 싶은 엄마의 간절함
● 범죄 : 호랑이의 행동은 범죄, 호랑이는 짐승의 탈을 쓴 악인

2) 2모둠
● 생사의 공포 : 막연한 공포를 넘어선
● 외로움 : 호랑이, 엄마, 오누이 모두 외로웠을 것
● 자기중심적 : 자기의 입장에서 저마다 살기 위해 노력하고 있다.
● 가족애, 긴박감.

※ 도움말

호랑이와 관련하여 주로 나오는 단어는 '끝없는 욕망, 탐욕, 잔인함, 공포, 폭력, 어리석음, 탐관오리, 거짓말' 등이고 어머니는 '모성애, 희생, 슬픔, 두려움, 고통' 등이며, 오누이와 관련해서는 '지혜, 성급함, 재치' 등으로 나타난다. 중학생들의 경우 엄마보다 호랑이나 오누이에 대한 집중이 높다. (엄마에 대해 모성애나 희생 등의 단어를 선택하지 않는다)

3. 질문 카드 쓰고 분류하기 (브레인 스토밍)

가. 활동 방법

옛이야기를 읽다보면 수많은 의문점이 꼬리를 물고 이어진다. 설화 연구자들은 각자가 이야기에서 주목하는 바에 질문을 던지고 그 해답을 얻는 과정으로 논의를 전개해나간다. 연극적 탐색 역시 참여자들이 각자 이야기와 관련하여 궁금한 점을 메모지에 한 문장씩 적은 뒤 비슷한 내용끼리 범주를 정해 묶어본다. 그러다 보면 연극적으로 탐구하고 싶은 내용들이 구체적으로 눈에 보이게 되는 것이다. 질문을 적은 카드를 호랑이, 엄마, 오누이, 기타 등으로 분류하여 칠판에 붙인다. 리더는 질문을 잘 분석하여 프로그램의 맥락을 조직하고 연극적 기법을 통해 어떻게 그 질문을 탐구할 것인지를 연구해야 한다.

나. 질문 분류하기

● 호랑이와 관련된 질문

엄마 옷이 작지 않았을까 / 호랑이는 왜 엄마를 그냥 잡아먹지 않고 떡, 팔, 다리, 몸통 순서대로 잡아먹었나 / 호랑이는 오누이가 살고 있는 집을 어떻게 알았을까 / 호랑이는 배부르면 먹지 않는다고 하던데 왜 아이들까지 잡아

먹으려 했을까 / 호랑이는 떡을 먹었을까

암컷일까, 수컷일까 / 호랑이는 그냥 아이들을 잡아먹으면 되는데 왜 엄마로 위장을 했을까

● 엄마와 관련된 질문

왜 산 속 깊은 곳에서 아이를 키우고 살았을까 / 호랑이와 왜 싸울 생각을 안 했을까 / 왜 도망가지 않았을까 / 오누이와 어린 젖먹이를 떼어놓고 일 나가는 엄마의 마음은 어땠을까 / 왜 먼 곳에 일하러 갔을까 / 엄마는 죽을 때 어떤 생각을 했을까

● 오누이와 관련된 질문

아이들은 왜 그렇게 쉽게 문을 열어주었을까 / 호랑이를 정말 엄마라고 생각했을까 / 오누이가 나무에 올라갈 때 도끼를 썼을까 / 오누이는 몇 살일까 / 오누이는 평소에 무엇을 하면서 놀았을까 / 아이들은 도망가는 것 대신 왜 기도를 선택했을까 / 오누이에게 갓난아기의 존재의 의미는 무엇이었을까 / 동생이 철없이 굴었을 때 오빠는 어떤 마음이었을까

● 기타 질문들

아버지는 왜 없을까 / 혼자서 아이들을 키우는 엄마를 도와주는 주변 사람들은 없었나 / 오누이는 왜 해와 달이 되었을까 / 오누이가 해님 달님이 되기 전엔 해님 달님이 없었나 / 동아줄은 누가 보낸 것일까 / 동아줄의 의미는 무엇인가

※ **도움말**

밑줄 그은 질문들은 이야기를 탐색하고 연극으로 만들어나가는데 좋은 씨앗이 될 수 있다. 참여자들로 하여금 기존의 해석에 얽매이지 않고 스스로 의미를 찾아가는 과정을 창조할 수 있도록 격려하는 것이 필요하다. 같은 질문에서 출발하더라도 이야기를 내면화하는 과정은 매우 다르기 때문에 참여자들

은 극화과정에서 일차적으로 이야기의 시간과 공간, 인물들을 입체화시켜서 살아있는 존재로 만들어내야 하며 그 과정을 통해 자연스럽게 옛이야기의 세상으로 들어가게 된다. 또한 참여자를 둘러싼 현실 세계가 품고 있는 모습을 투영하여 이야기를 새롭게 바라볼 수 있는 장치들을 통해 인식의 확장을 가져올 수 있어야 한다.

4 블럭 이야기를 정지 장면으로 표현하기

1. '어흥 놀이'로 정서 체험하기

가. 활동 방법

한 명은 호랑이, 또 한명은 엄마가 되어서 원 안으로 들어간다. 원을 만든 사람들은 엄마를 보호하기 위해 엄마와 호랑이의 거리에 따라서 '어흥' 소리로 접근을 알려준다. (가까우면 크게, 멀어지면 작게) 호랑이와 엄마는 눈을 감고 소리에 의존해 움직인다. 엄마가 잡히면 역할을 바꾼다.

나. 소감 나누기

● 엄마 : 조마조마, 멀어져도 불안하다 / 소리가 커지면 어디로 가야 할 지 모르겠다 / 잡히는 입장이 되니 공포스럽다

● 호랑이 : 소리가 크면 근처에 있군, 잡아야지 싶다/ 보호막이 있어 무섭 지 않았다. / 소리로 감을 잡았다

● 기타 : 엄마일 때와 호랑이일 때 동작이 달랐다.

2. 해설이 있는 다섯 개의 정지장면으로 표현하기

가. 활동 방법

두 모둠으로 나누어 한 모둠은 엄마의 입장에서, 또 한 모둠은 호랑이를 주 체로 해서 정지장면 다섯 개로 표현한다. 각 장면의 연결은 한 문장 정도의 내레이션으로 하고 가장 중요한 대사를 한 두명이 할 수 있다. '정지 - 내레이 션 - 대사' 순으로 발표한다.

나. 모둠별 발표하기

1) 주체가 엄마인 모둠

- 1장면 : 행복해 보이죠? / 저 어린 것들을 남겨 놓고
- 2장면 : 혼자 애를 키우느라 힘들지? / 여보 미안해
- 3장면 : 어흥
- 4장면 : 살려주세요, 살려주세요
- 5장면 : 엄마 / 아빠가 누군가 알겠죠? 바로 나무랍니다.

2) 주체가 호랑이인 모둠

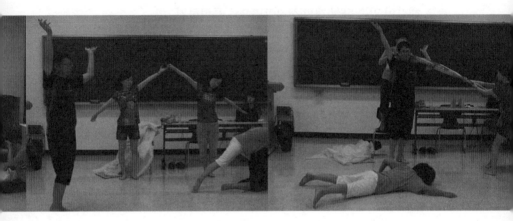

- 1장면 : 옛날에 가난한 가정이 살고 있었는데요, 호랑이는 먹이를 찾고 있었어요. / 어흥
- 2장면 : 산을 넘어가는 엄마를 호랑이가 쫓아가 팔과 다리, 다 잡아 먹었 어요. / 어흥
- 3장면 : 엄마를 잡아먹은 호랑이는 집으로 찾아갔죠. / 얘들아 엄마 왔다
- 4장면 : 호랑이를 피해 아이들은 나무로 올라갔습니다. / 살려주세요, 하 느님. 저희를 살리려거든 굵은 동아줄을 내려주세요
- 5장면 : 호랑이는 헌 동아줄을 타고 가다 죽었고요. / 엄마 배고파, 어흥

다. 소감 나누기

- 호랑이의 손, 호랑이가 잡아먹은 팔을 표현한 게 인상적이었다.
- 가족애를 표현하려고 했다.
- 아이의 입장에서는 부모의 사랑을 이해시키기 힘들 수 있다.

※ 도움말

이야기의 서사를 세 장면, 다섯 장면, 열 장면 등으로 압축하여 정지동작으로 표현하는 활동이다. 장면의 수가 적을수록 압축의 효과가 있고 서사가 복잡한 이야기는 공간이나 시간의 전개에 따라 이야기의 내용을 분석하여 더 많은 장면으로 만들 수 있다. 가장 인상적인 한 장면 만들기도 가능한데 교사가 "연극의 포스터를 만든다고 생각하고 한 장면을 만들어보자"라고 말하면 포스터에는 가장 핵심적인 주제 혹은 사건의 중심과 연결된 정보가 담겨야 하므로 매우 상징적인 장면이 만들어질 수 있다. 특히 갈등 속에 있는 두 인물을 나누어 각자의 관점에서 장면 만들기를 진행하면 초점이 다른 연극을 보는 효과가 있다. 발표할 때 각 장면의 연결을 해설로 할 수 있는데 해설자는 역할을 맡아 장면 속에 있다가 해설을 할 수도 있고 장면 밖에서 마치 그림책을 넘기듯이 동작을 하며 그림책에 나와 있는 이야기를 읽어주듯 해설할 수도 있다. 각 장면마다 중요한 대사 한 문장을 넣으면 핵심 사건을 누가 진행하는지 알 수가 있다.

5 블럭 이야기의 인물 탐색하기

1. 호랑이 만나기 (빈의자 기법)

가. 활동 방법

빈 의자에 호랑이가 앉아 있다고 가정하고, 참여자들은 한 사람씩 돌아가면서 자유롭게 인물에 대해 느낌과 생각, 관찰한 내용 등을 한 가지씩 말한다. 돌아가며 이야기 하다가 앞에 나온 이야기와 상반되는 사항이 있다면, 그것을 짚어서 어떤 쪽이 그 인물에 더 흡사한 지 이야기를 나눈다. 호랑이 천을 의자에 걸쳐 놓으면 더 효과적이다.

나. 호랑이는 어떻게 보이나?

- 거대해 보인다. 무언가를 기다리고 있는 듯하다. 크기는 의자 네 개를 합쳐 놓은 정도
- 뭔가 굶주려 보이고 외로워 보인다. 눈을 보면 그닥 포악해 보이진 않는다.
- 무심한 듯한 느낌. 내키는 대로 움직이고 아직 우리에게 관심이 없다.
- 언뜻 보기엔 되게 포악해 보이지만 자세히 보면 어깨가 약간 쳐져 있다.

2. 호랑이에 대한 소문 만들기

가. 활동 방법

호랑이가 나타났다는 소문이 퍼지기 시작한다. 그래서 소문의 정체를 알아내는 것이 목적이다. 두 모둠으로 나눠 세로방향으로 한 줄로 앉는다. 맨 뒤에 앉은 사람은 간단한 한 문장의 소문을 앞 사람에게 전달한다. 들은 앞 사람은 내가 아는 한 가지를 보태서 다시 앞사람에게, 앞사람은 다시 보태서 전달. 맨 앞에 있는 사람도 한 가지를 보탠다. 맨 앞 사람은 마을 사람이 되어서 소문을 실감나게 전달한다.(마을이장, 주막집 아낙, 마을처녀, 사냥꾼 등)

나. 모둠별 발표

- 1모둠 : 내가 빨래를 하고 있는데 뒷동네에 기괴한 소문이 도는 거야. 호 랑이가 너무 굶주려서 배고파 가지고 짐승이고 뭐고 할 것 없이 다 잡아 먹었대. 이제 가뭄이 들어서 이제는 뒷마을까지 내려왔대. 글쎄 그 마을 에서 거기서 애기들만 그렇게 잡아먹는대. 호랑이가 처음 맛본 게 애기 고기였대. 그게 그렇게 맛있었는지 애기만 먹는대. 그 쪼그만 애기들을 인정사정없이 잡아먹는대.

- 2모둠 : 엄마, 할머니, 마을에서 이상한 소문이 돌고 있어. 김씨 아저씨가 나무를 하러 가서 집채만한 호랑이를 봤대. 무서워서 그냥 지켜보는데 호랑이가 손을 들더래. 손에 날카로운 발톱이 있었대. 그래도 이쪽을 안 봐서 계속 보니까 호랑이가 김씨 부인을 보고 있더래. 김씨 부인은 떡을 좋아한대. 그런데 어떡해, 나도 떡 좋아하는데.

※도움말

호랑이가 가진 폭력성, 탐욕, 억압, 횡포, 잔인함에 대한 메타포가 형성되는 과 정을 마을에 떠도는 소문을 통해 만들어나가는 방법이다. 소문 전달하기는 옛 이야기의 환상성과 비현실성을 드러내기에 유용한 극적 기법이다. 〈해와 달〉 에서는 호랑이가 나타나고 마을에 어떤 일들이 벌어졌는지를 소문 전달하기 를 통해 만들어낼 수 있다. 소문이 하나씩 건너갈수록 커져가는 과정을 통해 옛이야기가 전승되는 과정에서 사건이 어떻게 확장되고 이야기가 보태어지 는가를 경험할 수 있으며 이 후에 이야기의 공간을 창조하고 주막에서, 빨래 터에서, 혼인 잔치에서 사람들이 혹은 사물들이 말하기를 통해 소문의 내용을 장면에 활용할 수 있다.

6 블럭 즉흥으로 이야기 체험하기

1. 마을 사람 되어보기(집단 즉흥)

참여자들은 다양한 마을 사람이 되어서 리더가 제시하는 시간에 따라 인물로서 살아본다. 어떤 장소에서 그 시간 어떤 행동을 하고 있는가를 상상하고 적절한 대사와 동작을 실행한다. 처음에는 혼자, 점점 활동 지점을 넓혀서 관련이 있는 사람들과 연결되어 집단 즉흥으로 상황극을 해본다.

- 엄마, 배고파 밥 줘(마을 아이)
- 아니 왜 이렇게 마을이 뒤숭숭한거?(마을 아낙네)
- 다들 어딜 간 거야?(마을 총각)
- 소문 들었어?(사냥꾼)
- 순철이 찾았니?(마을 노인)

2. 호랑이가 살고 있는 산으로!!(공간 창조하고 즉흥하기)

가. 활동 방법

리더는 소문만들기 활동에 이어서 호랑이를 잡으면 상금을 준다는 방이 붙었다고 말한다. 마을사람들 혹은 사냥꾼들은 소품, 의상을 갖추고 3명씩 팀이 되어서 호랑이 사냥을 떠난다. 각 팀은 구호를 정하고 공간 탐색이 시작되면 맨 앞에 선 사람이 리더가 되고 출발하면서 다 같이 구호를 외친다. 공간을 창조하고 상상으로 통과하는 연기를 한다. 호랑이를 추적하는 길에서 뭘 만날지 모르므로 모두 긴장을 늦추지 않는다.

어느 정도 가다가 리더 교체, 모두가 한 번씩 리더가 되면 완료한다.

나. 모둠별 발표

● (구호) 누런빛깔 황금 쟁취 / 조심, 독거미 / 덫 조심하고 / 거기 거기 / 조용히 하고 / 아니 이거 순덕 엄마 옷 아냐? / 순덕 엄마 냄새 아녀? 아닌가 베 / 순덕이 남편이여 / 아, 여기 뭔가 있어. 사람 해골 아냐 / 개뼉다귀인데? / 아고 빨랑빨랑 와 / 여기 큰 강이 있어 / 건너 뛰어 / 다리가 짧아서 / 저기 호랑이 골 / 뱀, 독 빨아 / 애 죽게 생겼네.

※도움말

앞 팀이 만든 공간과 다른 공간을 창조한다. 예를 들어 높은 산, 강, 개울, 늪, 나무가 빽빽한 숲, 박쥐가 날아다니는 동굴, 절벽과 벼랑 등

7 블럭 즉흥으로 이야기 형상화하기

1. 호랑이의 움직임 탐색

호랑이는 어떻게 움직였을까? 모두가 각자 호랑이가 되어 움직임을 탐색한다. 북으로 신호 열을 세는 동안 호랑이가 되어 움직이고 다시 열 번 두드리면 4명이 모여서 움직이는 호랑이가 된다. 4명에서 8명으로 마지막엔 모두 같이 합체된 거대한 호랑이의 모습이 되도록 움직인다. 호랑이의 소리도 함

께 만들어본다.

2. 엄마의 하루 살아보기

가. 활동 방법

- 엄마가 왜 몇 고개를 넘어 일하러 가야 했는가? 호랑이에 대한 소문이 퍼지고 마을 아낙네들은 모두 집에서 아이를 돌보고 지키느라 고개 넘어 최부잣집에 일을 갈 수가 없는 상황이라 가난한 엄마는 할 수 없이 몇 고개를 넘어서 일하러 가는 개연성을 만들어낸다. 한 사람이 엄마를 맡아서 등장하면 다른 참여자들이 마을사람들이 되어서 가지 말라고 말린다.
- 한 모둠은 엄마가 일하는 부잣집의 사물이 된다. 가급적 엄마와 관련 있는 사물 (가마솥, 상, 절구와 절굿공이 등)
- 다른 모둠은 인물이 되어 적절한 위치에 앉아 즉흥적으로 반응한다. (일 챙기는 행랑어멈, 손님, 엄마, 마님)
- 신호 하면 인물들이 즉흥적으로 장면을 이어가고 리더가 정지를 걸고 사물들의 어깨에 손을 대면 엄마의 심정이 되어서 대사한다.

나. 즉흥 발표

- (엄마의 심정을 사물들이 말하기) 너무 힘들고 지치네요 / 몸이 두 개라도 부족하겠어 / 아유 정말 정신이 없네 / 아이쿠 애들 기다리고 있는데 빨리 가야지 / 이러다 늦겠네.
- (사물을 바꾸고 인물들은 호랑이 얘기를 하기, 때는 잔치가 마무리되는 저녁 무렵) 손님들 가실 때 음식 좀 싸 드려 / 호랑이가 숱한 사람을 잡아먹었대. / 그게 사실이었어? / 그래서 해 지기 전에 고개 넘어가야 돼 / 애들은 잘 있나? / 호랑이가 집채만하다며?

● (어머니가 이제 간다고 얘기하고, 손님들이 만류, 떡을 싸 주는 상황) 이
제 우리도 갈 때 되지 않았어? / 마님 이제 끝나서 가 봐야 할 것 같아요
/ 지금 어딜 가겠다고? 호랑이가 나타났대. 자고 가 / 안 돼요. 애들 때문
에 가야 돼요. 집에 애들밖에 없어요. / 여기서 하룻밤 자고 가 / 애들밖
에 없어서 어쩔 수 없이 가야 돼요 / 그럼 애들 주게 떡 좀 싸 줘 / 그럼
빨리 주세요 / 조심해서 가 / 해지기 전에 얼른 가

3. 2인 1조 역할놀이

가. 활동 방법

2씩 짝이 되어 한 명은 마님, 한 명은 엄마가 된다. 놀이의 규칙은 마님이
"용이 엄마" 처럼 아이의 이름을 넣어서 엄마를 부르면 엄마는 바로 달려가
손을 공손하게 모으고 "네~ 마님" 굽신거린다. 그러면 마님은 세 가지 일을
시킨다. 그 중 떡과 관련된 일을 하나 넣는다. 엄마는 열심히 시킨 일을 하고
그 일을 채 끝내기도 전 마님은 새로운 일을 요구한다.

나. 발표

두 사람이 나와서 놀이를 하는 중에 정지를 걸고 엄마의 심정을 들어본다.

● 너무 힘들어요 / 이 많은 일을 나 혼자 어찌 하지 / 애들한테 가 봐야 하

는데 일만 시키고 / 빨리 끝내야 하는데, 마저 할 수 있을까 / 일 좀 고만 시키지 얄미워 죽겠어

두 사람이 나와서 놀이를 하는 중에 마님의 심정을 들어본다.

- 손은 느려 터져 가지고 / 게을러서 다음엔 못 시키겠어 / 알아서 하면 얼마나 좋아 / 그래도 일 잘하네 / 아유 느려 터져서 속이 터져서 못 시키겠어

※ 도움말

- 호랑이의 느낌을 천과 결합하여 표현, 한 명이 네 명의 코러스가 잡고 있는 천 속에 들어가 표현, 그 사람의 움직임을 따라 코러스가 표현해낸다. 호랑이가 오누이를 몰아갈 때 천을 이용해서 표현 가능하며 천을 잡는 사람도 호랑이가 되어야 한다. 무대에서 조명 효과를 이용해 역동적인 모습을 표현해낼 수 있다.

- 2인 1조 역할놀이는 미리 캐릭터를 설정하고 즉흥적으로 놀면서 나오는 장면을 바로 연극에 쓸 수 있는 장점이 있다. 미리 대사를 정하지 말고 역할에 충실하게 즉흥을 하면서 나오는 대사와 행동을 즉흥을 끝낸 뒤 기록한다. 엄마나 마님의 속마음은 방백으로 처리할 수 있다.

4. 활동에 대한 소감 나누기

- 호랑이 입장이 되어 장면 만들 때 인상적이었다. 어떤 입장이 되면 내용이 이렇게 달라지는구나.

- 활동 하나하나가 막연하다고 생각했는데, 막상 해 보니까 호랑이 하나를 표현해도 좀더 역동적으로 표현할 수 있었고, 실제 몸으로 표현하는 것이 창의적이었다.

- 앞부분에 생략된 부분이나 마님의 방백과 독백을 통해 이 사람이 어떤 사람인가 자연스럽게 나오고 있다.

- 내가 사물을 생각해 사물이 되어 보아서 소중한 것 같다. 누군가 시켜서가 아니라 내 생각대로 무대가 꾸며지는 것이 좋았다.

- 단순한 활동인 것 같은데, 그 활동 속에서 옛이야기에 보이지 않는 것들이 살아나는 느낌이다.

8 블럭 엄마와 호랑이의 만남 장면 만들기

1. 엄마와 호랑이의 대면

가. 활동방법

엄마가 일하러 간 집에서 떡을 얻어서 돌아오는 길에 몇 개의 고개를 넘으며 호랑이를 반복적으로 만나는 장면의 형상화이다. 극적 활동에 몇 가지 조건을 제시할 수 있다. 엄마는 세 번의 장소를 지나며 참여자들은 엄마와 호랑이 역할을 제외하고 모두 장소를 표현해 내어야 한다. 엄마는 호랑이를 세 번 대면하게 되면서 떡 → 팔, 다리 → 몸통 순서로 호랑이에게 먹힌다. 호랑이는 공간의 변화를 활용하여 엄마를 더욱 압박해 들어가며 마지막 장소는 집에서 가까운 곳으로 설정한다. 활동이 끝난 후 대사를 포스트잇에 적어 전지에 붙여 대본을 채록한다.

나. 모둠 발표
- 장소는 '동굴 → 낭떠러지 → 집 앞 언덕'으로 변화한다.

장면 1 - 바람소리 / 웬 비가 이렇게 내리나 우리 애들이 나를 기다릴텐데 쉬었다 가야 하나 그냥 가야 하나 / 왜 이렇게 음산해 / 어흥 / 옛다 이거나 먹어라

장면 2 - (코러스) 여기로 오면 안돼 안돼 오지 마 이걸 어쩌나 / 오지 마, 저리 가, 오지 말란 말이야

장면 3 - 삐그덕 삐그덕 / (코러스) 애들 엄마가 많이 늦는데? / 아이들이 많이 기다리는데 별일 없겠지? / 그래야지 / 저기가 우리 집인데 다리가 없어서 가지도 못하고 손이 없어 기지도 못하고 얘들아 / (코러스 노래) 이거리 저거리 닷거리 천사만사 다반사

2. 소감 나누기
- 천을 사용해서 몰아가는 마지막 장면이 정말 큰 호랑이에게 정말 먹힌다는 느낌이 들었다
- 의도적으로 동굴 벼랑, 낭떠러지의 느낌이 나게 만들어내고 엄마가 즉흥으로 코러스가 만들어낸 배경에서 행동하는 것이 실감이 났다. 코러스의 효과음이 좋았다. 동굴에서 소리가 울리는 느낌이었다.

※ 도움말
참여자들이 만들어낸 장소는 매우 다양하다. 당산나무 아래 미륵부처, 개울

가, 커다란 바위 와 나무들이 빽빽한 숲, 협곡과 벼랑, 빈 집과 외나무 다리, 공동묘지, 동굴 등 천과 소품을 활용하여 몸으로 배경을 만들어내고 간교한 호랑이가 숨어서 엄마를 기다리는 장면을 표현한다. 실제 공연에서 조명 효과를 더하면 효과가 배가될 수 있다. 암전 없이 세 장면을 자연스럽게 연결하는 것이 중요하다.

9 블럭 오누이와 호랑이의 만남 장면 만들기

1. 오누이의 하루 살아보기(2인 1조 역할놀이)

가. 활동 방법

오누이는 몇 살일까? 오누이는 평소에 무엇을 하면서 놀았을까? 동생이 철없이 굴었을 때 오빠는 어떤 마음이었을까? 등의 질문에 대한 극적 대답으로서의 활동이다. 2인 1조 역할놀이를 활용하여 이야기 속의 오누이가 되어서 성격을 창조해내고 상상을 통해 오누이의 일상을 복원해낸다. 역시 몇 가지 조건을 제시하여 극적 장면을 만들어낼 수 있도록 유도한다. 갓난아기는 굳이 설정하지 않아도 되며 오빠와 여동생의 캐릭터를 설정하고 오누이의 하루를 아침, 점심, 저녁으로 재구성한다. 세 가지의 놀이로 진짜 놀아야 하며 전래놀이를 활용한다. 하나의 놀이는 오빠 혹은 여동생에 의해 중단되고 새 놀이로 넘어가서(여동생이 떼를 쓰거나 오빠가 같이 놀기 싫어서 꾀를 내거나 하는 방식으로) 마지막 놀이는 지친 오누이가 엄마를 기다리면서 마무리한다.

나. 발표

● 놀이는 두꺼비 집 짓기→호랑이 놀이→숨바꼭질로 변화한다.

막둥이 되게 잘 잔다. / 막둥이 자니까 밖에 나가서 놀자. / 우리 두꺼비집 하자. 두껍아 두껍아 헌 집 줄게, 새 집 다오. / (흙집 무너뜨리며) 우리 딴 거 하자. / 우리 깃대 세우기 하자. 이번에 내가 마을에 가서 배워 온 거야. 되게 재밌어. / 우리 호랑이 놀이 하자. / 한 고개 넘고 아이 다리야, 두 고개 넘고 아이 다리야, 세 고개 넘고 아이 다리야 / 호랑아 호랑아 뭐 하니? 잠잔다, 세수한다. 밥 먹는다. 무슨 반찬 토끼 반찬 / 우리 엄마 어디쯤 오시나 마중 나갈까? 날도 저무는데 언제 오실까? / 배고파 / 우리 숨바꼭질 할까? 네가 먼저 숨어. 내가 찾을게. / 꽃님이 어디 숨었나? 작아서 보이지 않네. 나무 뒤에 있나? 장독대에 있나? 여기 있네. 근데 잠들었네. 집에 가서 자자. (업고) 엄마가 섬그늘에 노래. / 꽃님이도 자고 애기도 자고 나는 공부나 해 볼까? 엄마 언제 오시려나.

※ 도움말

놀이와 오누이 캐릭터를 설정하는 것이 포인트이다. 앞의 두 놀이는 몸을 많이 쓰는 놀이, 마지막은 방 안에서의 놀이로 구성한다. 놀이는 시대성을 고려해야 되지만 아이들은 현재의 놀이로 놀기도 한다. 되도록 전래놀이를 하도록 미리 제시해줄 수도 있다.

2. 오누이와 호랑이의 대면과 추격전

- 오빠가 잠든 여동생을 깨우는 장면부터 시작한다.

- 연극은 두 장면이 무대에 존재 가능, 오누이는 정면을 보고 앞에 손이 있다 생각하고 반응, 여동생은 성급하게 방문을 열려 하고, 오빠는 침착하게 대응하는 것으로 설정한다. 처음에는 엄마의 목소리, 다음엔 손을 확인한다.

- 문을 열게 되는 결정적 계기가 되는 장면을 추가한다. (예를 들어 엄마의 방귀냄새, 엄마의 비녀 등)

- 호랑이가 어흥 하고 덮치는 순간 오누이는 도망가고 오누이를 제외한 참여자 모두가 앞에 연습했던 합체 호랑이가 되어서 오누이를 몰아간다.

- 호랑이가 되었던 코러스가 다시 나무를 만들면 오누이는 나무 위로 올라가서 하늘에 대고 기도한다.

※ **도움말**

오누이와 호랑이의 추격전을 속도감 있게 펼치는 것이 중요하다.천과 코러스, 음악, 조명이 통합적으로 결합되어서 오누이를 몰아가고 마지막 기도 장면은 코러스가 나무가 되어서 장면을 연결하는 것으로 마무리한다.

10 ^{블럭} 이야기의 상징을 풀어서 장면만들기

1. 이야기의 상징을 풀어서 현실과 만나기

가. 활동 방법

- 호랑이로 대변되는 공포, 탐욕을 현실로 가져와 본다. 나와 나를 둘러싼 현실 세계에서 호랑이, 엄마, 오누이는 어떻게 풀어낼 수 있는가? 질문을 던진다.

- 서너명이 모둠이 되어서 각자 자신의 경험이나 생각을 먼저 나눈다. 브레인스토밍을 통해 문제를 개인에서 사회로 확장해나간다.

- 한 사람의 이야기로 장면을 만들어 보여줘도 되고 모둠이 하나의 장면을 만들어서 발표해도 된다.

나. 모둠 발표

1) 첫 번째 이야기

엄마 세 명이 모여서 아이 학원보내기, 진로에 대해 이야기를 나누고 있다. 주인공 엄마는 아이를 자유롭게 키우는 있는데 다른 엄마들은 초등 1학년부터 무슨무슨 학원을 보내야된다 서로 정보를 주고 받고 주인공을 나무라는 분위기다. 엄마의 능력은 좋은 학원과 과외선생님을 찾아주고 끝까지 애들을 관리해서 대학에 패스하는 것이라는 주장에 주인공은 점점 기가 죽어서 넘어가고 스스로 호랑이 천을 뒤집어쓰고 고개를 하나씩 넘어갈 때 마다(엄마 한 명이 엎드려 고개를 만들면 주인공 엄마가 뜀틀을 넘듯이 뛰어 넘는다) 점점 무서운 호랑이가 된다. 집으로 돌아온 엄마는 요리사가 되고 싶은 딸과 상상하고 놀기를 좋아하는 오누이를 나무위로 몰아서 공부를 하라고 강요한다.

2) 두 번째 이야기

두 번째 이야기는 교사의 경험을 담고 있다. 수업시간에 멋대로 행동하고 친구들의 돈을 빼앗고 괴롭히는 아이를 나무라니 아이가 엄마에게 전화를 걸어서 엄마가 교장실에 항의전화를 한다. 교장은 교사를 불러서 학생 지도를 어떻게 하냐고 나무라면서 학부모에게 사과하라고 한다.

옆반 선생님처럼 열심히 아이들을 가르치지 않는다고 무능교사로 몰아가는 현실에서 교사에게 학교와 아이들, 학부모는 호랑이가 된다.

※ **도움말**

옛이야기는 비유와 상징으로 이루어져 있는데 현대라는 관점에서 이러한 비유와 상징을 풀어낸다면 옛이야기를 현실의 이야기로 다시 창조할 수 있을 것이다. 중학생 그룹이 만든 사례를 하나 살펴보면 " 한 아이가 음악을 들으면서 즐겁게 노래를 따라 부르고 있다. 엄마가 와서는 시험이 얼마 남지 않았는데 공부 안하고 음악을 듣느냐고 나무라고는 휴대폰을 뺏어가 버린다. 아이는 다시 운동을 하고 있다. 엄마가 오더니 지금 운동하고 있을 때냐고 하면서 나무라고는 수학책을 주고 간다. 아이는 친구와 재미난 이야기를 하며 놀고 있다. 엄마가 오더니 친구는 나중에 사귀면 된다고 하면서 학원에 가라고 나무란다." 이 장면은 호랑이가 된 엄마가 아이에게서 처음에는 음악을, 운동을, 그리고 마지막에는 가장 소중한 친구를 뺏어간다. 엄마의 욕망이 호랑이의 탐욕과 만나는 지점에서 아이들은 현실을 매섭게 풍자한다.

11 블럭 이야기의 현대적 의미 탐색

해와 달이 된 오누이를 나의 경험 혹은 사회적 의미로 풀어서 장면화 한 후에 참여자들이 나눈 이야기들이다. 현대적 의미로 풀어낸 장면을 옛이야기와 어떻게 결합해서 공연 속에 반영할 수 있는가를 모색하는 시간으로 활용한다.

1. 첫 번째 이야기

- 아이가 대안학교를 다니고 있는데, 아이의 출세에 대한 욕심을 버리지 못하고 있다. 처음엔 옛이야기가 멀게 느껴졌는데 출세 지향의식을 버리지 못하는 내 모습과 겹쳐졌다. 그래서 그것을 형상화하고 싶었다.
- 아이를 키우다 보면 주변의 이야기에 많이 휘둘린다. 그래서 아이에게 은근히 압박을 가하게 된다.
- 우리나라의 출세지향, 학력지상주의가 무서운 호랑이의 모습 같다.
- 호랑이로 대변된 엄마에게 길러진 아이는 사회에서 어떤 모습으로 지내게 될까?
- 내가 어떻게 가치관을 지키면서 살아야 하나 고민이 들었다.
- 엄마의 변화하는 모습, 현실과 오버랩되는 모습이 인상적이었다.

간단지만 처음, 중간, 끝이 다 있었다. 엄마의 고민을 고개 넘기로 형상화한 게 인상적. 풍자적 성격이 짙었다.

2. 두번 째 이야기

- 내 모습, 현실과 비슷했다. '나만 그런 게 아니구나'란 위안을 받았다.
- 교사가 긍지를 잃어간다는 게 교직사회의 큰 문제이다
- 교직을 좋아하지만 하나의 악몽을 꾼다.

- 나는 학창시절에 꾸는 최대의 악몽은 시험을 보는데 덜 풀었는데 답안지를 가져가는 것이다. 교사가 되어서의 악몽은 아이들을 못 잡는 것이다. 한 명, 두 명은 잡을 수 있다. 그러나 여러 명, 여기저기서 떠들면 잡을 수 없다. 그게 현실이 아닌 게 너무 행복하다.

- (리더 정리의 말) 교사의 억압이 어떤 식으로 표출되는가. 이게 어디에서 오는 건가. 만족할 수 없게 만드는 시스템이 있다. 호랑이 같은 엄마가 학교에서는 또 다른 호랑이에게 쫓기는 존재가 될 수 있다. 교사라면 누구나 그런 이중성을 지니고 있는 것 같다. 겉으로는 괜찮아 보이지만, 결국은 잘 굴러가지 않는다는 것을 확인하는 게 의도였다. 내일 공연을 완벽하게 짜임새 있게 보여주지 못해도 우리가 이런 고민을 통해 이 이야기를 이렇게 바라보고 있다는 것을 보여주고 싶다.

12 블럭 장면 카드 만들고 플롯 정하기

그동안 활동 내용을 바탕으로 장면 카드를 만들고 카드를 재배치해서 모둠별로 플롯을 정한다. 모둠별로 의논된 플롯을 공유하고 전체가 극 구성을 합의한다. 장면카드 배열과 두 모둠의 플롯 설명, 함께 나눈 이야기들을 통해 플롯을 결정하는 것이 놀이와 즉흥 활동에 견주어 어려운 일이라는 것을 알 수 있다.

1. 장면 카드

옛이야기 잘라먹기 / 소문이 있는 마을 / 호랑이 사냥(공간 탐색) / 엄마가 일하는 잔치집(엄마와 마님 놀이) / 엄마 호랑이 대면 / 오누이의 놀이 / 호랑

이와 오누이의 대면 /

현대① 엄마가 호랑이가 되어가는 모습 / 현대② 학교 이야기

2. 모둠별 플롯 구성

가. 1모둠

1) 엄마가 들려주는 호랑이 이야기

2) 오누이의 놀이

3) 소문이 도는 마을 / 잔치집

4) 호랑이 사냥

5) 엄마, 호랑이 추격전

(동굴, 숲 속, 호랑이가 점점 커지는)

6) 오누이의 기다림 / 호랑이 오누이의 대면

7) 현대 ① 엄마가 호랑이가 돼 가는 모습

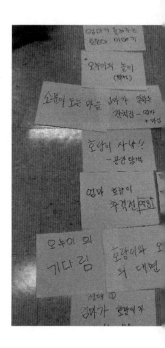

- 우리가 했던 이야기를 재배치하고, 슬픈 이야기를
  했던 엄마가 결국은 호랑이가 되어 아이들을 힘들
  게 하는 걸로 마무리하려 한다.

- 잔치집 장면과 추격전은 진지하지 않고 해학적으
  로 연출하려 한다. 잔치집에 왔다 호랑이 잡으면 상금을 준다는 소문을
  듣고 너도나도 나서는. 아이들이 놀다 쓰러지고, '엄마 오면 깨워' 한 후
  엄마를 맞이하는 장면으로 넣고. 현대 이야기를 넣으면 옛이야기가 흥
  미를 잃을 위험이 있지만, 이 한 가지를 넣은 것은 지금 모든 가정에서
  실질적으로 엄마가 아이들의 호랑이 역할을 하고 있다란 생각에서였다.

- 오누이의 놀이가 앞에 들어간 이유는 일부러 평온한 느낌을 주기 위해

서이다. 아이들이 엄마 기다리며 노는 중에 이미 다른 일들이 일어나고 있는 것이다. 아이들이 마지막 놀이를 하다 지쳤을 때 호랑이와 대면하게 된다.

● 딱히 더 넣을 것 없이 아까 했던 것 중에서 필요한 것만 뽑아보자고 생각했다. 중간에 현대 이야기를 넣으면 몰입을 방해하게 될 것 같아 극의 앞, 뒤로만 넣었다.

나. 2모둠 (파란 글씨, 추가 카드)

1) 현대 ② - 학교 이야기

2) (현대) 연극 지도하는 교사와 연습하는 장면

〈도입장면〉

3) 엄마가 일하는 잔치집

4) 엄마, 호랑이 추격

5) (현대) 집으로 돌아감

6) 현대 ① - 엄마가 호랑이가 되는 모습

7) (현대) 다음 날 학교 공연 전

8) 호랑이와 오누이의 대면 (연극반 연습 장면)

9) 교장 등장 "호랑이가 나타났다"

10) 에필로그

● 교장은 옆 반의 유능한 선생님과 비교하면서 주인공 교사를 연극이나 지도한다고 꾸짖는다. 힘 빠진 주인공이 연극 반 교실에 가니까 아이들이 옛 이야기의 연습한 장면을 보여준다, 주인공은 세상에 호랑이가 많으니까 조심하라고 함. 다음 장면을 보자고 하니까 아이들은 호랑이와

엄마의 추격전을 보여 줌. 암전되고 주인공은 귀가, 주인공이 집에 가면 엄마, 집에 갔을 때 아이들이 놀고 있는데, 자기 아이들한테 아까처럼 뭘 시키고, 아이들은 나는 다른 걸 잘 하는데….(첫 번째 이야기처럼) 다음 날 학교 갔더니 아이들이 호랑이와 오누이의 대면 장면 연습, 끝날 즈음에 교장이 문을 쾅 열고 나타나 잔소리. "내일 성취도 평가인데!" 그 때 주인공이 웃으면서 "호랑이가 나타났다."외치면, 아이들이 따라하며 마무리. 이렇게 되면 연극으로 들어갔다 나왔다 하는 장면이 어설퍼도 자연스러울 것이다.

- 모두가 아는 이야기를 굳이 중심으로 보여주는 게 아니라 간단히 몇 장면만 들어가는 거다. 우리가 하고자 하는 얘기가 중심이 되어야 한다. 호랑이와 오누이의 대면을 가정에서 엄마와 아이들의 갈등 장면으로 표현하고 싶다. 마지막엔 교직 사회의 문제를 심각하지 않고, 생각할 수 있게 가볍게 다루고 싶다.

다. 모둠별 정리 발언

- 1모둠 : 우리는 옛이야기 팀이다. '해와 달이 된 오누이'로 어떻게 극을 만들 수 있을까 고민하고 여러 장면이 나왔다. 그 호랑이가 먼 데 있는 것이 아니라 우리 주위에 있다는 것을 보여주기 위한 것이다. 현대의 이야기가 강조되면 옛이야기가 죽을 수도 있다는 우려에서 이렇게 한 것이다. / 옛이야기이긴 하지만 우리가 만들었던 장면은 우리 나름대로 이야기를 재구성한 것이다. 그래서 다시 현대 얘기를 넣어 재구성하면 복잡할 것 같고 관객이 이해하지 못할 수도 있다. / 인상적인 영화라고 얘기할 때 줄거리는 단순한 경우가 많고 표현방식이 좋은 경우가 많다. 공포심, 웃음, 감동 등 마음 편히 여러 감정을 곳곳에서 느끼게 하고 싶었다.

- 2모둠 : 누구나 잘 알고 있는 이야기이기 때문에 정확하게 보여줘야 한다. 새로운 것을 보여준다거나, 움직임이 잘 맞거나 해야 한다. 그런데 연극반이라면 연습 장면이라 서툴러도 무리가 없을 거라는 생각이 든다. 정말 우리가 연극에서 하고 싶은 게 뭘까, 고민해 볼 때, 아까 누가 얘기한 것처럼 '옛이야기로 만나는 우리 이야기'일 것 같다. 우리만의 영역이 아니라 다른 영역이지만 그렇게 확장해 나가는 것도 연수가 나가는 방향일 것 같다. / 옛이야기는 결국 우리의 이야기라서 우리가 학습하는 것이다. 우리가 살아 온 삶의 이야기이다. 우리가 살아가는 이야기이다. 그것이 이 방식을 통해서 이야기가 된 거다. 그러므로 현대 이야기 속에 옛이야기를 충분히 담을 수 있다.

라. 리더의 정리 발언

- 모둠마다 겹치는 장면이 있는데 2모둠에서는 교사 얘기를 하고 싶어한다. 교사의 중압감은 교사 모두의 과제라고 생각하기 때문에 교사 얘기를 하고 싶은데 옛이야기도 넣고 싶다는 것이다. 구조에서 의도한 관점이 드러난다. 교사가 개인적인 존재일 때와 공적인 존재일 때의 불안이 연결되어 있다는 걸 보여주려는 것 같다. 그러나 자칫 방만해질 수 있어 어느 쪽도 못 살릴 수도 있다. 반면 1모둠은 옛이야기를 그대로 가져가면서 엄마가 호랑이가 되어 가는 그 문제만 다루고 있는데 다소 상투적일 수 있다. 연극은 보여주는 예술이고, 의도된 연출이 필요하다. 그래서 구조가 필요하다. 제일 중요한 것은 가장 중요한 장면이 무엇일까? 딱 세 장면만 살리고 싶다는 마음으로, 나머지는 다 연결고리라고 생각해 보는 것이다. 해와 달이 된 오누이는 원형이 너무 강해서 내용을 그대로 따라가는 지점이 있다. 그러나 오늘 보여주었던 교사로서의 고민

이 이 옛이야기와 접점이 있다고 생각한다. 그래서 복잡하지만 교사 입장에서 보는 옛이야기로 갈 것인지, 아니면 옛이야기의 서사를 그대로 따를 것인지 생각해 봐야 한다. 옛이야기를 그대로 쓸 때에도 원칙이 있다. 작년에는 그대로 가져갔었는데 코러스를 많이 활용했었다. 배경들이 코러스가 되면서 계속 역할이 바뀌고 장면이 바뀌는 게 재미였다. 그러면 모두가 이야기꾼이 되는 방식이 필요한데 그러려면 현대 이야기가 앞에 있는 것이 어색하다. 옛이야기로 시작해서 옛이야기로 마무리가 되고 우리가 하고 싶은 현대 이야기를 해야 한다. 옛이야기와 현대 이야기가 기계적으로 붙어서는 안 된다. 옛이야기에서는 선생님들이 모두 들어갔으면 좋겠다. 그리고 엄마, 호랑이, 오누이를 제외하고 모두 코러스가 되는 것이다. 플롯은 조정될 수 있다.

마. 투표

● 2모둠의 이야기가 3표차로 결정됨.

3. 각 장면 및 등장인물 정리

구분	공간	등장인물
프롤로그	꿈	교사＋코러스 1~6
1장	교실장면	교사, 학생 1~3, 교장, 학부모
2장	연극 1＋지도교사	코러스 1~5, 오누이, 엄마
3장	엄마(교사)가 호랑이가 되는 모습 ① 학년회의 ② 집	교사, 아줌마 1, 2 아이 1, 2 (코러스)

| 4장 | 연극 2 (리허설)
호랑이 오누이 대면 | 오누이, 코러스 1~5 |
| 에필로그 | 교장 등장
"호랑이가 나타났다" | 오누이, 코러스 1~4
교장, 교사 |

13 ~14블럭 배역 정하기, 소품 제작하기, 연습하기

1. 프롤로그

- 꿈 장면으로, 기괴한 신호로 깨어나는, 조명은 없음
- 아이들이 처음에는 말을 잘 듣기 시작하다 점점 안 듣기 시작함
- 호랑이가 엄마를 감싸듯이 아이들이 호랑이가 되어 교사를 천으로 덮어 씌움

2. 현대장면(교실)

- 학생의 반항, 학부모의 전화, 교장의 호통

3. 옛이야기 장면

- 오누이 놀이, 그 오누이는 현실에서의 오누이
- 비석치기, 소꿉놀이 중간 쯤에서 장면 이동해 잔칫집으로. 코러스 등장
- 소문이 돌고 마님과 마을 사람 등장
- 연극반 지도 교사(주인공, 이하 김 교사) 등장

4. 현대장면(학교)

- 김 교사는 방과 후에 연극을 지도하는 사람으로 성취도 평가 때문에 압

박을 받고 있음
- 옆 반 젊은 교사는 열성적으로 아이들을 밤 늦게까지 교과지도 하는 상황

5. 현대 장면(학교2)
- 김 교사는 동료교사들과의 대화 속에서(현실에서 아줌마와의 대화 변형) 가치관의 혼란과 현실의 벽을 느낌.
- 동료교사 1 : 40대 후반, 학교에는 신경 안 쓰고 자기 아이만 잘 키우자는 생각을 지닌 여교사, 실제 아이는 서울대 진학
- 동료교사 2 : 20대, 잘하고 싶은 욕심에 맹목적, 열성적으로 교과 지도

6. 집
- 오누이 놀이, 이 놀이는 앞 장면에서의 놀이가 이어짐
- 요리사가 꿈인 아이. 음식을 만드는데 평소엔 괜찮았을 그 장면이 엄마의 화를 돋움.
- 엄마의 갈등이 드러남

7. 오누이 집
- 오누이가 방 안에, 엄마 등장 "앗, 호랑이다.
- 오누이가 호랑이를 피해 나무로 올라감. 현실에서 오누이의 고민 가져옴. (요리사가 되고 싶어요, 꿈이 없어요 등)

8. 연극 연습
- 교장 등장 "뭐 하는 거야?'
- 호랑이가 나타났다.

15 블럭 리허설 및 공연 올리기

1장 프롤로그

- 꿈 장면으로 시작, 교사는 호랑이로 변한 아이들에게 서서히 끌려 들어가기
- 교실, 아이들은 체육수업을 하자고 조르고 교사가 나간 틈을 타 한 아이를 괴롭힌다. 그 광경을 목격하고 야단을 치는 교사에게 대들고 휴대폰을 꺼내 촬영을 하는 아이들, 학부모는 교장실로 전화를 걸고 교장은 김교사를 불러 주의를 준다.

2장 연극반 교실 - 엄마의 하루와 호랑이와의 대면

- 잔칫집 장면 후 오누이의 놀이 등장
- 잔칫집 장면에서 마님이 계속 일을 시킴
- 엄마가 손님 상에 접시 갖다 주면 손님들의 대화를 통해 호랑이의 소문 알게 됨
- 해 지기 전에 가야 하는데 하면 마님이 일을 더 시킴
- 사물의 내레이션, 그 때 인물 정지
- 엄마가 잔치집을 나와 최초 호랑이를 만나는 장소는 성황당이다. 엄마가 비는 장면, 장면 바뀔 때 코러스의 바람 소리
- 엄마의 독백 : 왜 이렇게 음산하지. 천지신명님 아이들이 무사할 수 있도록 해 주세요.
- 엄마는 성황당에 떡을 두고 호랑이가 떡을 먹음
- 오누이의 놀이 : 비석치기 대신 소꿉놀이, 형편이 가난하다는 것을 알려 줘야 한다. (소꿉놀이 하면 맛있는 거 많이 먹을 수 있잖아.)

- 소꿉 놀이 후 풀죽 쑤어 먹기, 여동생이 풀죽 먹고 뒹굴 때 김 교사 등장
- 김 교사 : 오늘은 여기까지 하자.
- 아이들 : 선생님, 연극 연습 하고 있었어요. 선생님, 더 하고 싶 어요. 에
  이 아쉬워.

3장 학년회의 (티타임)

- 대화의 시작 : 이 선생 반 1등 했다며? (비꼬듯) 대단해~. 밤 10시
  까지 시킨 성과가 있네. / 선생님은 더 좋은 소식이 있다면서요? 큰 애가
  이번에 대학 좋은 데 갔다면서요? / 요즘은 엄마들이 더 바빠요. 내가 내 애
  잘 키우려고 일하는 거지, 남 애 키우려고 하는 게 아니잖아. 김 선생은 어때?
  / 우리 애들은 학원 안 보내요. 꿈이 요리사예요. 착하게 잘 지내요.
- 동료교사끼리의 대화에서 김 교사는 꿔다 놓은 보릿자루
- 오누이가 공간 정리하며 등장, 오빠는 책 읽고, 여동생은 요리
- 김 교사는 퇴근하며 집에 등장, 아이들에게 심한 잔소리

- 아이들은 엄마의 갑작스러운 변화에 당황
- 대화 : 엄마가 말하면 말 좀 들어! / 엄마, 오늘 왜 그래!

4장 연극반 교실 - 호랑이와 오누이의 대면

- 호랑이가 엄마라며 자기 치마를 문 밑으로 넣어 줌.
- 여동생이 엄마 냄새라며 문 열어 줌
- 호랑이와의 추격전(코러스들이 호랑이가 되어 작은 손전등을 켜서 호랑
  이의 눈과 움직임을 만들어낸다)
- 오빠가 '저기 나무가 있다'라며 나무에 올라 감.

5장 연극반 교실 - 교장의 등장

- 아니, 김선생 내일이 성취도 평가인데 불 꺼놓고 뭐하는 거야?
- 김 교사가 머리를 감싸 안으며 '호랑이가 나타났다'라고 소리치면 아이
  들이 교장을 둘러싸고 즐겁게 소리를 지르면서 뛰어다닌다.

여우누이 정주희

원작 : 오라비 한 끼, 말 한 끼, 두끼 거리 도망가내

이. 작품을 고른 까닭

1. 작품을 기획하며

　대학원에서 연극 만들기 공부를 할 때, 선생님께서 모르는 이야기는 듣는 재미가 있어야하고 아는 이야기는 보는 재미가 있어야 한다고 하셨다. 이는 사람들이 잘 모르는 이야기와 잘 아는 이야기를 연극으로 만들 때 놓치지 말아야 할 중요한 지점일 것이다.

　그래서 만드는 사람이나 보는 사람 모두가 편안하게 연극적 재미에 빠질 수 있도록 잘 알려진 이야기를 선택하여 연극적 형상화 부분에 중심을 두었다. 또한 블랙라이트와 종이인형을 사용한 인형극을 삽입하여 옛이야기의 들려주기 재미도 살려 보려 한다.

2.《여우누이》를 고른 까닭

　우리의 옛이야기 속에는 구미호가 등장하는 경우가 많다.《여우누이》는 이런 맥락 속에 있는 이야기로 민담집부터 어린이 그림책까지 다양하게 출판되어 있을 만큼 잘 알려진 이야기이다. 그리고《여우누이》는 막내, 반복, 쫓겨남(길 떠남) 등의 옛이야기의 특징적 요소가 잘 드러나 있다. 이러한 요소들은 서사구조 속에서 분명한 극적 갈등을 드러내며 이야기의 흐름에 따라 다양한 연극적 장면을 탐색하고 구성할 수 있는 많은 가능성을 가지고 있다. 또한 블랙라이트를 활용하기에 더 없이 좋은 장면들이 곳곳에 있어 연극적 환상을 경험하기에 알맞은 작품이 되리라 기대한다.

전국 교사 연극 모임 '놀이와 즉흥으로 극 만들기'연수 (2008. 1. 21~1 .26)를 바탕으로 정리하였음. 주강사 정주희, 보조강사 김종욱, 김숙영.

O2. 과정 한눈에 보기

블록		주제	내용	비고
월	1	옛이야기를 만나다	소개와 어울림, 즉흥 연습	
	2		옛이야기와 친해지기	
	3		텍스트를 공유하고 내용 파악하기	
화	4	옛이야기와 놀다	즉흥과 상상 연습	
	5		장면 탐색과 장면 만들기 1	
	6		장면 탐색과 장면 만들기 2	
수	7		종이인형 탐색	종이활용 블랙 라이트
	8		종이인형 장면 만들기	
	9		장면 탐색과 장면 만들기 3	
목	10	옛이야기로 극을 만들다	장면 탐색과 장면 만들기 4	
	11		플롯 구성하기	
	12		장면 정리하기	
금	13		연습하기 1	
	14		연습하기 2	
	15		리허설	

03. '여우누이' 연극 만들기

목표

1. 연극만들기를 함께 하는 참여자들의 몸과 마음열기
2. 참여자들의 즉흥 연기와 앙상블의 향상
3. 드라마 관습을 활용한 극적 장면의 탐색
4. 상상과 변형을 통한 극적 장면의 형상화

Ⅰ. 옛이야기를 만나다

1 블럭 소개와 어울림, 즉흥 연습

1. 소지품과 함께 인사하기

참여자들은 각자 소지품을 하나씩 꺼내서 지나다니다 만나는 사람에게 이름과 함께 그 소지품이 어떤 의미인지를 소개한다. 그리고 서로 소지품을 바꾸어 다른 사람에게 소지품의 의미와 그 사람의 이름을 소개한다.

2. 형용사와 간단한 동작으로 소개하기

원으로 둘러서서 잠시 형용사와 동작을 생각한다. 처음사람이 동작과 함께 '착한 ○○'을 하면 그 오른쪽의 사람은 앞 사람이 한 동작과 말을 하고서 자신의 것을 한다. 즉 세 번째 사람은 첫 번째, 두 번째 사람의 것과 자신의 것을 한다.

※ 도움말

처음엔 어떻게 다 외울까라고 생각하지만 뒤로 갈수록 반복해서 들으니 충분히 가능하다. 오히려 뒤로 갈수록 이름이 적게 불리니 나중에 그 사람의 이름은 잘 기억되지 않는 문제가 생긴다. 시간이 된다면 뒷사람부터 방향을 거꾸로 해서 한 번 더 하면 좋을 것이다.

3. 얼음 땡 놀이 : 이름

진행 방식은 얼음땡과 비슷하다. 다만 술래가 가까이 다가오면 (잡히기 전에) '얼음'을 하는 것이 아니라 다른 사람의 이름을 외친다. 그러면 이름이 불린 사람이 새로운 술래가 된다. 물론 이름을 외치기 전에 잡히면 잡힌 사람이 술래가 된다.

4. 0에서 100사이 : 어느 정도

어떤 단어에 대해서 나는 얼마나 친숙한가를 '어느 정도'를 통해서 생각해보기. 칠판이 있는 벽을 '100'이라고 하고 반대편 끝을 '0'으로 한다. 누군가가 제시하는 단어에 대해서 스스로 생각했을 때 자신은 100과 0의 어느 쯤 인지 생각해서 위치를 잡는다.

중간중간 인터뷰를 통해서 왜 그곳에 있는지 이야기를 들어본다. 처음에는 강사가 단어를 제시하고 몇 번 활동을 한 후에는 참여자 들 중에서 누군가가 생각하는 단어를 제시한다.

5. 숫자 말하며 앉기

원으로 둘러서서 1부터 숫자를 말하며 앉는다. 숫자는 순서대로 진행하되 누가 앉을지는 정하지 않는다. 동시에 같이 움직이거나 말하면 처음부터 다시 시작한다. 전체의 호흡과 앙상블에 주의를 기울이며 활동을 함. 될 때까지!!

6. 너 뭐하니? (2인 1조 활동)

두 명씩 짝을 지어서 A와 B를 정한다.

A : 너 뭐하니?

B : 나 축구해.

A : (축구하는 동작)

B : 너 뭐하니?

A : 나 밥 먹어.

B : (밥 먹는 동작)

※ 도움말

대답을 한 사람이 아니라, 질문을 한 사람이 상대의 대답을 듣고 동작을 하는 것이다. 행동에 관한 대답(동사)을 서로 이어가는데 순서와 동작이 헷갈리지 않도록 한다.

2 블럭 옛이야기와 친해지기

1. '나'는 누구인가? - 장면 속에서의 자신의 역할 찾기

한 사람이 교실 밖으로 나가면(술래) 안에 있는 사람들은 옛이야기를 한 가지 정하고 그 이야기 속의 등장인물 중에서 한 사람을 나간 사람의 역할로 결정한다. 그 밖의 다른 사람이나 장면은 특별히 협의하지 않고 즉흥으로 진행할 수 있다. 장면을 시작하면 밖으로 나갔던 사람이 들어오고, 그 사람은 자신이 어떤 이야기 속의 누구인지를 즉흥 속에서 반응을 해가면서 찾아본다.

※ 도움말

즉흥이 더 살려면, 역할과 장면을 구체적으로 협의하지 말고 이야기 속에서 즉흥으로 노는 것이 중요하다. 밖에서 들어온 사람(술래)은 지켜보다 이야기 속으로 들어가는 것이 아니라, 처음부터 적극적으로 이야기 속 역할로 들어가 자극에 반응하며 어떤 이야기 인지, 누구인지 찾아야 한다.

2. 옛이야기 전시회 (정지 조각)

참여자들은 각자 옛이야기 속의 어떤 장면을 정하여 혼자서 몸으로 옛이야기 한 장면을 정지 조각을 만든다. 전체가 함께 정지 조각을 만들어 본 후에, 자세를 풀고 한 사람씩 다시 동작과 표현한 옛이야기 속의 대사를 한 마디씩을 하면 이것을 보고 어떤 이야기인지 맞춰 본다.

※ 도움말

옛이야기의 핵심이 잘 드러나게 표현하는 것이 중요하다.

3. 옛이야기를 찾아라! (브레인스토밍)

두 모둠으로 나누어 활동. 전지에 생각나는 옛이야기 제목 적기.

(3분)

4. 이야기 난장

이야기 들려주기를 한다. 앞에서 나온 이야기나 다른 이야기라도 좋다. 이야기를 하나씩 정하고 돌아가며 이야기를 한다. 자기 마음에 생각한 이야기를 토대로, 앞 사람 이야기 연결해 이야기를 이어나간다. 영화 '슈렉'을 보면 동화나라에 사는 인물들이 쫓겨나서 슈렉이 사는 늪으로 찾아오는 것처럼 옛이야기들이 하나로 섞인다고 생각하면 된다.

5. 옛이야기 들려주기

어떤 인물들이 되어 이야기 들려주기를 한다. 이야기하는 사람과 듣는 사람 모두 적극적인 반응이나 추임새를 넣는다.

가. 할머니와 손자(2인 1조 역할놀이)

두 명이 짝을 지어서 한 사람은 할머니(원한다면 할아버지), 다른 한 사람은 손자의 역할을 맡는다. 먼저 할머니가 손자에게 옛이야기를 들려준다. (3분) 그리고 나서 반대로 손자가 할머니에게 옛이야기를 해 준다. (3분)

나. 경로당에서, 유치원에서(소그룹 즉흥)

이번에는 할머니 모둠과 손자 모둠으로 나뉘어 각 모둠에서 할머니에게서나 손자에게서 들은 옛이야기를 다시 모둠원들에게 들려주기.

※ 도움말

할머니들이 각자 손자에게서 들은 옛이야기를 누가 재밌게 하는가로 하나 남은 귤을 누가 먹을까 내기를 한다는 등의 상황을 주면 그룹 즉흥을 쉽게 시작할 수 있다.

6. '초 간단' 이야기 (5인 1조)

가. <u>한 문장으로</u> 이야기 이어가기

다섯 사람이 이야기 하나를 정한다. 한 줄로 서서 한 사람이 한 문장씩 말한다. 마지막 사람이 이야기를 맺는다.

나. <u>갈등이 있는 문장으로</u> 이야기 이어가기

이번에는 각 문장에 반드시 갈등이 들어가도록 한다.

● 혹부리 영감

- 옛날에 모든 것을 다 가졌지만 얼굴에 큰 혹이 있는 영감이 살고 있었어요.
- 영감은 나처럼 목소리가 좋고 노래하는 것을 좋아해 산에서 노래를 불렀는데 혹이 있으니 어쩔까 고민을 했었데요.
- 산에서 도깨비가 나오더니 그 노래가 어디서 나오냐고 물어서 혹에서 나온다고 했더니 혹을 주면 방망이를 준다고 했대.
- 이 말을 들은 옆집 혹부리 영감은 부러워서 산으로 달려간 거야.
- 나도 노래 잘한다고요. 도깨비가 혹을 줬대요.

다. <u>한 마디 대사로</u> 이야기 이어가기

● 은혜 갚은 까치

- "어머니 소자 잘 다녀오겠습니다."
- "아니 구렁가 까치를⋯."
- "날이 어두워 졌는데 마침 저기 불빛이 있구나."
- "니가 죽인 구렁이가 내 남편이다."

- "고맙다 까치야."

3 블럭 텍스트를 공유하고 내용 파악하기

1. 문장 카드 보고 장면 만들기 (정지장면)

가. 문장 카드를 보고 정지 장면 만들기

주 텍스트의 내용 중에 일부분이 적힌 문장 카드 6개를 보여준다. 전체를 두 모둠으로 나누어서 각각 세 장면씩 만든다.

나. 문장 카드 순서대로 맞추기

문장 카드를 보고 이야기의 순서대로 배열한다.

어느 마을에 아들만 셋을 둔 부부가 살았습니다. 부부는 늘 예쁜 딸이 하나 있으면 하고 바랐어요. 그래서 날마다 고갯마루에 있는 서낭당에 가서 빌었습니다.

집에서 기르는 짐승들이 밤새 한 마리씩 죽었어요. 자고 일어나 보면 소가 한 마리 쓰러져 있고, 자고 일어나 보면 말이 한 마리 쓰러져 있었습니다.

여우는 부엌으로 들어가 손이랑 팔뚝에 참기름을 발랐습니다. 그리고는 외양간으로 가서 소 꽁무니에 손을 쑤욱 넣어, 간을 꺼내더니 한입에 날름 먹어 버렸어요.

"거짓말 말아라, 이놈! 하나밖에 없는 누이가 미워서 그러는구나."
아버지는 화를 버럭 내며 셋째 아들을 집에서 내쫓았습니다.

집으로 돌아와 보니 식구들은 아무도 없고 마당에는 잡초만 수북했습니다. 그런데, "아이고 오라버니, 어디 갔다 이제 와요?"

빨간 병이 깨지면서 주위는 활활 불바다가 되었습니다. 꼬리 아홉 달린 여우는 불 속에서 빠져 나오려고 펄쩍펄쩍 뛰며 발버둥 쳤어요. 하지만 불기에 휩싸여 그만 타 죽고 말았습니다.

다. 해설이 있는 정지 장면

이야기의 순서대로 정지 장면과 해설(문장 카드)을 함께 보기

2. 텍스트 공유하기

가. 텍스트 읽기

'여우 누이' 텍스트 같이 읽기.

나. 이야기 이어가기

● 한 문장씩 이야기를 이어가 마지막 사람이 이야기 끝내기

● 대사로만 이야기 이어가기

● 한 사람씩 대사와 해설을 번갈아가 가며 이야기 이어가기

● 시로 이야기 이어가기

둥글게 앉아 여우누이를 짧은 구절로 말하기. 순서를 정하지 않고 구절이 생각나는 사람이 일어나서 말하기.

〈여우누이〉 (즉흥시)

예쁜 딸 하나를 그렇게 바랐건만

왜 이리도 집안에 안 좋은 일만 생기는가

기다리던 그 누이 여우라네 여우라네

아비도 자식을 믿지 못하누나

집이 그리워 그리워

돌아왔구나

세상사 변하고 변한다지만 사람이 이리도 변할 소냐

내가 믿는 건 오로지 이 세 개의 병뿐

어쩔 것이냐 이 마음을

사람의 생명을 이렇게 하찮게 보느냐

병 좀 그만 던져라 아프다.

타오르는 연기 속에 모든 것이 사라지고 천하태평 이루었네.

3. 다른 사람이 되어 이야기 들려주기

네 사람이 한 모둠이 되어 이야기 들려준다. 단 각각 어떤 인물의 입장에서 이야기를 한다.

예) 셋째 아들/ 아버지/ 여우누이/ 이웃 주민

☞ 이야기를 들려주다 보니까 텍스트 속에 나타나 있지 않은 점이라든가 우리가 잘 몰랐던 점들 중에서 새롭게 알게 된 것들이 있나요?

- 아버지 직업은 여우 사냥꾼이었다.

- 셋째 아들은 질투가 심해 막내와 어릴 때부터 다툼이 심했다.

- 여우누이 부부는 서낭당에 돈을 적게 냈다.
- 여우누이는 산 속에 여우 자식들이 있다.
- 여우 자식들은 여우 누이를 무척 걱정한다.
- 여우 누이는 마을 사람에게 무척 착하다고 생각한다.

※ 도움말

알게 된 점이라고 하지만 이것은 증명 된 무엇인가를 말하지 않는다. 여러 가지 즉흥 연기 장면 속에서 만들어진 혹은 말해진 무엇인가에 대해서 얘기하는 것이다. 즉, 상상을 통해서 이야기에 없는 부분이 첨가 될 수 있다.

4. 이야기에서 궁금한 점 (브레인스토밍)

☞ 텍스트에 드러난 것이나 텍스트 이면의 것 등 이야기 속에서 궁금한 점, 탐구해 봤으면 좋겠는 것을 의문문으로 써봅시다.

가. 의문문 쓰기
- 셋째 아들을 내쫓을 만큼의 일인가? (간을 빼 먹는 것 잘못 봤을 수도 있는데)
- 아무리 딸이 예뻐도 아들을 내쫓을 수 있을까? (배 아파 낳은 자식인데)
- 셋째아들이 자신의 진실을 밝히기 위해 노력한 방법은 없었을까?
- 부모가 그토록 딸을 원했던 이유는?
- 자식들과 가축들이 죽어갈 때 의심은 안했나?
- 셋째 아들 이야기 듣고도 가축도 자꾸 죽어 나가는데 아버지는 누이를 의심하지 않았을까?

- 아버지는 딸이 여우란 걸 알고 어떤 표정을 지었을까?

- 왜 옛날엔 아들을 좋아했는데 더구나 셋이나 있는데 꼭 딸을 원했을까?

- 아버지는 정말 몰랐을까? (군이 아들에게 외양간을 지키라고 한 이유)

- 첫째와 둘째 아들은 정말 아무 것도 못 본 것일까?

- 셋째 아들은 왜 쫓겨나서 곧장 문제를 해결하지 않고 발길 닿는 대로 떠났을까?

- 스님은 막내아들에게 안 좋은 일이 일어날지 어떻게 미리 알 수 있었을까?

- 스님은 왜 병을 주었을까? (무슨 생각으로)

- 스님은 병을 던지는 순서는 안 알려 주었나?

- 스님은 신비로운 물병을 어디서 구했을까? 왜 자긴 요괴를 물리치치 않았을까?

- 흰병, 파란 병, 빨간 병을 받게 된 동기가 불명확하다. 구체적인 동기는?

- 왜 병을 3개 주었을까? 그냥 빨간 병으로 태우면 안 되었나?

- 차라리 처음부터 빨간 병을 던졌으면 태워서 죽일 수 있지 않았을까? ('연결고리'나 '의미'부여하기)

- 용왕의 아들이 도와주었을까? 스님이 도와주었을까?

- 가시덤불, 물, 불로 이어지는 연결고리는 뭘까? (가시에 상처 나고, 물에 적셔져서 곪았다? 그리고 태워 죽인다?)

- 이 이야기의 교훈은?

- 이 이야기는 왜 나왔을까? (발생원인)

- 동네 사람들을 잡아먹었을까? 먹었다면 관아는 알았을까?

- 여우는 남은 가족을 어떤 순서로, 어떤 방법으로 잡아먹었나?

- 세월이 많이 지났는데, 여우누이가 계속 셋째를 기다린 이유는?

- 동네 사람들은 안 먹었나? 먹었다면 셋째는 모르고 갔을까, 알고 갔을까?

- 여우는 왜 셋째 오라비를 만나자 마자 죽이지 않았나?

- 하필 여우가 그 집 딸로 들어간 까닭은?

- 가족을 먹을 때 여우의 기분은 어떠했을까?

- 딸은 원래 여우였나, 도중에 바꿔치기 한 건가?

- 왜 여우가 태어났을까? 원수를 갚기 위해서?

나. 비슷한 종류의 질문들 분류하기
- 가족에 관한 질문들
- 여우 탄생
- 호리병
- 이야기(구조) 자체
- 구원자 (스님/ 용왕)

II. 옛이야기와 놀다

4 블럭 즉흥과 상상연습

1. 빨간 공, 파란 공
원으로 둘러선다.

☞ 제가 공을 하나 꺼낼 거예요. (마임으로) 무슨 색일까요…? 넵, 빨간 공입니다.
   이것을 주고받는 놀이예요.

던질 때는, "ㅇㅇ(받을 사람 이름을 부름), 빨간 공"

받을 때는, "빨간 공, 고맙습니다." 라고 합니다.

놀이를 진행하면서, 파란 공과, 노란 공을 추가해 간다.

2. 상상의 공

☞ 앞서 가지고 놀던 공 세 개는 제가 받아서 날려 보내겠습니다. 이제 여러분 각자
가 자신만의 공을 꺼내보세요. (각자 마임으로 자신의 공을 만들어 표현한다.)
그리고 그 공을 어떻게 가지고 놀 수 있는지 각자 놀아 볼까요?

☞ 자신의 공을 가지고 놀며 주위를 돌아다니다 누군가를 만나면 공을 서로 바꿔
보세요. 이때, 자신의 공이 어떤 공인지, 어떻게 가지고 놀 수 있는지 말로 설명
하지 말고 모습으로 보여줍니다.

3. '어떻게'가 있는 행동

☞ 지난 시간에 '너 뭐하니?'를 하면서 많은 '행동'을 하였습니다. 이번에는 그 행
동 속에 '어떻게'를 넣어 볼 거예요.
두 모둠으로 나누어서, 각 모둠에서는 '어떻게'에 해당하는 단어를 하나씩
정해주세요. 예를 들면, '바쁘게', '무섭게', '서럽게', '바보스럽게' 등등… 한 모
둠이 그 '어떻게'를 넣어서 여러 가지 행동을 표현하면 다른 모둠은 '어떻게'에
해당하는 단어가 무엇인지 맞춰봅니다.

☞ 이번에는 각 모둠이 '어떻게'를 정한다음, '여우 누이' 텍스트에 나오는 행동을
그 '어떻게'에 어울리도록 합니다.

4. 세 가지 변화

두 사람씩 짝을 지어서 서로 마주보고 두 줄로 선다. 각자 자신의 짝을 잠시 관찰 한 후에 뒤로 돌아서 자신에게서 세 가지 변화를 준다. 그리고 다시 돌아서서 짝의 변화가 무엇인지 맞춘다.

변화를 준 것에서 더해서, 계속 두세 번 반복한다.

※ 도움말

변화를 줄 때 꼭 상대가 찾을 수 없는 작은 변화만 생각하지 말고 모습과 외양에 어떤 변화를 더 줄 수 있는지 생각해 본다. 과감한 변화를 시도해 볼 것. 캐릭터는 외양적인 모습으로도 찾을 수 있다. 모습에 변화를 주면 행동이나 성격이 달라지기도 한다.

5. 택시 즉흥

네 개의 의자를 택시의 의자처럼 놓는다. 누군가가 '택시'라고 외치며 택시에 탑승하면 운전석의 사람이 내리고 다른 사람은 한 자리씩 자리를 옮겨 앉는다.

새로 탄 손님은 어떤 '설정'을 가지고 택시를 타는데, 택시 안의 사람들은 그 사람의 설정을 베껴서 행동과 말을 한다. (즉, 행동을 따라하는 것이 아니고 '설정'을 따라하는 것이다.)

예를 들어서 '술 취한 설정'으로 들어오면 모두 술 취한 채 행동하고 말한다.

※ 도움말

한 사람이 어떤 설정을 하면 다른 사람은 그 사람에 대해 반응을 주는 것, 설정 속에서 편하게 연기할 수 있는 매력이 있다. 조건 속에서 놀면 된다. 우리의 연극에서도 상황의 조건과 목적만 명확히 인식하면 편하게 연기할 수 있을 것이다.

5 블럭 장면 탐색과 장면 만들기 1

이전 시간에 텍스트에 대한 여러 가지 의문점들에 대해서 이야기를 나눴다. 이제부터는 텍스트에 드러나 있는 점들과 그렇지 않은 부분들에 대해서 여러 가지 드라마관습을 사용해서 탐구해 보고 장면도 만들 것이다.

1. 딸을 얻길 바라는 집 (소그룹 즉흥)

이 집에 딸이 없는 이유, 딸을 낳을 수 있는 방법에 대한 즉흥

☞ 먼저, 딸에 대한 얘기가 많았는데, 왜 이집에서는 아들이 셋이나 있는데도 딸을 원했었는지, 두 모둠으로 나눠서 한 모둠은 빨래터에 모인 동네 아낙네들이 되고, 다른 모둠은 이 집의 세 아들과 그 친구들이 되어서 이 장면 즉흥을 해 보겠습니다.

가. 빨래터 아낙네들

상황 : 빨래터에 아낙네들이 빨래를 하고 있다. 그 집의 어머니가 빨래터로 온다.

나. 동네 서당에서 세 아들과 동무들

- 아빠하고 엄마는 우리 셋만 있어도 되는데 왜 자꾸 딸을 원하셔?(아들)
- 너네 집에 뭐가 있는거 아냐?
- 우리 엄마도 들었는데, 너네 집에 뭔가 있데.
- 야, 내 동생 좀 델꼬가라
- 옆집에 사는 할아버지가 너네 집 지나가면서 뭔갈 봤데
- 너네 집 헛간 옆에서 불빛을 봤어.

- 셋째 아들 위에 딸이 있었어. 태어나자 마자 죽었는데, 그 애가 너무 예뻤어. 그래서 딸을 원하는거야.
- 근데, 너넨 왜 맨날 굿을 하냐?
- 그 죽은 딸의 울음 소리가 계속 들린다는겨
- 어디다 묻었니?
- 우리 아버지가 멀리 안 묻고, 애기를 너무 예뻐해서 뒷마당에 묻었다고.
- 요즘에 나도 이상하게 울음 소리가 들리는 것 같고.
- 형도 들었어?
- 딸이 죽었는데, 또 원해?
- 우리 아빠가 아마도 그 애가 다시 태어날 거라고 생각하나봐
- 야, 우리 엄마가 무당이잖아. 네네 집엔 딸이 생겨도 문제가 있겠대.
- 그럼 우리 엄마가 애 못 낫게 해야겠다.
- 근데, 이미 아이 가졌다며?

2. 꿈 만들기 (소그룹 장면 만들기)

☞ 이러저러한 사연과 소문이 많은 집입니다. 보통 아이가 들어설 땐 태몽이란 것을 꿉니다. 이 여우 누이를 가졌을 때, 어머니는 어떤 태몽을 꾸었을까요? 두 모둠으로 나눠서 꿈을 만들어 보겠습니다.

그런데, 꿈이란 것은 현실과는 많이 다릅니다. 장면이 확확 바뀌기도 하고, 이미지, 반복, 추상적이고, 그로테스크 하기도 하죠. 이런 꿈의 특징을 살려서 장면을 만들어 보겠습니다.

● 여우 누이의 태몽
● 누이가 태어나던 날 셋째 아들의 꿈

3. 딸이 자라면서 생긴 일 (소그룹 장면 만들기)

☞ 딸이 생겨서 이 가족은 더 화목 했을까요? 아니면 어떤 불화가 생겼을까요? 딸
이 자라면서 딸과 관련한 에피소드를 두 가지 방향으로 만들어 보겠습니다.

　가. 행복한 가족의 모습

　나. 딸에 대한 편애가 심한 가족의 모습

4. 이상한 일(장면 만들기)

☞ 딸이 커가면서 행복했는지, 불행했는지 모르나 집안에 이상한 일이 자꾸 생겨
났어요. 그래서 아버지는 아들들을 불러서 대책회의를 하지 않았을까요? 그 대
책회의에 딸도 있었을까요?

5. 밤에 생긴 일(5개의 정지 장면)

: 여우 누이가 간을 빼먹는 장면과 아들의 목격

☞ 여우가 간을 빼 먹는 장면을 확장과 추상된 이미지로 표현해 보자. 먼저 정지
장면을 네 장면 만들고 그것을 확장해 보자.

6 블럭 장면 탐색과 장면 만들기 2

1. 셋째 아들과 아버지의 대화(2인 1조)

: 간밤에 본 일

2인 1조를 만든 뒤 아버지와 셋째 아들의 역할을 정한다. 등을 맞대고 편

하게 자리를 잡은 뒤 누이가 여우인 것을 보고 셋째 아들이 아버지에게 간밤에 있었던 일을 이야기한다. 대신 그 상황 속에서 그 인물이 할 수 있는 대사를 다 해 본다.

● 대화 후에 느낌 나누기

〈아버지 입장〉

▷ 아들을 혼내고 쫓아낸다는 것이 어려웠다.

▷ 쫓아낼 문제가 아니고 문제를 어떻게 풀 것인지 상의를 해야 할 것 같은데,

〈아들 입장〉

▷ 말도 안 되는 것을 설득시켜야 된다는 부담감

▷ 아버지에게 믿기지 않은 일을 말씀드려야 한다는 것이 어려웠다.

▷ 아버지께서 아들 말은 듣지도 않고 성격이 급하셨다.

2. 인물탐구 (핫시팅)

☞ 아버지와 아들의 이야기를 들어보겠습니다.

이 의자에 앉으면 셋째 아들이 된다. 셋째 아들은 자신이 느끼는 그대로 이야기를 하면 된다. 다른 사람들은 셋째 아들에게 궁금한 점을 질문할 수 있다.

가. 셋째 아들

나. 아버지

3. 집에서 쫓겨 난 아들의 여정(소그룹 장면 만들기)

집에서 쫓겨 난 3년 동안 셋째가 어디를 가서 누구를 만났을 지를 상상해서 표현해본다.

● A 모둠

- 집에서 쫓겨난 아들이 불쌍한 거북이를 구해주고 호리병 3개를 받는다.
- 호리병 3개를 받은 뒤 집으로 돌아간다.

● B 모둠
- 집에서 쫓겨난 아들은 어디로 가야할까 고민하다 경북 영주의 부석사로 간다. 절 안, 스님께서는 때가 아니라며 기다리라고 말한다. 가시덤불을 개간하고 큰 항아리에 물을 채우고 방에 불을 피우라고 한다.
- 절에서 열심히 생활 한 후 시간이 흐르고 셋째 아들은 가족들을 그리워한다.
- 스님이 호리병 3개를 주며 가져가라고 한다. 스님께 고맙다는 말을 한 후 하산

● 소감 나누기
▷ 수많은 일들이 간결한 대사와 몸짓으로 표현가능,
▷ 나레이션과 적절하게 어울리고 거북이의 형상화 속에서 여러 가지 일들을 잘 풀어낸 거 같다.
▷ 내레이션에 따라 행동하기, 짧은 시간에 시간의 흐름을 잘 표현했다.
▷ 경과 과정이 잘 보였다.
▷ 코러스가 생동감 있었고, 이야기가 논리적
▷ 셋째 아들이 핵심 동작만 하는 것이 좋은지 아니면 중간 중간 중요대사를 치는 게 나을까?
▷ 수행과정을 잘 표현
▷ 어떤 텍스트가 더 연극적일까도 고민해보자.
▷ 전체적인 내용을 생각할 때 수행과정이 더 맞는 거 같다.

7 ~8블럭 종이 인형 탐색과 장면 만들기

1. 여우누이에 나오는 인물 및 배경, 소품을 종이로 나타내기(인형극)
: 종이를 구기거나 찢어서 인형을 만들고, 이야기 들려주기

각자 혹은 여럿이서 작업하기

2. 모둠별로 한 장면을 선택하여 들려주기

● A 모둠

옛날 아주 먼 옛날, 한 초가집에 아들이 셋 살고 있었어요. 모두 아들 뿐이여서 부부는 "비나이다, 비나이다, 여우같이 생긴 딸을 점지해주세요" 몇 달후 천지신명은 예쁜 딸을 내려주었답니다. 그 딸은 여우를 닮았답니다….

● B 모둠

얘들아 선생님이 지난 시간에 무슨 이야기를 들여주었지? 셋째 아들이 아버지 앞에 막내 누이가 여우란 사실을 말했어. 그래서 셋째 아들은 쫓겨나고

스님에게 빨간, 파랑, 노랑병을 받았지. 아들은 집이 그리워 참다가 집에 가 보았지. 어휴, 집에 갔더니 세상에 집이 무슨 꼬라지요, 이 년이 진짜 여우여, "오라비 왜 이젠 오우?" 그래서 누이는 밥을 차리러 갔어, 그런데 셋째 아들은 말을 타고 도망갔지. 그런데 여우가 쫓아오는 것이여. "오라비 한끼, 말 한끼" 그래서 빨간 병을 던졌어. "아이야" 가시덤불이었어. 다시 도망갔는데 여우 가 계속 쫓아오는 것이여, 그래서….

● 모둠의 장면 보고 서로 소감 나누기

☞ 인형을 만들 때 이렇게 만들었으면 좋더라, 혹은 우리의 공연에 인형을 쓴다면 어느 장면에 넣으면 좋을까에 대해서 이야기 해보자.

- 손을 이용해서 , 오래 동안 손길이 닳을수록 종이의 느낌이 다르다.
- 이 활동을 통해서 이야기 전개에 대한 확실한 이해를 하게 되었다.
- 눈에 보이지 않는 것 찾다보니 배경을 생각하게 되었다.
- 여우가 간을 빼먹는 장면에 넣어주면 좋겠다. 무서운 장면을 표현할 때 블랙라이트를 이용하면 좋겠다.
- 간 빼먹는 장면은 흰 장갑을 이용해서 빼는 장면을 연출하면 좋을 거

같다.

- 흰 손이 갑자기 나와 끄집어내는 장면을 표현하면 좋겠다.

- 간단하지만 다양한 표현이 나온다.

- 휴지도 이용하면 좋겠다.

- 여러 가지 종이, 전선도 이용하면 좋겠다.

- 눈 내리는 장면은 종이를 잘게 찢어서 흩날리면 효과가 좋다.

(발자국 표현 장면에 대한 다양한 논의가 나옴)

- 조각들을 연결해서 다양한 모양 연출

- 검은천으로 막을 하고, 흰 종이로 여우 가면을 쓰고 지나가는 것

- 비나이다의 장면 때 흰장 갑을 끼고 손만 나오면 어떨까?

☞ 일단, 활동 과정에서는 극을 만드는 것도 중요하지만, 그 보다 우선 텍스트를 다양하게 풀어보고, 탐구해 보는 과정이 중요하다.

9 블럭 **장면 탐색과 장면 만들기 3**

1. 도망과 추격 (전체 움직임)

☞ 우선 몸짓으로만 표현해 보자. 가시덤불, 물결, 불길의 특징을 살려보자. 추격과 도망이 이 장면에서 같이 있어야 한다. (3개의 장애물의 표현과 추격신의 느낌 살리기)

장애물은 움직임과 이미지화로 추격신은 사실적 표현으로도 나타낼 수 있을 것이다.

장면 형상화에 대한 전체 논의

- 장애물 표현(막대기나 고리풀기 이용)
- 두 부분으로 사람을 나누어서 안에 있는 코러스가 물, 불 등 장애물을 표
  현하고 양쪽에 있는 사람들이 음향 부분
- 가시덤불 형상화 : 길을 가로막는 듯
- 물의 형상화 : 작은 천과 큰 천의 대비(비닐 천이 주는 느낌과 소리)
- 불꽃의 형상화 : 개인별로 불꽃의 느낌을 4단계로 정해 나타내기(높낮이
  를 다르게)
- 4단계의 불꽃은 가장 높게 나타내기

2. 소리와 리듬

가. 소리 오케스트라

진행자가 기본 박을 주면 그 박에 맞추어 소리를 쌓아간다. 진행자의 지휘
에 따라 크게, 작게 할 수 있다.

나. 단어 합창하기

텍스트에서 핵심 단어를 생각하고 다른 사람의 음에 맞추어 자신의 단어
를 소리 낸다.
- 믿음, 여우, 한 끼, 두려움, 누이, 비나이다 등
텍스트의 정서 탐구나 이 활동 자체가 노래로 활용될 수도 있다.
3) 장면의 소리 탐구하기

전체를 두 부분으로 나누어 각 장면에 들어갈 수 있는 소리와 악기 탐구해 보기

- 소감 나누기

  ▷ 처음에 비나이다의 소리 효과적,

  ▷ 여우야 뭐하니? 노래를 통해 여우가 태어났다는 이야기를 하는 것

  ▷ 사람의 목소리가 주는 효과

  ▷ 핸드벨 소리의 효과(변신, 신비감 줌),

  ▷ 외롭다, 돌아가겠다, 어이할꼬의 단어 합창의 효과

  ▷ 셋째 아들의 다짐이 잘 드러남,

  ▷ 가시덤불의 소리를 어떻게 표현할지 고민

10 블럭 장면 탐색과 장면 만들기 4

1. 해설과 소리로 이야기 들려주기

한 모둠이 해설을 하면서 음향을 하고, 다른 모둠은 즉흥으로 연기를 한다.

- A모둠

비나이다. 비나이다. 몇 년째 또 비는 거야? 여우야, 여우야 뭐하니? 밥 먹는다. 응애~~여우가 태어났네. 왜 여우 소리야? 여우, 여우 얼굴 이상하지? 아무리봐도. (물 소리 및 음향) 어머, 무서워라, 그 집에서 이상한 일이 일어난데. 소도 죽고 동물들이 다 죽는대. 아침마다 이상한 일. 누가 지켜보면 어떨까? 첫째야, 밤마다 외양간을 지켜봐라. 네 아버지. 셋째가 보게 되었는데… 여우야, 여우야 뭐하니?

아버지, 나가…. 아버지, 나가…. 아버지, 나가!!!!!

● B모둠

집에서 쫓겨난 아이는 정처없이 길을 떠났지. 어이할꼬.. 어이할꼬.. 방법을 찾아야 해. 스님~~스님~~외롭다.. 지금은 때가 아니다. 홀쩍. 홀쩍. 돌아간다 돌아간다… 돌아간다… 이것을 가져가거라. 요긴하게 쓰일 것이다. 그렇게 해서 그 셋째는 호리병 3개를 가지고 집으로 돌아갔어요. 그런데 그 집은, 그 집은 엄마도 없고, 형도 없고, 아버지도 없대. 오로지 있는 건 눈이 쫙~~찢어진 쫙 찍어진 여우. 누이. 그날 밤이였어.~~아우~~~(병 소리) 오라비, 오라비, 빨리 도망가야 겠다.(북 소리) 오라비 한 끼, 말 한 끼, 호리병 속에서 가시덤불이 나온 거야. 그런데 여우가 가시덤불에서 빠져나왔어. 두 번째 병 물이 나와서 그 여우를 덮는 거야. 큰 파도, (파도 소리) 그런데 여우는 또 그 물도 물도 헤엄쳐 나왔어, 또 도망갔어. 오라비 한 끼…하하~~ 와!! 불이다. 불이다.. (불 음향) 비명~~~악~~ 그래서 그래서 결국 여우는 죽었대. 죽었대. 셋째 아들은 그마을에서 다시 행복하게 살았다는 이야기야. 행복하게 살았대.

● 소감 나누기

▷ 이야기 들려주는 재미, 앉아있는 장면이 좋았다. 무대 위에서 ,

▷ 해설에 따라 움직임은 어땠는가?

▷ 이미 해 왔던 활동이라 부담감은 없었다.

▷ 처음 보는 사람들도 이야기를 잘 알 수 있도록 이야기를 구체적으로 풀어주는 장면과 연극적으로 보여줄 장면을 생각해보자.

2. 노래 만들기

가. 전래 동요 배우기

전래동요의 구음이나 장단을 극에 이용해 보는 것에 대해 생각하기

〈둥기둥기둥기야〉

〈저 달이 둥둥〉

〈개야 개야〉

나. 느낌 달리해서 노래하기

신나게/ 무섭게/ 여우같이/ 매기고 받으면서

☞ 이 노래는 딸이 태어난 장면에 그대로 사용해도 무방할 거 같다.

'저 달이 둥둥' 노래의 가사를 바꾸어서 노래하기

: 후렴구는 '오라비 한 끼 말 한끼 가네'

다. 전래 동요 후렴구 가사 바꿔 부르기

● A 모둠

　　오라비 한끼 말 한끼 가네

　　오라비 오라비 도망을 가소

　　오라비 한끼 말 한끼 가네

　　가시가 콕콕 찌르는 구나

　　오라비 한끼 말 한끼 가네

　　물 속에 풍덩 허우적 허우적

　　오라비 한끼 말 한끼 가네

　　앗뜨거 앗뜨거 여우가 타네

● B 모둠

　　오라비 한끼 말 한끼 가네

요망한 여우 오라비 잡네

오라비 한끼 말 한끼 가네

첩첩산중 앞뒤가 막혔네

오라비 한끼 말 한끼 가네

도망을 가라

오라비 한끼 말 한끼 가네

찔러라 찔러라 여우를 찔러라

오라비 한끼 말 한끼 가네

빠져라빠져라 물 속에 빠져라

오라비 한끼 말 한끼 가네

불타라 불타라 잿더미 되어라

오라비 한끼 말 한끼 가네

☞ 이 노래를 가지고 어떻게 놀 수 있을까? 추격신과 어떻게 어울릴 수 있을까?
연극적으로 표현할 수 있는 방법에 대해 고민해보자.

11 ~12블럭 플롯 구성하기, 장면 정리하기

1. 장면 카드 만들기

☞ 지금까지 '여우 누이' 텍스트를 가지고 안과 밖으로 여러 가지 활동을 하였다.
그 동안 활동 했던 것들, 우리가 만든 장면들은 무엇이 있었는지 다시 한 번 생
각해보자.

가. 인상적인 장면

: 각자 인상적인 장면을 쓰기 (포스트-)

- 셋째가 쫓겨나는 장면 → 고난, 수행의 과정

- 절에서의 3년(수련장면)

- 스님에게 호리병을 받기 위해 수련하는 장면

- 소리, 코러스? 셋째 아들이 집을 떠나 스님을 만나러 가서 수련과정을
  겪은 뒤 호리병을 얻게 됨

- 가시덤불(정지+움직임), 강물(비닐), 불(천)＋노래

- 여우 누이와 오라비의 상봉

- 셋째가 삼년만에 집에 돌아가 누이를 만나는 장면

- "오라비 한끼 말 한끼"추격 장면에서 호리병 투척

- 소리와 몸짓으로 여우 누이를 추격하는 장면

- 추격씬 (가시나무 숲, 물, 불바다)

- 여우 추격 장면

- 마의 태몽 장면

- 어머니의 태몽

- 여우누이가 소의 간을 빼먹는 장면(종이 인형, 빨간 천)

- 막내를 낳고 난 다음 가족 모습을 담은 장면

- 아버지가 셋째를 내 쫓는 장면

- 쫓겨나는 셋째 아들

- 절에 가는 도중 숲 속(코러스)

- 뜨거운 의자 : 셋째 아들이 누이 동생이 여우란 사실을 알게 되고, 아버
  지께 그 사실을 알려드리기까지 심정, 그 배경 등

- 집에서 쫓겨나 절, 용궁으로 가는 장면

- 호리병으로 여우를 물리치는 여러 가지 장면 : 물, 불, 가시덤불

- 셋째가 여우를 물리치는 장면 : 소리 쌓기

- 호리병으로 여우에게 벗어나는 장면(가시덤불, 물, 불 표현)

- 여우 추격 장면

- 누이가 몰래 간을 빼먹는 장면 (블랙 라이트)

- 비나이다 → 여우야 뭐하니 → 애기 소리로 이어지는 코러스(아이의 탄생)

- 소의 간을 빼먹는 장면(형과 A4용지 이용한 어둠 속 공연)

- 여우 누이의 살생 장면을 목격하는 셋째)

- 엄마가 아기를 달라고 부처님께 비는 장면 그리고 태어남→소리(음향)

- 동네 사람들 : 빨래터에서 여우누이 집안에 대한 흉흉한 이야기를 나 누는 장면(왜, 딸을 원하는가?)

- 소에게서 간을 빼먹는 장면

- 셋째 아들의 꿈

- 여우누이가 소의 간을 먹기 위해 방에서 나오는 장면

나. 비슷한 내용 분류하고 장면 스타일 정리하기

　　#1 부부의 기도, 태몽, 탄생 - 이미지

　　#2 가족의 모습과 이상한 일의 반복 - 서사

　　#3 소의 간을 빼먹는 누이를 목격 - 블랙라이트, 인형

　　#4 쫓겨나는 셋째 - 스토리텔링 ,마임

　　#5 수행 장면 - 이미지

　　#6 상봉 장면 - 스토리텔링(말놀이 살리기)

　　#7 추격 장면 - 이미지

다. 그림 카드 만들기

A4에 한 장에 한 장면을 그린다. 중요하다고 생각된 대사는 말 주머니에 넣는다.

2. 장면의 선택과 배치

: 플롯 구성 및 장면의 성격에 대한 전체 논의

- 막이 쳐져있는 상태에서 아들 삼형제의 노랫소리, 그 뒤에 조명이 아들에게 비치고 비는 장면으로 시작하면 어떨까? 여우탄생에 대한 약간의 암시
- 본 장면의 하나를 프롤로그에 배치하면 좋겠다.
- 처음에 셋째 아들이 호리병을 가져와서 궁금증을 유발시킨다.
- 처음에 강렬한 장면을 넣으면(소 간 먹는 장면) 어떨까? 그 장면 뒤 코러스가 아이들이 되고 이야기꾼이 나와서 이야기를 펼친다.
- 블랙라이트를 이용 첫 장면부터 강하게 나갔으면 좋겠다.
- 블랙라이트는 딱 한 장면을 이용한다.
- 극의 분위기는 일관되게 무서움일까 아님 무서움과 재미?
- 쫓겨난 아들이 다시 집으로 돌아가는 장면을 첫 장면으로 하면 어떨까?
- 블랙라이트 장면을 소의 간 먹는 장면으로
- 전체적인 이야기순서는 장면 순서대로 가기로 하자.

☞ 각 장면들은 스토리텔링 중심으로 가며 코러스의 역할을 부각시켜보자. 옛날 이야기책에 삽화가 들어가는 것처럼 생각할 수 있을 것이다. 등퇴장 없이 모두가 계속 역할을 바꾸고 코러스로, 이야기꾼으로 무대에 있다고 생각하자.

3. 장면 연습

그동안 작업했던 장면을 기억하는 정도로 전체장면 해보기 (선택된 장면을 중심으로)

4. 어렸을 적 놀이 해 보기

각자 어렸을 적에 해 보았던 놀이에 대해서 이야기하고, 가능한 것들은 같이 해보기

- 여우야 여우야 뭐하니?
- 무궁화 꽃이 피었습니다.
- 땅따먹기/ 손 유희 등

☞ 프롤로그 장면에 이용될 것임.

5. 플롯과 공연에 대한 공유

전체 논의와 강사진에서 정리한 플롯과 공연 컨셉에 대해서 설명하고 전체가 공유하는 시간

- 대사는 간결하게
- 필요한 부분은 이야기꾼이 말함.

13 ~14블럭 연습하기

1. 캐스팅 선정

2. 각 장면별 연습과 정리

● 프롤로그 : 놀이하는 아이들

몇 명씩 모여서 놀이하는 아이들.

누군가 "여우야, 여우야 뭐하니?"라는 전래동요를 부르며 들어온다. 놀던 아이들, 노래 소리에 하던 놀이를 멈추고 노래를 따라한다. 다 같이 '여우야, 여우야 뭐하니?'놀이에 참여한다. 여우인 아이가 '죽었다'라고 하면 도망가던 아이들이 '얼음'을 하고 놀이가 멈추고 '여우 이야기'로 이어진다. 다들 해설자로, 코러스로, 이야기꾼으로 그 이야기에 대해서 말대답을 주고 받으며 이야기가 시작된다.

● 부부의 기도, 태몽, 탄생(이미지)

코러스들의 노래가 이어지며 장면 전환.

부부가 서낭당에서 기도하는 장면. 부인이 입덧을 하자 부부가 기뻐하며 자리에서 일어남. 일어나면서 점점 배가불러오고 코러스들의 '응애'소리.

코러스 노래하고, 부부는 마임으로 아이를 어르며 점점 아이가 커가는 모습을 보여줌. 그러다 코러스에서 막내딸이 마임으로 보여지던 아이의 자리로 들어가 역할을 맡음.

● 가족의 모습과 이상한 일의 반복(서사)

코러스 중에서 세 명이 아들의 대사와 함께 역할 변화.

가족의 설날 모습. 막내딸만을 편애해서 예뻐하는 부모님과 그런 막내 버릇을 한번 고쳐주고자 하는 세 아들의 모습.

(역할 밖의 이야기꾼들은 서로 말을 주고받거나 관객에게 이야기를 해 줌)

가족의 아침 일상의 모습. 그러다 아들이 닭이 죽었음을 발견하고 아버지에게 알림. 아버지는 '거참, 이상한 일이네.'라고 말하고, 바로 다시 아침의 모습. 다시 개가 죽었음을 알림

(아침 모습의 반복. 반복될수록 표현적 축약)

아버지 아들들을 불러서 무슨 일이 일어나는지 밤에 지켜보게 함.

● 소의 간을 빼먹는 누이를 목격 - 블랙라이트, 종이인형

종이 인형극(블랙라이트)으로 전환.

외양간의 모습. 나무 뒤에 숨어 있는 첫째 아들. 해설자의 이야기로 진행됨.

셋째 아들은 누이동생이 여우로 변해서 소의 간을 빼 먹는 장면을 봄.

(눈에 찍히는 여우 발자국, 소의 똥구멍으로 손을 집어 넣을 때 효과.)

다음날 아버지에게 간밤에 본 사실을 말하지만 쫓겨나게 됨.

● 셋째 아들의 여정:쫓겨나는 과정과 수련

길거리 풍경 - 이야기꾼들은 나무와 숲의 코러스가 되어 셋째 아들의 여정과 마음 속 생각들을 보여줌.

절 안 풍경 - 이야기꾼들 절 안의 여러 가지 사물이 됨. 스님과 셋째 아들의 대화에서 셋째 아들의 수련과제가 주어지고 코러스들은 셋째 아들의 모습이 되어서 함께 수련과정을 보여줌.

세 가지의 수련과 삼년이 흐른 후에 스님은 호리병 세 개를 주며 집으로 돌아가라 함.

● 집으로 돌아 온 셋째와 기다리는 여우누이

셋째 아들이 말을 타고 집으로 돌아감.(목도리를 말 고삐로 변형하여 마임)

이야기꾼들은 말놀이(말 대답 주고 받기)를 통해서 지금 집의 모습, 여우 누이에 대한 이야기 해주기

셋째가 집으로 돌아오자 여우누이가 달려와 밥 한끼 먹고 가라고 셋째 아들을 붙잡고 밥하는 사이 말을 타고 도망치는 셋째 아들.

● 도망과 추격(이미지)

여우 누이와 셋째는 무대의 각각 한 쪽씩을 차지하고 무대 중앙에서 코러스들이 셋째 아들이 던지는 호리병의 도술을 몸으로, 비닐로, 천으로 형상화하며 '오라비 한끼 말 한끼 도망 가네'의 후렴구에다 개사한 내용으로 노래하기.

여우 누이는 마지막 불구덩에서 나오지 못하고 쓰러지고 코러스들은 붉은 천으로 여우 누이를 뒤 덮음.

● 에필로그

무대 조용해지고 잠시 정적.

코러스들 다시 이야기꾼이 되어 죽었나? 살았나? 로 말놀이.

누군가가 '여우야 여우야 뭐하니?'라고 묻지만 아무 반응이 없음.

다 같이 '살았니? 죽었니?'라고 노래하면, 천 무더기에 덮여있던 여우 누이가 이야기꾼으로 빠져나오며 '살았다'고 외침. 다른 이야기꾼들 '아니야, 너 죽었어.' '죽은거야'라고 이야기하고, 여우 누이 역할을 하던 이야기꾼은 '나, 죽었어?'라고 서로 말놀이.

이 때, 셋째 아들이 '그럼 나는?'하고 물어보면 이야기꾼들 '넌 잘 먹고 잘 살았지. 예쁜 아내와 아들딸 많이 낳고'라고 대답해주고 분위기 환기

이야기꾼들 '개야 개야' 노래 시작. 모두 무대를 돌며 흥겨운 노래와 함께 덩실덩실 춤추며 끝.

15 블럭 리허설

1. 무대 리허설

가. 무대에서의 움직임과 위치 맞추기

나. 리허설 후 문제점 논의와 보완

- 퇴장이 없으니까 무대 위에 있는 것이 어색하다

- 종이인형극 장면에서 탁자를 넣고 빼고 하는 것

☞ 역할을 하거나 코러스가 아닐 때는(무대에 앉아있을 땐) 이야기를 구경하는 사람, 이야기를 해주는 사람 모두 일 수 있다. 추임새를 생각해 보면 어떨까? 만약 그래도 불편하다면 정지나 퇴장하는 방법을 고려해보자.

2. 최종 리허설

- 등퇴장, 위치 확인

- 소리, 앙상블 확인

- 음향, 조명과 맞추기

- 공연시간 확인하기

박씨부인전 김종욱

징그러운 애벌레가 아름다운 나비가 되느니라

---

01. 작품을 고른 까닭

박씨 부인전은 병자호란을 배경으로 한 소설입니다. 역사적 사실을 밑바탕에 깔고 있어 이시백, 임경업, 김자점, 용골대와 같은 실존 인물이 많습니다. 하지만 자객 기홍대라든가 주인공 박씨부인은 문학적 상상력으로 만든 인물입니다. 《박씨 부인전》은 실제 역사를 배경으로 하되, 작가가 하고 싶은 말을 문학적 상상력으로 만들어 낸 인물에 담아낸 작품입니다.

이 작품은 박씨 부인이 허물을 벗기까지 전반부와 초인적인 능력, 지혜 용기로 오랑캐를 물리치는 후반부로 되어 있습니다. 이 작품을 처음 읽었을 때, 우선 재미있었습니다. 박씨 부인이 화를 피하기 위해 심은 피화당 뜰에 심은 나무가 병사로 변해 오랑캐를 물리치는 장면이나, 술이 담긴 술잔을 반으로 자르는 장면, 허물을 벗고 아름다운 여인이 되는 장면 등 우리 고전에도 이렇게 재미있는 판타지 소설이 있다는 것에 놀랐습니다. 판타지라고는 하지만 실제 역사를 배경으로 했기에 터무니없다는 생각이 들지 않습니다. 마치 진짜 있었을 법한 이야기로 들립니다. 이 소설은 당시 고통 받는 사람들의 마음에 희망이 되었을 것입니다. 따라서, 여자로써의 삶에 초점이 맞추어진 전반부 보다는 백성에게 희망과 용기를 주는 사회적 영웅의 모습이 그려진 후반부에 초점을 맞추어 연극으로 풀어내고자 합니다. 무엇보다, 우리 역사가 가진 아픔을 즐겁고 희망을 주는 이야기로 풀어내보고 싶었습니다. 또한 이야기 속 환타지적 요소를 연극으로 형상화하는 재미를 느껴보고 싶었습니다.

전국 교사 연극 모임 '놀이와 즉흥으로 극 만들기' 연수 (2010. 8. 7~8. 12)를 바탕으로 정리하였다. 주강사 김종욱, 보조강사 박종영, 김순남.

02. 과정 한눈에 보기

블록		주제	내용	비고
월	1	이야기와 만나기	놀며, 몸과 마음 열기	
	2		옛이야기로 놀기	
	3		박씨 부인전 읽기	
화	4	이야기 탐색하기	주제 탐색하기 1	
	5		주제 탐색하기 2	
	6		이야기로 놀기	
	7		인물 탐색하기	
수	8		즉흥, 인물로 살아보기	
	9	장면 만들기	장면 만들기 1	
	10		장면 만들기 2	
목	11		장면 만들기 3	
	12		장면 만들기 4	
	13			
금	14	정리하기	장면 구성하고 다듬기	
	15	연습하기	리허설	

03. '박씨 부인전' 연극 만들기

목표

1. '박씨부인전' 이야기를 놀이와 즉흥으로 인물과 사건 배경을 탐색해 본다.
2. '박씨부인전' 이야기에 나오는 인물로 살아보며, 그 시대의 삶을 경험해 본다.
2. '박씨부인전' 이야기를 장면으로 만들며, 구조를 탐색해 본다.
3. '박씨부인전' 이야기의 환타지적 요소를 연극적으로 형상화해 본다.

1 블럭 놀며, 몸과 마음 열기

1. 서로 알며 친해지기

가. 이름 앞에 수식어 넣어 자기 소개하기 → 옆 사람이 이어받아 자기 소
   개 붙여가기
나. 자기 이름이 불리면 이름이 불린 사람은 자리에 앉고 양 옆의 사람은
   그 사람을 향해 총 쏘는 자세를 한다. 늦게 앉거나 늦게 총 쏘면 아웃.
다. '나는 ~하다' 종이에 쓰기 : 자기 이름 쓰지 않고 자기에 대해 쓰기, 쓴
   것을 벽에 붙이고 하나씩 짚어보며 누구인지 맞추기

● 참여자 이야기
  ▷ 나는 잘 웃는다 / 더 많이 웃고 싶다 / 쉬고 싶다 / 바람을 좋아한다 /
    특히 바람에 마구 흔들리는 나뭇가지와 잎들을 보는 것을 좋아한다 /
    낯선 곳에 가 있는 것을 좋아한다 / 가끔 머리를 시원하게 해 주는 책

을 읽으면 기분이 좋다 / 요즘 눈이 뜨겁다

▷ 나는 걷는 것을 좋아한다 / 바람맞으며 자전거 타는 것을 좋아한다 / 음악 듣는 것을 좋아한다 / 울고 웃으며 보는 영화를 좋아한다 / 여행을 좋아한다 / 끄적이는 것을 좋아한다 / 하늘, 햇살, 바람을 좋아한다 / 많이 가지지 않고 욕심 내지 않고 살 수 있음에 감사한다 / 나는 가끔 뻘쭘합니다 / 어울리기를 좋아합니다 / 낙천적인 편입니다 / 무거운 것을 싫어하지만 너무 가벼운 것도 싫습니다 / 사람을 좋아합니다

2. 연극놀이로 친해지기

가. 무궁화 꽃이 피었습니다.

연극 활동에서 정지(포즈)는 여러모로 쓰임이 많다. 이 놀이는 포즈를 연습하는 데 효과적이다. 이 놀이를 할 때 술래를 한 사람 정한다. 술래는 "세수를 합니다. 세수를 합니다."와 같이 포즈를 취할 명령어를 두 번 말한다. 나머지 사람은 명령어대로 포즈를 취하고 정지한다. 조금이라도 움직이거나 술래가 명령한대로 포즈를 취하지 못하면 술래 옆에서 함께 술래를 한다. 술래들은 돌아가며 명령어를 말하고 동시에 돌아본다. 이렇게 하는 까닭은 포즈의 효과를 느껴보게 하기 위함이다. 마치 사진이 한 장 한 장 넘어가는 것을 보는 효과가 있다.

나. 눈치 게임

모두 둥글게 선다. 서로 눈치를 보다 첫 사람이 앉으며 1이라고 외친다. 다음 사람은 2. 이렇게 앉다 동시에 앉거나 동시에 숫자를 외치면 원을 한 바퀴 도는 벌칙을 한 뒤 자리에 놀아와 처음부터 놀이를 다시 한다. 맨 마지막까

지 않지 못한 사람은 벌칙 두 배. 즉흥 활동에서 타이밍과 서로간의 호흡을 맞추는 것은 무척 중요하다. 그것이 자연스러울 때 움직임이나 대화가 자연스럽다. 이 놀이는 타이밍이나 서로간의 호흡을 맞추게 하는 데 효과적인 놀이이다.

다. 척도 놀이

이 놀이는 0에서 100까지의 척도를 약속하고 서로에 대한 생각들을 알아보는 놀이이다. 교실 맨 뒤를 0이라고 하면 맨 앞은 100이라고 약속한다. 리더나 참여자가 던지는 명제에 대해 자신이 생각하는 정도에 따라 그 자리에 서는 놀이이다. 서로가 선 위치를 보며 자신이 그 자리에 선 까닭을 이야기하며 서로 알아가는 놀이이다.

- 리더나 참여자가 던진 명제들
  - 나는 학교가 좋습니다. - 나는 지금 행복합니다. …

2 블럭 옛이야기로 놀기

1. 다양하게 걷기

자연스럽게 걷는다는 것은 연극 활동에서 가장 기본입니다. 우리가 활동할 공간을 걸으며 몸으로 느끼고, 함께 걷는 사람들과의 자연스러운 조화를 몸으로 익히는 활동입니다. 다양한 걷기를 하며 자연스럽게 연극 속으로 들어갑니다.

- 산길을 편하게 걷는 나그네가 된 것처럼 걷기
- 길에서 만난 나그네와 편하게, 반갑게 인사하기

- 옛이야기의 인물이 되어 걷기
  - 모두 한쪽 벽 앞에 나란히 선다.
  - 한 사람이 옛이야기에 나오는 한 인물을 정해서 먼저 걸어 나간다. (심청전의 심 봉사, 흥부전의 놀부 등)
  - 나머지 사람들도 그 인물에 대한 생각이 끝나면 인물로 행동하며 반대편까지 걷는다.

2. 옛이야기 속의 나는 누구인가

한 사람이 교실 밖으로 나가면(술래) 안에 있는 사람들은 옛이야기를 한 가지 정하고 그 이야기 속의 등장인물 가운데에서 한 사람을 나간 사람의 역할로 결정한다. 그 밖의 다른 사람이나 장면은 특별히 협의하지 않고 즉흥으로 연기한다. 장면을 시작하면 밖으로 나갔던 사람이 들어오고, 그 사람은 자신이 어떤 이야기 속의 누구인지를 즉흥 속에서 반응을 해가면서 알겠다 싶으면 '멈춰'라고 외치고 자신의 역할이 무엇인가 맞힌다. 세 번까지 기회를 준다.

- 나간 사람 : 토끼전의 토끼
- 나간 사람 : 선녀와 나무꾼의 선녀
- 나간 사람 : 임금님 귀는 당나귀 귀의 임금님

3. 옛이야기 들려주기 (짝 활동)

- 우리가 알고 있는 옛이야기 전지에 모두 쓰기
- 자신이 들려줄 수 있겠다 생각하는 얘기 하나 정하기
- 두 사람씩 짝을 지어 편하게 자리 잡기
- 가위바위보에서 이긴 사람이 얘기 들려주기
- 그만 신호가 나면 짝을 바꾸기, 역할 바꿔 이야기 들려주기

• 참여자 이야기 : 얘기를 재밌게 들려주는 게 힘들다. / 재밌는 얘기를 들으면 더 듣고 싶었다. / 계속 짝이 바뀌니 요약하게 된다. / 아는 이야기임에도 몰입하게 된다. / 그림책을 한 장 한 장 넘기며 보는듯한 기분이었다. / 이야기를 설명하려고 하면 상상이 되지 않는다. / 이야기를 할 때는 과장하게 되고, 들을 때는 같은 이야기인데도 느낌이 달라진다. / 생각 안 나서 답답했다. / 생각 안 날 때는 다른 이야기로 바꿨다.

4. 옛이야기 한 장면을 표지로 만들기 (모둠 활동)

한 모둠을 네 명씩으로 한다. 모둠에서 옛이야기를 하나 정해 책의 표지를 몸으로 만들 듯 정지 조각을 만든다. 이때 옛이야기의 핵심이 잘 드러나게 표현하는 것이 중요하다. 정지 장면이 완성되면 이야기의 핵심이 잘 드러나는 단어나 분위기를 잘 나타내는 소리를 보탠다. 다른 모둠이 어떤 옛이야기인가 맞춰본다.

3 블럭 박씨 부인전 읽기

1. 몸 풀기와 놀이

가. 스트레칭

원으로 둘러서서 한 사람씩 스트레칭 동작을 만들어 하면 나머지 사람이 따라 하기. 여덟 박사 세기. 둘씩 짝지어 몸 풀기.

나. 믿음 놀이

한 사람을 빼고 나머지 사람들은 원을 만든다. 한 사람은 나무토막이 되었다 생각하고 원 안으로 들어간다. 원의 사람들이 나무도막의 사람을 이리저리 밀친다.

다. 온 몸 마사지해 주기

두 사람씩 짝을 지어 한 사람의 몸이 완전히 풀어지도록 맛사지한다.

라. 웃음 따라하기

원으로 둥글게 서서 한 사람이 웃으면 그 웃음을 나머지 사람이 따라한다. 돌아가며 다른 종류의 웃음으로 웃고 따라한다.

마. 산도깨비 율동 배우기

바. 서로가 가진 것 함께 나누기로 약속

참여자들이 알고 있는 연극 놀이나 이야기 또는 먹을 것과 같이 함께 나눌 수 있는 것들을 시간 날 때 나누기로 약속했다.

2. 《박씨 부인》 읽고 이야기 나누기

가. 작품 함께 읽기

한겨레, 창작과 비평사, 나라말에서 나온 3종의 출판사 가운데 창작과 비평사 책을 골라 함께 돌아가며 읽기

나. 작품에 대해 이야기 나누기

- 역사적인 요소도 있어 흥미로웠고, 무협지를 읽는 기분이 들어 재미있었다.
- 재미있으면서도 유교적 가치와 가부장적인 요소가 있어서 약간 껄끄러웠다. 박씨 부인이 청나라에 끌려 간 여인들을 구해오는 이야기도 있는 것으로 안다.
- 생각할 때마다 씁쓸하다. 그 당시 패배한 전쟁에 대해 심리적으로 극복하고픈 이야기꾼의 심리는 공감 가능하나 박씨 부인이 아름답지 않거나 능력이 없다면 다른 여인들처럼 끌려갔을 것이다. 현실과 연관 지어 볼 때 패배감도 든다.
- 사람은 노력하면 어떤 모습으로든지 변모할 수 있을 것 같다. 변신은 다른 모습으로의 변화가 아니라 자기 안에 어떤 있는 모습이 드러난 것일 수도 있다. 남자는 여자를 잘 만나야 한다는 생각과 겉모습으로는 알 수 없다는 생각이 들었다.
- 학생들과 현대에서 가능한 변신술에 대해 토론하기도 한다.
- 역사적 배경 안에서 강대국 간의 관계에 대해 토론하기도 한다. 다양한 요소로써 얘기가 가능한 작품이라서 재미있다.
- 역사적으로 굴욕적인 전쟁을 배경으로 하고 있고, 여자가 주인공이라서 한계가 있는 것 같다. 임경업을 도와서 더 큰 일을 하지 못한 것 등, 많은

것을 할 수 없어서 안타깝다.

- 드라마에서 화가 신윤복을 남장여자로 설정했던 것처럼 여자가 전면에 나설 수 없는 한계가 분명히 있을 것이다.
- 박씨가 허물 벗은 후 이시백이 선뜻 피화당에 한 번에 들어가지 못하는 부분이 재미있었다.

4 블럭 주제 탐색하기 1

1. '박씨부인전은 (   )이다'에 들어갈 말 채우기

2. 모둠별 이야기 만들기

가. 방법

1) 초성 자음을 보고(ㄱ~ㅎ) 생각나는 낱말이나 문장 쓰기

2) 다 쓴 다음 모둠별로 함께 읽고 느낌 나누기

나. 모둠별 만든 이야기

1) A모둠

- ㉠기룡대는 어떤 마음으로 조선에 왔을까? / ㉡나라를 구한 박씨 부인은 여성 영웅이다. / ㉢다양한 사건과 인물이 등장하는 재미있는 이야기 / ㉣라일락과 꽃향기 가득한 피화당의 정체는 무엇인가? / ㉤마음만 먹으면 무엇이든 할 수 있던 그녀! 그런데…. / ㉥박씨 부인은 왜 허물을 벗었을까? / ㉦사람의 자존심을 살리는 이야기이다. / ㉧아름다움과 지혜, 용기를 갖춘 자는 진정한 승자이다. / ㉨자랑하는 사람이 많은 시대! 박씨

와 비교해 본다. / ㊊착하지 않으면 벌을 받는다. / ㊋큰 얼굴의 이야기이다. / ㊌타오르는 분노가 환타지로 부활했다. / ㊍파도치는 마음을 억누른 여자, 박씨! / ㊎환타지 장편 소설이다.

2) B모둠

- ㉠가정의 중요성과 여자의 한계를 정했으나 그 범위 안에서 능력을 나타냄 / ㉡나의 생활과 비교해 보는 계기가 되었다. / ㉢덕과 지혜를 가진 여인의 영웅담이다. / ㉣로망스를 나타내고자 박씨의 변신을 그림 / ㉤말을 이용한 재테크가 인상적이었다. / ㉥바보같은 현대상이 느껴진다. / ㉦사랑을 이루는 과정에서 여자의 미에 대한 변신을 나타냄 / ㉧아버지의 사랑과 미래를 보는 눈을 배워야 한다. / ㉨정신적 내공의 승리를 얘기할 수 있었음 좋겠다. / ㉩착하고 바르게 덕을 쌓으면 행복이라는 보상이 주어짐. / ㉪콩으로 메주를 쓰지만 팥으로 메주를 쓴다 해도 여자 말은 믿어야 한다. / ㉫틀의 한계를 깨지 못함으로써 그 '틀'을 깨게 하는 이야기이다. / ㉬파란만장한 한 여인의 일생을 나타내기 위해 '추녀 → 미녀, 지혜 → 영웅'으로의 변신을 그림 ㉭한 편의 판타스틱, 호러, 에로, 서스펜스의 복합적 예술이다.

3. 박씨전에 대한 생각 자유롭게 이야기하기

- 인물의 태도 - 시백 : 비굴하다, 양심이 있다 / 박씨 : 자기 과시, 보상 심리
- 시아버지 이득춘의 역할, 이득춘의 믿음이 중요, 아버지의 결정이 옳다는 건 유교 사상
- 박씨의 덕 - 남편 출세시키는 건 자기의 이익과 관계가 있어서 덕이라 할 수 없다.
- 박씨 부인은 자신을 죽이려 했던 기룡대를 살려준 것이나, 피화당을 지

어 여성들을 오랑캐에게서 구한 박씨의 행동을 보면 당시 여성에 대한 고통이 심했을 것이라는 것과 함께 여성을 보호하고자 하는 마음이 느껴진다.

- 박씨의 능력 - 대리인을 둠 / 박씨는 신선일 수도 있다. 그래서 직접 나서지 않고 계화를 통해 자신의 능력을 발휘했을 것이다. 기도를 올릴 때 신이 직접 나서는 게 아니라 일이 잘 풀리는 모습으로 신의 존재를 확인하듯, 신을 통해 욕망을 이루려는 사람들의 바람. 신의 현신화.

- 박씨 부인은 왜 허물을 벗었을까?
  - 변신에 대한 재미, 예쁜 사람에 대한 관심, 미모에 대한 관심은 남자의 여자에 대한 관심
  - 자랑 (인정욕구) / 여성의 능력을 확장해 놓은 판타지

5 블럭 주제 탐색하기 2

1. 내가 생각하는 주제(주제는 ~이다) 돌아가면서 말하기

- 가정과 나라가 잘 되기 위해서는 여자의 헌신이 필요하다

- 나라를, 신하를 조롱한다. 그래서 피화당이라는 현실과 떨어진 공간을 만들고 남자들을 조롱하며 일상의 영역을 지켜나간다.

- 사회의 틀 안에서 여성이 해야 할 일로 인정받는 이야기

- 민중들이 쓸 수 있었던 영웅의 이야기이다. 당시 사람들에게 박씨는 엄청난 능력을 지닌 것으로 느껴졌을 것이다. 주인공이 여자라는 것은 지배 계층에 대한 조롱의 이야기이다.

- 지배층이 주인공이었다면 죽이려고 했을 것이다.

- 세상을 지배하는 건 남자지만 남자를 지배하는 건 여자이다.
- 여성미를 잃지 않는 세련된 복수

2 주제 잡기

가. 한 문장으로 주제 잡기

- 새로운 정체성을 찾아가는 여성상과 답답한 시대상황에 대한 풍자
- 피화당에서 3년과 허물을 벗은 삶을 통한 사회적 인간의 과정
- 여성의 눈으로 세태를 풍자하다
- 한 여자 영웅의 미완성 교향곡
- 소외된 사람이 소외된 여성들을 구한다
- 외모보다 내적힘을 가진 사람이 사랑을 이룬다.
- 사람의 마음을 끄는 것은 무엇인가에 대한 고찰
- 3년 허물벗기를 통해 완성되다.
- 남성 중심의 가부장 사회의 무능을 여성의 힘으로 극복하는 이야기
- 사회적 모순의 타파를 꿈꿨던 사람들의 꿈 이야기
- 여성, 세태 풍자, 시대의 모순, 외모, 극복, 역사적 비극, 꿈, 남성중심
- 시대를 극복하고 사회적 위치를 찾다

나. 주제

새로운 정체성을 찾아가는 여성상과 답답한 시대 상황에 대한 풍자

※도움말

주제를 정한다는 것은 이야기를 주제에 맞춰 새롭게 짜야 한다는 것이다. 이는 옛이야기에서 나아가 창작 과정으로 이어질 수도 있다. 주제에 따라 이야

기는 하나의 소품이 될 수도 있다. 박씨 부인전 이야기는 내용이 많다. 가지를 쳐 내야 한다. 이야기를 부풀린다면 길을 잃을 수도 있다. 허물을 벗기 전의 이야기가 중심 될 때 당시의 여성의 삶이나 오늘 날 여성의 삶까지 깊이 있게 탐구되어야 할 것이다. 허물을 벗은 뒤 이야기라면 역사적 장면을 중심으로 박씨 부인의 활약상을 형상화하는데 초점이 맞춰 지겠다. 이번 작품 만들기에서는 후자에 초점을 맞추어 진행할 생각이다.

주제는 이야기에 녹아나야 한다. 그래야, 주제가 동동 끈 것처럼 드러나지 않고, 이야기를 즐기는 사이에 자연스럽게 느낄 수 있는 것이다.

이제, 이야기를 형상화해 보자. 앞부분은 뒷부분 이야기를 풀어가는 정도로 간단히 형상화하고 뒷부분을 중심으로 작품을 형상화하자고 했다.

6 블럭 이야기로 놀기

1. 나눔 활동과 연극 놀이

가. 낱말 선물

둥글게 앉아 하나의 낱말을 옆 사람에게 선물하면 그 낱말로 자신을 드러내는 말을 한 뒤 옆 사람에게 새로운 낱말을 선물한다.

나. 대장 찾기

술래 한 명을 정하고, 술래가 잠시 문 밖에 나가 있는 동안, 대장을 정한다. 다른 사람들은 대장의 행동을 따라하고 술래는 그룹 속으로 들어와서 행동을 주도하는 대장이 누구이니 찾아본다. 놀이를 할 때 술래가 그룹의 가운데 있도록 하며, 대장은 술래의 눈을 피해 행동을 크고 과감하게, 중간 중간 행동을 바꿔 간다.

2. 내용으로 놀기

놀이와 즉흥으로 연극 만들기에서 중요한 것은 이야기를 모든 참여자가 충분히 이해하고 있어야 한다는 것이다. 이야기를 마음껏 들려줄 수 있을 때 어떤 장면에서 어떤 역할을 맡아도 즉흥을 자연스럽게 해 낼 수가 있다. 또한 이야기를 간단히 줄여 들려주다 보면 이야기 구조가 보이고, 이야기의 핵심이 자연스럽게 드러난다.

가. 인물의 역할로 이야기 들려주기

한 모둠을 다섯 명으로 해, 모둠으로 나누었다. 모둠 안에서 이야기를 들려주는 순서를 정하다. 이야기 들려주는 사람에게 역할(인물)을 정해 주면, 한 사람씩 순서대로 돌아가며 2분씩 그 인물로 이야기를 들려준다. 나머지 사람은 이야기를 들려주는 사람과 관련된 인물이 되어 이야기에 맞장구치며 적극적으로 들어준다.

- 박처사가 신선들을 만나 이야기를 들려준다.
- 이득춘이 선비들을 만나 이야기를 들려준다.
- 박씨 부인이 마을 아낙들을 모아 놓고 이야기를 들려준다.
- 계화가 자신의 식구들을 만나 이야기를 들려준다.
- 할머니가 된 박씨 부인이 손자 손녀들을 모아 놓고 이야기를 들려준다.
- 조선의 임금이 신하들을 모아 놓고 이야기를 들려준다.
- 오랑캐 기룡대가 자객들을 모아 놓고 이야기를 들려준다.
- 용골대가 부하들을 모아 놓고 이야기를 들려준다.

나. 줄거리 한 문장으로 이어가기

둥글게 앉아 두 바퀴를 도는 동안 이야기 끝내도록 한다. 되도록 한 문장씩 말하여 이야기를 이어가도록 한다.

- 이득춘은 아름다운 단소 소리에 끌려서 사랑하는 아들을 지혜롭지만 얼굴이 추한 여인과 결혼을 시켰다.
- 이득춘은 며느리를 맞았으나 이득춘의 아들 시백은 합방을 거부한 채 그녀를 따돌렸습니다.
- 며느리는 피화당을 지어 달라 했습니다.
- 피화당을 지어 달라는 중에도 며느리는 집안의 경제를 걱정하여 비루한 말을 구해다가 잘 먹여 키우라 하여 아주 비싼 값에 팔아 돈을 크게 벌게 하였습니다.
- 박씨 부인은 그렇게 이정승 댁의 집을 번창시켜 3년이 지났습니다.
- 3년이 지나서 며느리는 친정에 다녀오게 해 달라고 말을 하였습니다.
- 그렇게 살던 박씨 부인은 허물을 벗었습니다.
- 허물을 벗은 박씨는 절세가인의 모습으로 변했습니다.
- 나의 모습에 남편이 반했지만 쉽게 첫날밤을 치르지 못했으나 내가 용기를 주어 무사히 첫날밤을 보낼 수 있었습니다.
- 어느 날 재상 부인의의 초대를 받아 능력을 과시했습니다.
- 남편에게 어여쁜 여자가 찾아오면 피화당으로 보내라 했습니다.
- 그 여인의 이름은 기룡대였는데 중국에서 보낸 자객이었습니다.
- 박씨 부인은 그 자객을 물리치고 곧 나라에 큰 전쟁이 있을 것을 예언하여 북쪽에 있는 임경업 장군에게 일러 나라를 지키라고 이시백에게 일렀습니다.
- 전쟁에서 박씨 부인의 말을 듣지 않은 조정 신하들 때문에 전쟁에서 결

국 졌고 왕은 무릎을 꿇어야 했습니다.
- 조선은 결국 청에 항복을 했고 많은 백성들이 고통을 겪는 가운데 박씨 부인이 있어 청나라 장수였던 용골대와 용울대를 물리치고 그 박씨 부인은 신통력을 발휘해 청나라에 끌려갔던 백성들을 데리고 오게 하였고 임경업으로 하여금 청나라 군사들에게 조선의 마지막 남은 자존심을 보여주게 하여 임금으로부터 충렬부인이라는 시호를 얻게 되었습니다.

다. 더 짧게 이야기 이어가기
- 박씨 부인은 인품이 훌륭한 이시백과 결혼하였습니다.
- 그러나 이시백은 박씨 부인에게 관심을 두지 않았습니다.
- 박씨 부인은 피화당을 짓고 살았습니다.
- 박씨 부인은 피화당에서 온갖 고난을 받았지만 모두 이겨내고 허물을 벗고 절세가인이 되었습니다.
- 청나라에서 보낸 자객은 박씨 부인을 죽이는데 실패했습니다.
- 임금님은 청나라 사신에게 무릎을 꿇었습니다.
- 그리고 조선의 여인들과 세자들을 데리고 청나라로 갔습니다.
- 박씨 부인은 청나라의 장군을 그냥 보낼 수가 없었습니다.
- 용울대를 죽인 박씨부인은 청나라로 끌려간 사람들을 구출해 내었습니다.
- 박씨부인과 이시백은 죽는 날까지 행복하게 잘 살았습니다.
- 나는 그 공로를 인정받아 충렬부인이라는 시호를 받았습니다.

라. 대사만으로 이야기 이어가기
- 내가 이 여인과 평생을 살아야 한다니
- 네가 이 집에 와서 고생이 많구나, 미안하다

- 아버님의 업보를 제가 갚고 드디어 허물을 벗었습니다.

- 계화야 독한 술과 순한 술을 만들어라

- 부인이 이야기한 아름다운 처자가 바로 너냐? 내 마음이 떨리는구나

- 요망한 계집, 어서 네 나라로 돌아가라

- 나, 조선의 왕은 지금 청나라 황제께 항복을 하는 바입니다.

- 우리가 이제 청나라로 끌려가면 다시 이 땅을 밟을 수 있을까

- 내 청나라로 가서 우리 백성과 세자를 구해 오겠노라

- 내가 너의 공을 치하하여 충렬부인의 칭호를 주노라

- 여보 오늘 이제 우리 같은 날 같은 시에 떠나게 되니 참 행복합니다.

라. 질문 한 가지씩 던지기

- 왜 박씨 부인은 다른 방법을 사용해서 임경업 장군을 한양 오게 하지 않았을까?

- 임경업 장군이 한양 오는 것을 반대한 간신배는 어떻게 됐을까?

- 왜 하필 말을 사라고 했을까?

- 왜 박씨 부인은 신선이었음에도 불구하고 돌아가지 않고 사람들과 살았을까?

- 박씨 부인은 어떻게 해서 허물을 벗었을까?

- 왜 허물을 벗었을까, 왜 피화당을 벗어나지 않았을까?

- 박씨 부인은 정말 이시백을 사랑했을까?

- 박씨 부인이 피화당을 벗어나지 않았던 어떤 연유가 있지 않았을까?

- 이시백은 그렇게 훌륭한 인품을 지녔음에도 추한 외모를 끝까지 받아들이지 못했을까?

- 신선이라고 하지만 박씨 부인은 복수하고 싶은 감정은 없었을까?

- 3년 후에 허물을 벗었다고 하는데 3년의 의미가 뭘까?
- 박씨 부인이 도술을 부릴 땐 어떤 주문을 외웠으면 어떤 방법을 썼을까?
- 왜 박씨 부인은 기룡대를 살려 줬을까, 박씨 부인의 어머니는 어디 계실까?
- 허물을 벗기 전에 남편이 박대를 했을 때 왜 집을 나가지 않았을까?
- 도술을 부렸을 때 계화의 심정은 어떠했을까?
- 박씨 부인이 왜 허물을 버리지 않고 보관했을까?
- 박씨 부인의 모습이 흉했을 때도 힘을 가지고 있었는데 자신의 능력을 어필하기 위해 한 번도 노력하지 않고 때가 되기만을 기다렸을까, 왜 수동적인 자세만을 보였을까?

7 블럭 인물 탐색하기

1. 인물 관계도 만들기

두 팀으로 나누어 한 모둠은 박씨 부인이 허물을 벗기 전, 또 한 모둠은 허물을 벗은 뒤 인물 관계도를 그림과 글로 나타내 보라고 했다.

가. 허물을 벗기 전

박씨 부인을 주인공으로 했다. 하트의 가운데를 나눈 이유는 처음 결혼생활이 원만하지 않아서. 박씨 부인에겐 버팀목인 아버지가 있었고, 그리고 어머니일지도 모르는 누군가가 있었을 것이다. 박씨 부인을 지켜주는 사람 중 계화가 있다. 박씨 부인 주위 인물을 아우르는 인물로 이득춘이 있다. 박씨 부인에게 우호적인 인물을 파란색으로 표현했다.

나. 허물을 벗은 뒤

청나라 병자호란 당시 박씨를 중심으로 인물 관계를 표현해 보겠다. 병자
호란의 상황 속에서 박씨와의 관계보다는 박씨가 바라보았을 때 부정적인
인물을 붉은 색으로 표현했다. 청왕비, 기룡대, 용골대, 용울대, 김자점(백성
들을 돌보지 않고 자신의 영달을 위하여 청과의 전쟁을 주장) / 서인들이 북
벌론을 주장했던 이유는 병자호란 패배의 책임을 피하기 위해서라는 설이
있다. 이시백과 계화는 박씨에게 긍정적이기도 하지만 박씨 부인의 의중을
외부에 드러내기도 하는 분신, 아바타라고도 할 수 있다. 임경업은 현실에서
박씨 부인이 할 일을 하고 있는 인물, 화신이라고 볼 수 있다. 재상부인은 녹
색으로 표현했는데 박씨와는 사건에서 관계가 없지만, 박씨 부인에 대해서
생각이 부정적이었다가 긍정적으로 바뀐 사람들이다. 인조임금은 정통성이
있던 왕이 아닌데 부정적으로 묘사되기보다 박씨가 박색이었을 때 이득춘과
함께 박씨부인에게 힘이 돼줬던 사람이다. 그리고 마지막에 충렬부인이라는
칭호를 내린 것으로 봐서 이야기를 마무리하는 인물이라고 할 수 있다. 인조
임금은 그 당시 여자들이 원했던 임금의 모습을 담고 있다고 할 수 있다. 왕
이 백성의 마음을 헤아리는 임금의 모습으로서. 포로가 된 조선 여인들은 당
시 이야기를 지은 사람이 관심을 두고 있었던 인물일 것 같다.

2. 핫 시팅

의자를 하나 가져다 놓았다. 이 의자에 앉으면 이야기 속 인물이 된다. 참
여자들이 인물에 대해 알고 싶은 질문을 하면, 이야기 속 인물이 되어 생각하
는 대로 이야기 하면 된다. 박씨 부인이 주인공이기 때문에 직접 질문을 주
고받기보다는 박씨 부인을 옆에서 오랫동안 모시며 보아온 계화라는 인물을
불러내 궁금증을 풀어 보고자 했다. 또한 박씨 부인과 결혼하여 못 생겼다고

2부 옛이야기로 연극 만들기　　125

구박하기도 하고, 박씨 부인으로 인해 자신의 허물을 벗은 이시백의 이야기를 들어 보았다.

가. 인물 탐색 1- 계화

- 저희는 박씨 부인을 무척 존경해서 하나의 역사로써 남기고 싶은, 박씨 부인 연구회 사람들입니다. 오늘 박씨 부인을 오랫동안 모셨고, 몸종이 긴 하지만 박씨 부인께 많은 것을 배워서 범상하지 않은 계화를 모셨습니다. 어렵게 모셨습니다. 많은 얘기를 나눴으면 좋겠습니다.

- 나이가 어떻게 되죠? 19살입니다.

- 박씨 아씨는 어떻게 모시게 되었나? 어릴 때 대감댁에 머물게 되었는데 대감이 저를 잘 보셨는지 특별히 박씨 아씨를 모셔달라고 부탁을 하셨다.

- 부모님은? 이 대감의 소작농인데 식구는 많고 워낙 가난해서 입을 덜라고 저를 대감 댁에 팔았다

- 처음 아씨를 봤을 때 충격은? 정말 놀랐다. 괴물 같았다. 사람으로 보긴 힘들었으나 대감님의 부탁이 있어서 책임감이 느껴졌다.

- 거부감은 없었나? 처음엔 그랬지만 지금은 자랑스럽다. 인품은 보통 사람의 인품이 아니다. 한 시간만 같이 보내도 덕을 느껴 저절로 존경하게 되는 사람이다.

- 글을 읽을 줄 아는가? 아씨께서 가르쳐 주셨다. 글 말고 다른 것도 많이 가르쳐 주셨다.

- 구박도 많이 받았다던데? 말도 마시라. 친하게 지내는 종 계월이도 나를 무시했다. 얼마 전에 곤장 서른 대도 맞았다. 며칠 간 사경을 헤맸는데 죽는 줄 알았다.

- 왜 맞았나? 아씨가 서방님 과거 보러 가기 전에 뵙자는 말을 서방님께

전했을 뿐인데 불같이 성을 내셨다. 저는 아씨의 부탁이라 다시 한 번 더 간절히 청했는데 그게 기분 나쁘셨던 것 같다.

- 들기로는 아씨가 신통력을 가졌다던데 혹시 알고 있는 게 있나? 보통 능력이 아니시다. 피화당의 나무도 그냥 나무들이 아니라 아씨의 도술이 어려 있는 군사들이다. 늘 아씨를 지켜 주고, 언제든 아씨를 위해 싸울 수 있는 군사들이다. 아씨는 사실 인간이 아니라 신선이다.
- 계화가 알고 있는 것들이 많을 것입니다. 작품을 읽으면서 작품 전체적으로 계화가 알 수 있을 법한 것들을 질문해 보아도 좋겠습니다.
- 청나라 때 무술 실력이 뛰어났다던데 어떻게, 언제 배웠나? 아씨가 예지력이 있어서 평소에 미리미리 가르쳐 주셨다. 그래서 무슨 일이 일어날지 미리 알고 있었기 때문에 두렵지 않았다.
- 허물 벗는 건 봤나? 그날따라 아씨께서 혼자 있고 싶다 하셨고 평소와 달리 몸단장을 정갈하게 하셨다. 그러나 큰 일이 있을 거라고는 생각 못했다.
- 허물 벗기 전에 이시백이 피화당에 하루에 몇 번 왔는가? 처음엔 아예 오지 않았다. 그러다 대감님께 불려가 혼나신 후 몇 번 오셨는데 화가 난 표정이었다.
- 박씨 부인이 계화에게 가장 많이 한 얘기는 무엇인가? '사람은 늘 어려움이 있지만 시간이 지나고 나면 모든 게 잘 해결될 것이다.'라고 하셨다. 그래서 힘들 때마다 아씨의 말을 생각하며 언젠가는 좋은 일이 생길 거라 믿고 견뎠다.
- 박씨가 만약 허물을 벗지 못했다면? 그래도 후회하지 않았을 것이다. 많은 것을 가르쳐 주셨기 때문에 불만이 없었을 것이다.
- 왜 나오지 않았나? 아씨가 신선인지라 신선은 세상 사람의 일에 함부로

관여하지 말라는 규칙이 있는 것으로 안다. 그래서 아씨의 아버님께서 인간을 도와주다 벌을 받은 줄 안다.

- 박씨 부인이 금강산에 다녀왔는데 왜 돌아가지 않았다고 생각하나? 돌아가고 싶었지만 사람들을 본 후에, 인간의 삶을 알게 되어 이 세상에 남아 인간들에게 도움을 주고 싶다는 마음이 있었다고 한다.

- 박씨 부인이 충렬 부인이라는 시호를 받은 것에 대해서 다른 양반들은 안 좋아하지 않을까, 주위의 반응이 궁금하다. - 아씨가 여자라서 무시를 많이 받았는데 아씨는 인간적인 힘듦은 없었다. 단지 사람들이 부정적인 감정에 휘둘리는 걸 안타까워 하셨다.

- 박씨 부인이 남편이랑 사이가 좋아지고 나서 술을 빚으라고 했는데 술은 어떻게 만들었어? 아씨는 예지력이 있어서 기룡대가 올 줄 미리 알고 있었다. 그래서 미리 술을 빚는 방법을 가르쳐 줬다.

- 박씨 부인이 말을 삼백 냥에 사서 삼만 냥에 팔았다고 했는데 왜 굳이 비루먹은 말을 삼백냥에 사오라고 했는지 궁금하다. 백 냥 정도에 사면 더 큰 이익을 남겼을 텐데? 말이 지닌 가치를 그대로 보전해 줄 필요성을 느꼈을 것이다.

- 아씨를 모시고 싶었는데 쉽게 이 자리에 나오지 않으시려고 해, 계화를 불러 이야기를 들어 보았습니다.

나. 인물 탐색(핫 시팅) 2 - 이시백
- 똑똑하신 분인데 왜 박씨 부인의 외모를 받아들이지 못하셨는지? 그 당시엔 내가 너무 어렸다. 부인을 만나고 많은 것을 깨닫게 된 지금이라면 외모는 상관없을 것 같다. 그 당시엔 일반 사람들처럼 나도 사람보는 눈이 없었다. 박씨 부인의 모습을 처음 봤을 때 괴물 같았다.

- 허물 벗기 전엔 합방을 안 했는데 후사는 어떻게 할 계획이었나? 책임감도 있고, 아버님의 말도 있고 해서 술을 마셔보기도 했다. 하지만 합방이 어려웠다. 어떻게든 하려고 노력했으나 잘 되지 않았다.

- 그래도 부인에 대한 믿음이 있었기에 연적을 가져가지 않았나? 박씨 부인이 사실 불쌍하기도 했다. 같은 사람으로서 애틋하기도 했다. 사실 내가 이 자리에 오기까지 부인의 힘이 컸다.

- 청나라에서 자객이 한 번 찾아왔다고 들었는데 기룡대를 처음 보았을 때 어땠는지? 처음 봤을 때 조선 여인의 모습이다. 신기한 것은 그렇게 사람을 빨아들이는 아름다운 모습을 본 적이 없다. 부인이 허물을 벗었을 땐 광채가 났고 그 아름다움을 발산하는 것 같았지만 기룡대는 사람을 빨아들이는 것 같았다.

- 둘 중에 누가 좋은지? 과거의 나라면 기룡대를 품었을 것이다. 하지만 부인에게 깨달은 바가 많아 눈물을 머금고 기룡대를 부인의 부탁대로 했소.

- 박씨 부인께선 신통력을 가지고 있다 들었는데 영의정의 마음을 읽진 않았을까? 여자들은 정치에 나설 수가 없다. 내 부인은 모든 것을 알고 있을 것이다. 마음만 먹는다면 우리의 현실을 바꿀 수도 있을 것이다. 하지만 인간의 삶에 있어서 업보가 있으므로 부인은 우리의 삶과 거리를 두었을 것이다.

- 여자의 말을 들어 빈정상하지 않았는가? 이것은 남녀의 관계가 아니라 나보다 뛰어난 사람에게 도움 받는 것은 당연한 일이다. 그래도 가장 큰 힘이 되었던 것은 주상전하이다.

- 여자를 등용하는 것은 어떻게 생각하는가? 내가 왕이라면 여자라도 뛰어나다면 등용하고 싶다. 배웠다는 사내들은 탁상공론만 펼치고 있다.

- 부인께서 허물을 벗은 이후에 아름다운 모습으로 변했을 때 왜 한 번에 찾아가지 않고 망설였나? 나도 사람인지라 그간의 과정을 생각했을 때 한 번에 찾아갈 수 없었다.
- 부인이 능력이 있으시니 지금 자리보다 더 높은 자리에 올라가고 싶은 욕심은 없는지? 한 순간에 모든 것을 바꿀 수 없다고 생각한다. 욕심이 있지만 부인의 옥함을 보며 나의 과거를 생각하며 마음을 가다듬는다.
- 부인에 대한 열등감이 없는가? 부인은 비범한 능력을 지니고 있기에 인정하지 않을 수 없다. 청나라에서도 부인의 능력을 인정하고 있다.
- 옥함에 들어 있는 부인의 허물을 왜 버리지 않았는지? 나는 옥함이 뭔지도 몰랐다. 무심코 부인의 방에 들어갔는데 옥함이 있기에 신기해서 열어보니 부인의 예전 모습이 있었다. 그 모습을 보며 과거의 교만했던 모습을 상기할 수 있었다.

8 블럭 즉흥, 인물로 살아보기

1. 박씨 부인으로 살아보기

가. 박씨 부인의 마음을 느끼기

교실에 천들을 이리 저리 놓아서 피화당을 만들었다. 그리고 긴 천을 몇 개 이어 피화당으로 가는 길을 만들어 놓았다. 이 길을 천천히 걷다 "내가 박씨 부인이다."라는 생각이 들면 피화당으로 들어가 박씨의 마음을 느껴 보라고 했다. 시간이 어느 정도 되면 내가 계화가 되어 아씨를 부르러 갈 것이라고 안내했다.

불을 어둡게 하고 음악을 틀어 주었다. 한 사람 한 사람 피화당으로 가는 길에 오른다. 길의 끝에서 선뜻 피화당으로 발을 들이지 못하고 돌아오기도 한다. 모두들 피화당으로 들어섰다. 시간이 어느 정도 흘렀다. 계화가 되어 길을 따라 피화당에 들어가 아씨를 불렀다.

"아씨, 안채에서 대감마님께서 찾으십니다."

그런데, 선뜻 피화당을 나오지 않는다. 정말 박씨 부인이 되어 느끼고 있다는 것을 느꼈다. 한참을 기다려 모두들 밖으로 나왔다.

나. 한 줄 시 쓰기

피화당을 나온 박씨 부인들을 한 줄로 서게 했다. 한 사람씩 박씨 부인의 마음을 짤막한 한 줄로 시처럼 이어가기를 했다. 말한 사람은 한 발자국씩 앞으로 나가고. 맨 마지막 사람은 시를 끝맺도록 했다.

- 나, 오늘만 울고 끝이야. 다음엔 이러지 않았으면 좋겠어.
- 아, 저 나무 위에 있는 까치, 너도 혼자구나. 떨어지는 나뭇잎 신세구나.
- 이 마음을 날아다니는 저 새가 알까

- 언 눈이 녹고 새 봄이 오면 싹을 틔울 거야
- 계화야, 오늘은 꽃향기가 유난히 짙구나
- 꽃잎에 스치는 바람은 따스하구나. 내 가슴에 스치는 바람은 찬데
- 나는 예지력이 있어 나의 상황이 달라질 것을 느끼지만 이 인내의 시간 이 너무 길구나

다. 느낌을 다듬어 한 줄 시 이어 쓰기

처음에 했던 대사와 순서를 생각하며 다시 한 번 해 보기로 했다. 대사 약 간 바꾸어도 좋다고 했다.

- 오늘은 자꾸 눈물이 나. 울지 않으려고 해도, 오늘만, 오늘만 맘껏 울었 으면
- 까치야, 너도 울고 있니 나뭇잎아 너도 울고 있니
- 이제는 울지 않고 잘 살 거야
- 계화야, 오늘은 꽃향기가 유난히 짙구나
- 장마가 끝나면 탐스러운 열매가 익어갈 거야.
- 나무와 꽃잎의 따뜻한 사랑이 있거늘, 내 마음엔 적막만 있네
- 나의 이 외로운 상황이 변하리라는 것을 느끼지만 외로운 인내의 시간 들을 잊지 말아야겠다

2. 박씨의 마을 사람으로 살아보기

가. 마을 상상하기

- 마을엔 어떤 사람이 살았을까? 마을은 어땠을까?
- 부유한 마을, 정자, 양반 세도가, 하녀를 거느린 가문, 장터가 있었을 것 같다. 기생집도 있었을 것.

나. 박씨 마을 사람으로 살기

● 박씨와 이시백의 혼례 뒤 마을엔 어떤 소문이 돌았을까? 그 마을에는 어떤 사람들이 살았을까 생각하기. 마을 사람이 되어 살아가며 상황에 어울리는 대사하기, 동네에서 만나는 사람과 이야기 나누기.
  - 옥함 좋네
  - 아따 이 쇠 진국이구만
  - 도련님 모셔다 드리고 왔더니 엄청 피곤하네
  - 아, 우리 아가씨 어딜 가신 거야 미치겠네
  - 고생이 많으시네요, 아저씨
  - 돌쇠야, 우리 아가씨 못 봤어?
● 정지, 시백이 지나가는 상황에서 이야기 나누기

※ 도움말

참여자들은 박씨 부인으로 풀어낼 것이 많아 보였다. 피화당에서 느낀 것에 대해 이야기를 더 나누었음 하는 눈치였다. 사실 이렇게까지 깊이 있게 인물 속으로 들어갈 것이고는 생각을 못했다. 하지만, 박씨 부인을 여자로서가 아닌, 사회적 인물로 그리는데, 초점을 맞추고자 더 깊이 있게 이야기를 나누지는 않았다. 그 마음을 그대로 담고, 다음 장면들을 진행하는 것이 낫겠단 생각에서였다.

9 블럭 장면 만들기 1

연극에서 코러스는 해설이나, 공간 창조, 극의 분위기 만들기와 같은 다양

한 역할을 한다. 자유롭게 변화하며 보이지 않는 것을 보여주는 역할을 함으로써 장면을 매끄럽게 연결하고 풍성하게 해 준다. 그렇기 때문에 코러스를 잘 활용하면 표현하기 어려운 장면을 효과적으로 형상화하여 연극을 재미있고 풍성하게 해 준다.

함께 코러스의 예를 몇 가지 공부한 뒤 두 모둠으로 나누어 코러스를 이용해 한 장면씩 만들어 보았다. 코러스를 만들 때 간단한 악기와 천을 활용해 보라 했다. 그리고 옛이야기 분위기를 살려 코러스를 고수의 리듬과 추임새와 같은 분위기로 하자고 했다.

가. 기룡대와 박씨의 대결 장면
● 역동성, 적절한 캐스팅, 장면에서 코러스의 역할과 변화를 어떻게 할 것인가?

나. 피화당을 짓기까지
● 코러스들끼리 잘 어울렸다. 핵심적인 대사를 고르는 게 어려웠다.
● 같은 리듬을 갖고 움직이는 게 중요하다.
● 해설의 역할은 인물이 할 수 없는 것들 즉, 형상화하기 어려운 것들을 하

면 보는 재미가 더 풍성하겠다.

10 블럭 장면 만들기 2

1. 연극으로 만들었으면 좋겠다고 생각하는 장면 그림으로 그리기

참여자들은 허물을 벗기 전 장면들을 연극으로 만들어 보고 싶은 장면으로 골랐다. 한 참여자는 이야기에 나와 있지 않은 장면(후세의 자손들이 발견하여 옥함을 열어보자고 하는)을 그림으로 그렸다. 이 장면은 약간 변형되어 공연 때 에필로그와 프롤로그로 쓰였다.

- 옥함을 후세의 자손들이 발견하여 열어보자고 하는 장면
- 박씨부인과 이시백이 혼례 때 박씨 부인의 얼굴을 보고 놀라는 장면
- 피화당에서 홀로 외롭게 지내는 박씨 부인의 생활 장면
- 박씨 부인의 신기한 재주를 부리는 장면
- 박씨 부인이 허물을 벗는 장면
- 박씨 부인과 자객 기용대의 결투 장면
- 피화당에서 오랑캐를 물리치는 장면

2. 박씨의 허물 장면 만들기

이야기에서는 박씨는 신선의 딸로 하늘 나라에서 벌을 받아 쫓겨난 아버지 박처사의 죄가 풀리며 허물을 벗게 된다고 나온다. 그렇다면 박처사는 어떤 죄를 지어 딸이 허물을 쓰게 된 사연도 탐색할 필요가 있겠다.

가. 허물이 생긴 까닭에 대해 이야기 나누기

● 신선이었는데 인간이 되는 벌을 받았다. 남성이 아니라 여성으로 태어나는 벌

● 인간을 좋아해서 신선의 사회에서 방출되었다. 그리고 자녀에게까지 고통을 주었다.

● 신선이 인간의 삶에 개입하지 말아야 하는데 개입해서 벌을 받게 되었다. 가뭄 해소 등.

● 조선 사회에서 여성으로서 금기하는 것을 저질러서 허물을 쓰게 됨

나. 두 모둠으로 나눠 장면 만들기

허물을 벗게 된 까닭과 허물을 쓰게 된 사연이 담긴 꿈을 만들어 보았다. 두 개의 정지 장면을 먼저 만들고 두 장면에 대사와 행동을 넣어 자연스럽게 이어 보자. 코러스를 활용하여 보자.

● A모둠

박 처사가 아이를 안고 쫓겨난다. 그리고 박 처사는 아이를 시집보내는데 그 아이가 박씨 부인이다. 박씨 부인이 3년 후에 박 처사가 있는 금강산을 방문하게 되는데 그때 박처사가 술을 먹고 내뱉은 말을 들으면서 자신의 허물을 자신의 의지대로 벗을 수 있다는 것을 깨닫고 허물을 벗는다.

● B모둠

박 처사는 이승세계를 도왔다는 이유로 쫓겨난다. 그리하여 덕행을 쌓고 다시 신선세계로 복귀하며 박씨 부인에게 내려진 벌도 사라져 허물도 없어진다.

● 장면 즉흥

신선1	어찌하여 박 처사는 인간 세계를 도왔는가?
박처사	고통 받는 인간세계를 돕는 것이 어찌 잘못된 일이란 말이오?
신선2	인간 세계를 돕는 것은 박 처사의 일이 아니요
신선3	신선 박 처사는 오늘 부로 인간세계로 추방하며 대대손손 자손들은 추한 얼굴로 살게 될 것이다.

천을 휘둘려지고 박처는 가운데 쓰러진다. 잔잔해지며

신선2	박 처사는 덕행을 모두 쌓았으므로 신선세계에 복귀하며 자손에게 내려진 천형을 다시 거두어 간다.

11 블럭 장면 만들기 3

1. 이야기 전반부 장면 만들기

이야기 전반부에서 연극으로 꼭 만들었으면 하는 장면들을 골랐다.

- 박처사와 이득춘의 정혼, 혼례
- 피화당이 만들어지게 되는 장면과 박씨의 외로움
- 박씨의 능력 - 비루먹은 말, 연적과 술잔, 치마

세 모둠으로 나누어 한 장면씩 만들어 보았다. 종이나 천, 소품을 이용하여 인형극으로 만들었다. 후반부에 중심을 두고 연극을 형상화하고자 했기

때문애. 전반부는 간단한 인형극 형태로 장면을 만들어 보고자 했다. 인형을 잘 만들기보다는 장면 형상화에 중점을 두면 좋겠다고 이야기 했으나, 참여자들은 온 정성으로 인형을 만들었다. 마치 피화당을 종이로 짓듯이, 말을 키우듯이, 혼례복을 한 땀 한 땀 짓듯이 말이다. 모둠마다 인형극 색깔이 달랐고, 인형들이 아름다웠다.

2. 인형극 장면에 대한 이야기

- 퉁소소리 넣으면 좋겠다. 세 사람이 노는 느낌으로 전면에 등장하면 좋겠다.
- 한 사람이 너무 많은 역할을 한다. 역할 배분 골고루
- 치마 대신 조복을 짓는 내용이 들어갔으면 좋겠다. 그래서 조복의 새가 날아가는 느낌을 살리면 더 좋겠다.

12 ~13블럭 장면 만들기 4

1. 어전 회의

- 제비뽑기로 왕과 신하의 역할 뽑기

- 척화파와 주화파의 탁상공론 무능한 임금
- 왕을 가운데로 맞은편에 서서 대립하기
- 전쟁이냐 아니냐를 놓고 싸우다가 엉뚱한 문제로 싸움

2. 오랑캐의 침입

오랑캐의 침입 장면은 긴 천에 빨강 물감을 묻히고 백성들의 비명 소리로 형상화 했다. 천은 백성과 성을 형상화하며 그 성안에 홀로 갇힌 왕의 모습을 그려보았다.

3. 용골대 장군과 박씨의 대결

천을 이용해 역동적인 움직임 표현해 보았다. 음악과 함께 군무로 대결 장면을 만들었다.

※도움말

한 사람 한 사람이 정성과 재주가 조화롭게 모여 좋은 작품을 만들어 낼 수 있

다는 것을 장면을 만들며 다시금 느꼈다. 참여자들은 피화당을 상징적으로 만들어 냈다. 무능한 왕의 캐릭터를 즉흥으로 잘 연기했다.용골대 장군의 억센 캐릭터도 즉흥으로 잘 표현했다. 혼례 인형을 만들고 박씨 부인의 대담한 연기를 보여 주었다. 장면 장면 어울리는 음악을 찾고 단소를 불어 장면을 더 실감나게 만들어 주었다. 용골대와 박씨의 대결에서 멋진 춤을 만들어 주었다. 참여자들 한 사람 한 사람의 정성과 재주가 모여서 일까 즉흥으로 만든 장면들을 버린 것이 별로 없다. 장면 즉흥은 한 참여자의 말처럼 '원 샷 원 킬'이었다. 이렇듯, 즉흥으로 살아 있는 캐릭터를 잡고, 장면을 즉흥으로 잘 표현할 수 있었던 것은, 무대에서 자기가 아닌 인물로 생각하고 느끼려 했기 때문이다.

14 블럭 장면 구성하고 다듬기

1.스트레칭 몸 풀기

2.리듬 맞추기 연습

즉흥으로 장면을 만들 때 중요한 것은 서로간의 호흡과 타이밍이다. 내가 끼어 들 타이밍이냐 기다릴 타이밍이냐를 함께 호흡하며 느낄 수 있어야 한다. 그럴 때 장면이 자연스럽고 아름다울 수 있다. 모두 함께 즉흥적으로 움직이며 호흡 맞추기 연습을 해 보았다.

가. 소리에 반응하기
● 한 명이 '야, 저기' 등의 감탄사로 소리를 내면 따라가서 함께 반응하기

나. 이야기에 반응하기

● 누군가 얘기를 꺼내면 거기에 맞장구치고, 얘기를 이어가며 반응하기

● 화제가 전환되면 바뀐 화제에 맞게 얘기를 이어가기

3. 장면 구성하기

가. 정혼과 금강산 혼례 (인형극)

나. 피화당 박씨 부인 (인형극)

다. 박씨 부인의 신기한 재주 (인형극)

라. 박씨 부인의 허물 (꿈)

마. 자객 기홍대 (실물 그림자극)

바. 무능한 조정 - 어전회의 (풍자)

사. 오랑캐의 침입 (상징적 형상화)

아. 오랑캐를 물리치는 박씨 부인 (춤)

4. 인물 캐스팅

인물은 모두가 이야기 속에서 노는 코러스들이 되고, 박씨 부인만 정하면 되었다. 박씨 부인은 명미 샘이 투표로 결정되었다. 나머지 인물들은 코러스로서 장면을 만들며 맡은 역할을 그대로 해도 무난하여 특별히 정하지 않았다.

4. 프롤로그 장면 만들기

《박씨 부인》책에서 인상적인 구절 하나씩 포스트에 쓰도록 했다. 프롤로그는 옥함을 발견한 코러스들이 옥함에서 일기를 발견해 돌아가며 읽는 것으로 하기로 했다. 서로 일기를 낚아채 돌아가며 읽고 나머지 코러스들은 반응하는 것으로 했다.

15 블럭 리허설

1. 프롤로그

- 무대에 옥함이 하나 놓여 있다.
- 코러스들 등장해 옥함을 발견한다.
- 옥함이 있네, 어 그게 뭐야? 열어보자. (열어보고 허물을 발견한다, 다 같이 비명)
- 어, 밑에 책(일기)이 있네. 책 구절 읽기 ~ 그러던 어느 날

2. 1장 - 정혼과 혼례

- 코러스들을 인형을 조정하며 장면 형상화
- 저는 금강산에 사는 박처사라 하오. 들리는 말에 이대감께서 퉁소를 잘 분다 하여 찾아왔소이다. 어디 한 번 들어봅시다. (피리 소리에 꽃잎 날린다. 박처사, 이어서 분다. 꽃잎 더 많이 날린다) 나에겐 여식이 하나 있소, 이 대감에겐 장성한 아들이 있다 들었소. 우리 정혼을 맺읍시다.
- 코러스
  - 시백이 장가 간다. 우리 아들 장가 간다 * 2
  - 우리 딸이 시집 가네*2
  - 신랑 입장, 신부 입장 맞절

3. 2장 - 박씨 부인과 피화당

박씨   아버님 제가 복이 없어 집안에 분란만 일으키고 있어 면목이 없습니다. 후원에 작은 초당 하나 지어주시면 거기에서 지내겠습니다.

이대감	아들이 겉모습만 따져 사람의 내면을 보지 못하니 내가 며느 리 볼 면목이 없네. 그래 초당을 지어주마.
박씨	동쪽엔 푸른 나무, 서쪽엔 붉은 나무, 뒤편엔 이 곳을 지켜주 는 방패나무를 심어야지.
코러스	박씨 부인의 손이 닿을 때마다 나무들은 쑥쑥 자랐습니다.
박씨	(거닐며) 서방님은 언제 오실까
코러스	못 생겼어, 추해 등
박씨	어머님은 언제쯤 날 예뻐하실까
코러스	꼴도 보기 싫어.

4. 3장 - 소문 : 박씨의 신기한 재주

● 야, 너 얘기 들어 봤니? 박씨 부인의 재주에 관한 얘기, 재주가 장난이 아니래. 돈 버는 재주, 활 쏘는 재주, 신기한 재주. 박씨 부인이 어느 날 마른 비루먹은 말을 삼백 냥에 사라고 했다. 사람들이 다 미쳤다고 했어. 걷지도 못하는 비실비실한 말을 사 왔어. 다들 욕했는데 믿어주는 사람은 이득춘밖에 없었어. 이 말을 피화당에 매어 두고 잘 먹여서 아주 훌륭한 말이 되었대. 어느 날 이 득춘이 중국 사신에게 삼 만냥에 팔아버렸대. 너흰 들어본 거 없니?

● 박씨 부인이 부인들과 놀러갔을 때 재주 하나 보여주는데, 마시고 있던 잔을 금비녀로 딱 가르니까 요렇게 요렇게 술잔이 반 남아서 쫙 갈라졌대 / 어떻게 그럴 수가 있어?

● 너희들 주몽 알지? 박씨 부인은 주몽보다 활을 더 잘 쏜대. 그래서 활을 한 번 당기면 날아가는 새를 새 마리나 잡는대. (풍선 3개 연속 터뜨리기, 풍선 높낮이를 다르게)

5. 4장 - 박처사의 꿈 허물

- 나왕의 음악과 같이 웅장하고 무거운 음악
- 박 처사 무대 가운데 잠들어 있고

신선1   박 처사 네 이놈 (코러스 반복) 선계와 인간계는 각각의 질서
가 있거늘 감히 그것을 깨트리려 하느냐

박처사   아니, 가뭄이 들어 인간들이 굶어죽는 것을 보고 비를 내려
주는 게 잘못된 일이란 말입니 까

신선1   그것은 너의 할 일이 아니다.

박처사   저리 가, 저리 가란 말이야

신선2   박 처사는 오늘부로 인간계로 추방할 것이며 자손 대대로 얼
굴을 들지 못하고 살 것이 니라

박처사   안 돼!

신선3   신선 박 처사는 들으시오, 너의 공덕을 이미 들었으니 오늘
부터 신선으로 들어오시오. 그리고 허물도 곧 거둬질 것이
오.

박씨부인   (이득춘에게) 아버님, 허물을 담을 옥함을 하나 준비해 주십
시오.

6. 5장 - 자객 기홍대

무대 막 뒤에 조명을 비추고 오랑캐 왕과 기홍대의 음모 장면을 그림자극
으로 처리, 조명이 다시 비추면, 막 앞에 박씨 부인이 자객(기용대)을 기다리
고 있는 장면으로 형상화.

7. 6장 무능한 조정 - 어전회의 (풍자)

시작할 때, 수제천과 같은 궁궐 음악, 우산을 이용해, 왕이 궁궐로 들어오는 장면 연출, 왕을 중심으로 주화파 신하들들과 이득춘이 옥신각신하는 장면 연출, 오랑캐 침입 장면으로 자연스럽게 이어짐

8. 7장 오랑캐의 침입 (상징적 형상화)

병자호란 삼전도의 굴욕을 임금과 신하들이 허둥지둥 대는 모습으로 형상화, 슬픈 음악이 흐르고, 오랑캐를 상징하는 커다란 천을 들고 코러들이 들어오면 왕과 신하들은 천 안에 갇혀 허둥지둥댄다. 코러스들은 붓으로 흰 천에 피 자국을 내며 조선 백성의 죽음을 형상화 한다. 왕은 천 안에서 어쩔 줄 모르고 허둥지둥댄다. 오랑캐는 천을 넘어 왕에게로 다가온다.

9. 8장 오랑캐를 물리치는 박씨 부인 (춤)

빠른 음악과 함께 오랑캐들이 피화당에 다다르면 피화당 나무들은 전사로 변하여 오랑캐와 싸우는 장면을 군무로 형상화 한다.

10. 에필로그

에필로그는 코러스들이 프롤로그처럼 다시 옥함을 살피다 편지 한 장을 발견한다. 편지에는 박씨 부인이 쓴 글이 적혀 있다.

"징그러운 애벌레가 아름다운 나비가 되느니라."

모두 음악에 맞춰 나비처럼 춤을 춤춘다.

박씨 부인전 _{김종욱}

-징그러운 애벌레가 아름다운 나비가 되느니라[16]

나오는 사람들

코러스1	박씨 부인, 저승사자
코러스2	이득춘 1, 박처사, 백성 1, 오랑캐 왕, 시녀, 오랑캐, 왕
코러스3	해설, 주례
코러스4	이시백, 저승사자, 백성 2, 이득춘 3
코러스5	오랑캐 장군, 주화파 신하, 용골대, 오랑캐 신하
코러스6	박처서, 박씨 부인 2
코러스7	이득춘 2, 신하, 오랑캐 신하
코러스8	자객, 오랑캐 신하,

---

16 2010여름 연수 옛이야기 모둠 공연 동영상을 보고 채록한 대본. 문맥을 고려하여 대사 부분을 일부
수정하였음.

프롤로그 : 옥함 속 일기

무대 앞 옥함이 놓여 있다. 코러스들 음악 소리를 따라 간다. 옥함을 발견하고 호기심에 옥함을 조심스럽게 다가간다.

코러스1   야 예쁘다. 열어보자.

코러스2   만지지마. 만지지마.

코러스3   니가 열어봐.

코러스   조심스럽게 옥함을 열자 옥함에서 허물이 나온다. 모두
            놀란다. 허물 아래 일기가 있다. 코러스들 일기를 돌아가
            며 읽는다.

코러스1   잎이 졌던 꽃나무에 다시 몽실몽실 흰 꽃이 피어나기 시
            작했어요.

코러스4   서방님께서는 지난번의 깨우침을 벌써 잊으셨군요. 또다
            시 겉 모습에 혹해서 일을 그르칠 뻔 했습니다.

코러스5   너의 액운이 다 끝났으니 누추한 허물을 벗어라.

코러스3   옛날 옛날 피리를 잘 부는 이득춘이라는 사람이 살고 있
            었다. 이득춘이라는 사람은 어느 날

코러스들   어느 날

코러스들 세 모둠으로 나뉘어 각자 인형을 들고 이야기를 들려줄 자리로 간다.

1장 정혼과 혼례

풍선에 천을 씌워 만든 박처사와 이득춘 인형을 든 코러스가 이야기를 들려준다.

코서스6	이리저리 떠돌던 신선 박처사가 자신의 딸을 시집보내려고 조선 한양에서 인품이 훌륭한 이득춘을 찾아갔대.
코러스6-박처사	허음. 나는 금강산에서 온 박처사요. 안녕하세요.
코러스2-이득춘	이득춘이라고 합니다.
코러스6-박처사	소문을 들자하니 대감 퉁소소리가 대단하다고 하더이다. 우리 퉁소 대결 한 번 하시지요.
코러스2-이득춘	좋소.

이득춘 퉁소를 불자 아름다운 풍소소리에 꽃잎이 떨어진다.

코러스들	좋구나!
코러스6-박처사	소문에 듣던 그대로이다.
코러스2-이득춘	부족합니다.
코러스6-박처사	그럼 제가 한 번 불어 볼까요.

박처사가 퉁소를 불자 떨어졌던 꽃잎이 다시 피어난다.

코러스들	야. 대단한 걸.
코러스2-이득춘	시들었던 꽃들이 다시 피는 걸 보니 내가 졌오.
코러스6-박처사	하하하 부끄럽소. 그나저나 그대가 내기에서 졌으니 제

안할까 하오. 듣자하니 대감에게 훌륭한 아들이 있다고 하오. 나에겐 조금 못생기긴 했으나 귀여운 여식이 하나 있소. 우리 사둔 맺을까요.

코러스2-이득춘	좋소.
코러스6-박처사	그럼 금강산에서 봅시다.
코러스3	이시백이 장가간다.
코러스들	우리 아들 장가간다. 우리 딸이 시집간다.
코러스3-주례	신랑 입장
코러스들	잘났다. 잘났어. 잘생겼네.
코러스3-주례	신부 입장.
코러스들	아이 곱다.
코러스들	참으로 참하네.
코러스3-주례	신랑신부 맞절
코러스들	색시 고개 좀 들어봐. 부끄러워 하긴….

모두들 놀라 뒤로 넘어진다.

코러스4-이시백   아니 이런 천하의 박색은 처음이로구나!

2장 박씨 부인과 피화당

코러스1-박씨부인   아버님 복 없는 사람이 인물까지 추하여 부모에게 효도 하지 못하고 부부간에 서로 떨어져 지내어 가정까지 화 목하지 못하니, 저 후원에 초당하나 지어 주시면 그곳에 마음을 붙이고 살려고 합니다.

코러스7-이득춘	자식이 어리석어 내 가르침을 따르지 아니하고 그래서 너를 박대하는구나. 내 너의 소원을 들어 초당을 지어 주겠노라.

코러스들의 똑딱똑딱 똑딱똑딱 똑딱똑딱 소리에 피화당이 지어진다.

코러스1-박씨부인	동쪽에는 파란 나무를 심고 서쪽에는 빨간 무를 심고 북쪽에는 하얀 방패 나무를 심어 액운을 막고자 하나이다.
코러스3	신기하게도 박씨가 심은 나무는 박씨 손이 닿자마다 쑥쑥 자라기 시작했어.
코러스1-박씨부인	서방님은 언제 오시려나….
코러스들	못생겼어.
코러스1-박씨부인	어머님은 언제나 나를 곱게 봐주시려나.
코러스들	아이 꼴도 보기 싫어.
코러스3	그리하여 나무는 쑥쑥 자라 울창한 숲을 이루었으며 박씨 부인은 이 초당의 이름은 화를 피한다하여 피화당이라 지었답니다.

3장 박씨 부인의 신기한 재주

코러스4	우리 오늘 이 대감네 이씨 부인
코러스5	박씨 부인
코러스4	이 대감네 박씨 부인 재주 이야기나 한 번 해 봅시다.
코러스4	3년 전에 이 대감네 박씨 부인이 비루먹은 못난 말을 무려

코러스5	30냥.
코러스4	300냥에 샀다는 구먼. 그걸 사서 정성들여 먹여 3년 만에 살이 통통하게 쪄서 하루에 천리를 가는 말이 됐다는 구먼. 그 말을 무려 3만냥에 중국 사신에게 팔아버렸다는 구만.
코러스들	와~
코러스5	하루는 박씨 부인이 술을 마시다가 비녀를 딱 빼서 단칼에 술잔을 베니 술잔이 반으로 싹 갈라지더래.
코러스들	와.
코러스8	박씨 부인은 여자의 몸으로 활을 얼마나 잘 쏘는지 활 한 발로 날아가는 새 세 마리를 맞췄다는구먼.

코러스 8 부채를 펴 활을 쏘는 시늉을 하자, 코러스 4 장구채를 들고 날아가 풍선 세 개를 터뜨린다.

코러스들	이 대감네 박씨 부인 기인 열전
코러스3	아니 근데 박씨 부인이 허물을 어떻게 쓰게 됐대.
코러스1	어느 날 박씨 부인이 꿈을 꿨대.

4장 박처사 꿈 - 허물

- 음악

박처사가 무대에 누워 있다. 저승사자들이 천을 들고 박처사를 들러싼다.

코러스4-저승사자	박처사 네 이놈. 하늘에는 인간 세상을 다스리는 법도가 있거늘 네가 감히 하늘의 법도를 깨뜨리려고 하느냐.
코러스2-박처사	가뭄이 들어 인간들이 굶어 죽는 것이 불쌍하여 그들에게 비를 내린 것이 이렇게 잘못된 것입니까?
코러스4-저승사자	네 죄를 모르렸다. 그것은 네 따위가 할 일이 아니다.
코러스2-박처사	가까이 오지 마. 가까이 오지 마. 저리 가.
코러스1-저승사자	신선 박처사는 오늘부터 인간세상으로 추방하며 네 자손은 대대로 추한 얼굴로 살 것이며 네 딸은 추한 얼굴로 시집가 삼 년 동안 호된 시집살이를 할 것이다.
코러스2-박처사	안 돼. 안 돼. 안 돼.

저승사자들 박처사에게 허물을 주고 천을 씌운 뒤 사라진다. 얼마 뒤 다시 나타난다.

코러스2-저승사자	신선 박처사는 듣거라. 그간 너와 너의 여식의 공덕을 보고 받았으니 오늘부터 천계로 복귀하시오. 그리고 너의 여식의 허물을 거둘 것이다.

신선들 천과 허물을 거두어 사라진다.

코러스5-계화	(허물을 벗은 모습을 보며 놀라) 아~ 잘 잤다. 아씨, 어~ 어~ 어~ 아씨! 아씨! 대감마님, 아씨가 아씨 얼굴이
코러스6-박씨부인	아버님, 허물을 담을 옥함을 하나 만들어 주십시오.

코러스7	이렇게 되었구나.
코러스5	그래서 천하의 미인이 되었구나.
코러스들	좋은 일이 있으면 나쁜 일이 이고 나쁜 일이 있으면 좋은 일이 있고 좋은 일이 있으면 나쁜 일이 이고 나쁜 일이 있으면 좋은 일이 있고

암전, 천을 들고 그림자극 준비

5장 자객 기홍개

코러스2 - 백성	그나저나 오랑캐가 쳐들어온다며?
코러스4 - 백성	그러게 말여. 이런 나쁜 놈들

실물 그림자극

코러스2-오랑캐왕	지금 당장 쳐들어갑시다.
코러스5-오랑캐 장군	아니 되옵니다. 지금 조선에는 신기한 재주를 가진 여인이 있사옵니다. 그녀가 있는 한은 절대로 이길 수 없사옵니다.
코러스2-오랑캐왕	그럼 어떻게 한단 말이냐.
코러스5-오랑캐 장군	저에게 좋은 수가 있습니다. 자객을 보내시지요?
코러스8-자객	제가 가겠습니다.
코러스3	그래서 기룡대는 조선에 있는 박씨를 찾아갔지.

불이 켜지고, 막 앞에 박씨 부인이 자객(기용대)를 기다리고 있다.

코러스8-자객   실례합니다. 길을 잃었는데, 하루 묵어 갈 수 있을까요.

코러스6-박씨부인   올 것이 왔군. 누추하나 그렇게 하시지요.

코러스8-자객   기개가 보통이 아니군.

코러스6-박씨부인   멀리서 오시느라 고생이 많으셨으니 술이나 한 잔 하시
                     겠소.

코러스6-박씨부인   부어라 마셔라. 부어라. 마셔라. 부어라 마셔라. 부어라.
                     마셔라.

코러스8-자객   빈틈이 없어.

코러스6-박씨부인   부어라 마셔라. 부어라. 마셔라. 부어라 마셔라. 부어라.
                     마셔라.

코러스6-박씨부인   이젠 쓰러질 때가 됐는데….

자객 쓰러진다.

코러스8-자객   (박씨 부인이 방심하는 틈을 타 칼을 빼 들고 박씨 부인
                     에게 달려들며) 때가 왔군. 자. 내 칼을 받아라. 죽어랏.

박씨 부인 날아오는 칼을 피해 한 칼로 자객을 제압한다.

코러스6-박씨부인   한심한 기홍대.

코러스8-자객   아니 어찌 내 이름을 알았을까.

코러스6-박씨부인   너 같은 하찮은 것을 죽이려고 내 손에 피를 묻히고 싶지

않다. 가서 너희 두목에게 일러라. 다시 조선을 넘나들면 살아남지 못할 것이라고. 썩 가거라. 이 년아. 가거라.

코러스3   오랑캐는 틈만 나면 조선을 칠 생각만 했다. 그런데 조선 의 신하들은 쓸 데 없는 당쟁만 하고 있었대.

6장 어전회의 - 무능한 조정
궁중 음악
왕이 궁궐로 들어간다. 신하들이 예를 갖춘다.

코러스2-시녀   주상 전하 납시오.
코러스4-이득춘   전하, 신 영의정 이시백 이뢰오. 지금 저 북쪽에서 오랑 캐들의 동태가 심상치 않다고 하옵니다.
코러스5-주화파 신하 전하, 지금같은 평화로운 시대에 오랑캐 걱정도 필요가 없사옵니다.
코러스4-이득춘   전하, 전쟁에 대비하여야 하옵니다.
코러스5-주화파 신하 전하, 영의정은 하찮은 아낙의 말만 듣고 저러하옵니다.

신하들 옥신 각신 개판

코러스2-왕   그만, 이렇게 시도 때도 없이 싸우는 이런 신하들을 데리 고 내가 어찌 나라 일을 돌본단 말이냐.
코러스7-신하   (북을 치며) 오랑캐가 쳐들어온다.

7장 오랑캐의 침입

신하들은 허둥지둥 도망치고, 코러스들 긴 천을 치고 왕은 천 안에 갇힌다. 왕 또한 허둥지둥 댄다.

코러스4-오랑캐　　　조선의 왕을 죽여 버려라. 다 죽여라.

오랑캐는 흰 천에 피 자국을 내며 조선이 백성을 죽인다. 조선의 백성 신음 소리를 내며 죽어 간다. 왕은 천 안에서 어쩔 줄 모르고 허둥지둥댄다. 오랑캐는 천을 넘어 왕에게로 다가온다.

코러스5-용골대　　　하하하하하하하하.

코러스2-왕　　　　　(무릎을 꿇으며) 졌네. 졌어.

코러스7-오랑캐 신하 장군, 장군, 동생 분이 전사하였사옵니다.

코러스5-용골대　　　어니, 어떤 놈이 내 동생을

코러스7-오랑캐 신하 조선에 있는 박씨 부인이라고 하옵니다.

코러스5-용골대　　　어디냐. 어떤 놈이냐.

코러스7-오랑캐 신하 이쪽이옵니다.

코러스5-용골대　　　이 놈을 그냥 갈기 갈기 찢어 죽일 것이다. 어디냐.

8장 오랑캐를 물리친 박씨 부인

용골대 신하들과 박씨 부인을 찾아 나선다.

코러스5-용골대　　　내 동생 용울대를 죽인 이 요물은 나와라.

용골대 피화당에 다다르자 피화당 나무들은 전사로 변하여 용골대 병사들의 싸운다. - 군무

코러스5-용골대　　　자, 나무에 불을 질러라.
코러스들5·8-오랑캐 신하　　　나무에 불을 지펴라. 불을 지펴라.

용골대 무리에 서서히 다가가 박씨 부인 단칼에 용골대 병사들을 쓰러 뜨린다.

코러스6-박씨부인　　이런 오랑캐 놈들. 너희 놈들을 갈기갈기 찢어 죽여도 한
　　　　　　　　　　이 풀리지 않으나 아직은 때가 되지 않았으니 썩 물러 가
　　　　　　　　　　거라.

에필로그
코러스6　　　　　　끝났다. 땡땡땡. 이렇게 박씨 부인 이야기는 끝났대.

코러스 6 다시 옥함을 가져와 찬찬히 살펴보며 일기 아래에 편지를 거내든
다.

코러스6　　　　　　잠깐! 편지잖아. 징그러운 애벌레가 아름다운 나비가 되
　　　　　　　　　　느니라. 박씨 부인

음악

모두 나비처럼 춤을 추며 퇴장. 끝.

'소설로 연극 만들기'란?

소설은 이야기이다. 그렇기에 소설 읽기는 결국 서술자가 들려주는 이야기를 듣는 행위이다. 물론 이 듣는 행위 속에서 상상이 이루어지고, 인물의 생각이나 행동을 생생하게 그려낼 수도 있다. 하지만 소설 속 인물이나 상황을 내 친구, 가족의 일처럼 실감나게 '만나기'는 어렵다. 그건 소설만이 아니라 텍스트가 지닌 본래의 한계일 수 있다.

이런 점에서 소설로 연극 만들기는, 언뜻 쉬운 것처럼 보이지만 어렵다. 시공간을 뛰어넘어 진행되는 이야기를 어떻게 무대 위에서 형상화할 것인가? 서술자가 일방적으로 설명하거나 묘사하는 내용을 어떻게 극화할 것인가? 이런 고민까지 이어지면 더더욱….

분명 형식이 다른 희곡과는 달리 연극 만들기의 방법에서도 차이가 있을 것이다. 그럼에도 소설을 연극으로 만드는 까닭은, 청소년이나 교사들이 재미있게 만들 '희곡'이 부족해서만은 아니다. '소설'에는 우리의 마음을 울리는 '이야기의 씨앗'이 담겨 있다. 그리고 '들으면 망각하고, 보면 기억하고 행하면 이해한다.'는 중국의 속담처럼, 그 이야기의 씨앗을 연극으로 행하면 우리가 살아가는 삶을 이해할 수 있고, 때론 고통스러운 삶이 '견뎌질 수 있기' 때문이다.

하나 더. 소설은 연극이 아니기 때문에, 소설을 연극으로 만드는 과정은 수많은 토의와 토론, 상상과 공감과 비판과 수용의 에너지들이 넘쳐나는 역동적인 작업이다.

'소설로 연극 만들기', 무엇에 초점을 맞추어야 할 것인가?

소설로 연극 만들기의 출발점은 작품을 '올바르게 읽기'에 있다.

첫째, 작품을 올바르게 정독해야 한다. 이 말은 최소한 오독은 하지 말아야 한다는 뜻이다. 작품에서 이런 대화와 행동이 있었는데, 그것을 몰라서 엉뚱한 판단을 하지 않는 것이 중요하다. 권정생 선생님의 '강아지똥'에서, 강아지똥과 민들레가 만나 꽃을 피우는 것을 '강아지똥'의 '희생'으로 오독하는 경우처럼.

둘째, 작가가 (서술자를 통해) 이야기하는 것을 편견 없이 바라볼 줄 알아야 한다. '편견 없이' 바라본다는 것은, 작가의 생각을 무시하거나 혹은 우상화하지 않는다는 의미이다. '옳다, 그르다'의 문제로 접근하기보다는 '나와는 다르다'의 입장에서 바라볼 줄 알아야 한다. 그리고 질문을 던져야 한다. 이런 문제를 '나는 어떻게 바라볼 것인가?'라고.

이런 읽기를 위해서는

▷ 묵독보다 낭독,

▷ 혼자 읽기보다는 함께 읽기,

▷ '이 텍스트의 내용(인물, 대화, 사건, 갈등, 배경, 문학적 장치 등)을 볼 때 이렇게 생각할 수 있지 않을까?'라는 토의가 이어져야 한다.

(서호필)

3부
소설로
연극 만들기

첫 번째 소설로 연극 만들기

나무를 심는 사람 _{백인식}

원작 : 장지오노

01. 작품을 고른 까닭

"인간의 손이 창조에 쓰일 때는 신의 대리자가 된다."

장 지오노의 "나무를 심은 사람"은 소설이지만 작품 전체가 시의 느낌을 준다. 이 작품
은 애니메이션으로 널리 알려져 있는데, 해설자의 낭송이 깊은 울림을 준다.

'평화로운 마음, 소박한 생활 속에 자연과 함께 하는 삶'이라는 주제도 이 작품이 주는
매력이다. 폭력으로 얼룩진 세상에서 '어리석은 노인이 산을 옮긴다.(愚公移山)'는 우화
처럼 자신의 길을 걸은 주인공의 삶은 비록 소설이지만 우리의 모습을 반성하게 한다.

시의 느낌을 주는 문장은 이미지와 소리, 코러스의 움직임으로 표현하기에 좋다. 학
교 연극반에서는 한 두 사람에게 많은 비중이 몰리는 연극보다는 참가자가 골고루 역할
을 나누어 맡는 것이 학생 연극 활동의 취지에 맞는다. 따라서 코러스가 이야기를 이끌어
가며 작품 속에 등장하는 여러 인물을 골고루 맡을 수 있다는 점이 작품을 선택하는 중요
요인이 되었다.

전국 교사 연극 모임 '놀이와 즉흥으로 극
만들기' 연수 (2008. 1. 21~1. 26)를 바탕으
로 정리하였다. 주강사 백인식, 보조강사
조재천, 김현정.

O2. 과정 한눈에 보기

블록		주제	내용	비고
월	1	몸과 마음열기	서로 친해지기	연극놀이와 즉흥
	2		몸풀기, 감성깨우기	
	3		작품 함께 낭독하기	
화	4	소설을 만나다	인상 깊은 장면 찾기	
	5		몸짓과 움직임으로 소설만나기	
	6		주제를 정지장면으로 표현하기	
수	7	소설을 가지고 놀다	장면 고르기	
	8		소리와 움직임	
	9		연극에 어울리는 소리 만들기	
목	10	소설로 연극적 상상을 펼치다	즉흥으로 대사 만들기	
	11		공간탐구	
	12		줄거리 정리하기	
금	13	소설로 연극을 만들다	틀 구성과 장면 정리	
	14		장면 만들기	
	15		리허설과 공연	

03. '나무를 심은 사람' 연극 만들기

목표

1. 작품을 함께 읽고 내용을 재구성하여 극을 만든다.
2. 드라마관습(놀이, 즉흥)을 활용하여 다양한 연극 체험을 한다.
3. 연극 체험 과정을 정리, 변형하여 30분 정도의 극을 만든다.
4. 연극 만들기에 문학이 가지고 있는 장점(문학적인 대사, 해설, 구성)을 반영한다.
5. 학교 현장에서 문학작품으로 극 만들기 실천 방법을 공유한다.

1 ~3블럭 몸과 마음 열기

1. 친해지기

가. 1분 소개하기

- 1분의 시간동안 자기를 짧고, 굵직하게 소개한다. 되도록 다른 사람들이 웃을 수 있는 이야기를 하나씩 한다.

● 새로운 사람들과 만났을 때 꼭 해야 하는 활동이다. 1분이라는 시간을 활용하는 방법도 느껴보고, 부담감도 덜 수 있다.

나. 이름 부르기

- 둥글게 원을 만들어 선다. 술래가 참여자 중의 한 사람의 이름을 크게 부

르며 그 사람에게 다가간다. (예) '은숙아~!'

- 이름이 불린 사람은 술래가 도착하기 전에 다른 사람의 이름을 부르며 자기 자리를 뜬다.
- 출발하는 사람을 둘로 늘여 진행할 수도 있다.
- 인원이 많은 경우, 두 사람으로 진행했을 때, 같은 사람을 부르거나 시간 차이 때문에 술래가 하나로 줄거나 셋으로 늘어나는 현상이 생긴다. 이 럴 경우 술래가 순간적으로 판단하여 다른 사람의 이름을 불러준다.

● 짧은 시간에 모둠 사람들 이름을 외울 수 있는 활동이다. 나이가 다른 사 람들 사이에 이름만으로 부르면 더욱 친해지는 계기가 된다.
● 비슷한 놀이들 중에서 제일 쉽다. 놀이 방법이 쉬워서 참여자들이 '연극' 에 대한 부담감을 없애는데 좋다.

다. 죠스
- 둥글게 원을 만들어 서고 술래를 한 명 정한다.
- 술래는 원안으로 들어오고, 술래의 자리는 없다.
- 술래가 손을 뻗어 한 사람을 가리킨 뒤에 그 사람을 향해 걸어간다.
- 술래에게 지목당한 사람은 자기의 이름을 불러 줄 것 같은 사람을 손을 뻗어 가리킨다.
- 그 사람이 술래가 도착하기 전에 이름을 불러주면 술래는 또 다른 사람 을 가리키며 걸어가고, 이름을 불러 주지 못하면 술래에게 잡혀서 술래 가 된다.

● 반드시 '손으로 가리킨 후 출발한다.'는 규칙을 잘 지켜야 한다. 술래가

지목하는 사람은 술래의 자리에서 적어도 세 사람 정도는 떨어져 있어야 한다.

라. 1부터 10까지 숫자 세기

- 둥그렇게 앉는다.
- 약속하지 않은 채 한사람씩 이어가며 1부터 인원 수 만큼의 숫자를 순서대로 센다. 숫자를 말하는 사람은 말하면서 일어서야 한다.
- 동시에 두 사람 이상이 말할 때, 다른 사람이 움직이는 경우, 리듬이 끊어지는 경우는 처음부터 다시 해야 한다. 조금만 엉덩이를 들썩 거려도 처음부터 다시 한다.

● 때론 적극적으로 나서야 하고, 때론 다른 사람에게 기회를 주기도 하면서 호흡을 맞추는 것이 목표이다. 규칙대로 완성하면 성취감이 생긴다.

마. 나는요

- A4 용지 맨 위에 "나는요"라고 쓰고 자신을 소개하는 글을 쓴다. (예: 나는요, 혼자 걷는 시간을 좋아합니다.)
- 여러 가지 색연필을 써서 모양을 꾸미며 글을 써도 좋다.
- 벽에다 붙이고, 자유롭고 편하게 읽는다. 읽고 난 후 서로의 소감을 나눈다.
- 누가 쓴 글인지 나중에 맞혀보는 시간을 갖는다. 종이 밑에 글쓴이를 적어도 좋다.

● 말로 소개할 때와는 또 다른 모습을 볼 수 있다. 첫날 써 놓았을 때는 누

가 쓴 것인지 모르는 게 더 많지만 서로를 조금씩 알아가면서 다시 읽을 때는 쓴 사람을 거의 찾아 낼 수 있다. 한 줄 한 줄 읽으며 사람을 찾아가는 게 재미있다. 나의 현재의 관심사와 상태를 되돌아보며, 부담 없이 '나'에 대해 말할 수 있는 기회가 된다.

☆ 나는요

퍼즐을 좋아합니다.

사진을 좋아합니다.

혼자 있는 것을 즐깁니다.

친구가 많습니다.

아름다운 풍경을 보거나 소리를 들으면 눈물이 납니다.

맛있는 음식 먹는 것을 좋아합니다.

여러 가지 물건을 모아 두는 버릇이 있습니다.

재미있는 일을 하면 지치지 않습니다.

하던 일이 잘 안될 때 불안해 합니다.

만화책, 영화, 동화책을 좋아합니다.

미술관에 가는 것이 좋습니다.

사람들에게 내가 만든 무엇을 설명하거나 사람들이 만든 것을 받았을 때 행복합니다.

하고 싶은 것도 많고 사고 싶은 것도 많아서 욕심을 부릴 때가 있습니다.

바. 네 / 아니오

- 둘씩 짝을 이루어 한 사람은 질문을 하고 한 사람은 대답을 한다.

- 대답하는 사람은 "네"와 "아니오"의 의미가 담기는 단어를 쓰지 않고 대답을 해야한다.
- 질문하는 사람은 "네/아니오"를 대답으로 이끌어내도록 유도한다.

- '연기 연습'의 한 방법으로 활용할 수 있다. 여러 명이 함께 해도 좋다. 처음 만난 사람과 활동하기에는 약간 부담이 될 수도 있다.

2. 몸 열기

가. 빗방울 안마

- 세 사람이 짝을 이룬다.
- 한 사람(A)은 앞을 보고, B와 C는 좌우에 서로 마주보고 선다. 가운데 선 A는 눈을 감는다.
- 머리끝부터 발끝까지 엄지손가락으로 꾹꾹, 천천히 눌러 준다. 두 사람이 누르는 부분은 대칭이 되도록 한다. 1~2분 동안 실시한다.
- 몸에 손을 대지 않고, 양 손을 흔들며 머리 옆에서부터 아래로 쓸어내려 온다. 입으로는 빗소리나 샤워기 물소리 같이 "쏴~"하는 소리를 낸다. 다 한 뒤에는 역할을 바꾼다.

- 시원한 느낌을 준다. 지쳤을 때 하면 좋다. 누를 때 될 수 있는 한 대칭이 되어야 안마 받는 사람이 균형을 잡고 서 있을 수 있다. 가볍게 눌러주는 것 보다 세게 눌러 줄 때 느낌이 더 좋다.

나. 손잡고 앉았다 일어서기

- 둘씩 짝을 지어 손을 잡고 마주 선다.

- 서로의 발가락 앞부분을 붙이고, 서로 팔을 쭉 뻗어 몸을 뒤로 눕혀 V자 모양을 유지한다. 상대방을 당겨주어야 균형이 잘 잡힌다.
- 상대방을 잡아당기는 느낌으로 균형을 유지하며 앉았다 일어선다. 이때 엉덩이를 뒤로 빼지 않아야 하고, 팔은 쭉 핀 상태를 유지한다.
- 4명, 6명, 8명이 함께 해 본다.

● 짝이 어느 정도 힘을 주는가를 잘 살펴 힘의 균형을 잘 지키는 것이 중요하다. 서로 믿고 확실하게 자신을 내맡길 때 더 잘된다. 간단한 스트레칭 방법이지만 금방 몸이 풀린다.

다. 원 만들어 뒤로 눕기
- 원을 만들어 선다.
- 서로의 등 뒤로 팔을 벌린다.
- 자신의 오른 족과 왼쪽에 있는 두 번째 사람과 손을 잡는다. 손목을 잡는 것이 편하다. (A, B, C, D, E에서 C는 A와 F의 손을 잡는다)
- 편안한 자세로 다리를 벌려 서고, 옆 사람들이 받쳐주는 손에 의지해 상체를 뒤로 눕혀 본다.
- 성공하면 세 번째 사람의 손을 잡고 같은 방법으로 해본다. 네 번째 사람까지 가능하다.

● 믿고 누우면 편안하다. 넘어지지 않을까 하는 불안감을 갖지 말고 다른 사람들을 믿어야 한다.

라. 어깨 밀기

- 둘씩 짝을 짓는다.
- 한 사람(A)이 다른 사람(B)의 어깨를 양손으로 밀어준다.
- B는 어깨로 밀면서 앞으로 나가려 한다.
- 서로 힘을 주어 긴장상태를 유지하다가 A가 빨리 손을 떼면서 옆으로 살
  짝 비키면 B는 밀던 힘으로 앞으로 뛰어 나가다 선다.

- 서로 힘의 균형을 맞추는 것이 중요하다. B가 앞으로 뛰쳐나갈 때, A와
  부딪히지 않도록 하고, B는 넘어지지 않도록 주의한다. 강력하게 앞을
  가로막는 거대한 장애물이 연상되며, 한순간에 그것이 해소되는 기분이
  들어 재미있다.
- 파트너끼리 밀어내거나 버티면서 서로의 힘의 강도를 느끼면서 활동을
  조정하게 된다.

마. 관절 감싸기
- 둘씩 짝을 짓는다.
- 조용한 명상 음악을 튼다.
- 한 사람은 가장 편안한 자세로 눈을 감고 눕는다.
- 다른 한 사람은 누워있는 사람의 관절 하나하나를 손으로 따뜻하게 감싸
  안아 준다.
- 왼쪽(손목 - 팔목 - 어깨 - 골반 - 무릎 - 발목) - 오른쪽 (발목 - 무릎 - 골반 -
  어깨 - 팔목 - 손목)
- 각 부위는 1분 정도 감싸준다.
- 감싸기가 끝나면 누워 있는 사람은 왼쪽으로 돌아누워 서서히 일어서 기
  지개를 편다.

- 바닥은 약간 푹신하고, 겨울에는 따뜻한 것이 좋다.

● 아주 편안하다. 활동하다가 지친다 싶을 때 하면 좋은 효과를 거둘 수 있다. 체온과 기운, 감정이 서로에게 전해진다.

바. 풍선 놀이
- 풍선을 적당한 크기로 분다. 너무 팽팽하거나, 힘이 없으면 활동하기 어렵다.
- 둘씩 짝을 지어 신체의 어느 부위에 걸어서 주고받는다. (예 : 종아리와 허벅지 사이, 겨드랑이, 두 다리 사이 등) 주는 사람과 받는 사람의 신체 부위가 같아야 한다.
- 한 사람에 한 개씩의 풍선을 가진다. 혼자서 손을 뺀 신체의 다른 부위로 쳐 올린다. 바닥에 풍선이 닿지 않게 노력한다.
- 전체 인원보다 3개 정도 많은 풍선을 다함께 위로 쳐올린다. 이때는 손을 사용할 수도 있다.

● 풍선 하나로 재미있게 놀 수 있다. 풍선을 너무 크게 불면 신체 부위에 걸어서 주고받기가 힘들다. 밝은 분위기의 음악을 틀어주면 좋다.

사. 숨으로 풍선 불어 올리기
- 한 사람이 한 개씩의 풍선을 가지고 입으로 숨을 내셔서 위로 쳐올린다.
- 바닥에 떨어지려 하는 경우만 손을 쓴다.
- 숨을 길게 쉬어야 풍선을 위로 올리기 쉽다.

● 호흡을 조절하는 연습이 된다

3. 작품 함께 낭독하기

가. 작품 읽기

- 가장 편한 자세로 앉아 돌아가며 책을 한 쪽씩 돌아가며 읽는다.
- 듣는 사람을 위해 '책을 읽어주는 것'이 중요하다. 읽어주는 것은 듣는 이를 배려하게 되어 감정도 들어가고, 명확하게 읽으려 노력하게 된다.

● 함께 읽기는 혼자 읽을 때와 다른 여러 가지를 느낄 수 있다. 활동이 잘 이뤄진 때는 낭독극을 공연한 느낌도 얻을 수 있다.

나. 소감 나누기

- 책을 읽고 난 느낌을 간단히 나눈다. '좋은 느낌 공유하기' 정도로 진행한다.
- 세세한 분석이나 비평이 되면 감흥이 떨어진다. 이 작업은 나중에 한다.

4 ~6블럭 소설을 만나다.

1. 인상 깊은 장면 찾기

- 소설에서 좋은 느낌을 받은 부분이나 문장을 찾아 작은 메모지에 쓴다.
- 메모지를 벽에 붙여두고 편하게 읽는다.
- 다른 사람이 정리한 메모에서 자기가 쓴 문장이나, 느낌이 좋은 문장에 별이나 꽃 같은 예쁜 그림으로 표시를 한다.

- 작품에 맞는 음악을 잔잔하게 틀어준다.

- 여러 사람이 좋다고 문장을 대사로 만들기도 하고, 중요한 장면을 만드는 데 바탕으로 삼는다. 작품을 만드는 데 꼭 필요한 장면과 내용을 거의 다 얻을 수 있다.
- 처음 읽을 때는 이야기를 쫓아가느라 좋은 부분, 의미 있는 문장을 놓치기 쉽다. 다른 사람이 찾은 문장을 읽으면서 지은이가 이 문장을 왜 썼는지, 무엇을 말하려고 했는지 생각하게 된다.

● 별과 꽃을 많이 받은 문장
  - 사람은 희망이 있어야 일을 할 수 있다.
  - 그 사람과 함께 있으면 평화가 있었다.
  - 인간이란 파괴가 아닌 다른 부분에서는 하느님처럼 유능할 수 있다는 생각이 들었다.
  - 열정이 승리를 거두기 위해서는 절망과 싸워야했을 것이다.
  - 창조란 연달아서 새로운 결과를 만들어 낸다.
  - 사람들은 모든 것을 놓고 경쟁했다. 숲을 파는 것을 두고, 교회에서 앉는 자리를 놓고서도 경쟁했다. 선한 일을 놓고, 악한 일을 놓고, 그리고 선과 악이 뒤섞인 것들을 놓고 서로 다투었다.
  - 뛰어난 인격을 가진 사람을 더 깊이 이해하려면 우리는 그가 홀로 철저한 고독 속에서 일했다는 것을 잊어서는 안 된다.
  - 위대한 혼과 고결한 인격을 지닌 한 사람의 끈질긴 노력과 열정이 없었던들 이러한 결과는 있을 수 없었을 것이다.

- 물이 다시 나타나자 그와 함께 버드나무와 갈대가, 풀밭과 기름진 땅이, 꽃들이, 그리고 삶의 이유 같은 것들이 되돌아왔다.
- 그는 나무에 대해 누구보다 많이 알아. 그는 행복해질 수 있는 멋진 방법을 찾은 사람이야.
- 그가 홀로 철저한 고독 속에서 일했다는 것을 잊어서는 안 된다.

2. 몸짓과 움직임으로 소설 만나기

가. 고리 만들고 빠져 나오기 1

- 둘이 짝을 이룬다.
- 한 사람(A)이 정지 동작을 취하면 다른 사람(B)이 손, 발, 몸으로 A의 몸 일부분에 고리를 만들어 감싼다.
- A는 고리(B의 몸)를 최대한 건드리지 않도록 애쓰면서 천천히 빠져 나간다.
- A는 빠져나온 B의 모습을 관찰한 뒤에, 같은 방법으로 B의 몸 주변에 고리를 만든다.
- 같은 방법으로 계속 고리를 만들고 빠져 나오기를 반복한다. 다양한 모양과 위치를 바꾸어 고리를 만들어 본다.
- 어느 정도의 시간이 지난 뒤에는 셋이서 짝을 이루어 해 본다. 이때는 A의 몸에 B, C의 순서로 고리를 만들고, A가 빠져나가면 C도 빠져나가고 C가 먼저 고리를 만들고, 그 다음에 A가 고리를 만든다. 그리고 B가 빠져 나온다.

※도움말

- 천천히 움직이면 춤추는 듯한 느낌이 든다.
- '천천히 움직이기, 정지, 빠져나온 고리를 쳐다보기'의 세 과정이 중요하다.

- 장면을 만들 때, 관계, 구속, 탈출 등을 표현할 수 있다.
- 가상의 역할을 맡아 표현해 볼 수도 있다. 예) 자식에 대해 심하게 간섭하는 부모와 억압으로부터 빠져나오고 싶어 하는 자식의 모습

나. 가다 서다

- 공간을 자유롭게 이리 저리 섞어서 걷는다. 전체가 원형으로 걷지 않도록 한다.
- 걷다가 누군가가 멈추는 것을 보면 바로 멈춰 선다.
- 모두 멈춘 상태가 2~3초간 유지되면 아무나 다시 걷는다. 누군가 움직이는 것을 보면 정지 동작에서 풀려나 걷는다.
- 점점 속도록 높여 걸어본다. 빨라진 만큼 정지의 순간도 짧아지도록 한다.

※도움말

- 멈추는 것을 보았을 때, 바로 얼어붙듯이 멈추어야 한다. 맺고 끊음이 확실해야 한다.
- 참여자를 두 모둠으로 나눠 다른 모둠의 활동을 지켜보는 것도 좋다. - 멈출 때, "스톱!(STOP)!", 움직일 때 "고!(GO)"라고 외쳐도 좋다.

다. 가다 서다의 변형

- 속도와 정지하는 시간을 다양하게 선택하여 활동한다. 전체가 서로를 관찰하고 영향을 서로 주고받는 것이 중요하다.
- 멈추고 나서 바로 시선에 변화 주기
- 빨리 걷다가 시선을 빠르게 돌려 멈추기

- 기운을 빼고 천천히 걷다가 멈추되 시선의 변화는 빨리 주기
- 천천히 걷다가 천천히 시선에 변화 주기
- 빨리 걷다가 천천히 시선에 변화주기

※**도움말**
- 걷는 속도와 시선을 돌리는 속도에 변화만 주어도 느낌이 많이 다르다.
- 다른 사람의 활동을 주의 깊게 보고, 제대로 반응하는 연습으로 활용할 수
  있다.

라. 석고 뜨기 1
- 둘씩 짝을 짓는다.
- 한 명(A)이 조각처럼 간단한 정지동작을 취한다.
- 다른 한 사람(B)은 자신의 몸이 석고가 된 느낌으로 A의 몸 부위에 (손,
  발, 몸통, 발, 머리카락, 손가락 등) 밀착한다. 마치 석고를 부어서 틀을
  만드는 느낌이다.
- A는 B가 만든 형태가 망가지지 않도록 조심스럽게, 천천히 빠져나간다.
  빠져 나가서 B를 잘 관찰한다.
- B가 밀착하고, A가 빠져나간다. 이런 과정을 계속 반복한다.
- '천천히 움직이기, 정지, 빠져나와 쳐다보기'의 세 과정이 중요하다.
- 밀착하는 몸과 밀착되는 몸 부위는 커도 되고 작아도 된다. 몸 전체가 될
  수도 있고, 손가락, 머리카락 한 올도 가능하다.
- 밀착하는 사람은 다른 사람이 빠져나간 뒤에 형태가 남아 있도록 하기
  위해 밀착한 몸의 부위에 약간의 힘을 주어야 한다.

※도움말

- 정지의 순간이 중요하다.

- 몸을 이용하는 단순한 움직임이지만 다양한 느낌을 준다.

- 몸이 떠난 뒤에도 석고 역할을 하는 몸에 그 느낌이 계속 남아있는 기분이

  좋다.

마. 석고 뜨기 2

: 빠져 나온 뒤에 멈춰 있는 사람을 보고 느껴지는 감정을 간단한 대사로

표현하기

  예)   - 고맙다.

       - 네가 더 힘들겠다야.

       - 아…. 떠나고 싶어.

● 동작이 주던 막연한 '느낌'이 짧은 대사 한마디로 또렷한 '상황'이 된다.

바. 석고 뜨기 3 : 역할을 설정하고 활동한다.

예) 역할 : 사랑하는 남자와 떠나고 싶은 여자

       A : 나한텐 너밖에 없어.

       B : 이제 그만 좀 해. 지겹지도 않아?

       A : 내가 그렇게 싫으니?

       A : 정말 이렇게까지 해야 돼?

사. 동작 보태기 1

- 셋씩 (A, B, C) 짝을 이룬다.

3부 소설로 연극 만들기   175

- A가 간단한 정지 동작을 취한다. B는 A의 모습을 잘 살펴보고 A의 조각상에 동작을 보태어 함께 조각상을 만든다. B의 자세는 A와 되도록관계 있는 모양을 취한다. 동작은 추상적인 표현, 사실적인 표현 무엇이든 좋다.
- C가 두 사람이 만든 조각상을 3초 정도 관찰한다.
- A가 빠져 나가고, B는 그대로 자세를 유지한다. C가 B의 조각에 동작을 보태 조각상을 만든다. A가 이를 3초 정도 지켜본다.
- 같은 방법으로 몇 번 반복한다.
- 어느 정도 활동한 뒤에 동작을 보탤 때, 간단한 대사를 한다.

● 정지 동작을 만들 때, 생각을 많이 하지 말고 떠오르는 느낌 그대로를 표현하는 것이 좋다. 생각이 순간적으로 떠오르지 않을 때는 무엇을 하겠다는 생각 없이 조각상에 가까이 가다보면 뭔가 표현할 것이 생각나는 경우가 많다.

아. 동작 보태기 2
- 네 명이 짝을 이뤄 활동한다.
- 우선 A, B, C의 순서대로 동작을 보태는데, 세 명이 하나의 조각상을 만드는 것이다.
- D는 세 사람이 만든 조각상을 살펴보고 제목을 붙여 본다. 제목은 낱말이나 짧은 문장으로 한다. D가 제목을 말하면 세 사람은 동작을 푼다.
- B가 조각을 만들면 C와 D가 차례로 동작을 보탠다. A가 조각상을 살펴본 뒤에 제목을 붙여 본다.
- 같은 방법으로 계속 활동한다.

자. 동작 보태기 3

- 공간과 물건을 이용해서 해본다.

- A가 활동공간의 한 부분이나 물건을 이용하여 정지동작을 취한다.

- 그 다음은 동작보태기 2와 같다.

- B가 시작할 때는 위치와 물건을 바꾸어 이동하면서 한다.

※**도움말**

- 여러 사람이 물건과 공간을 이용하니까 더 다양한 표현들이 나온다.

- 벽, 교탁 밑, 창턱의 빈 틈 등, 공간과 사물을 최대한 활용한다.

차. 동작 보태기 4

- 동작 보태기 3과 같은 방법으로 하되 주제를 제시하고 이를 표현해본다.

- 교사는 모둠마다 주제를 다르게 주고, 다른 모둠이 어떤 주제인지를 맞
  춰보게 한다.

- 주제의 예 : 두려움, 기쁨, 슬픔, 분노, 절망, 의심

- 모둠원들은 어떻게 만들지를 의논하지 않고 즉흥적으로 표현한다.

●감정이나 정서 등의 추상적인 주제를 표현해 내기가 쉽지 않은데 이 방
  법을 쓰면 즉흥적으로 적절하게 표현되는 경우가 많다.

카. 움직이는 조각

- 지금까지 활동한 동작 보태기를 응용하여 간단한 장면을 만든다.

- 주제로 만든 동작보태기 중에서 하나를 고른다.

- 등장 순서를 정한다. 한 명씩 등장할 수도 있고, 두 명 이상이 한 번에 등

장할 수도 있다.

- 정지 동작을 만들 때 3단계로 나눠서 만든다.

    1단계 : 무대에 들어와 고개를 숙인체 선다.

    2단계 : 양팔을 떨어트린 채 천천히 걷다가 두 팔을 하늘로 뻗는다.

    3단계 : 스르르 무너지며 앉아서 고민하는 모습을 만든다. (최종 조각)

● 효과적으로 표현할 수 있는 방법들

- 동작의 빠르기에 변화를 준다.

- 움직임의 높낮이에 변화를 준다.

- 등장하는 사람의 숫자에 변화를 준다.

- 소리를 더해준다.

- 여러 방향에서 등장한다.

3. 주제를 정지장면으로 만들기

- 모둠을 나눈다.

- 참여자들은 각자 작품의 주제(작품 전체를 상징할 수 있는 글)를 한 문장으로 쓴다.

    예) 연극 '우리 읍내' - 인생은 연속이다. - 뫼비우스 띠를 만듦

- 모둠원들끼리 발표한다.

- 모둠원들이 발표한 내용을 가지고 하나의 주제로 정리한다.

- 주제 문장을 조각상으로 만든다. 조각상을 만들 때는 위의 동작보태기 같은 방법을 사용하여, 즉흥으로 만들어도 좋고, 의논을 한 후 만들어도 좋다.

- 만든 조각상을 발표한다.

(활동결과)

1모둠 : 희망은 한 점에서 시작된다.

2모둠 : 한 인간이 손마디를 구부려 움켜쥐었고, 움켜쥔 손 안에서 빛이 새어 나왔다.

3모둠 : 무엇에도 흔들리지 않고 한 길을 간 한 인간의 힘.

※도움말

- 작품을 전체적으로 되돌아보고, 생각해 보는 기회가 된다.
- 한 문장으로 주제를 정하는 것이 어려울 수도 있다. 멋들어지게 만들려고 애쓰지 말고, 모둠원의 표현을 하나로 모으는 것에 초점을 맞춘다. 조각상을 만드는 것도 마찬가지이다.

7 ~9블럭 소설을 가지고 놀다.

1. 장면 고르기

- 작은 종이(포스트잇)에 각자가 만들고 싶은 장면을 적는다.
- 한 문장으로 정리하거나 제목을 쓰고 간단히 설명한다.
- 벽의 맨 왼 쪽이 처음, 오른 쪽이 끝이다. 각자 고른 장면을 이야기의 흐름에 따라 차례대로 벽에 붙인다.
- 벽에 붙은 종이를 같은 장면, 비슷한 장면끼리 모아 분류, 정리한다.
- 이를 바탕으로 대강의 줄거리를 만든다.
- 줄거리를 가지고, 만들고 싶은 장면을 결정하고, 나중에 구성작업을 한다.

- 만들고 싶은 장면을 차례대로 정리하다보면 자연스럽게 단락 나누기가 이뤄진다.
- 포스트잇에 자신의 관점을 바탕으로 중요 부분을 찾아내고, 다른 이들의 선택과 관점을 비교할 수 있다.

2. 소리와 움직임

　요즘 전문가 집단의 공연에서 소리(음악)가 많은 비중을 차지하는 연극이 많다. 주변의 물건들을 활용하여 악기를 직접 만들어 사용하는 극단도 있다. 사람의 몸으로 낼 수 있는 소리와 주변의 물건으로 낼 수 있는 소리를 가지고 놀아 보는 것, 이를 공연에 반영하는 것이 목표이다.

- 소리가 좋아서 그 소리를 연극 장면으로 만드는 방법
- 소리가 어울릴 만한 장면을 찾아 적당한 소리를 넣어주는 방법

가. 소리 찾기

우리가 만들 연극에 어울리는 소리 찾아보기

- 양 울음소리
- 쇠막대가 땅을 박는 소리
- 황폐한 마을에서 나는 소리
- 숲 속에 물 흐르는 소리
- 황량한 들판에 부는 바람 소리
- 전쟁에 대한 소리
- 풍성해진 마을에서 나는 소리
- 살아나는 숲속의 소리

- 분위기를 살려주는 소리

나. 물건에서 소리 찾기
- 소리가 나는 물건, 소리를 만들 수 있는 물건, 소리가 들어 있는 물건을 각자 찾아본다.
- 다양하게 준비된 물건들을 두드리고, 긁고, 돌리는 등 여러 가지 방법으로 물건 속에 들어 있는 소리를 찾아낸다.
- 각자 찾아낸 소리 가운데 가장 마음에 드는 소리를 하나 골라 발표한다.

(활동 결과)
- 호스를 돌리는 방법, 길이 따라 다른 소리/ 불어서 나는 소리
- 칼날을 밀어 올릴 때 나는 '따다다닥' 하는 소리
- 신문지를 길게 뜯어 한쪽을 모아 묶고 털면 나는 소리
- 패트병으로 나무판을 두드리는 소리
- 와인 잔 두 개에 물을 각각 다른 높이로 담아 윗부분을 젖은 손가락으로 문지르는 소리
- 두꺼운 종이 상자를 나무로 두드리는 소리 : 북소리와 비슷함
- 플라스틱 통 속에 쌀을 담아 흔들었을 때 나는 소리
- 쇠 밥그릇을 두 개 부딪히는 소리
- 쇠로 된 통에 공을 넣어 흔드는 소리
- 큰 비닐봉지를 구겨서 비비는 소리 : 파도 소리와 비슷함
- 긴 통을 막대로 두드리는 소리
- 네모난 고추장 통 속을 각각 다른 종류의 막대로 돌려 두드리는 소리
- 빗으로 화장품 가방을 긁는 소리

※도움말

- 소리를 찾는 과정이 놀이처럼 재미있다. 어린 아이처럼 물건을 가지고 놀면 다양한 소리를 발견할 수 있다.
- 때로는 큰 소리보다 물방울 몇 개 떨어지는 소리, 끊어질 듯 이어지는 가냘픈 실로폰 소리가 더 훨씬 큰 울림을 줄 때도 있다. 소리의 크기와 높이 등에 변화를 준다.
- 우리는 이름 지워진, 용도가 정해진 물건을 그에 알맞게 사용한다. 평소와는 다른 시도를 해보도록 한다.

다. 엉터리 오케스트라

- 각자 주변의 물건 하나를 선택하여 소리를 탐색한다.
- 자기가 탐색한 소리 중에 가장 마음에 드는 소리를 가지고, 자신의 악기로 쓴다.
- 한 명이 지휘자를 맡는다.
- 지휘자의 신호에 따라 각자의 악기로 소리를 낸다.
- 지휘자는 한 사람만 연주시킬 수도 있고 여러 악기를 동시에 소리 나게 할 수도 있다. 강약, 빠르기의 변화를 주어 지휘해 본다.

● 지휘자의 역할이 중요하다. 강약, 빠르기, 연주하는 사람의 수 등의 변화를 주고 마지막에 깔끔하게 마무리를 한다.

3. 연극에 어울리는 소리만들기

가. 장면과 소리 짝짓기

- 모둠을 나눈다.

- 토의를 통해 결정된 '전쟁', '황폐화된 마을', '황무지의 바람', '생명이 살아 나는 숲속' 장면을 각 모둠이 나누어 맡아 소리를 만들어 낸다.
- 한 모둠이 소리를 다 내고 나면 자연스럽게 다음 모둠이 이어서 소리를 낸다.

(활동 결과)
● 황무지의 바람 - 가느다란 홈이 있는 긴 호스를 돌려서 나는 소리, 두껍고 큰 종이를 흔들 때 나는 소리, 입으로 내는 바람 소리 등
● 황폐화된 마을 - 흐느끼는 소리, 쇠 통 안을 막대로 드르륵 두드리는 소리 등
● 전쟁 - 상자를 나무 막대로 크게 두드리는 소리, 풍선 터트리는 소리 등
● 생명이 살아나는 숲속 - 휘파람 소리, 작은 호루라기 소리, 비닐 봉투 속을 막대로 두드리는 소리, 천에 물을 적셔 물방울 떨어뜨리는 소리, 유리컵에 물을 담아 문지르는 소리, 실로폰 소리 등

● 불규칙한 소리는 듣기가 좋지 않다. 찾아낸 소리 중에 장면과 잘 어울리는 소리를 골라 조절한다.

나. 돌림 노래의 활용
- '다 같이 돌자 동네 한 바퀴'를 세 모둠이 돌림노래도 부른다.
- '랄랄라' 돌림 노래 부르기 : 노랫말 대신 '랄랄라'를 이용해서 밝은 분위기로 돌림노래를 부른다. 노래에 맞춰 극에 어울리는 장면을 찾는다.
- 다시 풍성해진 마을의 분위기 : 농부들, 장사꾼, 아이들, 빨래하는 아낙들 등의 인물들이 노래에 맞추어 움직인다.

- 느리게 부르면서 가다/서다와 시선 바꾸기를 해 본다.
- 느리고 낮게 부르며 움직인다. 움직이면서 서로 관계를 표현해 본다.

● 노래는 활동하는 사람들이 좋다고 하는 것을 선택한다. 돌림노래는 좋은 하모니를 낼 수 있어 한동안 잊었던 반주 없이 함께 노래하기의 즐거움을 일깨워 준다.

다. 소리 트래킹 (소리 모으기)
- 빙 둘러 앉는다.
- 시작하는 사람(A)을 정한다. A가 목소리나 몸을 이용하여 반복적인 소리를 낸다.
- 한 사람씩 소리를 낸다. 그 때 A는 계속 같은 소리를 반복해야 한다.
- 마지막 사람까지 소리를 더하면 크게 소리를 올려 절정을 표현했다가 맺는다. 끝맺음에 대한 약속은 하지 않는다.
- 다음에는 주제를 정하고 활동 해 본다.
  예) 황폐한 마을에 사는 사람들이 내는 소리.

10 ~12블럭 소설로 연극적 상상력을 펼치다.

1. 즉흥으로 대사 만들기

가. 가나다 대화

준비물 : 종이, 펜,

1) 두 사람씩 짝을 짓는다.

2) 보통 공책 크기의 종이 첫 줄에 '가'만 쓰고, 다음 줄에 '나'를, 그 다음 줄에 같은 방법으로 '하'까지 쓴다.

3) 교사는 상황을 제시한다.

상황의 예 : 두 사람 사이에 갈등이 있는 상황이면 어느 것이든 좋다.

- 연말, 친구들과 1박2일의 여행을 가려는 딸과 보내지 않으려는 아버지
- 이별을 알리는 여자와 설득하려는 남자
- 학교를 그만두려는 학생과 말리는 담임교사
- 애정이 식은 부부의 어느 날 저녁에 나누는 대화 등등

4) A와 B, 두 사람이 번갈아 가며 대사를 한다.

5) A부터 시작할 경우 A는 반드시 '가'로 시작되는 대사를 해야 하고, B는 '나'로 시작되는 말을 해야 한다. 다시 A는 '다'로, B는 '라'로 시작되는 말로 대화를 이어간다. 이렇게 둘이 '가, 나, 다…'로 시작되는 대사를 주고 받는다.

6) 대사를 말한 뒤에 대사를 종이에 적는다.

7) '하'까지 주고받은 뒤에 아주 어색한 부분만 한두 군데 고친다. 고치지 않고 그대로 발표해도 좋다.

8) 발표할 때는 '라디오 드라마'처럼 감정을 넣어 낭송한다.

9) 전체 모둠이 다 발표하도록 한다.

※**도움말**

- 정해진 규칙, 제한된 조건이 오히려 상상을 더 쉽고 자유롭게 만들게 하기도 한다.
- '라'의 경우 '나'로 바꿔 써도 좋다.

가나다 대신에 'ㄱ, ㄴ, ㄷ, … ㅎ'로 해도 된다.

- 두 사람의 대사가 꼭 논리적으로 이어질 필요는 없다. 일상적인 대화는 '1 - 2 - 3 - 4 - …'식으로 이어지는 경우가 많다. 연극의 대사는 '1 - 2 - 7 - 3 - 9 - …' 식으로 가는 것이 더 연극적으로 느껴질 때가 있고, 재미도 있다. 즉 앞 사람이 말한 내용과 상관없이 자신의 이야기를 해도 좋다는 것이다.
- 대사는 줄거리를 이어가고, 정보를 제공한다. 정보를 "아내는 몇 해 전에 죽었어요."라고 직접적으로 전해야 되는 경우도 있지만, "혼자 살아서 반찬이 변변치 않아요. 이런 모습을 보면 하늘에서 아내가 뭐라고 할지 …" 식의 표현을 통해 간접적으로 전하는 것이 효과적인 경우도 많다. '가나다~하 대사 하기'를 가지고 일상적이지 않은 대사를 찾아낼 수 있다.
- 인원이 많으면 같은 상황으로 발표하면 약간 지루해질 위험이 있다. 30명 정도가 넘으면 상황을 2가지로 주어서 다른 상황을 발표하게 하면 지루한 감을 없앨 수 있다.

(활동 결과)

연말에 친구 집에 놀러 가려는 딸과 보내지 않으려고 하는 아버지의 대화

● 예 ― 1

아버지	가지마.
딸	나만 집에서 간섭 받아요.
아버지	다 그렇게 크는 거야.
딸	나가 보세요. 요즘 안 그런 집이 훨씬 많단 말이에요.
아버지	마~ 됐다. 그냥 집에 있어라.
딸	바보 취급한단 말이에요, 친구들이. 아직도 허락 받고 나온다고….

아버지	사귀는 애들이 다 그 모양이가?
딸	아빠, 그런 친구라도 있어요? 매일 회사, 집, 회사, 집. 아빠도 좀 나가서 노세요. 그래야 세상을 좀 아시지 않겠어요?
아버지	자꾸 말대꾸 하지 말고 들어가서 공부나 해.
딸	차라리 엄마랑 살 걸 그랬어.
아버지	카멜레온이가? 맨날 요랬다, 죠랬다.
딸	타자 치듯이 절 내리치려고만 하지 좀 마세요! (쾅)
아버지	(혼잣말) 파란 세상에만 널 내놓고 싶어.
딸	(혼잣말) 하늘은 넓고 깊은데 내가 사는 곳이 왜 이리 갑갑하기만 할까.

● 예 ─ 2

딸	가야 할 곳이 있는데…. 아빠 가도 되나?
아버지	나랑 같이?
딸	다 알면서 아빠는…. 사실은 내일 저녁에 동철이 생일이라 친구들하고 밤새워 놀기로 했어.
아버지	라디오에서 들으니 안 좋은 말이 돌던데.
딸	마음이 좀 안 놓이시겠지만 이번 한 번만 믿어보세요.
아버지	바리바리 싸 가지고 가라~
딸	사람 기분 나쁘게 꼭 그런 식으로 말해야 돼요? 그냥 기분 좋게 보내 주지.
아버지	아침까지 눈 뜨고 기다릴 거라 기대하지 마!
딸	자기 딸한테 그게 할 말이야? 영진이 아빠는 잘 놀다 오라고 용돈까지 줬대. 그리고 그 순진한 동철이랑 밤 샌다는데 뭐

가 그리 걱정이야.

아버지	차비 엄청 많이 줄게. 통장이 어딨더라. 여보! 애 앞으로 들어 논 적금 깨서 내일 찾아 놔!
딸	카~ 이제야 우리 아빠가 뭘 좀 아네. 처음부터 그랬으면 좀 좋아요?
아버지	타조처럼 먼 벌판을 돌아다녀라. 오늘 일로 너는 결코 못 날게 될 수도 있어.
딸	파란 하늘보다 푸른 들판을 마음껏 뛰 노는 게 훨씬 좋아.
아버지	하, 너도 결국 나로구나.

※도움말

- 1, 2, 3, 4 식으로 예상되는 대사는 재미가 없다. 때로는 7, 3, 9, 1, 8 식으로 가는 것이 재미있다.
- 즉흥은 일상적인 표현을 벗어나 일상적이지 않은 것을 찾아 낼 때 재미가 있다.
- 우리가 즐기는 즉흥은 몸짓과 상황에 관련된 내용이 많다. 더러 '말하기'와 '즉흥 대사'에 속하는 놀이와 즉흥이 있다. 하지만 '시나 소설 같은 느낌이 나는 연극대사' 또는 '일상 대화가 아닌 희곡의 한 부분 같은 대사'를 만드는 즉흥은 찾기 어렵다.

나. 두 주인공의 대화
- 둘씩 짝을 지어 역할을 나눠 맡아 '가나다 대화'로 대사를 만든다.
- 발표한다.

※도움말

- '가나다'로 만들어진 대사들은 아무래도 어색한 부분이 있게 마련이다. 장면 만들기에서 부분적으로 수정한다.
- 주인공의 성격에 맞는 대사를 하도록 한다.

(활동결과 - 1)

나그네　　가슴에 허허로운 바람이 일어 여행을 떠났습니다.

노인　　　나그네들이 세상에 있어서, 머무는 사람이 세상에 드러나기도 하지요.

나그네　　다리가 너무 아프고 목도 마르고

노인　　　나비가 오래 날다 보면 어딘가 앉아 쉴 곳이 나오기 마련

나그네　　마음이 참 따뜻하시군요.

노인　　　바로 당신이 기대하는 만큼 내가 있는 거요.

나그네　　사람이 아무도 안 보이네요. 혼자 지내시나 봐요.

노인　　　아내가 떠난 빈자리는 바람이 메꿔주었소.

나그네　　자고 가도 될까요? 어르신과 이야기를 더 나누고 싶습니다.

노인　　　차린 것 없는 밥상을 기쁘게 받아 주신다면….

나그네　　카카오처럼 꿀맛이던 걸요.

노인　　　(노래) 타향살이 몇 해던가. 손꼽아 헤어보니~ 하아, 그리움이 반찬이지요.

나그네　　파고 또 파고. 오후에 무얼 그렇게 열심히 파셨어요?

노인　　　하늘이 보실 거라고 기대하고, 하늘이 응원하실 테고, 나도 하늘의 운동선수라 굳게 믿어 왔고….

(활동결과 — 2)

나그네	가다 보니 오두막이 하나 있어 들어 왔어요.
노인	나 혼자 사는 집이라 변변찮아요.
나그네	다들 그렇게 살죠, 뭐.
노인	라디오도 없어요. 세상일에 신경 쓰고 싶지 않아서….
나그네	마을이 있었던 것 같은데 지금은 비어 있는 것 같아요.
노인	바람 소리만 남았지요. 다들 떠나고.
나그네	사람들이 왜 떠났나요?
노인	아직은 아니지만 곧 다시 돌아올 겁니다.
나그네	자녀분들은 도시로 떠났나요?
노인	차가 다 끊은 것 같네요.
나그네	카이로 갔을 때 생각이 나는 군요, 한 달간 머물렀지요.
노인	타지로 자주 여행을 다니시나 보군요.
나그네	파견 명령이 떨어져서 가는 때도 있고, 문득 훌쩍 떠나고 싶을 때면 바로 실행에 옮기지요.
노인	하고 싶은 일을 하고 사는 게 행복이지요.

다. 마을 사람들의 대화

- 마을 사람들 가운데 두 사람을 정해서 가나다 대화로 대사를 해본다.

● 두 사람의 관계와 놓인 상황까지 정해 놓고 대화를 나누면 만들기가 좀 더 쉬워진다.

(활동의 예 — 1)

● 마을 노인과 청년

마을노인	가난하다고 하나 둘씩 떠나면 이 마을은 어떻게 되지?
청년	나라고 가고 싶겠어요?
마을노인	다들 고향을 떠나서 뿔뿔이 흩어져 희망이안 보여.
청년	나르고 숯 만드는 일 이젠 그만 하고 싶어.
마을노인	마을을 위해 할 수 있는 일이 뭐 없을까?
청년	바닥이 보이는데 뭐가 있겠어요.
마을노인	사기 그릇 만들어 파는 건 어떨까? 숯이 있으니까.
청년	아저씨, 말이 되는 소리를 하세요.
마을노인	자네도 떠날 생각만 말고 나 좀 도와줘.
청년	차라리 아저씨도 고민하지 말고 떠나요.
마을노인	카지노 같은 것은 어때?
청년	타짜 인생이 되라고! 지금 떠날 거예요.
마을노인	파괴된 우리 마을 이대로 버려야만 하나.
청년	하루살이 보다 못한 삶, 차라리 죽는 게 낫겠어요.

● 젊은 두 남녀

남자	가겠다고?
여자	나 더 이상 견디기 힘들어. 같이 떠나자.
남자	다 떠난데도 난 이곳을 지킬 거야.
여자	라면만 먹고 살 거니?난 싫어!
남자	마을을 지키기 위한 일이라면 그 정도 쯤이야. 가지마. 나랑 같이 여기서 살자.
여자	바보! 넌 여잘 몰라.

남자	사랑한다며? 언제까지 함께 하자며? 그게 다 빈말이었어?
여자	아니야 그건. 당신을 사랑하니까 여기 그대로 내버려 두고 싶지 않은 거야. 우리 도시로 나가서 같이 행복하게 살자.
남자	자랑거렸다고 말하긴 뭐하지만, 나에게 넌 그 이상이었어. 가지마 제발. 지금으로선 뾰족한 수가 없잖아.
여자	차라리 헤어져. 한심한 인간.
남자	카오스야. 우린 지금 혼동에 빠진 거야. 세상을 똑바로 보라고!
여자	타협 따윈 나에게 없어. 잘 살아라. 나 없이 여기서 천년만년 잘 살아봐!
남자	파렴치한 여자 같으니. 가. 갈 테면 가버려. 난 도시가 무서워. 넌 분명히 후회하게 될 거야. 나와 마을을 모두 떠날 거지만 분명히 지금은 아냐. 그것도 못 기다려 준다면 그래, 그게 네 본심이지.
여자	하 - 하~ 내가 하고 싶은 말이야. 너 나 안 따라 온 걸 분명히 후회할 거야. 안녕 내 사랑.

● 마을 여인들

여인1	가게에 갔더니 영진이 네가 쌀을 한 가마니나 사 갔다면서. 니 남편 돌아 왔니?
여인2	나가긴 했는데 걱정했더니 오늘은 좀 팔렸나봐.
여인1	다 살기 힘들텐데 너희네는 참 복도 많다. 혹시 너희 남편이 우리 남편 숲에다가 물 뿌린 거 아냐?
여인2	나란히 나갔다가 나란히 들어 왔는데 언제 그럴 틈이 있었겠

니? 괜한 사람 잡지마.

여인1   마굿간에 가자. 가자구! 너희 둘이 우리 숯도 가지고 있으니 남겨진 우리 숯, 너네 숯 둘 다 정상인지 확인해 보자구!

여인2   바로 가자고 하면 누가 겁낼 줄 알아? 가!

여인1   사실 우리 동네 주민들이 쉬쉬하면서 떠드는 소문이 맞긴 맞나 보네.

여인2   아니 누가 그래? 봤어? 봤냐구!

여인1   자지러지듯 눈 똥그랗게 뜨고 대드는 게 더 의심스러워!

여인2   차라리 그럼, 오늘부터 자기 숯은 자기가 관리해. 못 팔까봐 불쌍해서 대신 좀 팔아 주려고 했더니 남 좋은 일만 시켰네.

여인1   카쓰나가 이기 뭐라카노! 뭐 어째? 니가 내한테 이래도 되는 거야? 이제 쪼매 잘 살더니 눈에 뵈는 게 없나?

여인2   타향살이~ 노래하면서 찾아 와서는 이 동네 아는 사람 없다고, 잘 부탁한다고 할 때는 언제고 이제 와서 니가 나한테 그럴 수 있어?

여인1   파리 두 마리 쪼기 들어오네. 어여 우리 가서 저것들 주머니 훑어서 얼마 벌었는지 보자. 애 새끼들 뭐라도 먹일 수 있으려면!

여인2   하긴, 당장 오늘 저녁 먹을 것도 걱정인데…. 우리가 어쩌다 이렇게 됐지?

● 40대 부부(농사꾼)

남편   가난 가난 하지마. 나도 가난이 지겨워!

아내   나는 가난이 좋겠어요. 예뻤던 얼굴에 이 기미 좀 봐.

남편	다른 사람들에게 물어 봐. 당신이 한 순간이라도 예뻤던 적이 있었던가.
아내	라면처럼 뽀글뽀글 값싼 파마하고 밭에서 하루 종일 일만 하는데, 결혼해서 본 것이 그런 모습뿐인데 그렇게 말해도 돼? 그게 누구 때문인데?
남편	마누라 복이 있는 놈들이 부러워!
아내	바보지, 내가 바보지. 왜 이 산골에 시집 와서 이 고생을 하는지. 이게 사는 거야?
남편	사는 게 아니면 죽은 거야?
아내	아무리 그래도 당신이 그렇게 말하면 안 되지. 그 때는 물도 펑펑 나오고 신선한 채소도 잘 되고 그럭저럭 살 만 했는데….
남편	자꾸 옛날 이야기만 하면 뭐해! 여긴 이제 희망이 없어. 다 끝난 거야!
아내	차일피일 미루지 말고 이사 갑시다.
남편	카로방스에 가면 살만 할까?
아내	타향살이도 힘들겠지만 이곳보단 낫겠지. 당장 정리합시다.
남편	파서 다 묻어 버리고 싶어. 이놈의 마을 꼴도 보기 싫어.
아내	하늘 푸른 마을에서 새롭게 살아갈 거야.

● 할머니와 손자

할머니	가, 너도 가. 니 애미년 찾아 가!
손자	나는 엄마가 어디 있는 지도 몰라.
할머니	다 가고, 다 떠나고. 핏덩이 하나 두고. 그래도 너마저 없었

	으면 무슨 희망을 보겠다고 내가 아침에 눈을 뜨겠니.
손자	라디오 켜 줄까, 할머니?
할머니	마음만 심란하지. 라디오 소리가 바람 소리 같고 바람 소리가 라디오 소리 같고. 겨울이 왔으니 문풍지를 발라야 할테고, 그러면 또 돈이 들 테고.
손자	바람은 무서워.
할머니	사람의 마음이 더 무서워. 바람은 겉에 보이는 거나 휩쓸고 가면 그만이지. 사람은 안 보이는 마음까지 할퀴고 후벼서 쓸어가 버리니.
손자	아빠는 언제와?
할머니	자꾸 그 말 할래? 너도 아빠처럼 될래?
손자	차타고 아빠가 오신다고 할머니가 말 했잖아.
할머니	카악~ 퉤에. 오기야 왔지. 해 뜨기 전 새벽에 창문이 파래질 때 가끔.
손자	타락이 뭐야? 할머니가 말 했잖아.
할머니	파도처럼 와서 짠 눈물 자국만 두고 가 버린 것.

라. 대사 정리하기
- 위의 활동으로 만들어낸 대화에서 부분 또는 전체를 골라서 두 줄에서 여섯 줄 정도로 줄인다.
- 상징적인 장면에 어울리도록 정리한다.
- 슬픔, 경쟁, 비탄, 의심, 물욕 등의 감정이 묻어나도록 말을 다듬는다.
- 다듬은 대사를 바탕으로 즉흥극을 해 본다.

(활동결과)

● 이장과 마을 청년(청년이 이장의 멱살을 잡고 등장한다)

마을청년   이 버러지만도 못한 놈이 우릴 이용해 먹었어.

이장   아니! 먹고 살게 해 줬더니!

마을청년   내가 다 조사해 봤어! 뼈 빠지게 나무 해다 바쳤더니 이게 우
            리가 받은 대가야!

이장   나도 힘들어 이놈아! 마을을 위해 나도 최선을 다했다고!

마을청년   바닥이 보이는 이 더러운 마을을 떠나겠어.

이장   에이 더러워서 이장 노릇도 못해 먹겠네. 젊은 놈들에게 치
            받치기나 하고.

● 부부(등을 대고 앉아 있다가 싸운다)

아내   이게 사는 거야? 이럴려고 날 데려 왔어?

남편   다른 방법이 있어?

아내   난 떠날 거야.

남편   가버려! 다 가버려!

● 할아버지와 손자

할아버지   어여 가자. 가야 다락논이라도 매서 먹고 살지.

손자   지겨워. 저 놈의 잔소리. 라일락 농사나 지으면 좀 좋아?

할아버지   니까지 와 이라노. 우리 같이 죽자!

손자   (외면하며 혼자말로) 귀신은 뭐하나 저 노인네 안 잡아 가고.

● 마을 여자들

여인1	네가 우리 숲에 물 뿌렸지?
여인2	생사람 잡지 마.
여인1	창고에 가서 확인해 보자!
여인2	쳇, 남 좋은 일만 시켰군.

마. 움직임과 결합하기

- 정리된 대화를 발표하고, 너무 사실적인 대사나 분위기를 흩트리는 말을 빼고 다듬는다.
- 상징적인 움직임(석고 뜨기, 고리 만들기, 동작 보태기 등)과 연결해서 표현해 본다.
- 모두 폐허가 된 마을을 표현하는 아카펠라를 하면서 한 모둠씩 자신들이 만들어 낸 움직임을 보여주고 끝나면 천천히 바닥에 쓰러진다.

● 소리와 움직임을 정리한다. 좌절, 슬픔 등의 느낌이 나는 소리를 활용한다.

2. 공간 탐구

- 셋씩 짝을 짓는다.
- 한 사람이 안내자가 되고 두 사람은 여행자가 된다.
- 안내자는 자기가 안내할 곳에 대해 상상하여 여행자에게 설명해 준다. 여행자는 눈을 감고 안내자의 설명을 머릿속으로 상상해 본다.
- 여행자는 질문을 해서 안내자가 충분히 상상하여 설명할 수 있도록 한다.
- 한 사람이 3분 정도씩 안내하고 다음 사람이 다시 안내자가 된다.

- 다른 모둠의 목소리가 안 들리는 정도의 거리를 유지하고 앉는 것이 좋다.

(활동 결과)

1번 안내자 - 황무지를 안내한다.

2번 안내자 - 황폐화된 마을을 안내한다.

3번 안내자 - 노인과 만나는 집 안을 안내한다.

1번 안내자 - 노인이 도토리를 심는 산을 안내한다.

2번 안내자 - 되살아나는 숲속을 안내한다.

3번 안내자 - 다시 활기찬 모습으로 변한 마을을 안내한다.

- 안내자가 되었을 때는 눈에 보이지 않는 상상하여 말하는 것이 쉽지는 않지만 그림을 그리듯 상상을 해서 말한다.
- 활동 공간의 야외를 미리 탐색한 뒤에 이야기 속의 장면과 비슷한 느낌을 주는 곳을 찾은 다음, 여행자들은 눈가리개를 하고 안내자의 말에 의존해서 청각, 손발 몸에 닿는 감각으로만 이동하며 상상과 경험을 결합할 수도 있다.
- 공간 탐구가 먼저 이루어지고 소리 찾기 등의 활동을 할 수도 있다.
- 공간 탐구 활동 뒤에 서로 느낀 점, 상상한 장면의 분위기 등을 충분히 이야기 나누어서 서로 비슷한 무대의 느낌을 공유하는 것이 필요하다.

3. 줄거리 정리하기

- 만들고 싶은 장면 고르기에서 붙여둔 포스트 잇을 보고 각자 이야기의 큰 줄거리를 정리한다.

- 이야기를 몇 개의 장으로 나눌 것인지 정리한다.
- 세 명씩 짝을 이루어 각자 정리한 것을 바탕으로 다시 줄거리를 정리한다.
- 각 장에는 제목을 붙인다. 제목을 붙일 때 장소를 사용하는 것은 좋지 않다.
- 정리한 내용을 전지에 써서 벽에 붙인다.
- 각 모둠의 결과물 중 겹치는 부분을 모아 정리한다.
- 각 장면을 주인공의 관점에서 동사를 써서 한 문장으로 서술한다.
- 겹치지 않은 부분도 어떻게 연극에 결합시킬 수 있는 지를 의논한다.

(활동 결과)
- 평화로운 죽음을 그리는 것이 좋을 것이다.
- 노인이 죽을 때까지 나무를 심었다는 것을 보여 주고 싶다.
- 한 사람의 힘에 대해 이야기하고 싶기 때문에 숭고한 죽음을 표현하고 싶다.
- 마을이 풍요로워 진 뒤에도 꾸준히 나무를 심다가 죽는 모습을 보여 주고 싶다.
- 작품의 분위기가 무거우므로 가벼운 느낌을 줄 수 있는 장면이 필요하다.
- '죽음' 장면과 '간섭' 장면도 넣어 보자.
- '간섭' 장면이 극에 변화를 줄 수 있을 것이다.

(정리된 장면)
1장 - 여행 : 나그네는 황무지로 여행을 한다.

2장 - 만남 : 나그네가 한 노인을 만나 이야기를 나눈다.

3장 - 경쟁하는 사람들 : 마을 사람들의 모습은 경쟁과 이기심이 넘친다.

4장 - 동행 : 노인은 묵묵히 나무를 심는다.

5장 - 전쟁 : 전쟁은 모든 것을 파괴한다. 그래도 노인은 묵묵히 나무를 심
는다.

6장 - 간섭 : 살아나는 숲을 보고 사람들이 간섭을 하려 하지만 숲은 보호
된다.

7장 - 되살아나는 숲 : 노인이 심은 나무가 자라 무성한 숲을 이룬다.

8장 - 희망의 마을 : 사람들이 희망을 가지고 열심히 살아간다.

9장 - 노인의 죽음 : 죽을 때까지 나무를 심던 노인은 평화롭게 죽는다.

13 ~15블럭 소설로 연극을 만들다.

1. 틀 구성하기

- 자유롭게 토론하면서 지금까지의 활동을 바탕으로 극의 틀을 정리한다.

● 구성은 쉽지 않은 작업이다. 새로운 틀을 만들어 내기보다는 이미 알려
진 좋은 틀을 가져다가 변형하는 것이 아마추어 연극 만들기에서는 여
러모로 장점이 많다.

(활동 결과)

- 액자식 구성은 어떠한가?

- 극을 자연스럽게 이끌어 가려면 화자가 이 극을 이끌어 가야 한다고 생

각한다. 그리고 작품의 흐름을 그대로 따라 가는 것이 가장 자연스럽다.

- 화자는 나그네와 동일 인물이므로 여러 장면에 넘나들 수도 있을 것이다.
- 인칭을 어떻게 정할 것인가와 화자가 극에 넘나들 것인가의 문제는 형상
  화 과정에서 결정하자.

2. 장면과 대사 구체화하기

가. 전쟁장면 형상화하기 1

- 모둠을 세 개로 나누어 '전쟁' 장면을 만들어 발표한다.

  장면을 만들 때 두 세 모둠으로 나눠 만들고 발표한 다음 토론하여서 한
모둠의 결과에 다른 모둠의 좋은 점을 결합하는 방법은 매우 효과적인 장
면 만들기 방법이다. 이후의 장면 만들기 활동에서 이 방법을 여러 번 사
용한다.

- 이미지가 중심이 되는 극이라고 하더라도 대사가 있는 것이 좋다. 해설
  을 사용하면 여러 가지 변형이 가능하다.
- 전투 장면이 아니 전쟁의 느낌이 나야 한다. 압축과 상징이 필요하다.
- 활동 중에 만들었던 소리와 음악을 활용한다.

● 전쟁에서 폭탄이 터지고, 총칼로 싸우는 것도 비극이지만, 폭격으로 죽
  은 부모 옆에서 혼자 살아남은 아이가 부모를 흔들며 우는 소리도 매우
  비극적이다. 어차피 괴물을 보여줄 수 없다면 괴물의 상징, 이를테면 괴
  물의 소리만 들여 주는 게 훨씬 효과가 있다.

나. 전쟁 장면 형상화하기 2

- 전쟁으로 상처 입은 인물들을 상상해 보고 간단한 대사를 즉흥으로 발표

한다. 책 속에 표현된 문장과 대사를 하나씩 번갈아가며 표현해 본다.

(활동 결과)

- 부모를 잃은 아이들 : 엄마 어딨어. 엄마 배고파.

- 남편, 아들을 잃은 여인 : 내 아들아, 여보!

- 성폭행 당한 여인 : 아저씨 왜 이러세요. 이러지 마세요!

- 전 재산을 잃은 사람 : 우리 집이 다 부서졌어!

- 다친 군인들 : 내 눈, 내 피부가 다 왜 이래? 무릎으로 걸어야 하다니….

- 전쟁에서 살인을 한 것이 충격적이었던 군인 : 아냐, 아냐, 내가 죽인 게
  아니야!

※도움말

때로는 움직임보다 짧은 말 한마디 한마디가 전쟁의 비극을 훨씬 잘 드러낼
수 있다.

다. 노인과 나그네의 대사 구체화하기

- '가나다 대화'에서 만든 대사에서 가장 좋은 대사 두 개씩을 찾는다.

- 나그네와 노인의 역할을 맡은 사람들이 양 쪽으로 나눠 앉는다.

- 아무나 한 명이 대사를 하면 그 대사를 듣고, 자신이 가진 대사 중 적당하
  다고 생각되는 사람이 이어서 대사를 한다. 대사를 말한 뒤에는 말한 순
  서를 적어 놓아 나중에 장면 만들기에 활용한다.

- 작품에서 찾았던 감동적인 구절과 좋았던 구절을 활용할 수 있다.

(활동 결과)

나그네   아무도 안 보이네요. 혼자 지내시나 봐요.

노인   아내가 떠난 자리는 바람이 채워 주었소.

나그네   혹시 제가 불편하지는 않으신가요?

노인   가난한 살림이라 집이 좀 누추하지만 편히 쉬도록 해요.

나그네   마음이 참 따뜻하시군요.

노인   ….

나그네   사람들이 왜 떠났나요?

노인   아직은 아니지만, 곧 다시 돌아올 겁니다.

나그네   (사진을 가리키며) 아주 단란해 보이네요. 같이 사시는 것 같
                  진 않은데….

노인   차가 다 끓은 것 같군요.

노인이 차를 가져다준다. 나그네는 차를 받아 마시며 방을 살핀다. 노인은
다시 나가서 도토리 자루를 들고 들어와서 일을 시작한다.

나그네   집에 시계가 없네요.

노인   나에게는 뜨고 지는 해가 시계라오. 해 뜨면 일하고 해 지면
                자지요.

나그네   우리의 대화는 그것이 전부였다. 그는 도토리 하나하나를 정
                성껏 살피며 조금이라도 작거나 금이 간 것들을 제쳐 놓았
                다. 그리고 아주 굵은 도토리들을 열 개씩 세어 묶음을 만들
                었다.

나그네	도와 드릴까요?
노인	괜찮소. 이건 내가 해야 할 일이라오.
나그네	그렇게 완벽한 상태의 도토리가 100개 모아졌을 때 그는 일을 멈추었고 우리는 잠자리에 들었다. 이 사람과 함께 있으면 평화가 있었다.

● 처음부터 대사를 넣으라고 하면 막막하기가 쉽다. 단계를 거쳐 가면서 서서히 접근을 하면 대사를 풀어내기가 쉬워진다.

라. 황무지 여행 장면 1
- 두 모둠으로 나누어 황무지 장면을 형상화 하고 발표한다.

(활동 결과)

1모둠 : 거센 바람(2명)과 흔들리는 나무, 널부러진 바위, 묵묵히 걸어가는 나그네.

2모둠 : 나무와 바위. 등장하는 나그네.

나그네 　 이 나무는 새싹을 내 본지 얼마나 됐을까? 나무껍질이 그냥 부서져. (바위에 가서 앉으며)이끼도 먼지처럼 날아가네. 저 쪽에 우물의 흔적이 있는데 물이 있을까? (나무가 빙글빙글 돌아 우물로 변한다) 우물도 말랐구나. 한 때는 이 두레박을 사람들이 썼겠지.

마. 첫 장면 만들기

- '인상적인 시작과 마무리'는 연극 공연에서 중요한 요소이다. 극의 전체적인 분위기를 제시하고 관객을 연극에 집중하게 한다. 첫 장면을 어떤 장면으로 정할 것인지에 대해 토론하여 결정한다.

바 희망의 마을

- 되살아나는 마을에 있을 법한 것들을 생각하고, 소리 만들기에서 찾은 소리와 아카펠라의 박자에 맞추어 행복한 사람들의 모습을 마임으로 형상화 한다. 차례로 나와 한 장면씩을 보여 주고 자연스럽게 퇴장한다. - 마을을 표현할 배우들과 소리를 담당할 배우들이 나뉘어 형상화 한다.

(활동 결과)

- 어린 아이들이 바람개비를 들고 뛰어 들어온다. 무대에는 웃음소리가 넘

친다.

- 과일 따는 아가씨가 노래를 부르며 들어온다.
- 동네 여자 아이들이 고무줄놀이를 한다.
- 동네 청년들이 열심히 집을 짓는다.
- 노인이 이 모습을 보고 웃으며 덕담을 한다.
- 일하는 농부는 잠시 손을 쉬며 흐뭇하게 미소 짓는다.
- 한 여인이 책을 읽으며 등장하고 그 뒤로 남자가 등장해 사랑스럽게 껴 안고 볼에다 입맞춤 한 뒤 함께 퇴장한다.

※도움말

- 움직임이 많은 장면에서는 음악을 활용하는 것이 좋다.
- 물 흐르는 소리, 새 소리, 새가 퍼덕이며 날아가는 소리, 와인 잔에서 나는 소 리 등 소리 찾기에서 만든 소리들을 활용한다.

사. 황무지 여행 장면 2
두 모둠이 만 든 장면을 보고 토론하여 한 장면으로 정리한다.

(활동 결과)

나그네　　　제가 살던 도시를 떠나 황무지를 여행하게 되었습니다. 그곳 에서 한 노인을 만났지요.

나그네는 가방을 둘러매고 여행을 떠난다. 길을 계속 걷는다. 바람이 불면 몸을 움츠리고 다시 묵묵히 바람 속을 걷는다. 퇴장.

빈 무대에 바람 소리만 남는다. 코러스가 하나 둘씩 죽은 나무를 만든다. 바람 부는 황무지에 자루를 든 노인이 등장, 도토리를 심기 시작한다. 몇 개쯤 심었을 때 나그네가 무대 한 구석에 등장한다.

나그네   끝없이 넓은 황무지에는 초록색이라고는 보이지 않았습니다. 저는 노인에게 하룻밤 묵어가기를 청했습니다.

노인 퇴장, 나그네는 그 뒤를 따른다. 바람 소리가 거세지고, 나무들이 흔들리며 하나 둘 퇴장. 빈 무대에 코러스들이 의자 두 개와 탁자를 가져와 노인의 집을 만든다.

아. 관리의 간섭 장면
- 모둠별로 만들고 발표하여 정리.
- 자루를 맨 노인이 걸어 들어와 땅을 파고 도토리를 심는다. 정성스레 흙을 복 돋아 주고 자리를 옮긴다.
- 배불뚝이 의원, 아부하는 보좌관1, 아부하는 보좌관2가 등장하여 산등성이를 바라보며 돈 얘기를 나눈다.

(활동 결과)

보좌관1,2   이쪽으로 오시죠.
보좌관2   여기가 바로 황무지가 숲으로 변한 곳입니다.
의원   여기가 황무지였다고? (나무 한 그루를 가리키며) 이 나무가?
보좌관2   이 나무는 자작나무입니다.
의원   알아, 알아. 자작나무. (다른 나무를 가리키며) 이 나무는?

보좌관1	이 나무는….
의원	(말을 끊으며) 안다니까! 뽕나무!
보좌관1	의원님, 이 나무는 박달나무인데요.
의원	박달나무? 지방마다 나무가 조금씩 다른가 보군.

맞장구치는 보좌관들

의원	저 굵은 나무 좀 봐. 잘 자르면 책상이 두개씩은 나올 것 같애. 이쪽 산등성이만 해도 대략 만 그루쯤 잡고 만 그루에 두개씩이면(손가락 꼽는다) 돈이!

계속 맞장구치는 보좌관들.

의원	주민들 돈 벌이가 되겠어! 그럼 경제가 살고, 그러면 다음 선거에서도 당선은 따 놓은…. 그래 경제야! 경제! 경제가 대세야!

퇴장한다.

　자. 의상과 소품 만들기
　시간이 충분하다면 주변에서 쉽게 구할 수 있는 헌 옷이나 옷감, 물건 등으로 간단한 의상과 소품을 만든다.
　소품은 또 하나의 캐릭터와 같다.
　잘 만든 의상과 소품은 연극을 더욱 빛나게 한다. 하지만 연기에 방해를 주거나 극의 맥락과 상관없는 의상이나 소품은 오히려 극의 분위기를 망가 트릴 수 있다.

'부족함은 상상력의 원천'의 교훈을 생각해 본다.

3. 공연

가. 리허설

전체 장면을 중단 없이 이어서 연기한다.

토론을 통해 부분적인 보완과 수정 작업을 한다.

시간이 충분하여 각 장면 연습을 할 때 특별한 경우가 아니면 연기 도중에 정지시켜 수정하지 않는다. 꼭 필요한 경우에는 어쩔 수 없지만 한 장면이 마무리 된 뒤에 수정작업하는 것이 효과가 좋다.

나. 공연!

다. 공연 대본 정리

두 번째 소설로 연극 만들기

황만근은 이렇게 말했다 서호필

원작 : 성석제

이. 작품을 고른 까닭

문학 작품은 우리의 삶에 대해 질문을 던진다. 그 질문이 낯설거나 쉽게 답하기 어려우면 어려울수록 우리는 우리의 '당연하게' 살아온 우리의 삶을 돌아보게 된다. 주변에서 흔히 보는 사람, 흔한 일도 연극을 통해 만나기 좋은 소재이다. 하지만 낯선 인물-'바보', '못난이'로 치부하며 무관심하게 생각했던 사람을 만나는 일은, '낯선 만남'을 통해 삶의 깊이와 폭이 넓어지는 좋은 경험이다. '예덕 선생전'(박지원)의 '엄 행수', 달밤'(이태준)의 황수건과 같은 인물이 바로 그러한 인물에 속한다.

현대소설에서 이런 우직한 사람의 이야기를 함께 이야기하고, 극으로 만들고자 택한 작품이 성석제의 '황만근은 이렇게 말했다'이다. 남들에게 바보라는 소리를 듣는 사람. 이해타산의 계산법이 밝은 사람을 지혜롭다고 인정받는 세상에서 오로지 남에게 모든 것을 퍼주고 자신은 추운 바깥에서 자는 어리석은 사람. 그러나 있을 때보다 사라진 순간 그 존재의 가치가 빛나는 사람, 황만근. 신영복의 '담론'을 빌려 말하면 어리석은 사람.

"세상에는 지혜로운 사람과 어리석은 사람 두 종류가 있다. 지혜로운 사람은 세상에 자기를 잘 맞추는 사람이다. 어리석은 사람은 어리석게도 세상을 자신에게 맞추려는 사람이다. 역설적인 것은 어리석은 사람들의 우직함으로 세상은 조금씩 변화해 왔다는 사실이다."(신영복의 "담론")

경운기 옆에 황만근과 함께 앉아 막걸리 한 잔 하고 싶었다. 토끼와의 싸움, 아내와 만났던 그때의 설렘, 자식에 대한 사랑, 엄마의 비린내 이야기들. 그를 통해 우리가 걸어온 삶과 걸어갈 삶을 낯설게 바라보고 싶었다.

전국 교사 연극 모임 '놀이와 즉흥으로 극
만들기' 연수(2013. 7. 29~8. 3)를 바탕으
로 정리하였다. 주강사 서호필, 보조강사
심진규.

O2. 과정 한눈에 보기

블록		주제	내용	비고
월	1	마음열기	연극놀이	
	2		자기 소개/긍정적 조언	
	3	작품 읽기	작품 읽기-함께 낭독하기	
화	4	작품 토의	질문과 토의	
	5	마음열기	연극놀이	
	6	작품 토의	작품의 주제 토의	
	7		작품의 장면 뽑기	
수	8	연극 이해	낭독극의 이해	
	9	마음열기	연극놀이	
목	10	작품 토의	인물 탐구-모둠별	
	11	장면 만들기	작품 포스터 만들기 작품 주제곡 만들기	
	12		장면 만들기-즉흥극	
금	13	장면 다듬기	자체 예행연습 및 다듬기	
	14		소품, 의상, 음향 확정	
	15	최종 연습	예행연습(리허설)	

03. '황만근은 이렇게 말했다' 연극 만들기

목표

1. 작품을 함께 읽고 내용을 재구성하여 극을 만든다.
2. 연극적 체험(놀이, 즉흥)을 통해 극을 만드는 과정을 체험한다.
3. '낭독극'의 요소를 반영한 극을 만든다.
3. 문학작품을 각색하는 과정을 통해 학교 현장에서 문학작품으로 극 만들기 실천 방법을 공유한다.

1 ~2블럭 마음 열기

극 만들기는 온몸이 쓰는 작업이다. 그리고 어떤 상황이나 말을 해도 "괜찮아!" 하는 안전망이 설치되어야 한다. 몸과 마음을 푸는 연극놀이, 서로를 알기 위한 친근한 대화는 반드시 필요한 작업이다.

다만 처음에 너무 많은 에너지를 연극 놀이 등의 활동에 쏟아부으면 오히려 극 만들기라는 중심 활동에 방해가 될 수 있다. 연극놀이는 작업하는 작품과 밀접한 연관이 있는 활동이어야 한다. 그리고 활동 때마다 적절한 연극놀이를 배치해야 한다.

1. 연극놀이-손뼉놀이

처음 만나서 낯선 관계에서 간단한 몸과 몸의 만남은 긴장을 이완시킨다. 손뼉놀이는 단순하지만, 서로에 대한 친근감을 느끼게 하는 놀이이다.

- 둘씩 짝을 짓는다.
- 자신의 손뼉은 한 번만, 상대방과의 손뼉은 횟수가 늘어난다.
- 1~10번까지 실시하고, 박자가 맞지 않으면 다시 한다.
- 빨리 하는 것이 목표가 아니라 함께 호흡을 맞추는 것이 목표.
- 4명이 10회, 8명이 10회. 마지막에는 모두가 원으로 서서 호흡을 맞추면서 손뼉놀이를 한다.

2. 자기소개

가. 짧은 자기 소개와 한 마디(소절)의 노래

이름을 포함하여 세 문장 정도의 짧은 소개를 한다. 그리고 마지막에 자신이 좋아하는 노래를 한 마디만 부른다. 노래 전체를 하라고 하면 부담이 되지만, 한 마디만 부르면 분위기가 살아나고, 여운이 남는다.

예) 두만강 푸른 물에 노 젓는 뱃사공.

나. 거짓말 한 문장으로 자기 삶을 소개하기

소설은 개연성 있는 허구이다. 결국 거짓말이다. 그럼에도 소설이 재미있는 것은 그 거짓말에 진실이 담겨 있기 때문이다. 자신의 소개도 거짓말로 해 본다. 붙임쪽지(포스트잇)에 써서 섞어 넣고, 이후 '긍정적인 조언'을 통해 이야기를 전개한다.

- 나에게는 숨겨둔 애인이 있다.
- 나는 인류의 미래가 걱정된다.
- 나는 55세에 학교를 그만둘 것이다.
- 실연

- 나는 쾌변에 성공했다.

- 나는 결혼을 안 한 것이 나았다.

- 나는 자유롭고 싶다.

- 즐거운 인생, 즐기자.

- 난 매일 고민 중이다.

- 나는 제2의 인생을 살고 있다.

- 나는 결국 '돈의 화신'이 되었다.

- 나는 부모님 말을 안 듣기로 결심했다.

다. 거짓말 삶에 대하여 긍정적인 조언하기

삶을 소개한 문장의 내용을 상상하면서 이야기를 보태며 긍정적인 조언을 한다. 이 조언을 통해 새로운 이야기가 만들어지는 경험을 한다.

● 나는 인류의 미래가 걱정된다.

저보다 훌륭한 사람이다. 당신은 인류의 미래에 긍정적인 행동을 하실 겁니다. 친환경적인 사람이다. 지구를 걱정하는 사람이 많은 것 같아요 그래서 지구가 살아있다. 지난번 반핵집회 때 만났어요. 이 분이 쓰신 책을 읽었는데 나이는 많지 않으신데 꽤 괜찮아요. 강정에 작은 기타를 들고 왔었어요. 귀농 10년차. 유기농 토마토랑 옥수수 잘 먹었어요.

● 실연

어제 저한테 울면서 전화를 했어요. 잊어보려고 이번 모임에 참여를 한 것 같아요. 다른 아름다운 사랑을 위해서 이별을 했을 겁니다. 인연이 아니니까요. 새로운 사람으로 소지섭을 만날 거다. 상대방이 이별을 통보할 때까지 기회를 준 사람이다. 상처를 받더라도 계속 사랑을 한다는 것이 부럽네요.

- 나는 부모님 말을 안 듣기로 결심했다.

어차피 인생은 혼자예요. 부모와 빨리 이별을 해야 크게 된다네요. 부모 입장에서도 아이를 빨리 떼어 내어야 잘 될 거 같다. 부모님 말을 안 듣기로 한 이유가 있어요. 엄마가 좋은 주식이 있다고 해서 투자 했는데 반 토막 났어요. 그게 아니라 자꾸 결혼 하라고 해서 그래요.

- 나는 결혼을 안 한 것이 나았다.

맞아요. 공감해요. 지금이라도 과감하게 돌싱으로. 자유보다는 새로운 분을 만나기 위해서 그런 것 같아요. 결혼 한 후로 하는 것마다 안 풀려서 그런 것 같아요. 제가 만나서 이야기 해 봤는데 정신적으로 통하는 사람을 만나고 싶어하더라구요. 최근에 그런 사람을 만났대요. 잘 됐네.

- 나는 쾌변에 성공했다.

저도 방법을 듣고 싶어요. 저 아침에 그분 뵈었는데 산책하고 계시더라구요. 그래서 뭐 하시냐고 물으니 웃으시더라구요. 어제 술을 많이 드셔서 그 영향이 있는 것 같아요. 헬리코박터 요구르트를 드셨대요. 아, 그거 효과 있대요. 저희 언니도 그 분한테 이야기 듣고 그거 먹고 효과 봤대요. 한편으로 안타까운 게 화장실에 있을 때 생각을 많이 할 수 있는데. 장소가 바뀌어도 잘 보시는 걸로 봐서 적응을 잘 하시네요.

▷ 다른 문장에 대해서도 비슷한 방식으로 긍정적인 조언을 했음.

3 블럭 작품 읽기

1. 함께 낭독하기

작품을 읽을 때는 묵독보다 낭독이 좋다. 또 혼자 읽는 것보다 함께 모여서 읽는 것이 좋다. 그 효과에 대해서는 다음의 글을 참고하면 좋다.

낭독은 읽는 사람을 단수한 독자(讀者)에서 스스로를 제2의 화자(話者)임과 동시에 청자(聽者)로 만들어준다. 이것이 의미 있는 무게감을 갖는 건 입술뿐만 아니라 얼굴 표정, 나아가 손과 발 등 전신을 사용하여 글을 읽게 한다는 점이다. 다시 말해 일반 독자에서 책 속의 화자에 나름의 캐릭터를 부여하는 역할이 가능해진다는 것이다. 더욱이 혼자가 아닌 여러 사람과 함께 낭독을 하는 경우, 이 역할에 몰입할수록 더욱더 과감한 몸짓과 표정을 자연스레 드러내며 읽는 행위의 감칠맛을 더해준다. 듣는 이 역시 물론이다. 또한, 스스로 예전에 보지 못했던 모습과 마주하면서 가슴속에 꽉 차오르는 만족감과 자신감을 얻을 수 있다. (『낭독은 입문학이다』, 김보경, 현자의 마을)

60분 이상의 소설을 함께 읽었다. 함께 낭독할 때의 유의점을 정리하면 다음과 같다.

▷ 읽으면서 중간에 이해가 어려운 부분이 있거나, 단어와 표현이 있으면 질문을 하고 답변을 하면서 작품을 읽는다. 다만 토의가 오래 진행될 수 있는 질문은 따로 기록하고 모든 읽기를 마친 후에 토의한다.
▷ 한 줄만 읽거나, 혹은 한 사람이 너무 길게 읽지 않도록 한다.
▷ 전체적인 읽기 진행을 이끄는 교사는, 내용이 바뀌거나 핵심 내용이 나오는 부분에서는 내용을 요약하거나 짧게 정리하는 시간을 갖는다.

4 블럭 작품 토의

1. 질문과 토의

작품을 모두 읽은 뒤에는 자유롭게 이야기를 나눈다. 한 문장의 느낌에서 시작해서 읽으면서 생긴 질문, 이해가 어려운 부분까지 이야기를 나눈다. 작품을 읽은 첫 단계에서는 특정한 '화제'로 제한하지 않는다. 자유로운 질문과 답변, 토의 속에서 작품의 행간에 숨어 있는 의미를 찾아낼 수 있기 때문이다.

실제로 자유롭게 이야기가 이어지면서, 작품의 중요한 사건, 작품의 주제, 인물에 대한 분석까지 자연스럽게 이루어졌다.

- 다음은 작품을 읽고 자유롭게 질문하고 토의한 내용이다.

  - 정말 황만근은 팔푼이인가? 이 시대에 꼭 필요한 사람이 아닌가?
  - 작가는 황만근의 죽음을 통해서 고발하고 싶은 것이 있지 않은가?
  - 황만근을 통해 일반 사람들이 얼마나 삐뚤어진 모습으로 살아가고 있는지 보여준다.
  - 현실적인 이야기인데 토끼가 등장하는 것이 신기했다. 작가가 왜 토끼를 집어넣었는지 궁금하다.
  - 호랑이를 등장시켰다면 자기보다 강한 호랑이를 물리치기 힘들었을 것이다. 흔히 생각하는 약해보이는 토끼를 등장시킴으로써 싸워 이기게 하는 계기를 만들지 않았을까?
  - 마을 사람들이 황만근을 바보로 만들었다.
  - 너무 착해서 바보로 불린 것이 아닌가? 예전에는 착하게 살라고 했지만 요즘에 그러면 바보로 불림.

- 황만근이 복도 있는 것 같다. 능력 있는 여자 만나고 경운기 생기고 나름의 신분 상승도 되고.
- 경운기가 가지는 의미가 있을 것이다. 경운기로 인해 황만근은 마을 사람들과 소통을 했으나 마을 사람들은 그조차도 이용을 했다.
- 고기 발라내는 기술을 습득한 것은 자신만의 살길을 찾기 위한 황만근의 행동이었을 것이다.
- 마지막에 민씨와 황만근의 대화가 유언처럼 들린다.
- 황만근은 말을 안 했을 뿐이고 마을 사람들은 황만근의 이야기에 귀를 기울이지 않았다. 민씨만이 황만근의 이야기를 들어주었다.
- 경운기를 직접 고치는 것을 보면 황만근은 지혜로웠다.
- 결혼 후 사람대접을 받고 살 수 있었으나 마을 사람들이 부인에 대한 악의적인 소문을 퍼뜨림으로써 황만근이 사람대접을 받고 살 수 없게 만들었다.
- 경운기에 막걸리 통이 없었다면 황만근은 살 수 없었을 것이다.
- 황만근은 행복한 사람이었다. 대기만성형 인간이다. 백번을 넘어지는 과정에서도 묵묵히 기다리고 자기 일에 만족하며 살아갔다. 살짝 황만근이 부럽다는 생각도 한다.
- 부모가 부모로서의 역할을 하지 못함. 너무나 무지한 부모. 부모가 방치한 아이. 따라서 마을 사람들도 함부로 대하는 아이.
- 황만근이 죽고 나서 경운기를 가져 온 이유가 궁금하다. 아들이 가져오면서 아빠를 대신한 존재로 인식한 것일까? 경운기와 황만근은 뗄 수 없는 존재이다.
- 어디에나 황만근 같은 사람이 있다. 바보라고 부르지만 사실 순수한 사람이고, 별자리를 보면서 자연의 이치를 아는 것을 봐도 순수한 사

람이다. 이디에서니 꼭 필요한 사람이다. 아들을 통해 또 다른 황만근이 나타나지 않을까? 죽음은 아쉽지만 희망적이고 소망을 이룰 수 있는 메시지를 담고 있다.

- 황만근의 어머니는 차라리 딸이다. 철딱서니 없는 엄마로 인해 황만근은 엄마 봉양의 의지를 불태워 토끼로부터 도망쳐 올 수 있지 않을까?
- 지금도 여전히 황만근처럼 살아가는 사람들이 있다. 사람들 살아가는 이야기는 비슷하다.
- 황만근의 어머니가 어린시절의 아이로 남아있는 것이 아닌가? 아이 가졌을 때 남편의 죽음으로 인해.
- 우리는 살아가면서 자신의 내면을 감추고 다른 사람들의 시선에 얽매여 살아가지 않는가?
- 황만근이 술맛을 안 것이 다행이다. 술이 아니었으면 황만근을 위로해 줄 사람이 있었을까?
- 부모님들이 가족사진과 대화를 나누는 것처럼 황만근도 경운기와 대화를 나누지 않았을까?
- 토끼의 비린내는 고등어 비린내와 연관된 것이 아닌가? 잘 씻지 않는 사람이어서 비린내가 난 것이 아니었을까?
- 비린내는 아이의 마음에서 벗어나지 못하는 황만근 어머니를 대변하는 것이다.
- 사람들이 살아가면서 스스로 만들어진 규범을 지키기 위해 애쓰는 모습. 하지만 황만근은 자연의 섭리대로 살아간 사람일 것이다.
- 공짜 술을 먹기 위해 잔칫집에 다니는 것을 봐서 마을 사람들이 황만근에게 지나치게 야박하지는 않았을 것이다.
- 일반 사람들은 하루나 이틀 자리를 비워도 그 자리가 드러나지 않는데

황만근은 하루 없는데도 빈자리가 크다.

- 사람들이 하기 싫어하는 일일수록 빈자리가 크다.

- 황만근은 영웅이다. 잘 살다 간 사람이다.

- 얼어 죽어 가면서 황만근은 경운기와 무슨 이야기를 나누었을까?

- 어딘가에 소속되어 있다가 나왔을 때의 느낌이 허무함으로 다가 옴. 세상에서 자신이 쓸모없어진 존재로 느껴짐.

- 남의 눈을 의식하게 되면서부터 힘들어짐. 빚을 지는 것도 남의 눈을 의식하기 때문이다.

- 황만근이 농민부채탕감을 위한 집회에 경운기를 가지고 가고 부채도 없는 황만근만 죽은 것에 대해 이야기 하자.

- 희생양이 필요하지 않았을까?

- 일을 만들어 놓고 뒤로 빠지는 사람이 있는데 황만근을 앞으로 내세우면서 자신들은 빠졌다.

- 황만근은 황만근답게 죽었다. 자신이 해야 할 일을 했을 뿐이다.

- 황만근도 경운기 몰고 가는 것이 위험한 것을 알았지만 계산하지 않고 간 것이다.

- 아들이 불효자가 아니라서 다행이다.

5 블럭 연극 놀이

1. 연극놀이-몸과 마음을 푸는 놀이

작품을 읽은 뒤 질문을 하고 답변을 하는 과정에서 어느 순간 의자에만 앉아 있게 된다. 몸과 마음이 자유롭지 못하면 토의도, 질문도, 상상도 제대로 이루어지기 어렵다. 이럴 때, 작품과 관련된 내용과 연관되면서도 편안한 연극놀이를 통해 활기를 얻는 시간이 필요하다.

가. 너 어제 뭐 했니?

원으로 서서 앞으로 네 발 나가며 "너 어제 뭐했니?" 묻고 뒤로 나오며 "나 어제 **했어"

나. 1,2,3놀이

- 두 명이 짝이 되어 서로 '1, 2, 3'을 번갈아 말 함.
- '1'을 다른 말과 행동으로 바꾸고 '2, 3'은 그대로.
- '1'과 '2'를 다른 말과 행동으로 바꾸고 '3'만 그대로.
- '1,2,3' 모두 다른 말과 행동으로 바꾸어 말하기.

다. 정신없는 즉흥

- 텍스트에 나오는 단어를 선택하여 적는다.(막걸리, 경운기, 바보, 토끼 등)
- 세 모둠으로 나누어 한 모둠씩 장소와 역할을 정하고 자신이 정한 단어가 나오면 어떠한 이유를 대고 밖으로 나가야 함. 다시 자기 단어가 나오면 이유를 대고 들어옴.
- 1모둠. 수영장. (문디, 처녀, 토끼, 곰방대)
   역할 : 수영코치, 수영 배우는 초등학생, 수영 배우는 아줌마, 초등학생 엄마.
- 2모둠. 야구장. (똥구덩이, 반근이, 국수, 팔푼이)
   역할 : 야구 감독, 선수, 장사꾼, 야자 땡땡이 친 소녀

- 3모둠. 목욕탕. (경운기, 막걸리, 색동옷, 아들)

　역할 : 때밀이 아줌마. 목욕하는 할머니, 정신 나간 딸. 엄마.

- 두 번째 활동. 미용실, 낚시터, 서울역

라. 즉흥으로 대화에 끼어들기

- 단어 한 개를 떠올림.

- 몸, 자전거, 빵, 노래, 연인, 술, 의자, 끝, 결혼, 잠, 커피, 구름.

- 모둠원끼리 말한 단어를 공유.

- 한 사람이 이야기를 시작하고 자신의 단어가 나오는 순간 끼어들며 이야기 함.

마. 즉흥극-의자에서 일어나게 하기

- 한 사람이 의자에 앉아 있고 한 사람이 들어와서 앉은 사람을 일어나게 한다.

- 몸에 손을 대는 것을 빼고, 처음에는 대화를 할 수 있다.

- 다음 단계에서는 대화 없이 행동으로만 일어나게 한다.

6 ~7블럭 작품 토의

1. 작품의 주제 토의

　작품을 읽고, 작가가 말하고자 하는 중심 내용, 주제를 파악하는 일이 중요하다. 주제의 파악은, 곧 이 작품을 올바르게 이해했는가를 재는 척도이기 때문이다. 주제를 정확하게 파악하면, 우리는 어떤 주제를 관객들에게 말하고 싶은가에 대해 토의해야 한다.

이 토의는 작가의 주제를 그대로 작품으로 각색할 것인가? 아니면 작가의 생각과는 다른 우리의 생각을 보태걸 것인가를 고민하는 중요한 작업이다.

토의의 질문은 이렇다. "이 작품에서 작가는 어떤 이야기를 하고 있으며, 우리는 어떤 이야기를 하고 싶은가?"

이때 주제를 한 가지로 빨리 결정하려고 태도는 너무 성급하다. 인물 분석, 즉흥을 통한 사건의 해석 등이 이루어지지 않은 상태란 곧 작품에 대해 정확한 이해가 이루어지지 않았다는 말이다. 그것은 먼저 정한 주제가 달라질 수 있다는 의미이기도 하다. 작가의 주제 의식, 그리고 우리는 어떤 이야기를 하고 싶은가를 토의한 뒤에, 그것을 정리하여 벽에 붙여놓고 자주 보면서 '정말 우리가 말하고 싶은 이야기(=주제)'를 숙성할 필요가 있다.

- 다음은 긴 시간 이야기를 나누었던 이야기를 요약한 것이다.
  - 피폐해진 농촌의 현실, 그리고 비천한 자본주의 시대에 욕심과 거짓 없는 삶은 가능한가?
  - 황만근과 신대리 사람들의 모습을 통해 인간의 이기심을 비판하고 있다.
  - 현대 사회의 잃어버린 순수한 가치를 말하고 있다.
  - 이 사회에 꼭 필요한 인간은 어떤 모습이어야 할까?
  - 현실에 순응하며 만족하는 삶의 자세를 지닌 황만근
  - 드러내지 않고 주어진 상황에 최선을 다 하는 인생
  - 받아들이는 삶의 아름다움과 슬픔
  - 힘들고 어려운 상황에서도 꿋꿋하게 자신의 역할을 다하는 하는 이야기

- 순수하고 지혜롭게 사는 삶의 소중함
- 순전(純全)한 삶을 산 행복한 바보 이야기

2. 작품의 장면 뽑기

주제를 넓게 열어놓았지만, 이미 한 편의 완성된 소설이기 때문에 인상적인 내용을 중심으로 '장면'을 선정하는 작업은 빠르면 빠를수록 좋다. 물론이 장면은 이후 즉흥, 주제에 대한 깊은 토의, 앞 장면과의 연결 관계에 따라달라질 수 있음을 합의해야 한다.

작품 전체를 다섯 장면으로 나눌 때, 자신이 볼 때 꼭 필요한 장면이 무엇일까를 붙임쪽지에 적는다. 이때 모호한 표현이나 추상적인 장면을 쓰는경우가 있다. 이 장면에는 다음의 요소가 반드시 들어간다.

▷ 요소 : 어떤 인물? 어떤 사건? 어떤 배경?

개인별로 다섯 장면을 벽에 붙이면, 다음 사람은 비슷한 장면, 다른 장면등을 기준으로 겹쳐 붙이거나 따로 붙이는 방식으로 자연스럽게 분류한다.그리고 최종 토의를 통해 장면의 결합, 혹은 장면의 생략 등을 토의하여 다섯장면으로 나눈다. 이때 다섯 장면이란, 일반적으로 한 장면의 시간을 5분 정로로 설정한다는 의미로 총 25분 내외의 극이 만들어지는 경험에서 생성된것이다.

참고로 다섯 장면이 선택된 것이 구성까지 이루어졌다는 뜻은 아니다. 구성은 장면을 만들면서 다시 이루어진다.

● 분류와 토의를 통해 결정된 장면

1. 사라진 황만근에 대해 사람들이 이야기를 나눈다.

2. 토끼고개의 사건-토끼와 만나 싸운다.

3. 황만근이 경운기와 함께 죽는다.

4. 황만근을 '바보'라고 놀리는 여러 사건들.

5. 황만근의 가족에 얽힌 이야기

8 블럭 연극 이해

1. 낭독극의 이해

"황만근은 이렇게 말했다"는 단편소설이지만, 중편소설 이상의 사건이나 내용을 포함하고 있다. 취사선택의 문제까지도 연극을 만들면서 고민해야 하겠지만, '낭독'(내레이션 기법 포함)의 요소를 넣으면 좋겠다는 계획이 포함되어 있었다.

일반적으로 작품을 실감나게 낭독하는 낭독극(박정자의 낭독공연-유투브를 통해 검색해서 볼 수 있다), 무대감독의 설명과 장면 전환의 기법을 포함하고 있는 "우리 읍내"(손튼 와일더)" 설명, 움직임과 책 낭독이 함께 이루어진 학생들의 '낭독극 공연' 영상을 보며 다양한 낭독극을 함께 토의했다.

● 낭독극에 대한 토의를 통한 우리 연극 만들기
 - 농촌의 전경을 어떻게 보여줄까를 걱정했는데, 오히려 눈으로 보여주지 않음으로써 상상하게 할 수 있을 것 같다.
 - 그림 등을 통해 장면을 보여줄 수 있지 않을까?
 - 학생들의 낭독극 공연의 경우, 배우들이 무대가 아닌 관객들 속에있다

가 낭독을 하고 않는 모습이 인상적이었다. 관객이며 배우 같은 느낌이 들었다. 황만근에서도 객석에서 마을 사람들이 나오며 이야기를 만들어 갈 수 있지 않을까?

- 낭독과 극의 결합. 보여주는 부분과 읽어주는 부분의 혼합. 대사만을 통해서가 아니라 몸짓도.
- 조명을 이용하여 낭독하는 사람과 배우들을 번갈아 보여주는 방식은 어떨까?
- 낭독극이 어떤 것일지 궁금했는데 신선했다.
- 책을 읽고 이런 활동을 하면 좋겠다는 생각을 했다.
- 영상을 보고 나니 낭독극이 구체적으로 보임.

낭독극에 대한 토의를 통해, 너무 많은 사건을 모두 보여주기보다는 핵심 사건을 중심으로 '낭독'과 '연극'이 어우러지는 '낭독극'의 형식으로 연극을 만들기로 결정하였다.

이런 낭독의 효과를 맛보기 위해 대본 "올모스트 메인"의 한 부분을 읽었다.

9 블럭 마음 열기

1. 연극놀이-몸과 마음을 푸는 놀이

가. 달팽이 놀이

- 가운데 달팽이 원을 그린다.(의자를 이용해도 좋다)
- 두 모둠으로 나누어, 안과 밖에서 들어가고 나오다가 마주치면 가위바위보를 한다.

- 이기면 계속 들어가거나 나오고, 진 모둠에서는 대기하고 있던 사람이 빨리 들어와 나오거나 들어오는 사람을 막아서며 가위바위보를 한다. 안에서 밖으로 완전히 나왔거나, 밖에서 안으로 완전히 들어간 모둠이 이긴다.

나. 이름 놀이
- 이름 술래잡기1

  술래에게 잡히기 전에 다른 사람의 이름을 부르면 살아남는다.
- 이름 술래잡기2

  다른 사람의 이름을 부르면 이름 불린 사람이 술래가 된다.

다. 네 박자 이어가기
- 한 사람이 네 박자 동작을 할 때 짝이 된 사람은 그 동작을 따라한다.
- 한 사람의 동작이 끝나면 다른 사람이 다른 네 박자 동작을 한다.

라. 세 어절 한 문장 춤추기
- 자신의 희망, 상태를 나타내는 세 어절로 된 한 문장을 생각한다.
- 그 문장을 표현할 수 있는 몸짓을 한다.
- 혼자 그 동작을 한다.
- 돌아다니다 만난 사람과 함께 그 동작으로 인사를 한다.
- 부분적으로 동작을 수정하여 잘 이어지는 춤으로 완성한다.

마. 눈 감고 여행하기
- 앞 사람은 눈을 감고 뒷사람은 앞 사람의 어깨에 손을 얹어 안내한다.

- 다른 사람과 부딪히지 않도록 뒤에 있는 사람은 앞 사람을 보호한다
- 앞 사람은 눈을 감은 상태에서 자유롭게 몸짓을 한다.
- 역할을 바꾸어 한다.

바. 동작 이어가기(조각상 이어가기)
  - 두 명씩 짝을 짓는다.
  - 먼저 조각상이 될 순서를 정한다.
  - 마음으로 1,2,3 정도를 세는 동안에 조각상을 만든다.
  - 상대방은 그 조각상을 보고 그와 어울릴만한 조각상을 조화롭게 만든다.
  - 같은 방식으로 계속 이어간다.

10 블럭 작품 토의

1. 인물 탐구-모둠별

인물 탐구는 즉흥을 통한 장면 만들기에 앞설 수도 있고, 장면을 만들기 전에 할 수도 있다. 장면을 만들기 전에 인물 탐구를 하는 경우, 인물 탐구의 과정에서 풍부한 장면을 이끌어낼 수 있는 장점이 있다.

인물 탐구의 방법에는 여러 가지가 있지만, 이번 연극 만들기에서는 타탐구할 인물을 정하고, 모둠별로 전지에 그림을 그리며 인물을 생생하게 탐구하기로 하였다.

모둠별로 인물을 탐구하고, 그 모둠이 분석한 인물을 본 뒤에 토의를 통해 인물 분석을 완성한다.

▷ 탐구할 인물: 황만근, 민씨, 이씨, 이장, 어머니, 아들, 부인

▷ 여섯 모둠으로 나누어 인물 그림 그리기(내적, 외적 요소 모두)

● 다음은 이 활동의 결과물이다.

▷ 황만근

- 45세, 생긴 것은 60대. 더럽고 꼬질꼬질. 냄새. 얼굴에 주름. 낙천적 성격. 눈가에 웃음 주름. 미간 넓음. 귀는 길다. 콧구멍 크고 콧대 낮음. 웃는 입모양. 목은 때가 꼬질꼬질. 늘어진 런닝셔츠. 해진 반바지. 한 손에는 고등어, 다른 손에는 막걸리. 다부지고 마른 체형. 넘어지면서 넘긴 상처가 다리에. 옷은 더럽고 벌레도 좀 있음. 지혜롭다. 어려운 사람들 도와 줌. 정직하고 욕심 없음. 늦다. 낙천적임. 소박하고 책임감 강함. 손도 거칠다. 부인을 그리워하는 마음. 잘 웃음. 술 마시면 노래. 부인을 그리워하는 노래.

- 어머니를 원망하진 않았을까?

  원망은 당연히 없었다. 그러나 모성애에 대한 막연한 갈구는 있었을 듯.

- 학교는 아예 안 다님.

- 자연친화적인 사람일 듯. 자연의 이치나 하늘을 보며 돌아가는 것들을 잘 아는 사람. 사람보다 자연과 친화적인 사람.

▷ 민씨

- 민순성. 고향 남해. 나이 38. 마른체형에 키 175. 도시에서 자영업, 현재 망한 후 귀농. 황만근 죽음 후 도시로 돌아갈 결심. 부인과 아이는 도시에 거주. 현재 혼자 삶. 마을에 적응 못한 상태이나 마을을 위해 도움을 주고자 함. 학벌 대졸. 성격은 지혜롭고 문제를 해결하려는 노

력이 엿보임. 사람에 대한 관찰력. 예리함. 동네에 일어나는 사소한 일들까지 다 알아차리고 기억함. 다른 사람에게 귀를 기울일 줄 앎. 황만근에게도 귀를 기울임. 사람에 대한 선입견 편견이 없음. 조심성이 있고 부스럭 소리만 나도 깨는 잠귀가 밝고 예민한 성격. 정의감 있고 분별력 있음. 황만근의 묘비명을 쓴 것으로 보아 문학적 소질 있음. 황만근에 대해 호기심 관심이 평소 많았음. 농촌에 와서 보완해서 도시에서 살고자 했으나 농촌에 와서 보고 피폐한 현실을 이해하게 됨. 마을 사람들의 문제점을 정확하게 파악함.

- 옷은?

세련되기보다는 자영업을 했기 때문에 도시에서 입었던 티셔츠에 바지. 농사꾼으로 입고 다니는 아무렇게나 입은 옷이 아닌, 도시에서의 옷을 그대로 입고 있어 일하는 데 서툴고 불편해 보임. 남들이 봤을 때도 핀잔을 듣기도 함. 청바지에 체크무늬 남방, 하얀 와이셔츠를 주로 입음.

- 얼굴이 귀공자 티가 나는데 실제로 귀티가 나나?

학벌도 대졸. 도시물을 먹어 촌에서의 시커먼 피부가 아니다. 주름이 깊지 않다.

- 왜 황만근에 관심?

관심이 굉장히 많았다. 다른 사람들은 바보 취급을 했지만, 이 사람은 황만근을 남들과 다르게 보고, 질문에 대한 대답을 보고 이 사람은 보통 사람이 아니구나, 평범한 사람이 아니구나, 하는 것을 알게 됨. 정말 순수하고 티 없이 맑은 영혼을 가진 사람이다. 사람들은 겉모습을 보고 이러쿵저러쿵 말이 많지만 확실한 자기의 의지력을 가진 지혜로운 사람이란 걸 알고 있음. 민씨는 사업에서 망했기 때문에 도시에서 밑바닥 인생을 살아 모든 사람들의 비난과 무시를 받으며 추락했음. 그 손가락질을 겪어 봤음. 그러니 황만근을 보며 자신의 모습의 한 편을 보는 것 같아 눈여겨봤음. 그의 말에 귀를 기울여보니 딱히 바보도 아니고 다른 사람들이 황만근의 말을 들으려하지 않았음을 알아차림. 남해에서 고향의 향토지를 만들었다. 따라서 마을의 역사나 귀중한 자료에 관심이 많은 사람이었다. 글솜씨가 탁월했다. 사람들에게 관심이 많고 인간애가 있는 사람.

- 머리에 뭐 바르나요?

당연히 안 바름. 한 푼이 귀한 사람이고 옷 몇 가지만 입고 온 상태. 천연 웨이브.

- 왜 가족과 헤어져 혼자 있다고 생각하나?

이곳이 어떤 상황인지 모르므로 가족을 다 데리고 와서 정착하기 힘들 거라 생각해서 먼저 왔다. 시골은 텃세가 심할지도 모르니까. 파악한 뒤에 가족을 데리고 와야지. 막상 와 보니 도시도 힘들었지만 이곳 또한 참 힘들더라. 따라서 가족들은 아직 도시에 있다.

▷ 황만근의 아들

- 나이는 고등학교 1학년 17세. 친구들이 읍내에 나가면 아버지 바보라고 놀려서 집밖에 나가기 싫어함. 아버지 몰래 경운기 작동하는 법을 배움. 아버지가 무시당하고 모자란 점이 있어 파파 콤플렉스. 성격은 내성적이지만 의리가 있고 말주변이 없지만 이타적인 사람. 똑똑하고. 친구 관계는 좁고 깊음. 착하지만 소심한 반항. 어머니가 안 계셔서 어머니와 여성에 대한 막연한 동경. 마음은 여리지만 겉으로 표현하지 않으며 아버지에 대한 보호 본능을 가짐. 꿈은 엔지니어. 혈액형은 B. 키는 175. 이름은 황영호.

- 혈액형은 왜?

참을 때도 있지만 한 번씩 욱 하는 성격. 친구들과 잘 지내기도 하지만 어느 순간에 아버지에 대한 얘기나 할머니에 대한 놀림이 있을 때 성격을 한 번씩 드러낼 것이다. 청소년기를 거치면서 아버지가 먹다 남긴 막걸리도 마시고 할머니가 피다만 담배도 한 번씩 피며.

- 어머니와 여성에 대한 막연한 동일시란?

어머니가 없어서 여성에 대한 막연한 기대심리로 엄마가 없는 빈자리에 대한 생각이 많았다. 집에 혼자 있는데 다른 여성이 있을 때 함께 할 수 있었으면 하고 잘 챙긴다. 엄마의 따뜻함에 대해 막연히 그리워한다. 그럼 동일시라기보다는 동경, 그리움.

- 엄마가 있는 애들을 보면 어떤 기분이었을까?

소심하고 내성적이어서 그런 내용을 표시하진 않지만 마음속으로 굉장히 그리워했을 듯.

- 젊은 할머니가 계신데?

할머니가 제 역할을 하지 못했을 듯.

- 출생의 비밀을 알고 있을까?

모르고 있을 것 같다. 아빠도 자기를 정성껏 키우고, 아빠도 알리고 싶지 않았을 거고. 내 자식이라고 인정하고 키웠을 테니. 그래서 모를 것이다. 근데 사실을 알게 된다. 동네 사람들이 얘기를 하면서 크면서 알게 됐을 것 같다. 민씨도 알고 있는 사실이므로. 동네 사람들에 의해 알고는 있지만 집에서는 모른 척, 표현하지 않았을 것이다.

▷ 황만근의 부인

- 이름 정이. 그때 당시 이름이 거의 순이나 -자로 끝났겠지만 동네에서

있는 집 처자로 자라서 세련되고 예쁜 이름을 가짐. 18세 때 황만근을 만남. 있는 집 딸이라서 고등학교를 다니다가 안 좋은 일이 있어서 물에 빠져 죽으려고 하는 것을 황만근이 건짐. 외모는 굉장히 이지적으로 생김. 얼굴에 수심도 있고. 이전에 밝았을지도 모르나 물에 빠져죽을 정도의 안 좋은 일을 겪고 표정이 그늘짐. 눈에는 총기. 입술도 굳게 다물어 고집 있고 의지적임. 눈썹 짙음. 키는 작은 편. 150 정도. 성격은 이름과 반대로 모진 면이 있고 강단이 있음. 갓 낳은 아이를 두고 나옴. 경운기를 사도록 하고 경운기를 모는 기술을 가르쳐줬다는 점에서 똑똑하고 살아가는 데 필요한 것을 어깨 너머로 배웠음. 현실적이고 똑똑함. 눈치도 빠름. 혈액형은 AB형. 강단 있는 성격과 의지를 봐서는 신대리를 떠나 새로운 삶을 살고 경제적인 성공을 이루었을 듯. 가정도 꾸리고 아이도 있고 성공한 사업가가 되거나 남편을 성공한 사업가로 만들 인물. 하지만 마음속에는 버린 자식에 대한 생각과 동시에 안정된 현실을 깨버릴 수 있을 아들이 찾아올까봐 걱정. 아들을 그리워하는 마음에도 불구하고 신대리를 지날 일이 있으면 둘러서 지나감.

- 미인이었나?

미인은 아닌데. 오밀조밀 똘망똘망 야무지고 강한 외형.

- 피붙이를 버리고 갈 때 마음은 어땠나?

그런 걸 생각할 겨를이 없었을 듯. 죽음으로 도피할 정도로 절박한 상황이었고 마음을 고쳐먹고 황만근의 집에서 사는 것도 안주하는 것이 아니라, 임신했으니 아이를 맡긴다는 현실적인 생각으로 살았던 것. 도피해야겠다는 생각이 우선이어서 다른 생각할 겨를이 없었다.

- 모성애가 없나?

모성애가 없다기보다는 자기애가 강한 인물.

- 왜 황만근의 집에 눌러앉았나? 죽으려고 신대리에 갔다가 왜 머물 생
  각을 했나?

너무 큰 충격을 받았으니까 자기 자신조차도 놓고 죽음을 선택했다가
구해졌다. 그때 정신을 차림. 새로운 살 길을 모색하는 과정에서 어딜
가도 임신한 몸으로는 힘들테니 잠깐의 유예기간을 황만근의 집에서 보
낸 것.

- 임신 사실을 알고 죽음을 결심한 것인가?

임신 사실을 모르고 죽으려 했다. 자신이 당한 것 때문에 죽으러 갔다.
아마도 임신 사실을 알았을 것이다. 동네 사람들 입장에서 일곱 달만에 아
이를 낳았으니 황만근의 아이는 아니고 그럼 누구 자식일까 소문이 나니까.
여기서 살려고 했던 것이라도 소문으로 인해 떠날 수밖에 없지 않았을까.

- 겁탈 당했다는 것만으로 죽음을 결심했는데, 아이를 가졌다는 걸 알게
  됐다면 더 큰 충격이 아니었을까? 소문이 퍼져서 떠난 것이 아닐까? 소
  문이 안 퍼졌다면 그 집에 계속 살았을까?

임신 사실을 알고 죽으려 했지 않을까. 아이와 함께 세상을 뜨려고 한
것이다. 소문이 퍼지든 아니든 상관없이. 황만근이 한 사람의 몫을 하도록
황만근 자체를 개조하고, 사람들도 못하도록 지키려 했을 것이다. 그것이
불가능하다고 생각되었다면 떠났을 것이다.

- 경운기는 어디서 났나?

자신의 아이에 대한 걱정, 염려로, 딸이 저 집에서 사는 것을 인정하고
경운기를 사 준 것이 아닌가?

- 80년대 시골에서 도망한 여자는 어떤 삶을 살았을까?

공단 등… 자식이 다시 찾아오기는 어렵지 않았을까.

▷ 이장

- 나이 60. 키 167 작은 키. 덩치는 있는 편. 배가 좀 나온 편. 걸음을 걸을
때 뒷짐을 지고 팔자걸음. 마을 사람들에게 가르치기 좋아하며 참견이
심함. 사람들 앞에 나타날 때 헛기침을 하며 나타나는 버릇. 몸에서는
담배냄새가 항상 많이 남. 자기 가족만 위함. 동네에서 만근이를 제일
많이 부려먹음. 자신의 학력수준을 높이 여기며 자부심을 가지고 있는
데 어느 날 민씨의 등장으로 인해 신경전과 함께 라이벌 감정을 느낌.
자녀는 서울에서 공부를 하고 있음. 전형적인 가부장 스타일. 자기이
기 때문에 이 동네에서 이장 노릇을 한다, 나 말고 이장할 사람이 없다
생각함. 높은 사람들에게 로비를 잘함. 황만근의 죽음을 알게 된 후 슬
퍼하지는 않지만 돈 안 주고 부려먹을 사람이 사라져서 아쉬워함. 대
머리. 머리 한쪽에 커다란 사마귀가 있다.

- 황만근이 사라졌다는 것을 처음 알았을 때 어떤 생각?

혹시나 그 원인이 자기에게 돌아오지 않을까 하여 어떻게 하면 발뺌할
수 있을지 생각.

- 궐기대회 때 왜 하필 황만근을 불러 앞장서라 했나?

제일 말을 잘 들으니까. 궐기대회에서 동네마다 참가 인원수가 나오는
데 자기 동네에서 적정 인원이 나와야 했기 때문에 황만근을 부름. 부려먹
기 좋아하는 사람. 경운기를 몰고 갈 수 있는 다른 사람이 동네에 없다는
것을 잘 알고 있었기 때문.

- 황만근의 부재를 가장 아쉬워했을 사람이 아닐까? 동네에서 쓸만한 인
물이었는데, 하고 술 마실 때마다 곱씹어 생각. 그러면서 슬퍼하지는
않고, 황만근이 있었으면 내가 돈을 덜 들였을 텐데 하고 생각함.

- 집성촌에서 60이 가장 많은 나이가 아닐텐데 이장역을 맡은 이유?

나름 그 동네에서 자기가 제일 많이 배웠다고 생각하기 때문에. 자기보다 나이 많은 이에게 그렇게 깍듯하게 대하지 않는다.

- 학력 수준은?

고등학교 입학. 마쳤는지는 모르겠다.

- 이장은 어떤 농사를 짓나?

동네에서 제일 농사를 많이 짓는다. 벼농사 밭농사.

- 단순히 학력 수준으로만 민씨에 대해 적대적인건가?

일단 외부 사람이기도 하고, 동네에서 자기가 제일 권위 있는 자리에 있고 자기의 말에 동네 사람들이 지지해주는데 민씨는 반대하고 따지니까.

- 황씨 집성촌. 다른 사람은 이름이 다 나오는데 민씨는 이름을 부르지 않고 성을 부른다. 우리와 다른 사람이라는. 단순한 텃세?

- 입이 비뚤어졌는데 일부러 그런 것인가?

비열하다. 입술이 얇고.

- 옷차림은?

동네에서 나름 잘 사는 축이다. 밖에 나갈 때 입는 양복도 몇 벌 갖춰져 있고, 깔끔하게 반팔 남방.

- 황만근의 죽음에 이장의 책임은 어느 정도인가?

이장의 입장은 황만근의 죽음에 책임이 없다고 생각할 것이다. 그러나 어느 정도 책임이 있다.

- 개인적으로 부탁을 안 했다면 황만근이 경운기를 몰고 가지 않았을 것 같다. 그러면 책임이 큰 것 아닌가?

부탁을 안 했더라도 갔을 것 같다. 경운기를 탔을지는 모르겠지만. 농민 궐기를 하는 것이고 농민이니까.

- 원래는 엄마 밥 해준다고 안 가려했다. 이장이 얘기했기 때문에 간 것이다.

▷ 어머니

- 이름? 항상 먼 곳을 응시. 눈에 초점이 없다. 고등어를 매우 사랑한다. 며느리에 대한 경쟁의식. 외모에 관심이 많고. 살짝 넋이 나간 상태. 종종걸음. 곱고 여리다. 여성스럽다. 밖에 잘 안 나감. 집안일 안함. 곰방대로 담배를 잘 피고 시어머니한테 배운 버릇. 손 하나 까딱하지 않고 체구 작고 가냘프다. 머리속에는 항상 어린 나이에 팔려왔던 소녀대의 감성이 있어 남편에 대한 기대심과 부푼 마음이 있었는데 남편의 죽음으로 트라우마를 갖게 됨. 그 어린나이에 정신이 머물러서 기대고 의지하려는 성격을 지님. 아들을 남편처럼 생각하고 기대려 함. 집이 어렵고 못살긴 했지만 그래도 항상 자기를 예쁘게 꾸미고 싶어 하고 대접받고 싶어하는 공주병 심리. 아무것도 안 하고 귀찮아 하지만 꾸미는 것은 열심히. 먹는 것도 맛있는 것만. 모성애도 떨어짐. 남들이 보기에는 백치미가 있다. 항상 머리를 만지는 습관이 있다.

- 아주 어린 사춘기 감성 때 의지할 사람이 남편밖에 없는데 남편이 죽어서 굉장히 충격적이었음. 그 트라우마로 열네 살로 정지됨. 남편의 사고 역시 자기 때문이 아닐까 하는 생각도 가짐. 동네 사람들이 남편 잡아먹은 년이라고.

- 열네 살 때 애를 낳은 것이 황만근인데 그러면 시집은 더 일찍 오지 않았을까?

- 황만근의 아버지는 구경 갔다가 유탄에 맞아 세상을 떠났는데 옛날 사람들이 여자 탓으로 돌린 것. 특히 다른 동네에서 팔려왔으므로 텃세가 심했다. 말도 없는 성격이었다. 아이도 팔삭둥이를 낳았으므로.

- 남편은 어떤 사람?

나이차가 많이 났을 것임. 돈을 주고 살 정도면. 남편이 귀여워해주고 사랑해줬다. 신혼 때 남편을 잃음.

- 어머니가 아들에 대해 어떻게 생각하나?

아들은 남편을 회상하게 하는. 그래서 안 좋은 기억이 나기도 함. 남편 대신 의지할 대상으로 삼음.

- 어린 나이에 남편이 죽고 청상과부가 되었는데, 다시 결혼하지 않고 있었다. 그러지 않은 이유는? 시어머니랑 같이 살고 시어머니가 보살 펴주니 떠날 필요가 없었다. 새로운 남편을 만나 아내 역할을 할 정신 이 부족하다. 일을 못한다고 소문이 나서 아무도 안 데려갈 듯.

- 마을 사람들이 어머니를 가만히 두지 않았을 것 같은데. 황만근이 어 머니를 지킬 만큼의 힘을 가진 것도 아니고? 황만근이 워낙 효자라서 마을 사람들이 그런 생각을 할 수는 없었을 것이다.

- 의복은 한복을 주로 입었나? 집안에 앉아 있으면서 항상 한복입고 흐 트러지지 않은 모습으로 있었을 듯.

– 처녀가 하룻밤 어머니와 밤을 지샜는데 무슨 이야기를 했을까?

말수가 없어 데면데면했을 듯.

- 어머니는 집에서 아무 일도 안 하는데 그럼 뭘 하나?

하루 종일 담배 피거나 멍하니 먼 곳을 응시하거나 밥 차려주면 밥 먹고.

- 나이는 환갑이지만 환갑의 사고방식을 가지진 않았을 듯. 상처나 충격 때문에 정신이 왔다갔다함. 어떤 때는 괜찮았다가도 어떤 때는 아이처 럼 굴고. 일일이 다 챙겨주지 않으면 안 되는 사람. 황만근이 '두 바리' 라고 표현할 정도로 사람이 아닌 가축처럼 챙겨줘야 함. 황만근이 죽 은 것 때문에 또 다른 충격을 받으면서 자신이 손자를 키워야 하는 상 황이 되어 또 달라지지 않을까. 손주가 할머니를 키우게 되려나.

종이에 인물을 그리고, 그 인물의 여러 특성을 적어 보면서 이야기를 나누는 것이 '인물 상상'에 도움을 주었다. 다음은 인물 분석을 마친 뒤의 소감 나누기이다.

- 책은 그림책이 아닌데 머릿속의 것이 구체적으로 눈에 보이게 그려지니 좋다.
- 속에 있는 내용만 봤는데 바깥의 내용까지 보인다.
- 작가가 그려놓은 인물의 틀을 벗어날 수 있다. 내가 작가라면~ 하고 인물을 새롭게 창조하는 느낌이었다.
- 인물의 심리도 깊이 있게 눈에 보인다. 이 인물이 그래서 그랬구나, 하는 것이 이해되면서 그 다음 장면이 또 이해된다.
- 말로 이야기하는 것보다 그림을 그려 짚어나가면 자신이 작품에 나오는 인물이 되어 집중할 수 있어 좋다.
- 하고나니 아쉬움이 남는다. 글에 나오지 않았던 황만근의 부분까지 생각해봤더라면 좋았을 텐데. 다른 인물들을 보다가도 아, 저래서 저런 행동을 했겠구나 하는 아귀가 맞는 부분이 있고, 모호한 부분에서는 더 파고들어가면 좋겠다는 아쉬움이 있었다.
- 주제가 정해지면 인물이 한 행동의 목적에 대해 파고 들어갈 필요가 있다.

11 ~14블럭 장면 만들기

1. 작품 포스터 만들기

학생들, 혹은 교사연수에서 연극을 만들 때 경우에 따라 마지막 장면을 먼저 만드는 것이 좋다는 경험적 의견이 많다. 주제가 확정이 된다면, 결말을 먼저 만들면 앞의 장면이 쉽게 만들어질 수 있기 때문이다.

소설로 연극 만들기에서는 마지막 장면보다는, 작품의 포스터를 먼저 만들기로 하였다. 이 포스터는 그 자체로 '토의를 통해 주제를 확정'하는 방식이 아니라, 포스터를 통해 우리가 말하고 싶은 것을 형상화하는 방법이다.

- 포스터의 조건은 다음과 같다.
  ▷ 작품의 핵심 장면(사건, 인물 등)이 담겨 있을 것.
  ▷ 인물이나 사건에 대해 파악한 우리의 관점이 녹아있을 것.

두 모둠으로 나누어 포스터를 '정지장면'으로 만들었다. 두 모둠에서 만든 내용을 토의를 통해 '황만근을 그리워하는 사람'이라는 의미를 담은 포스터를 조각상으로 만들었다.

자연스럽게 처음 프롤로그 부분에 이 장면을 보여주면서, 낭독극의 형식으로 진행하자는 제안이 있었고, 흔쾌히 받아들여졌다.

2. 작품 주제곡 만들기

소설 작품 속에 실제 황만근을 놀리는 '만근송'이 있어, 이 만근송을 먼저 만들기로 하였다. 이 노래가 어디에 들어갈 수 있을까? 이 문제는 장면을 만들면서 결정하기로 하였다. 작품 속 황만근과 관련된 핵심 내용을 토대로 의견을 보태어 신중현의 '미인'에 가사를 붙여 완성하였다.

만근송이 만들어지면서, 연극 제목을 "백분 찝원 국찌 두바리 팔푼이 반근이"로 결정하였다.

● 작품의 주제곡과 동작

- 만근송

（미인송） 황만근은 바보라네 숫자도 못센다네

백분찝원 국찌 두바리 팔푼이 반근이네

또 넘어졌나? 멧번째고? 백분.

어디 가노? 국찌,

국수 얼마치? 찝원.

3. 장면 만들기-즉흥극

일반적으로 극본이 만들어지고 배역을 정한 뒤에 장면 연습으로 들어가는 방식과는 다르다. 핵심 내용을 토대로 즉흥을 통해 장면을 완성한다. 배역도 즉흥으로 정해진다. 모둠과 모둠의 피드백을 통해 하나의 장면으로 완성되는 과정에서, 모두가 장면의 흐름이나 사건을 이해하게 된다.

소설로 연극 만들기에서는 두 모둠으로 나누어 즉흥극을 통해 장면을 만들었다. 먼저 장면의 핵심 내용을 전체가 합의한 뒤, 모둠으로 나누어 즉흥으로 장면을 만든다. 한 모둠은 공연, 한 모둠은 관객이 되어 본다. 즉흥극이 모두 끝난 다음 토의를 통해 어떤 요소를 보태거나 빼서 한 장면으로 완성하고, 배역을 정해 장면을 완성한다.

▷ 두 모둠으로 나누어 장면을 정지동작으로 만들기

▷ '경운기 모둠'과 '막걸리 모둠'으로 나눔.

▷ 장면을 만들고 모둠 안에서 한 명이 장면에서 빠져 나와 모양이 어떤지
  보고 피드백

장면 : 황만근의 죽음

▷ 경운기 모둠

  - 황만근과 부서진 경운기 표현. 막걸리통, 고등어도 등장.

▷ 막걸리 모둠

  -경운기에서 술 마시는 만근, 유골함을 든 아들 표현

▷ 이야기 나누기(장면 고치기)

  - 경운기에 기대어 술 마시면서 경운기를 쓰다듬으면 어떨까?

  - 황만근의 표정이 눈에는 눈물. 입가에는 쓴 웃음.

장면: 황만근 사라짐

▷ 막걸리 모둠

          - 아들, 이장, 민씨, 똥퍼, 아이들 등장.

민씨   황만근이 집에 안 왔다잖아.

똥퍼   이 자식은 똥 안 푸고

아이들   황만그이 황만그이

이장   황만근이 사라진게 내 탓이야? 왜 나한테 그래!

아들   아버지

   ▷ 경운기 모둠
     - 아들, 이장, 민씨, 똥퍼, 어머니, 동네 할머니

아들   우리 아버지 어디 가셨지?

이장   이장이 바쁜데 어예 경운기를 모노?

민씨   만근이가 사라졌대.

엄마   나 때문이야.

똥퍼   만근이 자슥, 어디 갔노?

동네 할머니   만근아~

   장면 : 토끼고개 장면

   ▷ 질문: 거대 토끼를 어떻게 만들 것인가?
   ▷ 막걸리 모둠
     - 토끼 한 마리 등장. 여러 사람이 모여 있다가 만근 등장하면서 거대 토
      끼로 변하여 만근을 가둠
   ▷ 경운기 모둠
     - 거대토끼가 있고, 만근이 들어와 쉰다. 이 때 거대토끼가 움직이며 만

근을 잡음.

장면: 황만근의 가족, 일상

▷ 막걸리 모둠

  - 임신한 아내가 경운기를 닦고 있는 만근에게 막걸리를 건넴. 하지만, 만근을 보지는 않음. 만근의 어머니는 담배 피움.

▷ 경운기 모둠

  - 만근이 아내를 위해 밥을 차려 줌. 어머니는 만근이가 자신에게 주는 것인 줄 알고 있음. 마을 사람들은 아내에 대한 소문을 냄.

'모둠별 장면 만들기→보여주기→토의'의 과정을 거쳐서 장면을 만들면서, 장면과 장면 사이의 전환을 고민했다. 또 애초 논의에는 빠져 있던 핵심 사건들이 추가되었다.

장면이 만들어지면서 배역에 적합한 인물이 드러나면서, 배역을 정하였다.

● 배역

  - 황만근

  - 민씨

  - 어머니

  - 아들

  - 아내

  - 이장

- 마을사람(똥퍼)

- 아들

- 낭독

- 코러스

4. 즉흥을 통해 만들어진 장면

● 프롤로그 - 황만근 가라사대

- 만근 가운데 서 있고 코러스는 후광, 음악은 신중현의 미인. 낭독자 두 명 등장. 황만근 가라사대.

● 장면1 - 황만근이 사라졌다.

- 아들 등장. 아버지 찾음

- 이장 등장하여 만근이 술 마시고 어디 있나? 함

- 어머니 등장, 고등어 안 사와도 된다고 이야기 함.

- 똥을 푸는 주민 등장하여 불평

- 동네 아이들이 나와 만근이 없어진 사실을 알리고 찾음

- 낭독자 등장. 황만근이 사라졌다.

● 장면2 - 황만근의 어린시절

- 만근송을 부르며 아이들 등장. 황만근 넘어지고 아이들은 놀림.

(미인송) 황만근은 바보라네 숫자도 못센다네

백분찝원 국찌 두바리 팔푼이 반근이네

또 넘어졌나? 멧번째고? 백분. 으하하하하.

(일어나고) 어디 가노? 국찌, 국수 얼마치? 찝원.

- 장면3 - 토끼고개에서 토끼와 만남
  - '거대 토끼'이기 때문에 여러 명이 토끼를 형상화함
  - 토끼의 '역동적인 움직임'을 위해 '크레용팝'의 춤 요소를 토끼의 움직임으로 만듦
  - 토끼에게 소원 들어달라며 줄다리기를 하는 만근

- 장면4 - 황만근의 행복했던 때, 그리고 아내
  - 경운기를 태워달라는 아이들을 태워주는 황만근
  - 마을을 위해 이것저것 부탁하는 이장과 마을사람들
  - 아들이 태어나고 기뻐하는 황만근
  - 아내가 떠나가고 슬퍼하는 황만근

- 장면5 - 농가부채탕감전국농민총궐기대회, 그리고 황만근의 죽음
  - 궐기대회에 경운기를 몰고 가는 황만근
  - 경운기와 함께 밤을 보내며 천천히 죽어가는 황만근
  - 황만근의 죽음을 기억하는 어머니, 아들, 그리고 마을사람들의 모습

5. 자체 예행연습(리허설) 및 다듬기

즉흥극을 통해 만들어진 작품을 실제 무대에서 예행연습을 하였다. 만들어질 때마다 적절한 음향, 효과음 등을 함께 찾았기에 연습 공연 자체는 문제가 없었다. 다만, 작품이 몸에 붙지 않아 늘어졌다.

예행연습을 마치고 다시 토의를 통해 전체적인 구성을 다듬었다.

6. 소품, 의상

▷ 의상은 인물의 특성을 고려하
  여 준비한 옷 중에서 골라
  입거나, 약간의 변형을 통해
  해결하였다.

▷ '황만근'에게 꼭 필요한 막걸리
  잔, 안주는 흰 종이로 만들어 눈
  에 잘 띄게 만들었다.

▷ 경운기의 머리 부분을 종이로 작게 만들어 아들의 손에 올려놓음으로써 황만근의 죽음을 상징적으로 형상화하였다.

15 블럭 리허설

1. 공연 작품 요약

● 프롤로그

"황만근은 이렇게 말했다"를 상징하는 포스터가 정지동작으로 등장하면서 낭독이 시작된다.

한 번도 집에 안 들어온 적이 없는, 아니 딱 한 번 외박을 했던 그 황만근.

"황만근이 사라졌다!"

(암전)

● 1장 - 황만근의 부재에 놀란 마을사람들

마을사람들이 각각 황만근의 부재(不在)에 대해 말하기 시작한다.

아들, 어머니, 그리고 궐기대회에 경운기를 몰고 가라고 말했던 이장, 황만근이 늘 하던 일을 하는 마을주민 똥퍼까지.

그리고 문제가 생기면 지혜롭게 중재를 섰던 황만근이 없어진 것에 대해 아이들까지 황만근을 찾기 시작한다.

"만그이 아저씨! 만그이 아저씨!"

● 2장 - 황만근의 어린 시절

황만근의 어린시절이 낭독과 함께 시작된다.

마을사람들은(아이들) 황만근송을 부르며 황만근을 놀린다.

(미인송 개사) "황만근은 바보라네. 숫자도 못 센다네. 짠짜짜~

백분 찝원 국찌 두바리 팔푼이 반근이네!"

그래도 허허 웃으며 국수를 사러가는 황만근을 아이들이 놀린다.

● 3장 - 토끼고개, 토끼와의 싸움

황만근이 군대신검을 받은 날.

돌아오던 길, 토끼고개에서 만난 거대토끼와의 싸움에 대한 낭독.

(크레용 팝 음악과 함께) 거대토끼들의 등장과 춤. 그리고 잠들었다 깬 황만근과의 싸움. 황만근은 세 가지 소원을 토끼에게 말한다.

"어머니의 무병장수, 색씨, 그리고 떡두꺼비 같은 아들!

● 4장 - 황만근의 행복했던, 그리고 가장 슬펐던 때

자신의 아이(!)를 가진 아내. 그리고 경운기를 몰며 마을의 일을 도맡아 하는 황만근.

아이들을 태우며 기뻐하던 황만근.

그러나 사람들의 쑤군거림에 아내가 떠나고 황만근은 그 슬픔을 막걸리로 달랜다.

● 5장 - 궐기대회, 그리고 황만근의 죽음.

새벽. 황만근만 경운기를 몰고 궐기대회장으로 간다.

궐기대회 장소로 가는 상황에 대한 낭독.

위험한 길을 가던 황만근.

고등어를 사고 돌아오는 길에 논두렁에 경운이가 굴러떨어진다.

경운기, 어머니에게 드릴 고등어, 그리고 자신의 벗인 막걸리와 함께 밤을 새우는 황만근의 잠, 아니 그의 죽음.

쓸쓸한, 그러나 환하게 웃는 황만근의 마지막을 마을사람들이 손을 흔들며 배웅한다.

모모 정리 : 백인식

원작 : 미하일 엔데

01. 작품을 고른 까닭

"모모"는 세계적으로 널리 알려진 유명한 작품이다. 작품이 갖는 극적인 재미와 교훈은 연극으로 만들어 보면 좋겠다는 생각을 갖게 한다. 하지만 300여 쪽에 이르는 분량은 쉽사리 엄두를 내지 못하게 하였다.

2005년쯤에 서울교사극단 징검다리에서 활동한 김순희 선생님이 전교연 선생님들에게 '모모'를 가지고 3시간가량 과정드라마를 이끌어 주었다. 이 경험은 전교연 선생님들에게 문학 작품을 가지고 연극으로 노는 과정에 대한 새로운 시각을 제시하였다.

다음 해에 전교연 연수의 연구 과정에서 10여 명의 선생님이 김순희 선생님의 활동안을 바탕으로 하여 조금 더 확대된 활동안을 만들었다. 몇 가지 중요한 부분은 김순희 선생님이 설계한 과정을 가져왔다. 그런 과정들이 전교연 연수에서 연극 만들기라는 성과로 모아졌다.

이 과정은 원작을 기본 텍스트로 하여 '적극적인 재창조'를 목표로 하였다. 그 출발점은 '책에서는 모모가 회색 신사를 물리쳤다. 하지만 현실은 회색 신사의 지배를 받고 있는 듯이 보인다. 모모가 승리를 거둔 뒤, 어떤 일이 벌어졌을까? 하는 질문이었다.

극을 만드는 데 있어 중추의 개념을 활용해 보기로 하였다. 짧은 시간동안 연극을 만들면서, '볼거리'라는 기준을 어느 정도 맞추기에는 영화 빠삐용처럼 '감옥을 탈출한다.'처럼 확실한 중추가 필요하다고 보았기 때문이다. 모모와 회색 신사의 직접적인 싸움은 시간의 꽃을 두고 벌어졌다. 그래서 '시간의 꽃을 지킨다./빼앗는다.'를 가지고 이야기를 확대해 볼 계획을 세웠다.

전국 교사 연극 모임 '놀이와 즉흥으로 극 만들기' 연수(2007년 1월)를 바탕으로 정리하였다. 주강사 백인식, 보조강사 오명환, 김숙영

O2. 과정 한눈에 보기

블록		주제	내용	비고
월	1	몸과 마음열기	서로 친해지기	
	2		몸풀기, 감성깨우기	
화	3	소설을 만나다	함께 읽기	
	4		작품 속으로 들어가기	
	5		공간과 인물 탐색	
	6		인물 체험	
수	7	소설을 가지고 놀다	주제 탐색	
	8		즉흥으로 작품 분석하기	
	9			
목	10	소설로 연극적 상상을 펼치다	장면 고르기	
	11		줄거리 짜기	
	12		정지장면과 해설	
금	13	소설로 연극을 만들다	틀 구성과 장면 정리	
	14		장면 만들기	
	15		리허설과 공연	

o3. '모모' 연극 만들기

목표

1. 작품을 함께 읽고 내용을 재구성하여 극을 만든다.
2. 드라마관습(놀이, 즉흥)을 활용하여 다양한 연극 체험을 한다.
3. 연극 체험 과정을 정리, 변형하여 30분 정도의 극을 만든다.
4. 연극 만들기에 문학이 가지고 있는 장점(문학적인 대사, 해설, 구성)을 반영한다.
5. 학교 현장에서 문학작품으로 극 만들기 실천 방법을 공유한다.

1 ~3블럭 몸과 마음 열기

1. 친해지기

가. 별명 짓기

- "주먹 쥐고 일어서"처럼 각자 인디언 식의 이름을 짓는다.
- 이름에 어울리는 간단한 동작을 만든다.
- 한 사람이 동작과 함께 자기의 별명을 말한다. 다른 사람들은 똑 같이 따라한다.
- 모두 돌아가며 발표하고 따라한다.

  (예) 꿈꾸며 살고파 , 커피로 행복하기, 빨간 자전거타고 씨앗뿌리기

나. 나는요

- A4 용지 맨 위에 '나는요'라고 쓰고 자신을 소개하는 글을 쓴다.

  (예 : 나는요, 혼자 걷는 시간을 좋아합니다.)

- 여러 가지 색연필을 써서 모양을 꾸미며 글을 써도 좋다.

- 벽에다 붙이고, 자유롭고 편하게 읽는다. 읽고 난 후 서로의 소감을 나
  눈다.

- 누가 쓴 글인지 나중에 맞혀보는 시간을 갖는다. 종이 밑에 글쓴이를
  적어도 좋다.

● 말로 소개할 때와는 또 다른 모습을 볼 수 있다. 첫날 써 놓았을 때는 누
가 쓴 것인지 모르는 게 더 많지만 서로를 조금씩 알아가면서 다시 읽을
때는 쓴 사람을 거의 찾아 낼 수 있다. 한 줄 한 줄 읽으며 사람을 찾아
가는 게 재미있다. 나의 현재의 관심사와 상태를 되돌아보며, 부담 없이
'나'에 대해 말할 수 있는 기회가 된다.

다. 빗방울 안마

- 세 사람이 짝을 이룬다.

- 한 사람(A)은 앞을 보고, B와 C는 좌우에 서로 마주보고 선다. 가운데
  선 A는 눈을 감는다.

- 머리끝부터 발끝까지 엄지손가락으로 꾹꾹, 천천히 눌러 준다. 두 사
  람이 누르는 부분은 대칭이 되도록 한다. 1~2분 동안 실시한다.

- 몸에 손을 대지 않고, 양 손을 흔들며 머리 옆에서부터 아래로 쓸어내
  려 온다. 입으로는 빗소리나 샤워기 물소리 같이 "쫘~"하는 소리를 낸
  다. 다한 뒤에는 역할을 바꾼다.

- 시원한 느낌을 준다. 지쳤을 때 하면 좋다. 누를 때 될 수 있는 한 대칭이 되어야 안마 받는 사람이 균형을 잡고 서 있을 수 있다. 가볍게 눌러주는 것 보다 세게 눌러 줄 때 느낌이 더 좋다.

2. 몸 풀고 감성 깨우기

가. 등 맞대고 일어서기

- 둘 씩 짝을 지어 등을 맞대고 선다.
- 어깨에 가상의 선을 긋고 그 선을 서로 맞댄다.
- 살짝 앞으로 나가서 'A' 자 모양이 되게 한다.
- 어깨부분을 서로 밀면서 균형 상태를 만든다.
- 균형이 맞은 상태에서 서로 어깨로 밀며 앉는다. 손을 사용하지 않는다.
- 다시 밀면서 일어선다.
- 10cm 정도 간격을 더 벌리고 다시 한다. 계속해서 간격을 벌려서 같은 방법으로 해본다.

나. 손잡고 일어서기

- 둘이 서로 발끝을 마주 댄다.
- 손목을 잡는다.
- 팔을 완전히 펴면서 천천히 뒤로 몸을 젖힌다. 팔은 완전히 펴야한다. 팔꿈치를 구부리면 힘들어진다.
- 두 사람의 몸이 V자 형태가 되어야 한다.
- 그 상태에서 상대방을 살짝 잡아당기는 느낌으로 엉덩이를 내려앉는다.
- 균형이 무너지기 바로 전까지 내려갔다가 다시 올라온다.

● 발끝을 붙이고 하는 게 힘들면 발을 편하게 벌리고 해도 된다.

다. 꼬인 손 풀기

　　- 두 사람씩 짝을 짓고 서로 마주 본다.

　　- 두 사람은 자신의 두 팔을 X자 꼴로 만드는데, 왼손이 오른손 위에 오
　　　게 한다. 손바닥이 밑으로 가야 한다.

　　- 밑에 있는 손을 손바닥이 위로 보게 돌린다.

　　- 그 상태에서 앞사람과 손을 잡는다.

　　- 두 사람의 팔이 꼬인 상태에서 서로의 손을 놓지 않고 온몸을 이용해
　　　서 팔을 푼다. 풀 때까지 손을 놓지 않도록 한다.

　　- 대부분 처음에는 서서 몸을 돌리는 방법으로 푼다.

　　- 그 다음에는 다리를 움직여서 풀어본다.

　　- 돌기, 다리 움직이기를 섞어서 같이 쓰면 8가지 이상의 다양한 방법으
　　　로 풀 수 있다.

　　- 다음에는 4명이 원을 만들어 같은 방법으로 팔을 꼬이게 만들었다가
　　　풀어 본다.

　　- 그 다음에는 8명이 해보다.

　　- 끝으로 모든 학생들이 손을 엉켜 잡았다가 풀어서 하나의 원을 만들어
　　　같은 방식으로 푼다.

● 서로 등을 마주한 자세로 손을 꼬이게 잡고 풀어 볼 수도 있다.

4 ~6블럭 소설을 만나다

1. 함께 읽기

가. 좋아하는 시와 음악, 읽고 듣기

- 다른 사람들에게 들려주고 싶은 시와 음악을 준비해 온다.
- 활동하다가 가끔 틈을 내어 시를 읽어주고, 함께 음악을 듣는다.
- 서로를 좀 더 알아가는 과정이며, 감성을 풍부하게 해준다.

나. 작품 읽기

- 가장 편한 자세로 앉아 돌아가며 책을 한 쪽씩 돌아가며 읽는다.
- 듣는 사람을 위해 '책을 읽어주는 것'이 중요하다. 읽어주는 것은 듣는 이를 배려하게 되어 감정도 들어가고, 명확하게 읽으려 노력하게 된다.

※도움말

- 함께 읽기는 혼자 읽을 때와 다른 여러 가지를 느낄 수 있다. 활동이 잘 이뤄진 때는 낭독극을 공연한 느낌도 얻을 수 있다.
- 이 작품은 길어서 함께 읽는데 많은 시간이 걸린다. 책을 미리 읽어 온 뒤에 각자 마음에 드는 부분을 두세 군데씩 골라와 그 부분만 읽어도 좋다. 이때도 순서대로 읽는다.

다. 소감 나누기

- 책을 읽고 난 느낌을 간단히 나눈다. '좋은 느낌 공유하기' 정도로 진행한다.

- 세세한 분석이나 비평이 되면 감흥이 떨어진다. 이 작업은 나중에
  한다.

2. 작품 속으로 들어가기

가. 줄거리 이어 말하기

- 전체가 원형으로 둘러앉는다.
- 한사람씩 문장을 말해서 전체 줄거리를 요약해본다.
- 원작의 길이에 따라 말하는 회수를 조절한다. "모모"의 경우 20번 정도
  면 적당하다.

  (예) 옛날에 모모라는 어린 소녀가 살았습니다. → 모모는 폐허가 된
  원형극장에서 살고 있습니다. → 모모는 친구가 많았는데, 남의 이야기
  를 잘 들어 주었기 때문입니다. → …
- 자기 순서에서 다음 문장이 잘 기억나지 않을 경우, 접속사(그런데, 그
  래서, 왜냐하면 등)을 사용해서 다음 사람에게 기회를 넘겨 줄 수도 있
  다. 하지만 전체가 사용할 수 있는 접속사의 개수는 3번 정도로 제한을
  두어야 한다.
- 인원이 10명일 경우, 2바퀴를 도는 시점에서 어떻게든 이야기는 맺어
  져야한다.

● 이야기가 매끄럽게 이어지지 않는 게 보통이다. 한 번 해 본 뒤에 원작과
  다른 부분을 이야기 나누고 다시 한 번 해 본다.

3. 공간과 인물 탐색

가. 등장인물 되어 걸어보기

- 자유롭게 공간을 걷는다.

- 교사가 인물을 불러주면 그 인물처럼 걸어본다.

- 몇 명의 인물을 경험한 뒤에 각자 작품에 나오는 인물을 한 명씩 선택하여, 그 인물의 걸음걸이와 습관적인 동작을 만들어 걸어 다닌다. - 걸어 다니면서 만나는 인물들과 서로 인사를 나누고 이야기 한다. 이 때는 자신이 설정한 인물이 되어 말하고 인사한다.

● 때로 어떤 인물의 모습은 그대로 가져다 써도 좋을 만큼 충분히 연극적이다. 이 활동을 통해 작품 속의 여러 인물을 경험해 볼 수 있고, 누가 어떤 배역에 어울릴 지를 자연스럽게 살펴볼 수 있다.

나. 모모의 마을 정지 장면으로 표현하기

- 한 모둠에 2 ~ 5명이 되게 인원을 나눈다.

- 작품 속에서 중요한 일이 벌어지는 공간을 선택한다.

- 그 공간에서 어떤 일이 벌어지고 있는 지를 정지동작으로 표현한다.

● 중요한 일이 벌어지는 공간을 만들어 보면 작품 전체를 개괄하는 효과를 거둘 수 있다. 각 정지장면을 확장하고 적당한 해설을 곁들이면 이 자체로도 연극 한 편이 된다.

4. 인물 체험

가. 행복한 하루의 시간표 만들기

- 전체가 원형으로 둘러앉는다.

- 한 명씩 돌아가면서 일상 중에서 행복한 느낌을 갖는 때를 이야기한다.

(활동의 예)

- 집 앞 초등학교 운동장 걸으며 보고 싶은 사람들에게 문자 보내고 답 문자 기다리기
- 약간 수면 부족인 상태에서 카페인 섭취하며 소설책 읽기.
- 좋은 사람들과 함께 한잔할 때
- 오후에 텅 빈 교실에서 음악 들으며 운동장을 바라볼 때
- 산에 오르며 푸른 공기를 마실 때
- 우리 반 아이들이 '선생니임'을 외치며 나를 향해 멀리서 뛰어 올 때
- 아이들이 돌아간 빈 교실에 혼자 남아 창밖을 바라볼 때
- 어느 사람, 사물, 존재의 빛나는 한 때를 보는 순간.
- 이 세상에 무수히 존재하는 아름다움 중, 어느 순간, 그 존재를 만나거나 느낄 때.

● 편한 기분으로 우리가 일상 속에서 어떤 순간에 행복한 지를 나눈다. 작은 것들의 소중함, 느리게 사는 삶의 여유로움 등

나. 회색 신사 체험하기 : 신입사원 훈련

- 교사의 사전 지도를 받은 3명의 참여자가 짧은 즉흥 참여극을 준비한다.
- 나머지 참여자들은 회색 신사 역을 맡은 사람들의 지시와 안내에 따라 신입사원 훈련에 참여한다.
- 훈련 과정 1 : 군대의 조교처럼 참여자들에게 명령을 내린다.

    빠르게 움직이기 : "빨리! 빨리! 움직입니다!

    반듯하게 줄서기 : (어느 한 지점에 서서) 일렬로 헤쳐 모여! 빨리!

빨리!

거수경례 연습 : 회장님께 경례! 똑바로 합니다! 다시!

- 회색 신사의 구호 제창 : 참여자들을 3명 정도 씩 한 모둠으로 하여 회색 신사의 구호를 만들어 발표하고, 그 중 가장 좋은 것을 함께 제창한다.

- 인물별 특성 및 약점에 따른 영업 방법 실습 : 마을 사람들이 자신의 욕망, 약점, 장점 등이 적힌 쪽지를 몸에 붙이고 적당한 장소에 조각상으로 위치한다. 회색 신사들은 쪽지에 적힌 정보를 바탕으로 시간 저축을 유혹한다.

(예) 허영심이 있음, 남에게 지기 싫어함, 부자가 되고 싶음 등

다. 시간 체험하기

- 두 명 또는 세 명이 짝을 이룬다.

- 한 사람은 눈을 감고 다른 한 사람은 시간을 잰다.

- '시작' 소리에 1분이 되었다고 생각되는 순간에 손을 든다.

- 시간을 맞추기 위해 속으로 숫자를 세어서는 안 된다.

- 어느 정도 차이가 나는 지 알아보고, 소감을 나눈다.

● 우리가 느끼는 시간의 물리적인 양이 어느 정도인지를 알아본다. 사람에 따라 1분을 느끼는 편차가 크다는 사실을 알 수 있다. 1분이 쌓여 시간이 되고, 시간이 쌓여 하루가 된다는 평범한 상식을 확인하여 매 순간을 소중히 하는 삶에 대해 생각해 본다.

7 ~9블럭 소설을 가지고 놀다

1. 주제 탐색

가. ㄱ, ㄴ, ㄷ 이어쓰기 - 1

- 전지 크기의 종이의 맨 위에 "모모라는 소설은 (   ) 이다."라고 쓴다.
- 그 밑에 세로로 ㄱ,ㄴ,ㄷ,…,ㅎ 까지 쓴다. 이런 종이를 모둠 수만큼 준비한다.
- 이 종이를 바닥에 두고, 각 모둠은 5미터 정도 뒤에 일렬로 선다. - 이어달리기 식으로 한 사람씩 달려가서 순서대로 한 문장씩 쓴다.
- 첫 사람의 경우, "ㄱ"으로 시작하는 단어를 쓴다. 다음 사람은 "ㄴ"으로 시작하는 단어를 쓴다.
- ㅎ까지 다 쓰고 나면, 각 모둠 종이에 쓰인 글을 다 같이 감상한다. 재미난 표현들을 함께 즐긴다.

(활동의 예)

- 귀엽다.
- 남의 이야기를 잘 듣는다.
- 다른 사람의 이야기를 들어줄 줄 아는 아이다.
- 라디오에서 나오는 음악듣기를 좋아한다.
- 마침내 시간의 꽃으로 시간도둑을 물리친다.
- 바람 같다.
- 사라지는 사람들이다.
- 아이들을 좋아한다.
- 조용하다.

- 촛불을 켜놓고 혼자 있는 시간을 즐긴다.

- 커피와 같이 읽고 싶은 책이다.

- 특별한 능력을 가진 모모라는 아이의 이야기이다.

- 파란 하늘의 한 조각구름이다.

- 힘내는 것이다.

※도움말

- ㄱ, ㄴ, ㄷ, …, ㅎ 대신에 "가, 나, 다, …, 하"나 "일, 이, 삼, … 십"으로 할 수도 있다. 가, 나, 다로 할 경우에는 "라"는 "ㄹ"로 시작하는 단어를 써도 된다.

- 이 과정을 통해서 작품의 주제나 느낌을 확인할 수 있다.

- 이 활동을 할 때마다 흥미롭게 느끼는 점은 "즉흥의 힘"과 "제한 조건"이 가지는 효과이다. 자기 순서에 뛰어나가 글을 쓸 때 많은 생각을 하기 어렵다. 자신이 써야할 글자가 무엇인지 모르는 경우도 있다. 이런 즉흥이 작품에 대한 느낌을 솔직하게 표현하도록 하는 자유로움을 준다. 일반적으로 "제한 조건"은 행동을 제약하는 것으로 생각한다. 그러나 연극놀이와 즉흥에서 적절한 "제한 조건"은 활동하기 편한 안내, 사다리와 같은 역할을 한다.

나. ㄱ, ㄴ, ㄷ 이어쓰기 - 2

- 이어쓰기를 다 한 다음에 각 모둠별로 마음에 드는 세 문장을 고른다.

- 세 문장이 다 들어가도록 하나의 정지장면으로 만든다.

- 각 모둠별로 발표하고, 다른 모둠은 어떤 문장이 들어갔는지 맞춰본다.

- 교사가 손으로 인물들을 건드리면, 간단한 대사나 동작을 해본다.

- 해설을 이용하여 각 모둠의 장면을 연결할 수도 있다.

● 필요에 따라 주제를 학교, 우정, 봄 등으로 다양하게 할 수 있다.

2. 즉흥으로 작품 분석하기

가. "모모"를 오감(五感)으로 느껴 보기

- 4 ~ 5명이 한 모둠이 되게 인원을 나눈다.

- 각 모둠마다 전지와 색연필을 준비한다.

- 각 모둠은 전지에 "모모"에서 느껴지는 다섯 가지 감각(맛, 소리, 냄새, 빛깔, 촉감)을 적어본다.

나. 핵심단어 찾기와 단어 합창

- 4 ~ 5명이 한 모둠이 되게 인원을 나눈다.

- 각 모둠마다 "모모"에서 주제어로 적당하다고 생각하는 단어를 고른다.

- 한 사람에 한 개씩 정한다. 즉흥적으로 단어만을 가지고, 합창을 한다.

- 합창은 즉흥연주 하듯이 마음대로 자유롭게 자신의 단어를 천천히, 빠르게, 강하게, 약하게, 이어서, 끊어서 등의 다양한 방법으로 부른다. - 다른 모둠은 노래를 듣고, 어떤 단어인지 맞춰본다.

(활동의 예)

시간, 사랑, 행복, 희망

순수, 사랑, 느림, 삶, 선택

두려움, 환상, 여유, 배려, 행복

시간, 행복, 느림

- 이 과정을 통해 "모모"의 주제를 간접적으로 분석해 본다.
- 합창으로 발표하지 않아도 된다. 합창으로 발표한 것은 연극 만들기에 필요한 음악적 요소를 연습하기 위한 의도이다.

다. "모모"를 3줄 정도의 문장으로 줄여 말한다면?
  - 각자 "모모"의 줄거리를 3줄 이내의 문장으로 요약한다.
  - 예를 들어 영화를 제작하려고 하는 감독이 재정지원자에게 가장 효과적으로 작품을 줄여서 설명하듯이 문장을 써본다고 가정하여 활동한다.

(활동의 예)
  - 남의 이야기에 귀 기울일 줄 아는 소녀, 모모가 사람들의 시간을 빼앗으려는 회색신사들로부터 시간의 꽃을 구해내 여유 있는 시간을 사람들에게 되돌려주는 이야기로 시간의 의미를 다시 한 번 생각하게 해줍니다.
  - 모모라는 이야기는 항상 빠르게, 바쁘게만 살아가는 사람들에게 진정한 행복이 무엇인지를 알게 하고, 나의 삶을 되돌아보게 하는 이야기이다.

※도움말
- 약간 어려운 활동이다.
- "ㄱ, ㄴ, ㄷ, … 이어쓰기, 오감으로 느껴 보기, 핵심단어 찾기, 3줄 이내로 줄며 말하기"의 과정을 통해 작품의 주제가 자연스럽게 분석된다. 활동을 통해서 자연스럽게 주제를 탐색하는 방법은 토론방식보다 쉽고 재미있다.

10

10~12블럭 소설로 연극적 상상을 펼치다

1. 장면 고르기

- 벽에 붙일 수 있는 메모지(포스트잇)를 10여장씩 나눠 갖는다.
- 각자 장면으로 만들고 싶은 부분을 10여개 정도 씩 골라 메모지에 적 는다.
- 메모지 한 장에는 원작에는 없지만, 새로 들어가면 좋을 장면을 적는다.
- 벽에 흰 종이를 길게 붙여놓고, 맨 앞에는 연극의 앞부분에 해당되는 장 면을, 맨 뒤에는 끝부분에 적당할 것 같은 장면을 붙인다.
- 각자 붙인 장면을 함께 살펴보면서 같은 장면끼리 묶어준다.

(활동 결과의 예)

①

- 원형 극장에서 뛰어 노는 아이들과 모모 (5개)
- 원형극장에서 뛰노는 아이들과 그곳에 찾아온 이웃어른들
- 아이들이 신나게 뱃놀이 하는 장면
- 모모와 친구들이 폭풍놀이 하는 모습과 행복한 시간을 보내는 평화로 운 모습

②

- 어느 커다란 도시에 살고 있는 사람들의 다양한 모습
- 니노의 술집 (2개)
- 행복한 마을 사람들의 모습(술집, 이발소, 베포 할아버지, 기기 등)

③

- 모모가 니콜라와 니노의 이야기를 들어주는 장면 (6개)
- 갈등을 지닌 사람들의 이야기를 인내하며 들어주는 모모의 모습
- 나콜라와 니노의 말다툼과 화해 (2개)

(새로 들어가면 좋을 장면)
- 바쁜 교사들의 일상. 갈수록 바빠지고 경쟁하는 교육현실.
- 할아버지가 손녀에게 이야기를 들려주는 장면.
- 유명 인사의 방송 "어린이 여러분도 어렸을 때부터 차곡차곡 시간을
  아껴서 세상의 중요한 사람이 되어야 한다." 이 뉴스의 장면은 회색 신
  사들이 아이들의 시간을 빼앗기 위한 선전 작업으로 활용한다.

2. 10개 정도의 장면으로 줄거리 짜기

- 벽에 붙은 장면분류를 참고하여, 각자 10개 정도의 장면을 선택하여 줄
  거리를 구성한다.
- 각 장면은 〈주어 + 목적어 + 서술어〉 형태로 정리한다. 구체적이고, 강한
  동사로 표현하는 것이 연기하기에 효과적이다.
- 3개의 모둠으로 나눠 자신이 구성한 줄거리를 발표하고 토론을 거쳐 모
  둠별로 하나의 줄거리를 만든다.
- 각 장면을 서술할 때 움직임이 확실하게 보이는, 강한 동사를 사용하여
  서술하는 것이 연기하기에 효과적이다.

(활동 결과 1)

1. 아이들이 원형 극장에서 놀이를 한다.

2. 모모는 마을 사람들의 이야기에 귀 기울인다.

3. 회색 신사들이 마을 사람들을 유혹한다.

4. 아이들이 시위를 벌인다.

5. 회색 신사들이 사형을 집행한다.

6. 모모는 시간의 근원지를 찾아간다.

7. 모모는 시간의 비밀을 발견한다.

8. 사람들이 시간에 쫓긴다.

9. 모모는 악몽을 꾼다.

10. 호라 박사가 모모에게 시간의 꽃을 건넨다.

11. 모모는 회색 신사들을 물리친다.

12. 마을 사람들이 행복을 되찾는다.

(활동 결과 2)

1. 아이들이 원형 극장에서 놀고 있으며, 모모는 이웃사람들의 이야기
   를 들어준다.

2. 회색 신사가 사람들의 시간을 빼앗는다.

3. 회색 신사가 모모에게 진실을 털어 놓는다.

4. 아이들의 시위로 회색 신사들이 비상회의를 한다.

5. 카시오페아와 모모는 호라박사를 만난다.

6. 사람들이 바쁘게 살아간다.

7. 모모가 악몽을 꾼다.

8. 모모는 회색 신사를 없앨 방법을 찾는다.

9. 회색신사들과 모모가 싸운다.

10. 사람들은 다시 평화를 찾는다.

3. 10개의 장면과 해설로 짧은 연극 만들기

- 각 모둠이 정리한 장면을 정지동작과 장면마다 짧은 해설을 넣어서 연극
  으로 만들어 발표한다.

- 해설은 길지 않아야 한다. 위에서 정리한 문장을 다듬는 정도로 해도
  좋다.

13 ~15블럭 소설로 연극을 만들다

1. 틀 구성과 장면 정리

가. "모모"와 우리

- 현재를 사는 우리들에게 "모모"는 어떤 의미로 다가오는 가에 대해 토
  론한다.

- 이는 "적극적인 재창조 과정"에 밑거름이 된다.

(활동결과)

- 우리 안에 회색 신사가 침투해 있다.

- 위치와 역할에 따라서 회색 신사로 변한다.

- 부자들이 돈으로 다른 사람의 시간을 산다.

- 이상의 "오감도"가 겹친다.

- 우리 가까이에 모모가 있다. 우리의 삶에서 회색신사와 모모가 함께

존재한다.

- 광고가 두려움을 판매한다.
- 회색 신사가 공동체를 와해시킨다. (철저한 가족 중심, 자국 중심, 지역 이기주의)
- 우리 각자가 모모의 역할을 해야 한다.
- 현대는 인터넷(네트워크)이 시간을 훔쳐가고 있다.

나. 어떤 연극을 만들 것인가?

- 연극을 관객이 이해하기 위해 더 필요한 장면은 없는가?
- 장면의 연결을 시간 순으로 할 것인가? 순서를 바꾸어야 할 부분은 없는가?
- 극적으로 흥미를 줄 수 있는 요소는 무엇인가?
- 연극적 표현이 어울리는 장면은 어디인가?
- 프롤로그나 에필로그가 필요한가?
- 어떤 연극 기법을 활용할 것인가? (해설, 코러스, 상징적인 표현, 군무 등)
- 소품이나 의상 등의 효과를 첨가할 부분은 어디인가?
- 메시지 전달이 효과적인가? 등이다.

※도움말

- 원작을 기본 텍스트로 하는 "적극적인 재창조" 과정을 실험해 보고 싶은 의도가 있었기 때문에 리더는 참여자에게 "책에서는 모모가 회색 신사를 물리쳤다. 하지만 현실은 회색 신사의 지배를 받고 있는 듯이 보인다. 모모가 승리를 거둔 뒤, 어떤 일이 벌어졌을까?"하는 질문으로 새로운 방법을 제안하

였다. 이후 약간의 토의를 거쳐 강사의 제안대로 "적극적인 재창조" 과정으로 극을 만들기로 하였다.

- "회색 신사들의 집회"를 장면으로 들어갔으면 좋겠다는 의견을 제시하였다. 그 내용은 〈숭배의식 (시간의 꽃) / 과거 회상 ("모모" 원작의 재현) / 회색 신사 표창 : 인터넷 사업부 /올해의 중점 사업 선정 : 교육계 / 시간의 꽃이 사라짐.〉이다. 이를 바탕으로 3모둠으로 나눠 줄거리를 재구성하였다.

다. 줄거리 재구성 실습
- 세 모둠으로 나눠 줄거리를 재구성한다.
- 각 모둠의 발표를 보고 토론을 거쳐, 줄거리를 만든다.

(활동 결과)
① 회색 신사들의 집회
숭배의식 (시간의 꽃) / 회색 신사 표창 : 인터넷 사업부 /올해의 중점 사업 선정 : 교육계 / 할아버지가 시간의 꽃을 가져감. / 회색신사들의 추적과 할아버지의 부상 —〉 할아버지는 모모의 후손으로 회색 신사들을 피해 숨어살고 있었다.

② 할아버지가 시간의 꽃을 손녀(현재의 모모)에게 남기고 죽는다. / 장례식. 마을 사람들이 할아버지를 회고한다. /소녀는 할아버지가 애쓰고자 했던 일들을 떠올린다.

③ 사람들의 이상한 변화
바쁘게 살아가던 사람들이 소녀가 시간의 꽃을 들고 지나가면, 자신의 삶

을 되돌아본다. / 이상한 변화를 느끼며 느리고 여유로운 행동들로 변화한다.

④ 회색 신사들의 대책 회의와 추적

언론을 통한 흑색선전 / 계엄령 발동 / 모모를 수배범으로 몰아감 / 시간의 꽃의 경제성과 위험성 등을 홍보 / 회색 신사들의 추적

⑤ 카시오페아를 통해 시간의 꽃과 회색 신사의 비밀을 들음.

행복한 거리에서 마을 사람들과 함께 시간의 꽃의 비밀을 들음. / 10개의 정지장면으로 원작을 표현함.

⑥ 싸움

회색 신사들의 추적 / 행복한 거리에 있는 사람들과 회색 신사들의 싸움./ 결국 소녀는 회색 신사들에게 죽음을 당한다. / 시간의 꽃은 파괴되어 길거리의 쓰레기로 나뒹군다.

⑦ 부활

청소부 아줌마가 버려진 꽃을 발견한다. / 파괴된 시간의 꽃줄기를 보듬어 새로이 탄생할 희망을 이야기한다.

2. 각 장면 만들기

- 첫 번째 장면을 2모둠으로 나눠 만들어 발표한다.
- 이를 보고 토론, 수정 작업을 거쳐 장면으로 확정한다.
- 마지막 장면을 2모둠으로 나눠 만들어 발표한다. 토론, 수정 작업을 거

쳐 잠정적으로 확정한다. 중간 장면들이 다 만들어지고 나면 그에 맞게 수정 작업을 한다. 마지막 장면을 먼저 만드는 까닭은 도달해야 할 목표를 확실히 하자는 뜻이다. 이렇게 끝 장면을 만들어 두면 연극은 어떻게든 만들어진다.

- 두 번째 장면부터는 2모둠으로 나눠 회색 신사들이 등장하는 장면과 마을 사람들, 모모가 등장하는 장면을 맡아서 만든다.
- 각 장면이 만들어 질 때마다 다른 모둠이 관람하고, 느낌과 새로운 생각을 보탠다.

3. 리허설과 공연

가. 리허설

- 전체 장면을 중단 없이 이어서 연기한다.
- 토론을 통해 부분적인 보완과 수정 작업을 한다.
- 시간이 충분하여 각 장면 연습을 할 때 특별한 경우가 아니면 연기 도중에 정지시켜 수정하지 않는다. 꼭 필요한 경우에는 어쩔 수 없지만 한 장면이 마무리 된 뒤에 수정 작업하는 것이 효과가 좋다.

나. 공연!

나무를 심는 사람 ^{백인식}

-원작 : 장지오노

1장 경쟁

암전상태. 사람들의 신음 소리만 들린다. 조명 켜지면 무대에 사람들이 군데 군데 무리지어 앉거나 서 있다.

- 부부(등을 대고 앉아 있다가 싸운다)
  - 이게 사는 거야? 이러려고 날 데려 왔어?
  - 다른 방법이 있어?
  - 지긋지긋한 이 마을에서 더 이상 살 없어. 난 떠날 거야.
  - 가버려! 다 가버려!

- 마을 여자들

- 어딜 가는 거야, 이년! 네가 우리 숯 빼돌렸지?

- 생사람 잡지 마.

- 창고에 가보자. 가서 확인해 보자!

- 나쁜 년, 가만 두지 않겠어.

• 이장과 마을 청년(청년이 이장의 멱살을 잡고 등장한다)

- 이 버러지만도 못한 놈 우릴 속였어.

- 놔. 먹고 살게 해 줬더니 이게 대가야?

- 내가 다 조사해 봤어! 뼈 빠지게 일했더니 뭐가 어째?

- 나도 힘들어. 나도 할 만큼 했다구!

- 더러운 마을 떠나겠어!

• 할아버지와 손자

- 어여 가자. 가야 다락논이라도 매야 먹고 살지.

- 지겨워. 라일락 농사나 지으면 좀 좋아?

- 니 또 와 이라노. 니랑 나랑 그냥 콱 죽어뿌자.

- 으유, 저 놈의 잔소리.

- 하늘은 뭐하나 저 노인네 안 잡아 가고.

사람들의 신음소리가 점점 커지며 퇴장. 무대 한 쪽에서 이를 바라보던 나그네.

나그네　　　사람들의 삶은 늘 경쟁과 탐욕으로 가득 차 있습니다. 그 속
　　　　　　에서 우리들은 지쳐 갑니다. 도시에서 시들어가던 나는 그곳
　　　　　　을 떠나 여행을 하게 되었습니다. 그리고 황무지에 이르렀

고, 그곳에서 한 노인을 만났지요.

2장 여행

나그네는 옆에 있던 가방을 둘러매고 여행을 떠난다. 길을 계속 걷는다. 바람이 불면 몸을 움츠리고 다시 묵묵히 바람 속을 걷는다. 퇴장.

빈 무대에 바람 소리만 남았고, 썩고 죽은 나무들이 하나하나 들어선다. 바람 부는 그 황무지에 자루를 든 노인이 등장해서 도토리를 심기 시작한다. 땅을 꼭꼭 다져 주고 다시 도토리를 심기 위해 일어나서 자리를 옮긴다. 몇 개쯤 심었을 때 나그네가 무대 한 구석에 등장한다.

나그네   끝없이 넓은 황무지에는 초록색이라고는 보이지 않았습니다. 마른 바람 소리만이 들판을 가득 채웠습니다. 그 황량한 곳에서 노인은 끝없이 뭔가를 땅에 묻고 있었습니다. 저는 노인에게 하룻밤 묵어가기를 청했습니다.

노인이 한 쪽으로 퇴장하고 나그네는 그 뒤를 따른다. 바람 소리가 거세지고 나무들이 하나 둘 퇴장. 빈 무대에 코러스들이 의자 두 개와 탁자를 가져다 놓는다.

3장 만남 (대화)

나그네는 집안을 구경하고 있다. 노인이 꾸러미를 가지고 와서 일을 시작한다. 둘은 의자에 앉아 이야기를 나눈다.

나그네	아무도 안 보이네요. 혼자 지내시나 봐요.
노인	아내가 떠난 자리는 바람이 채워 주었소.
나그네	혹시 제가 불편하지는 않으신가요?
노인	가난한 살림이라 집이 좀 누추하지만 편히 쉬도록 해요.
나그네	오다보니 마을이 황폐하더군요. 사람들이 왜 떠났나요?
노인	아직은 아니지만, 곧 다시 돌아올 겁니다.
나그네	(사진을 가리키며) 아주 단란해 보이네요. 같이 사시는 것 같진 않은데….
노인	차가 다 끓은 것 같군요.

노인이 차를 가져다준다. 나그네는 차를 받아 마시며 방을 살핀다. 노인은 다시 일을 시작한다.

나그네	집에 시계가 없네요.

노인	나에게는 뜨고 지는 해가 시계라오. 해 뜨면 일하고 해 지면 자지요.

나그네	우리의 대화는 그것이 전부였습니다. 그는 도토리 하나하나를 정성껏 살피며 조금이라도 작거나 금이 간 것들을 제쳐 놓았지요. 그리고 아주 굵은 도토리들을 열 개씩 세어 묶음을 만들었습니다.

나그네	도와 드릴까요?
노인	괜찮소. 이건 내가 해야 할 일이라오.

나그네	그렇게 완벽한 상태의 도토리가 100개 모아졌을 때 그는 일을 멈추었고 우리는 잠자리에 들었습니다. 이 사람과 함께 있으면 평화가 있었습니다.

노인과 나그네 퇴장. 코러스가 들어와서 의자와 탁자를 가지고 나간다.

4장 동행과 전쟁

노인은 무대 한 쪽에서 계속해서 나무를 심는다. 반대편에 나그네가 선다.

나그네	노인은 계속해서 나무를 심었습니다. 1914년 전쟁이 일어났고 나는 5년 동안 이 전쟁에 참가해야 했습니다.

전쟁에서 상처 받은 인물들이 초를 들고 등장한다. 무리무리 서고 나면 전쟁

을 표현하는 처절하고 어두운 소리(총 소리, 북 소리 등)가 들린다. 소리가 최고조로 이른 뒤 멈추면 나그네와 사람들이 한 마디씩의 대사를 할 때마다 촛불이 꺼진다.

부모를 잃은 아이들   엄마 어디 있어. 엄마 배고파.

나그네   사람들은 전쟁에서 다치고 죽었습니다.

다친 군인들   내 눈, 내 눈을 돌려줘! 내 피부가 다 왜 이래?

나그네   소중한 사람들을 잃어버리기도 했습니다.

아들을 잃은 여인   내 아들아!

남편을 잃은 연인	우리 순이 뱃속에 노란 애기 검정 애기가 다 들어 있는데, 죽어 버렸어요.
나그네	전쟁은 모든 것을 앗아가 버렸습니다.
전재산을 잃은 사람	이 추위에 우리 아이들은 어디서 재우란 말이야.
나그네	비참한 일들을 겪고 울부짖어야 했지요.
성폭행 당한 여인	아저씨 왜 이러세요. 이러지 마세요!

모두의 촛불이 꺼졌다. 나무 역할을 맡은 사람들은 그대로 무대에 남고 소리를 낼 사람들은 자연스럽게 퇴장한다.

5장 되살아나는 숲

나그네   그렇게 전쟁이 일어나는 중에도 노인은 계속해서 나무를 심었습니다. 한 인간의 손과 영혼에서 숲이 되살아날 수 있음을 본 나는 인간이란 파괴가 아닌 다른 분야에선 하느님처럼 유능할 수 있다는 생각이 들었습니다.

나그네 퇴장.

아름다운 숲의 소리에 맞추어 죽어 있던 나무들이 다시 살아난다. 나무들 퇴장.

6장 간섭

배불뚝이 의원, 아부하는 보좌관1, 아부하는 보좌관2가 등장하여 산등성이를 바라보며 돈 얘기를 나눈다.

보좌관1,2   이쪽으로 오시죠.

보좌관2   여기가 바로 황무지가 숲으로 변한 곳입니다.

의원   여기가 황무지였다고? (나무 한 그루를 가리키며) 이 나무가?

보좌관2   이 나무는 자작나무입니다.

의원   알아, 알아. 자작나무. (다른 나무를 가리키며) 이 나무는?

보좌관1   이 나무는….

의원   (말을 끊으며) 안다니까! 뽕나무!

보좌관1   의원님, 이 나무는 박달나무인데요.

의원   박달나무? 지방마다 나무가 조금씩 다른가 보군.

의원   저 굵은 나무 좀 봐. 잘 자르면 책상이 두개씩은 나올 것 같
        애. 이쪽 산등성이만 해도 대략 만 그루쯤 잡고 만 그루에 두
        개씩이면(손가락 꼽는다) 돈이!

계속 맞장구치는 보좌관들.

의원   주민들 돈 벌이가 되겠어! 그럼 경제가 살고, 그러면 다음 총선
        에서도 당선은 따 놓은…. 그래 경제야! 경제! 경제가 대세야!

퇴장한다. 나그네가 무대 한 쪽에 등장한다.

나그네   숲을 두고 탐욕스런 마음으로 여러 일을 꾸미는 사람들도 있
        었으나, 다행스럽게도 많은 사람들의 노력으로 숲을 국가의
        관리 아래에 두고 숲을 해치는 것을 금지할 수 있었습니다.
        그렇게 숲은 지켜졌습니다.

7장 희망의 마을
아카펠라(캐논 변주곡)의 박자에 맞추어 행복한 사람들의 모습을 마임으로
형상화 한다. 차례로 나와 한 장면씩을 보여 주고 자연스럽게 퇴장한다. 배
우들이 마임과 아카펠라를 동시에 한다.

    - 어린 아이들이 바람개비를 들고 뛰어 들어온다. 무대에는 웃음소리가 넘

친다.

- 과일 따는 아가씨가 노래를 부르며 들어온다.
- 동네 여자 아이들이 고무줄놀이를 한다.
- 동네 청년들이 열심히 집을 짓는다.
- 노인이 이 모습을 보고 웃으며 덕담을 한다.
- 일하는 농부는 잠시 손을 쉬며 흐뭇하게 미소 짓는다.
- 한 여인이 책을 읽으며 등장하고 그 뒤로 남자가 등장해 사랑스럽게 껴안고 볼에다 입맞춤 한 뒤 함께 퇴장한다.

8장 노인의 죽음

노인이 도토리를 심다가 그대로 정지.

나그네 : 숲이 살아나자 떠나갔던 사람들이 돌아 왔고 마을이 살아났습니다. 그는 숲에 들어 마지막 한 알의 도토리를 심고 평화롭게 눈을 감았습니다.

코러스들이 한 명씩 등장하여 일으켜 세워 준다. 그 과정에서 모두가 아름다운 나무 한 그루를 형상화한다. 나그네 걸어 들어와 편안히 기대앉는다.

나그네   숲이 있고, 그 속에서 사람들의 삶은 계속 이어질 겁니다.

모모 백인식

-원작 : 미하일 엔데

1장

짙은 어둠.

회색 인간들이 무대 벽 쪽에 등을 보이고 서 있다.

웅장한 음악이 깔린다.

회색 인간들이 아주 천천히 움직인다.

대장을 중심으로 V자 형태로 선다.

회색 인간들이 대형을 갖춰 서고, 대장이 천천히 돌아서 앞을 본다.

대장이 아주 느린 동작으로 박수를 두 번 친다.

회색 인간 한 명이 절규하듯 소리친다.

회색 인간1   (두 팔을 아래에서부터 들어올리며, 절규하듯) 옥투스!

회색 인간들	(같은 동작으로) 타임!
회색 인간1	(방향을 바꿔) 옥투스.
회색 인간들	(더욱 절규하듯이) 타임!
회색 인간1	(방향을 바꿔) 옥투스.
회색 인간들	(더욱 절규하듯이) 타임!

천천히 처음 자세로 돌아간다.
대장이 거만하고 느린 동작으로 박수를 두 번 친다.
여사제가 시간의 꽃을 들고 등장한다.
여사제가 가운데로 들어오면, 회색신사들은 시간의 꽃을 향해 두 팔을 휘젓는다.

"타임"을 반복하여 중얼거린다.

마치 시간의 꽃이 가지고 있는 어떤 기운을 흡입하려는 듯하다.

점점 열기가 고조된다.

거의 울부짖는 몸짓과 중얼거림이 계속된다.

여사제가 퇴장하면서부터 몸짓과 소리가 잦아든다.

여사제는 무대 오른 쪽에 시간의 꽃을 세워두고 퇴장한다.

약간의 침묵이 유지된다.

회색 인간2	(낮은 목소리로) BW21 앞으로.
회색 인간3	(앞으로 나오며) 타임!
회색 인간2	모모의 후손을 찾았는가?
회색 인간3	(겁에 질려) 죄송합니다. 아직 찾지 못했습니다.
회색 인간	뭐라고? (소리친다) 모모의 후손이 우리에게 얼마나 중요한지 아직도 알지 못한단 말이냐?
회색 인간3	죄송합니다. 조금만 더 시간을 주시면 반드시 찾아내겠습니다.
회색 인간2	두 번의 기회는 없다. (주먹을 쥔 상태에서 엄지를 펴고 들었다 내리며) 사형!
회색 인간들	(같은 동작을 따라한다) 사형! 사형! 사형! (목소리가 점점 고조된다)

대장이 박수를 두 번 친다.

회색 인간들은 팔을 옆으로 든 채 정지한다.

대장	모모의 후손이 얼마나 위험한지를 모른단 말이냐? (잠시 침묵) 사형!

회색 인간 3, 그 자리에서 무너져 내린다.
회색 인간들은 천천히 팔을 내리며 소멸한 회색 인간을 외면한다.
잠시 사이.

회색 인간2	2006년. 우리 회색 인간들 중에서 최고의 활동을 한 회색신사에게 울라불라 상을 수여하도록 하겠다. 인간에게서 가장 시간을 많이 빼앗은 인터넷 사업부의 CW28호 앞으로!
회색 인간4	(낮은 웃음소리를 흘리며 앞으로 나온다.) 전 세계의 인간들은 총6789,5674,0000 시간. 그들의 시간을, 인터넷을 이용해서 빼앗았지. 인간들은 내가 조금만 건드려주자 인터넷에 푹 빠지더군. 그래서 시간을 저축하도록 권유했지. (웃음소리) 한 명 당, 하루에 서너 시간, 어떤 경우는 20시간도 넘게 빼앗았지.
회색 인간들	(호응한다) 타임!.
회색 인간4	(목소리를 높인다) 내가 그들에게서 빼앗은 시간은 총 6789,5674,0000 시간.
회색 인간들	(강하게 호응한다) 타임!

회색 인간 4는 만족한 웃음을 날리며 자기 자리로 돌아간다.

회색 인간1	JK24!

회색 인간5	(앞으로 나온다.) 타임!
회색 인간1	올 해의 중점 사업은 무엇인가?
회색 인간5	올해는 대한민국의 교육계를 장악할 계획입니다. 교육부 장관, 교육감, 교육장, 장학사, 교장, 교감 등을 특별 세뇌 교육 시켜서 자율학습, 보충 학습을 매달마다 200시간 이상 실시 하도록 영업할 것입니다.
회색 인간들	(호응하며 즐거워한다) 타임! 타임! 타임!
회색 인간5	또한, 아이들이 태어나자마자 조기교육을 하루에 10시간씩 시킬 것입니다.
회색 인간들	(호응하며 즐거워한다) 타임! 타임! 타임!

회색 인간 5, 의기양양한 자세를 취하며 자리로 돌아간다.

대장 : (박수를 두 번 친다.) 오늘은 여러 동지들이 이 화려한 자리에 초대되어 모였으니, 새로운 2007년의 도약을 위해서 힘차게 잔치를 즐기도록 하시오.

장중한 음악이 다시 흐른다.

회색 인간들	(호응하며 즐거워한다) 타임! 타임!
회색 인간1	(두 팔을 아래에서부터 들어올리며, 절규하듯) 옥투스!
회색 인간들	(같은 동작으로) 타임!

회색 인간들은 "타임!"을 외치며, 어지럽게 군무를 펼친다.

잠시 뒤에 할아버지가 그들의 집회를 엿본다.

어지럽게 군무를 추는 회색 인간 사이를 이리저리 피해 다닌다.

결국 할아버지는 시간의 꽃이 모셔진 곳에 다다르게 되고,

시간의 꽃을 손에 넣는다.

회색 인간이 시간의 꽃이 사라진 것을 발견한다.

회색 인간 4   시간의 꽃이 사라졌다.

회색 인간 3   시간의 꽃이 사라졌다.

회색 인간들은 급속하게 불안한 상태로 빠져들고, "타임!"을 중얼거리면서 할아버지를 추적한다.

할아버지와 회색 인간들 사이에 쫓고 쫓기는 추격전이 군무처럼 벌어진다.

회색 인간들은 계속 불안하게 "타임!"을 중얼거린다.

아주 느린 동작으로 바뀌면서 회색 인간들이 할아버지를 공격한다.

몇 차례의 공격으로 할아버지는 치명상을 입는다.

치명상을 입은 할아버지는 가까스로 탈출한다.

회색 인간들   저 놈을 잡아라! 저기로 간다! 타임! 타임! 타임!

할아버지가 뛰어나간 방향으로 몰려가며 정지.

음악이 고조된다.

2장

음악이 점차 잦아든다.

약간의 정적.

마을 사람들의 구슬픈 노래 소리가 저 멀리서 들려온다.

"나의 살던 고향"을 낮은 허밍으로 부르는 노래.

할아버지의 장례식이다.

맨 앞의 사람은 할아버지의 영정을 들고 서있고,

그 뒤에 소녀는 시간의 꽃을 들고 영정을 따른다.

소녀의 뒤로 마을 사람들이 그 뒤를 따른다.

마을 사람들이 앞을 보고 일렬로 선다.

소녀가 앞으로 나온다.

잠시 사이.

마을사람1	(소녀에게 다가가며) 불쌍도 하지. 어린 것이 어떻게 이 험한 세상을 살아갈까? (소녀의 어깨에 잠시 손을 얹어 위로한 다음 자리로 돌아간다.)
마을사람2	할아버지, 그분은 살아 생전에 참 특이한 분이셨지요.
마을사람3	그러게요. 절대 서두르는 법이 없었어요.
마을사람4	그럼, 늘 이야기 하곤 했었지. 여유롭게 살자고 말이지. (소녀에게 다가가 가볍게 안는다.) 민정아, 괜찮아. 힘내. (퇴장한다.)

마을 사람들, 소녀를 위로하며 퇴장한다.

소녀는 다리에 힘이 다 빠진 듯이 주저앉는다.

잠시, 사이.

소녀 　　(힘없이) 할아버지. (울먹이며) 할아버지. 있잖아요. 세상의
　　　　사람들이 할아버지가 이 세상에 없대요. 할아버지가 죽었대
　　　　요. (사이) 할아버지가 죽었어요. (천천히 시간의 꽃을 들어
　　　　올려 어루만진다.) 생각난다. 우리 할아버지는 빨간 자전거
　　　　를 타고 씨를 뿌리셨어. 그랬지. (일어나서 자전거를 타고,
　　　　천천히 씨를 뿌린다. 잠시 멈춤. 가볍게 뛰어와 밝은 목소리
　　　　로) 할아버지, 할아버지! 있잖아요. 있잖아요. (가쁜 숨을 가
　　　　다듬는다.) 세상에 씨를 뿌려주는 기계가 생겨났대요. 음.
　　　　그게 뭐였더라? 음, 어떻게 하더라? (경운기를 운전한다) 부
　　　　릉, 부릉. 부릉.(조금 앞으로 움직인다.) 부릉, 부릉. (다시 조
　　　　금 앞으로 움직인다. 천천히 내려온다) 음, 경운기라는 거였
　　　　어요. (사이) 할아버지! 모르셨지요? 모르셨지요? 할아버지!
　　　　(사이) 아셨어요? (사이) 아셨으면서도 계속 빨간 자전거를
　　　　타고 씨를 뿌리셨던 거예요? (잠시 생각에 잠겨 걷는다.) 어?
　　　　벌써 다 왔네! (주위를 둘러보다가 풀을 발견한다. 앉으며)
　　　　새싹이다. (소중하게 쓰다 듬는다) 안녕! 지금 햇살 보았지.
　　　　(사이) 내가 너무 빨리 걸었나? (일어나 다시 걷는다) 그랬었
　　　　지. 할아버지는 그랬었어. ("나의 살던 고향"을 부르며 시간
　　　　의 꽃을 보듬는다. 서서히 앉은 채로 잠에 빠져 든다. 꿈 속
　　　　에서 할아버지가 부른다.)

할아버지 　　(무대 뒤 쪽으로 등장한다) 민정아! 민정아! 자면 안 돼. 일어

나. 어서! 회색 인간들이 몰려오고 있어. 이러고 있으면 안
돼. 어서 일어나! (사이) 너는 아주 특별한 아이란다. (사이)
넌 할 수 있어. 넌, 꼭 하고야 말거야. 민정아! 어서 일어나!
어서 민정아!(서서히 퇴장한다)

소녀는 잠에서 깨어나 할아버지를 찾는 듯, 천천히 걸어간다.

3장
소녀는 거리를 걷고 있다.
여사무원이 서류가방을 들고, 서류를 살피며 바쁘게 스쳐간다.
소녀는 퇴장한다.
여사무원은 무대 한 쪽에 가서 서류를 살피다가 전화를 받는다.
다른 회사원이 반대편으로 등장하여 바쁘게 컴퓨터 자판을 두드리며, 일을
처리한다.

여사무원   여보세요? 네! 과장님. 네? 또 회의라구요? 6시오? 네 알겠습
니다. 준비하겠습니다. 최대한 빨리 준비하겠습니다. (다른
쪽으로 움직인다. 자리에 앉아 서류를 바쁘게 살핀다.) 어떡
하지? (다시 전화를 받는다.) 여보세요? 누구시라구요? (한
기술자가 무대 뒤를 바쁘게 오고간다)아! 예 고객님! 제가 지
금 너무 바빠 가지구요. 최대한 빨리 해보겠습니다. (다시 일
을 하다가 전화를 받는다) 여보세요? 나 지금 바쁘거든. 연
극?바빠 죽겠는데 연극 같은 것 볼 시간이 어디 있어!끊어!

기술자는 무언가를 찾기 위해 분주하게 이리저리 다니다가 한 곳에 앉아 바쁘게 뭔가를 계속 만지작거린다. 곧바로 엄마가 아이를 끌고 등장한다. 아이는 가기 싫은 듯이 뒤로 빼려 하고, 엄마는 재촉하며 아이를 끌고 간다.

기술자	(휴대전화 문자를 본다) 오늘 저녁에 만나 술 한잔 하자고? 미쳤군 바빠 죽겠는데 만날 시간이 어디 있어?
아이엄마	빨리! 학원 시간 늦는단 말이야.
아이	싫어!
아이엄마	싫은 게 어디 있어. 남들 다하는 건데. 이러다가 너만 뒤쳐져. 빨리 가자. 빨리!
아이	엄마!

| 아이엄마 | 빨리 가자니까. 빨리 |

무대에 등장한 사람들은 계속해서 바쁘게 움직이며, 뒤섞인 대사를 한다.
그러다가 혼란이 고조되고 나서, 여사무원이 자리에 주저앉아 머리를 감싼다.

| 여사무원 | (약간 큰소리로) 정말 미쳐 버리겠어! |

모두 그대로 동작을 유지한 채 정지한다.
약간의 사이.
소녀가 시간의 꽃을 들고 등장한다.
소녀는 사람들을 안타까운 마음으로 쳐다보며 천천히 걷는다.
컴퓨터 일을 하는 사무원에게 가서, 가볍게 어깨를 잡아준다.
소녀 퇴장한다.

컴퓨터사무원	(서서히 동작이 풀어진다) 어? 내가 왜 이러지? (기지개를 켠다) 아! 지겨운 컴퓨터! (몸을 가볍게 움직인다. 다른 사람들도 천천히 풀어지며 여유로운 동작으로 움직인다) 이상하다. 갑자기 왜 편지가 쓰고 싶지? 그래! 오랜만에 그에게 편지를 써 야지. 그래서 그와 함께 거닐었던 길에 있는 빨간 우체통에 넣어야지. (천천히 퇴장한다)
여사무원	(여유롭게 전화를 한다) 여보세요. 응, 나야. 나? 안 바뻐. 시간 많아! 저기 있잖아. 우리 오늘 연극 보러 갈래? 그래, 연극. 그래 이따 만나자! (퇴장한다)
아이엄마	학교에서 공부하느라 힘들었지? 이제 집에 가서 엄마 아빠랑

이야기도 하고, 책도 읽고, 뒹굴면서 놀자.

아이　　　　좋아요. 엄마. 옛날 이야기도 해줘.

아이엄마　　옛날 이야기 좋지! (퇴장한다)

기술자　　　(휴대전화로 문자를 보낸다) 9시에 만날 필요 없어. 지금 갈
　　　　　　게. 느긋하게 술 한잔 하자! (퇴장한다)

4장

회색 인간들이 등장한다.

모두 검은 안경을 쓰고 있다.

그들은 계속 "타임"을 중얼거리며 분주하게 무대를 돌아다니며 두리번거린다.

대장이 등장하면 한 쪽 무릎을 꿇고 고개를 숙여 앉는다.

잠시 사이.

대장이 박수를 두 번 친다.

회색 인간 2, 천천히 일어난다.

회색 인간2   600년 전, 호라 박사가 모모에게 시간의 꽃을 전달하고 나서,
             우리 조상인 회색 인간들은 거의 전멸하다시피 했습니다.
             (회색인간들은 고통스러운 목소리로 "타임"을 중얼거린다.)
             지난 모임에서 우리가 어렵게 쟁취한 시간의 꽃을 빼앗김으
             로써 또다시 우리에게 아주 위태로운 이기가 닥쳐왔습니다.
             (회색인간들은 고통스러운 목소리로 "타임"을 중얼거린다.)
             그 징조가 여기 저기에서 포착되고 있습니다. (회색인간들은
             고통스러운 목소리로 "타임"을 중얼거린다.) 우리가 빨리 대
             책을 세우지 못한다면, (크게 소리친다) 우리는 다시 엄청난
             재앙 속에 빠져들고 말 것입니다.

회색인간들은 아주 고통스러운 목소리로 "타임"을 울부짖는다. 회색 인간 2
자리에 앉는다.

회색 인간5   (천천히 일어나 앞으로 나온다) 지금까지 수집한 정보에 의
             해, 시간의 꽃을 훔쳐간 자의 몽타쥬를 작성했습니다. 이자
             는 모모의 25대 손으로 일명 모통장으로 불리는 자입니다.
             아주 악랄한 자이죠. 다행히 유능한 우리 정보원들이 신속하
             게 조치를 취해 이 자를 제거해 버렸습니다. (회색인간들은
             "타임"을 중얼거린다.) 시간의 꽃은 그 자의 손녀가 가지고
             있는 것으로 밝혀 졌습니다. 우리의 모든 것을 받쳐서라도
             그 손녀를 찾아내야 합니다. (회색인간들은 분노에 차서 "타

임"을 중얼거린다.)

회색 인간 4	(낮은 웃음을 흘리며 일어선다) 시간의 꽃을 찾아내는 것은 이제 시간 문제입니다. (회색인간들은 고조되어 "타임"을 중얼거린다.) 최첨단 기술로 만들어진 우리의 탐색기를 동원하여 손녀의 소재를 파악하게 되었습니다. (회색인간들은 더욱 고조되어 "타임"을 중얼거린다.) 지금 시간의 꽃의 효과가 나타나고 있는 장소는 학교, 어, 그리고 주부들이 모이는 시장, 아이들이 뛰어 노는 곳, 그 지점을 삼각도법을 응용하여 정밀하게 측정한 결과. 그 장소가 드러나게 된 것입니다. (낮은 웃음. 회색인간들은 열광하여 "타임"을 외친다.) 그 장소는 바로 **의 00 이란 곳입니다. (낮은 웃음. 회색인간들은 열광하여 "타임"을 외친다.) 우리가 그곳을 총공격한다면 시간의 꽃은 물론이고, 손녀도 처치할 수 있을 것입니다. 반드시 승리할 것입니다. (제자리로 돌아간다. 회색인간들은 열광하여 "타임"을 외친다.)
회색 인간 3	회색인간 총동원령을 선포해야 할 것입니다. 그리고, 언론을 장악해야 합니다. 신문, TV, 라디오, 인터넷, 모든 언론! 언론! 언론! 언론을 장악해야 합니다. (제자리로 돌아간다. 회색인간들은 의지를 다지듯이 "타임"을 외친다.)
대장	(박수를 한 번 친다) 회색 인간 총동원령을 선포한다.
회색 인간들	타임.
대장	모모의 손녀딸을 찾아내야 할 것이며,
회색 인간들	타임!
대장	시간의 꽃을 없애 버려야 할 것이다!

회색 인간들	타임!
대장	찾아 나서시오!
회색 인간들	타임!
회색 인간 1	(가운데로 나와서, 절규한다) 옥투스!
회색 인간들	타임!

암전.

회색 인간들이 손전등을 들고, 객석을 비춘다.

계속 "타임"을 중얼거리며, 추적한다.

사람들의 비명소리가 계속해서 곳곳에서 들린다.

약간의 시간이 지난 뒤에 대장의 박수소리를 신호로 다시 모인다.

음악이 고조된다.

무대가 밝아지면 왼쪽에 뉴스 진행자 남녀(회색 인간)가 서고, 나머지 회색 인간들은 무대 중앙에 조각상으로 정지한다. 회색 인간들은 뉴스 진행에 맞는 내용을 조각상으로 표현한다.

회색 인간남	아홉시 뉴스 센타입니다. 먼저, 시작하시죠.
회색 인간여	첫 번 째 뉴스입니다. 한국 천문학협회에 따르면 오늘 카시오페아 행성이 지구 곁을 지나간다고 합니다. 카시오페아 행성은 600년 만에 지구에 가장 가까이 근접하는 행성으로 오늘 밤에는 육안으로도 그 아름다운 모습을 쉽게 볼 수가 있다고 합니다. 국민 여러분들은 오늘 밤하늘을 잘 지켜보시기 바랍니다.
회색 인간남	뉴스 속보입니다. 시간의 꽃이 도둑맞았다고 합니다. 정말

걱정스러운 일입니다.

회색 인간 여   시간의 꽃이라면, 우리의 시간을 저축해주는 아주 귀중한 보물 아닙니까?

회색 인간 남   네, 그렇지요. 우리에게 엄청난 도움을 주는 시간의 꽃을 누가 훔쳐 갔을까요?

회색 인간 여   그럴 몰지각하고, 대담한 일을 저지른 사람이 있다니 분노를 금할 길이 없습니다.

회색 인간 남   현장에 나가 있는 안회색 기자를 불러 자세한 사항을 알아보도록 하겠습니다. 안회색 기자!

회색 인간 기자   여기는 시간의 꽃이 사라진 현장, 시잔 절약 연구소입니다. 21세기 시간 절약 연구소 소장이신 이회색 소장님을 모셔서 자세한 내용을 알아보도록 하겠습니다. 소장님!

회색 인간 소장   (앞으로 나오며 인사한다) 안녕하십니까?

회색 인간 기자   지금 전국적으로 시간의 꽃에 궁금증이 아주 대단합니다. 우선 시간의 꽃에 대해서 간단하게 설명해 주시겠습니까?

회색 인간 소장   에~, 시간의 꽃이란, 우리들의 시간을 아주 아주 효율적인 방법으로 관리해주고 보호해주는 아주 중요한 존재입니다. 시간의 꽃이 분실된 이후로 한 사람당 89,7543초, 전체적으로 1123,4567,8900,0000초의 시간이 손실되고 있습니다. 이것을 경제적으로 환산하면 그 규모를 헤아리기 어려울 정도로 어마어마한 금액이 유실되고 있는 것입니다. 정말 안타깝습니다.

회색 인간 기자   네, 정말 안타까운 현실이 아닐 수 없습니다. 빨리 시간의 꽃을 되찾아야 하겠습니다. 네, 본부 연결하겠습니다.

3부 소설로 연극 만들기   301

회색 인간남	네, 안회색 기자, 수고했습니다.
회색 인간여	21세기 시간 절약 연구소에서는 잃어버린 시간의 꽃을 찾기 위한 범국민 캠페인 운동을 벌인다고 합니다. 의식 있는 시민 여러분의 많은 관심과 협조, 참여 부탁드리겠습니다.
회색 인간남	네, 제보전화 1234-1234번으로 연락 주시기 바랍니다. 전하는 말씀 듣고 계속 소식 알려드리겠습니다.

회색 인간들의 광고
"(천천히)월화수목금토일, 하루에 한 시간. (아주 빠르게)월화수목금토일, 하루에 한 시간. 오늘의 한 시간 절약, 내일의 열 시간되어 돌아옵니다, 공익광고 협의회에서 전해드렸습니다."
뉴스 음악이 나오고 회색인간들이 퇴장한다.

5장
밤 하늘에 별이 반짝인다.
시민 1과 2 등장

시민 1	정말 카시오페아가 오긴 올까?
시민 2	그럼. 아~! 얼마나 예쁠까?
시민 1	오겠지.
시민 2	그럼!

두 사람은 적당한 곳에 서서 카시오페아 행성을 기다린다.

시민 3과 4 등장

시민3   저 쪽에서 오는 거야?

시민4   글쎄? 저쪽 아닐까?

시민3   그래 저 쪽에 사람들이 모여 있네.

시민4   우리도 저리 가자!

그 외의 여러 사람들이 별을 기다린다.

소녀가 나타난다.

잠시 뒤

소녀   와! 별이다. (사람들은 별을 보지 못한다. 소녀는 사람들에게
        로 달려 간다) 저기요. 별이 떴어요.

시민들   어디? 어디야? 저기다! 와 별이다.

사람들이 기쁨에 들떠 별을 쳐다볼 때 신비로운 음악이 흐른다.

잠시 뒤.

카시오페아 모모의 후손들이여! 그대들은 600년 전 모모의 이야기를 기
        억하는가? 회색인간들에 맞서 싸운 시간의 전설. 사람들은
        모모와 함께 있으면 시간 가는 줄 몰랐습니다. (시민들은 아
        이들이 모모와 뱃놀이를 하는 장면을 구성한다. 이후 해설에
        알맞은 10개의 정지장면을 만들고 간단한 대사와 동작을 곁
        들인다.)

| 카시오페아 | 모모는 남의 이야기를 잘 들어 주었습니다. 사람들은 문제가
생기면 항상 모모를 찾아 왔습니다. 그러던 어느 날, 회색 인
간들이 사람들의 시간을 빼앗기 위해 유혹하기 시작했습니
다. 아이들은 잃어버린 시간을 찾기 위해 시위를 벌였습니
다. 회색 인간 들은 모모를 찾기 시작했고, 모모는 카시오페
아를 만난 호라박사가 있는 시간의 궁전으로 찾아갑니다. 호
라박사를 만난 모모는 시간의 비밀에 관한 이야기를 듣게 됩
니다. 회색 인간 들에게 시간을 빼앗긴 마을 사람들은 점점
바쁘게 살아갔습니다. 호라박사는 모모에게 사람들의 시간
을 되찾을 수 있는 시간의 꽃을 모모에게 건네줍니다. 모모 |

는 시간의 꽃으로 회색 인간 들을 물리치고, 빼앗겼던 시간
은 사람들에게 되돌아 갑니다. 사람들은 다시 행복을 되찾았
습니다.

음산한 바람소리, 음산한 음악이 들려온다.
시민들은 놀라 뒷걸음질 친다.
회색 인간들이 공격해 온다.
회색인간들은 "타임"을 외치며, 군인 같은 자세로 무대를 휘젓는다.
시민들은 공포에 어쩔 줄 모른다.

무대의 왼쪽은 회색인간들, 오른쪽은 시민들.
회색 인간들은 공격의 춤을, 시민들은 공포의 춤을 춘다.
잠시 뒤 회색 인간들이 시민들 속으로 공격하여 뒤섞인다.
시민들이 쓰러지기 시작한다.
마침내 회색인간들은 소녀를 시민들과 분리시키고, 둘러싼다.

시간의 꽃을 지키려는 소녀와 시민들의 안간힘에도 불구하고,
시간의 꽃은 마침내 회색 인간들에 의해 파괴된다.
시간의 꽃이 파괴되면서 소녀는 천천히 무너져 내린다.

회색 인간들의 승리의 웃음을 흘린다.
회색인간들은 소녀의 주검을 끌고 나간다.
시민들은 공포에 질려 뒷걸음질 친다.
회색 인간들은 시민들을 위협한다.

회색 인간들은 사람들을 향해 경고의 몸짓을 하고,
서서히 무대에서 퇴장한다.

무대에는 파괴된 시간의 꽃의 잔해가 널려 있다.

6장

잠시 정적.
유행가 소리가 낮게 들려온다.
청소부 아줌마가 유행가를 부르며, 천천히 비질을 하면서 들어온다.
잠시 비질을 멈추고, 자신이 청소한 길을 쳐다본다.

청소부   아! 좋다.

만족한 듯, 다시 노래를 부르며 천천히 비질을 한다.
그러다가 시간의 꽃의 잔해를 발견한다.
비질을 멈추고, 이리저리 살피다가 시간의 꽃가지를 보듬는다.
꽃가지를 정성껏 어루만진다.

청소부   가여워라! (잠시 사이) 내가 꽃을 피워 줄께! (시간의 꽃을 정
                성스레 가슴에 보듬어 안는다.)

대본으로 연극 만들기는 기존의 방식을 가지고 대본으로 극 만들기를 하기 보다는 대본을 가지고 놀아본다는 의미로 가볍게 대하기에서 시작합니다. 물론 대본을 읽고 분석해보며 대본의 인물, 배경, 주제를 탐구하는 과정을 맛보기는 합니다. 또 다양한 연극놀이와 드라마 관습을 경험하고 대본에서 필요한 요소만을 뽑아서 재구성하여 자유롭고 즐거운 연극 만들기를 합니다.

강의를 진행하는 강사는 연출가의 역할을 충분하게 고민해야 합니다. 과정을 기획하기에 앞서 텍스트로서의 대본을 충분하게 분석하고 이것을 녹여낼 수 있는 프로그램들을 짜야 합니다. 대본을 가지고 노는 과정을 통해서 대본이 주는 느낌과 정서, 생각에 접근할 수 있도록 해체하고 제시해야 합니다. 어떤 것을 하든지 대본으로 연극 만들기에서는 대본을 가지고 놀 수 있도록 과정을 만들어 가야 한다는 것이 가장 중요합니다. 또 하나는 대본을 가지고 하더라도 참가자들의 삶과 만나서 이뤄내는 공감을 이끌어낼 수 있어야 한다는 것입니다. 그것이 되지 않았을 때 대본으로 연극 만들기는 의미를 갖지 못하게 될 수도 있기 때문입니다.

설렘과 떨림으로 처음으로 대본 모듬을 맡아 서툴고 아쉽게 엮어가던 셰익스피어의 한여름 밤의 꿈(2005), 너무 어둡고 기괴했지만 다시 한 번 우리들의 사춘기로 엮고 싶었던 베데킨트의 사춘기(2006), 너무 지루해서 그냥 흘려버린 그 일상이 너무나 소중한 일상임을 코끝 찡하게 느끼게 했던 우리읍내(2007), 유치하지 않은 아동 청소년극이 예사롭지 않은 동화 샬롯의 거미줄(2008), 마치 스페인공주의 생일을 위해 만난 사람들처럼 단 한 사람도 빠짐없이 어쩜 그리 잘 어우러져 멋진 그림을 그려냈는지 모르겠다 싶었던 에스파니아공주의 생일(2009), 여리고 따뜻한 마음을 지닌 사람들이 모여 서로를 챙기고 보듬어가며 가슴 아픈 사랑 얘기를 그려낸 시라노(2010), 즐겁고 재미있는 인생의 이야기였던 보텀이 들려주는 한 여름 밤의 꿈(2011), 갈망을 키워 금기를 깨고 싶은 마음이 허기로 채워지지 못하는 하륵이야기(2013), 아픔을 딛고 성장해가는 미성년으로 간다(2014), 따뜻한 거부, 뜨거운 침묵의 셰익스피어의 겨울이야기(2015)까지 성글고 부족한 과정을 사람들이 채워주는 과정이었습니다. (정진경)

4부
대본으로
연극 만들기

우리 읍내 _{정진경}

01. 작품을 고른 까닭

1. 작품을 기획하며 대본이라는 부담감 때문에 늘 선택하기를 주저하게 되지만 대본으로 극 만들기에 대한 편견을 버리고, 대본을 가지고 재미있게 놀기를 바라는 마음으로 작품을 고릅니다. 대본이 우리에게 이야기 구조와 인상적인 대사, 연극적 재미를 줄 것은 분명합니다. 대본과 우리네 삶의 이야기가 만나 무대 위에 형상화하는 과정을 함께 만들고 느끼게 될 것입니다. 물론 대본에서 취할 것과 버릴 것이 있습니다. 우리가 대본을 가지고 노는 과정에서 대본의 내용도 좀 더 깊이 이해하게 될 것이고, 우리에게 어떤 의미로 다가오는지 우리들의 삶의 이야기로 채우려고 했습니다.

2. 《우리 읍내》를 고른 까닭 손톤 와일더의 희곡 '우리 읍내'를 읽으면서 상당히 지루하고 드라마적 재미가 없다는 생각이 지배적이면서도 삶은 그렇게 지루하고 나른한 일상인데 어느 순간 그 일상이 얼마나 소중한지 깨닫는 장면을 놓칠 수 없었습니다. 사실적인 무대장치 없이 몇 가지 소도구밖에 없는 텅 빈 무대 위에서 오직 연기자들의 연기를 통해 상상으로 가득 채우는 무대를 떠올리며 우리들의 일상, 사랑과 결혼, 죽음과 탄생을 그려내고 일상에서 행복을 찾는 평범한 사람들의 이야기를 구조나, 연극적인 특성을 많이 활용해서 우리들의 이야기로 만들어 가는 재미가 있을 듯했습니다. 서양의 우리 읍내를 우리들의 우리 읍내로 바꾸어 보고자 하는 생각이 들었고 전체의 구조보다는 등장하는 인물 중 한 인물을 따라가려는 생각으로 그 주변 인물들의 살아온 삶에 초점을 맞춰보기로 했습니다.

전국 교사 연극 모임 '놀이와 즉흥으로 극
만들기' 연수 (2007. 1. 19~1. 24)를 바탕으
로 정리하였다. 주강사 정진경, 보조강사
조기영, 홍석대.

02. 과정 한눈에 보기

블록		주제	내용	비고
월	1	몸과 마음 열기	연극놀이와 즉흥	
	2	대본을	모둠, 연극과 만나기	
	3	만나다	'우리읍내' 읽고 이야기 나누기	
화	4	대본을 가지고 놀다	대본의 줄거리를 다양하게 표현하기	
	5		몸으로 공간 탐색하기, 연극적 공간 만들기	
	6		도라마 관습을 활용하여 인물 분석하기	
수	7		연극 놀이를 통해 삶의 정서 찾기	
	8		대본에서 연극적으로 표현해 보고 싶은 장면을 찾아 표현하기	
	9		이야기 드라마로 장면 표현하기	
목	10	대본으로 연극적 상상을 펼치다	장면 만들기 1	
	11		장면 만들기 2	
	12		장면 만들기 3	
금	13	대본으로 연극을 만들다	장면 구성하고 다듬기	
	14		연습하기	
	15		리허설	

03. '우리읍내' 연극 만들기

목표

1. 대본을 읽고 토론하고 해석하며 장면을 재구성한다.
2. 드라마관습(놀이, 즉흥)을 활용하여 다양한 연극적 체험을 한다.
3. 다양한 연극적 체험 과정 변형하여 연극 만들기(공연)에 반영한다.
4. 연극 만들기에 대본이 가지고 있는 장점(문학적인 대사, 해설, 구성)을 반영
   한다.

1 블럭 몸과 마음 열기

　놀이는 활동을 시작하기 전과 중간에 몸을 푸는 활동을 했는데, 효과가 컸
다. 몸이 무거우면 활동이 소극적일 수밖에 없다. 20여분 정도의 몸풀기 과
정은 분위기도 새롭게 만들고, 활동의 활력을 불어 넣어 주었다. 적절한 연극
놀이와 몸풀기 활동은 연극 만들기 작업에서 상상과 변형의 토대이며 자극
의 요소로 작용한다는 사실을 다시 한 번 깨닫게 해 주었다.

1. 몸 풀기
- 둘러 앉아 자신의 몸 주물러 주기
- 손 비벼서 따뜻하게 하여 머리, 눈, 귀에 대 주기
- 손을 비벼 따뜻하게 하여 앞 사람 어깨 위, 등, 팔꿈치에 손 올려주기 : 팔
  꿈치에 대면 서로의 거리가 가까워짐. 다음 '의자' 활동을 하기 좋음.

- 서로의 의자가 되어 앉기
- 얼쑤 몸 풀기 : 손을 잡고 오른쪽 발을 뒤로 뺀 채 시작하여, 6번째 왼발과 바꾸며 얼쑤!

2. 공간 채우기
- 천천히 걷다가 누군가 뛰기 시작하면 뛴다. 부딪히지 않게. - 멈춤 - 점프하여 빈 공간 채우기 - 서로 손 잡기 (연결) - 다시 뛰기 - 점프 - 손잡기

3. 짝 지어 눈 감고 춤추기
- 두 명씩 짝 - 가위바위보 - 진사람 눈감고 이긴 사람이 인도하며 춤추기 : 두 손 잡고 - 한손 잡고 - 손가락 끝으로 - 손 놓고 자유롭게 : 역할 교대

※ 도움말
공간 채우기는 무대 사용의 기본적 감각과 관련되는 활동인데 처음엔 자기 갈 곳만 보고 뛰다가 점점 주변 사람을 살펴보면서 옆 사람이 어디로 뛸까를 관찰하게 되면서 조화를 이루 게 된다고 느낀다. 어느 정도 정리가 된 상태에서 가능 한 손, 발을 뻗어 주변 사람과 몸이 연결되게 한다. 모두 하나가 되면 우리 모두 하나라는 것을 강조한다. 짝 지어 눈 감고 춤 추기를 할 때 두 손을 잡았을 때 가장 좋았던 사람, 양 손을 잡았을 때, 한 손을 잡았을 때, 손가락 끝만 닿았을 때, 양 손 다 놓았을 때의 각 상황이 지니는 의미가 있다. 무대에서 상대와의 관계, 관객과의 관계에 따라 적절히 행동(연기)하는 것이 필요하다.

2 블럭 모둠, 연극과 만나기

1. 돌아가며 자기소개하기

인사를 하며 자연스럽게 연수에 오게 된 이유, 연극과의 인연 등을 이야기
한다.

2.놀이로 자기소개하기

- 멋쟁이 ○○○, 순대 ○○○, 윙윙 ○○○, 씩씩 ○○○, 전국목표 밤마
  트, 맞박이 ○○○입니다. 어설픈 ○○○, 귀여운 ○○○입니다.(정지장
  면을 하나씩 만들면서)
- 만나는 사람에게 자기소개, 소개받은 사람을 다음사람에게 소개
- 연예인 되어보기, 다른 사람은 열광, 기자처럼 질문
    예) 요즘 빵 유머로 개그계에 진출하려고 한다는데 사실입니까?

3. 신문지로 나를 소개하기

신문지를 이용하여 접거나 구기거나 찢거나 해서 나를 상징하는 것을 만
들어 이것을 이용하여 짧은 연극(퍼포먼스)을 만들어 발표한다. 간단한 몸짓
과 대사를 준비하고 발표하고 싶은 공간을 정해 적절한 동작을 취한 채 정지
한다.

● 참여자 이야기

▷ 이것이 내 모습일까? 저것이 내 모습일까? 활발한 모습이 내 모습일까?
  안으로 움츠러드는 것이 내 모습일까? 뭔가 하나를 붙잡아야 하는데.
  이 나이가 되도록 어느 하나 붙잡히는 것이 없네. 거꾸로 생각해 보면

어느 하나에서 내 모습이 갈라져 나온 것이 아닐까?

▷ 생각해 보면 평범하게 살아온 것 같애. 엄마 아빠 계시고, 집이 망한 적
  도 없었고, 착하게 살아야 한다고 생각했고, 사람들에게 싫은 소리 못
  하고. 어떻게 보면 반듯한 네모 안에 나를 구겨 넣었는지도 몰라. 어떻
  게 보면 내가 구겨져 있는지도 몰라. 이것을 이을 수 없을까 생각하면
  서 한 쪽 구석을 찢었다.

▷ 날고 있구나, 날고 있어. 나도 날개가 있을까? 나도 날 수 있을까? 친구
  들은 모두 자기 길을 가고 있는데, 나는 어디로 가야될까? 나는 자유롭
  고 싶었지. 저 구름처럼, 태양처럼, 나의 꿈을 이루고 싶었지. 나의 길을
  가겠어….

※ 도움말

이 활동을 통하여 각자의 단면을 볼 수 있어 서로를 알아가는 데 도움이 되었
다. 세 개의 문장으로 만들고 동작을 덧붙이면 좋은 작품이 된다.

3 블럭 '우리읍내' 읽고 이야기 나누기

1. 몸풀기

● 음악에 맞추어 한사람이 춤을 추고 다른 사람은 따라 하기(4 ~ 5인 1모
  둠)

2. 걷기 go & Stop

● 빈 공간을 찾아 걷고, stop 할 때 자신의 느낌, 감정을 살핀다(예: 답답한

지, 편한지…등)

- 안내자의 말이 없이 누구나 go & stop을 외칠 수 있다.
- 추가 : back이 더해진다(가다가 뒤돌아서 걷기)
- 추가 : jump 활동
- 추가 : fly(팔 벌려 높이 날기. 소리도 함께)
- 추가 : relax(몸과 마음의 긴장을 이완. 호흡도 같이)

3. 의자를 가지고 앉기, 다과를 먹으면서 대본 읽기

- 돌아가면서 읽는다. 본인이 읽고 싶은 만큼 읽는다.
- 읽으면서 궁금한 내용을 가볍게 메모한다.

4. 작품에 대한 생각 나누기

- 배경은 우리나라, 시간은 30대 중반의 사람이 겪은 얘기, 틀은 가져가고 내용을 바꾸었으면 좋겠어요. 엄마와 딸의 대화 내용 중 괜찮은 내용 살리기. 쌍둥이를 낳은 얘기는 살리고. 평범한 두 집안 얘기는 살렸으면. 인터뷰를 하는 형식으로 마을의 내력과 사회상을 보여주는 것은 살렸으면.
- 버릴 것은 웹부인과 깁스부인과의 대화. 우유배달과 신문배달원을 현실 감 있게. 취할 부분은 에밀리와 아버지의 대화와 깁스부인과 아이들의 식사하는 모습. 에밀리 조지 음료수 마시는 부분. 에밀리 조지가 서로 망설이는 부분. 죽은 사람들 간의 대화도 좋음.
- 무대감독의 대사를 대폭 삭감했으면. 주로 연기를 통해서 내용을 전개 시키는 것이 좋겠음. 장례식, 결혼식, 에밀리 조지의 대화 장면 살리고. 소옴즈 부인의 대사도 살렸으면 좋겠음.

- 말투가 좀 더 정감이 있었으면. 등장인물이 너무 많은 것 같다. 무대감독의 개입이 최소화되었으면.

- 에밀리가 제 나이에 죽은 것 같아요. 우리나라 시대적인 것이 많이 반영되었으면. 옛날 기억을 되살려보면, 남자애가 좋아하는 여자애가 있으면 고무줄을 끊거나, 개구리를 자리에 놓아두거나 짓궂게 구는 경우가 있는데 그런 것이 반영되었으면. 물려준 350달러가 장롱판 돈인데, 앞에서 이 내용이 복선으로 나왔어요. 이런 것을 살렸으면. 용돈을 올려주어서 고급 아이스크림을 사먹은 관계가 잘 드러났으면. 유령이 죽어서까지 질서를 지킬까? 이승의 개념으로 저승을 바라본 것은 아닐까? 하는 의문이 들어요. 한국적인 정서로 저승을 바라보았으면.

- 처음과 마지막이 연결되는 구조였으면. 웹씨는 신문을 만들기 때문에 그 마을의 역사를 알 수 있을 듯. 관객들에게서 연극의 내용을 이끌어낼 수 있었으면 좋겠다. 그 자리에서 공간이 창조되는 것은 살려갔으면 좋겠다. 깁스씨는 마을에서만 살았으면 좋겠다. 술주정꾼 얘기와 쏘옴즈 부인의 캐릭터도 궁금하다.

- 마임중심으로 진행이 되었으면 좋겠다. 소품을 적게 쓰는 방향으로 진행이 되었으면 좋겠다. 오랫동안 사신 노인에게 인터뷰를 하는 것도 괜찮을 듯. 별에 관한 이야기를 하는 부분이 큰 세상 속에서 우리의 삶은 작다는 내용과 연결되었으면.

- 누구나 공감할 수 있는 일상적인 사건들로 구성되었으면 좋겠다는 생각이. 우리말로 바꾸었을 때 말투가 실감나게 할 수 있었으면 좋겠다. 저는 아버지에게 뽀뽀를 하지 못했는데, 대본에서는 자연스럽게 하는 것이 좀 어색하다. 아버지와 아들이 목욕탕에 가서 대화하는 장면이 더 한국적일 듯.

- 극의 구조들을 우리들이 일상에서 경험하는 사건들과 인물들로 채워졌으면 좋겠습니다. 극에서 독특하게 사용되는 드라마 관습들을 살릴 것인지에 대한 고민이 필요할 것 같습니다. 극의 재미를 주는 인물들이 필요하겠다는 생각이 듭니다. 인물들을 재창조 하는 것도 괜찮을 듯 합니다. 타임캡슐에 넣는 것들 중 대본을 넣는다는 얘기가 나오는데, 이유는 일상생활이 더 중요하기 때문에 그렇다고 합니다. 지구는 끊임없이 움직이고 있다는 내용의 대사는 살렸으면 좋겠습니다.

- 소재들을 바꾸자. 교회를 마을회관으로. ~부인을 부산댁. 산부인과 의사를 조산원으로. 둘과의 사랑장면이 좀 밋밋하다. 두 사람이 사귀는 동기가 불분명. 사랑을 더 사랑답게. 죽음을 더 죽음답게 만들었으면. 내가 없어도 똑같은 일상이 계속된다.

- 무대감독을 꼭 살렸으면 좋겠습니다. 무대와 시대를 모두 알고 있는 인물로서. 시대상황은 단순한 생활상뿐만 아니라 새마을운동과 같은 사회 모습을 표현해 주었으면.

- 주제를 직설적으로 드러낸 부분은 좋은 것 같다.

- 이야기가 밋밋하게 진행되어도 되는 것인가 하는 생각이. 사소한 갈등이라도 들어갔으면 좋겠다. 에밀리와 조오지의 결혼이후의 모습이 없어서 생뚱맞다는 생각이 들었습니다. 에밀리의 죽은 이후의 모습을 어떻게 형상화 할 수 있을까? 조오지나 웹부인의 꿈속에서 형상화시킬 수는 없을까?

- 영혼들이 특징적인 대사가 없었다. 양쪽집안이 나오는데, 에밀리와 조오지만 나오고 다른 가족구성원들의 비중이 너무 없다는 생각이 듭니다.

- 전체적인 틀만을 가져오자는 입장과 원작을 어느 정도 살리자는 입장이

서로 나눠지는 것 같습니다. 제가 굳이 프롤로그와 에필로그를 집어넣자고 하는 것은 관객에게 느낌을 줄 수 있는 장면을 만들자는 의도입니다. 첫 장면과 끝 장면은 인상적인 장면으로 만들어야겠습니다. 인물을 어떻게 할 것인지 결정해야 할 것 같습니다. 나올만한 인물들에 대한 이야기를 가지고 구성을 해야 할 것입니다. 이름은 우리식으로 바꿔야 할 것 같습니다. 억지스럽지 않게 과장되지 않는 인물들을 찾아내고 만들어내야 하지 않을까라고 생각합니다. 장별로 일단 5장면을 만들어 보고 의상이나 무대에 대한 고민들을 좀 해야겠습니다.

- 선생님들이 정리한 내용을 벽에 쫙 붙여놓고 내일 다시 한 번 읽어보도록 하겠습니다.
- 지역은 어디로 할까요? 전라도와 경상도의 접경지역이 좋겠습니다.
- 인물은? 쏘옴즈 부인은 어떻게 묘사해야 할까요? 구멍가게 아줌마, 뜨네기? 시골에 안 어울리는 도시적인 직업을 가진 사람? 목수. 지식인이거나 예술가이면 좋겠습니다. 마을 사람과 접촉이 있는 사람이어야 하겠습니다. 험한 일을 하지는 않을 것 같습니다. 일 때문에 사람들을 만나지만 사람들과 접하는 것은 꺼리는 인물.
- 시대를 정하는 것이 중요할 것 같습니다.
- 지역을 전라도와 경상도의 중간이라고 하면, 시대는? 70년대 중반이 좋겠습니다. 웹씨는 이장으로 할까요 시골교사로 할까요? 깁스는? 시골의원 원장이 좋을 것 같습니다.
- 이름은? 60년생이니까 미숙이 선미.
- 일상을 나타내는 인물? 바보, 다방아가씨.
- 영혼들 장면에서 죽은 사람들을 많이 등장시킬 필요는 없을 듯.
- 둘의 사랑을 이어주는 역할을 하는 우체부를 등장시켰으면 좋겠습니다.

- 때는 1978년. 등장인물은 시골학교 선생님, 교사부인, 의사선생님, 의사부인, 구멍가게 아줌마, 뜨네기, 바보, 우체부 아저씨, 장의사, 무대감독, 자식 하나씩.

4 블럭 대본의 줄거리를 다양하게 표현하기

1. 교사의 일상을 춤으로 표현하기

- 제가 성격이 내성적이고 다른 사람 앞에 나서는 것을 좋아하진 않지만 일이 주어지면 마다하지는 않습니다.
- 손을 잡고 둥글게 섭니다.
- 좌우로 고개를 돌려 짝을 이룹니다.
- 4명씩 한 모둠을 이룹니다.
- 교사의 하루 일상 중에서 하나를 골라 마음속으로 목적어+동사로 된 문장을 만듭니다. 예) 칠판을 지운다. 과일을 깎는다.
- 문장에 8박자의 리듬을 맞추어 몸짓을 만들고 두 번 반복합니다.
  - 강ㅇㅇ : 아이를 부르는 동작
  - 이ㅇㅇ : 지휘를 한다.
  - 김ㅇㅇ : 쓰레기를 줍는다.
  - 김ㅇㅇ : 학생을 쓰다듬는다.
  - 정ㅇㅇ : 판서를 한다.
  - 정ㅇㅇ : 학생을 감싸안는다.
  - 장ㅇㅇ : 공문을 처리한다.
  - 양ㅇㅇ : 싸움을 말린다.

- 범○○ : 교실을 청소한다.

- 유○○ : 책을 편다.

- 박○○ : 검사를 한다.

- 조○○ : 수업을 한다.

- 모둠끼리 서로의 동작을 연결하여 하나의 동작으로 연결한다. 동작은 춤을 추듯이 한다.

- 모둠별로 발표한다.

- 전체의 동작을 연결하고 마지막에 모두 하나의 동작을 추가하여 발표한다. 이 때 자신의 동작에 맞는 내레이션을 넣는다.

- 내레이션을 넣었을 때 어떤 느낌이 들었는지? (학교의 일상이 나와 같아 감동이 더했다)

2. 우리읍내 줄거리를 춤으로 표현하기

- 우리읍내에서 중요한 장면 열개를 찾고, 문장으로 10문장을 만든다.(4명이 한 모둠으로 활동)

〈1모둠〉

- 가서 좀 쉬어야지

- 월리, 에밀리 학교 늦는다. 월리, 깨끗이 씻어! 아님 내 올라가 씻길테다.

- 엄마, 나 예뻐?

- 그렇게 둘 씩 살아가는거죠

- 스트로베리 탄산수요

- 난 어른 안될래요. 왜들 이렇게 서둘러요.

- 응 그냥사니까

- 저 깜빡이는 빛이 지구까지 오려면 수백만년이 걸린다는 것예요.

- 아, 너무나 아름다워. 그 진가를 몰랐던 이승이여 안녕

- 여러분도 이제 쉬셔야죠. 안녕히들 돌아가십시요.

〈2모둠〉

- 마을의 아침이 시작된다.

- 아침 식사를 준비하고, 애들을 깨운다.

- 아낙네들이 마당에서 콩깍지를 까며, 수다를 떤다.

- 예쁜 딸의 머리를 빗겨주고, 핀을 꽂아준다.

- 에밀리와 조오지가 서로의 사랑을 확인한다. (소다수를 마시며)

- 둘은 두렵지만 부 품을 떠나 결혼식을 올린다.

- 평범한 일상이 반복되고, 세월은 빠르게 지나간다.

- 죽은 에밀 리가 무덤가로 찾아와 깁스 부인을 만난다.

- 삶에 대한 애착을 떨치지 못한 에밀리는 과거로 돌아가 가족을 만난다.

- 무덤가로 돌아와 죽음을 받아들인다.

〈3모둠〉

- 아이를 깨운다.

- 옆집 사람과 아침식사를 나눈다.

- 학교에서 집으로 돌아온다.

- 수줍어한다.

- 결혼반지를 끼워준다.

- 아이를 얼른다.

- 괴로워하며 몸서리치다 숨을 거둔다.

- 사람을 건드리지만 외면을 당한다.

- 죽음을 슬퍼하며 운다.

- 불이 꺼지고 잠자리에 든다.

● 10장면에 대한 동작을 만들고 연결한다.

3. 주제를 나타내는 정지장면 만들기

〈1모둠〉

▷ 오늘 점심반찬 뭐 나온다니?

▷ 글쎄 맛있는게 나온다 했는데

▷ 짜게만 안 나왔으면 좋겠다.

▷ 야 너 그만 먹어 배나와.

　- 주제문 : 삶이란 "특별할 게 없고 평범한 것이지만" 나에게는 아름
　　　　　다운 것

〈2모둠〉

▷ 아 그놈 잘 생겼네

▷ 신문이요

▷ 망했어요.

▷ 왜 저보다 먼저 갔어요.

　- 주제문 : …그래도, 삶은 계속된다.

〈3모둠〉

▷ 연결된 몸을 만지면서 한바퀴 돌아주세요?

▷ 앞을 만지셨습니까. 옆을 만지셨습니까? 뒤를 만지셨습니까?

▷ 하나만 선택하여 해주세요. (리더 다시 만진다.)

▷ 메비우스의 띠, 삶이란 어느 순간에서 끊어지는 것이 아니라 연속이다.

  - 주제문 : 메비우스의 띠

5 블럭 몸으로 공간 탐색하고 만들기

1. 움직임과 소리

- 음악을 틀어놓고 춤과 소리 창조, 집단 음직임 만들기
- 사이사이 끊고 어린 시절의 기억 중에서 떠오르는 장면을 독백 마임으로 표현
- 내 삶에서 가장 즐거웠던 기억들을 독백, 마임으로 표현
- 내 삶에서 가장 비참했던 기억들
- 나의 꿈, 이상, 외쳐보기/나의 자유는?/을 삽입…
- 연극에 있어 움직임과 소리가 중요한 요소라는 점을 지적함.

2. 몸으로 공간 만들고 그 공간 여행하기

- 자연스럽게 걷다가 모둠 만들기(6 ~ 7명)
- 모둠별로 공간 정하기, 공간을 만들고 그 공간에 맞는 소리 만들기
- 상대 모둠은 눈을 감고(안대를 하고) 그 공간을 여행하기
- 도우미들이 안전사고 나지 않도록 눈감은 사람을 잘 유도

● 안대 풀지 않은 상태에서 어떤 공간인지 알아맞추기

　사례1) 숲을 만들고 숲속의 소리를 냄

　사례2) 눈썰매장

3. 2분간 일상적인 상황을 연기하기

　(주의: 전화가 왔네, 밥 먹어야지 등의 대사를 한 후 연기하지 말 것, 리모콘 등의 대상물을 그리지 말 것)

　- 느낌이 오는 분부터 하세요.

　- 우리 연극에 마임적인 요소가 들어가야 할 것 같아서 이 프로그램을 했습니다.

4. 공간 만들기 (작품 속의 한 장면을 선택)

　● 사람으로 공간 만들기(사람의 몸을 이용)

　　- 의논 없이 한 사람씩 추가해서 만들기

　　- 의논해서 함께 만들기

　● 작품 속의 공간을 그림으로 그리기

　● 작품 속에서 가장 연극적인 공간 찾기 (핵심 공간 찾아 만들기)

　● 공간을 소리로 표현하기

　● 무대에 어울릴만한 소품 가져오기

6 블럭 드라마 관습을 활용하여 인물 분석하기

1. 걸어보면서 인물 되어보기

- Go, Stop을 하면서 인물의 역할을 해보기 -〉 Go, Stop을 할 때 마다 역할 바꾸어 해보기(Go 했을 때는 자연스럽게 걷다가, Stop 했을 때 인물이 되어 연기해 보기):의사, 교사, 부인들, 에밀리, 조오지, 장의사, 유령들…

- 전라남도 광양. 1978년, 조오지의 나이가 16살, 3년후, 9년후, 12년후, 무대감독, 구멍가게 아줌마, 뜨네기 주정뱅이, 원장, 교사, 조오지, 에밀리, 바보, 우체부 아저씨, 장의사, 무대감독을 남자로 하느냐, 여자로 하느냐?

2. 이름 짓기

- 구멍가게 아줌마(수다스러움) : 여수댁
- 뜨내기 주정뱅이 : 강씨
- 시골학교 교사(웹선생) : 이씨 성을 가진 교감과 부인(사모님 ˜ 엄마)
- 의원(깁스): 김의원, 김의원 댁(사모님~엄마)
- 김의원댁 아들(조오지) : 김기영
- 이선생 딸(에밀리) : 이정은
- 꽃순이(바보) : 이화
- 무당 : 당골네

3. 인물 탐구

- 인물들의 질문을 작성한다.(한 가지 이상, 한 줄당 하나씩)

● 핫시팅

  - 인물에 대한 탐구기법으로 핫시팅은 역할을 맡은 사람이 그 인물이 되어 대본의 내용을 바탕으로 자신의 상상을 발휘해서 질문에 답변을 한다.

〈 강씨 〉

  - 여자 때문에 술을 많이 먹는다.

  - 고향은 전라북도 남원

  - 서울로 올라가 전자자격증 취득, 청계천에서 근무 중 여자를 만남

  - 여자를 사귀다가 군대를 갔음

  - 월남전에 파병, 돈을 많이 범

  - 여자에게 2년간 돈을 보냈는데, 여자는 다른 남자와 도망을 감

  - 여수댁이 가끔 밥을 챙겨줌

  - 술을 먹지 않고 있을 때는 새출발 하고 싶지만 그 여자 생각만 하면 화가 나 잠을 잘 수 없어 술을 먹지 않을 수가 없음

  - 고향에는 어머니 홀로 살고 계심

  - 그 여자에 대한 사랑이 아직도 남아있음. 그리고 여수댁에게 관심을 가지고 있음

  - 결혼한다는 기영이에 대한 생각은 긍정적임

  - 노래를 잘하고 다혈질적인 성격을 가지고 있음

  - 술만 먹으면 노래를 하고 여자에 대한 가부장적인 생각을 가지고 있음

  - 동네 사람들 중 이선생이 잘 대해줌

  - 선생은 동네 집들을 돌아다니며 수리 공사, 막노동을 통해 살고 있음

  - 정은이에 대한 느낌도 좋음

- 원장댁에 일을 가서 돈을 잘 못받음. 여수댁에 외상값이 많음

〈 여수댁 〉

- 가게에 대한 신경을 많이 쓰고 있는 것 같지 않음

- 계산은 재빠름

- 부녀회장을 하고 있음

- 오지랖이 넓어 마을 사람들에 대한 이야기를 많이 알고 있음

- 자식까지 뺏기고 헤어졌음

- 남편은 바람을 피웠음

- 좋아하는 사람들이 많아서 재혼에 대한 생각을 하고 있음

- 강씨에 대해 불쌍하게 생각하고 있음

- 동네사람들 특히 남자들과 친분이 있음

- 강씨에 대해 싫은 척하지만 관심은 있음

- 밤에 다른 동네를 가다 교통사고를 당했음

- 재혼을 못하고 죽은 것을 안타까워하고 있음

- 49세에 죽음

- 동네에서 뚜쟁이 역할을 하고 다녔음

- 동네의 잡다한 일과 갖가지 일에 대해 사사건건 참견함

〈 정은 〉

- 중학교 2학년

- 1학년 때에는 공부를 잘 했지만, 지금은 성적이 좋지 않음

- 장래희망은 선생님, 그리고 연기자가 꿈임. 집에서 연기 연습을 자
  주 함

- 정은이는 좀 똑똑한 아이이나 고교졸업 후 대학진학 안하고 시집감
- 집에서 대학진학을 포기시켰음
- 여자는 좋은 신랑 만나 빨리 결혼하는 것이 최고라는 부모의 말을 들음
- 일찍 결혼한 것에 대한 후회가 있지만 기영이를 많이 좋아함
- 학교에서 반장을 함. 그 때 기영이도 반장이었는데 서로 학급일을 통해 만남
- 가을 소풍 때 하동으로 기차를 타고 가는 도중 서로가 서로를 바라보고 있는 느낌을 받음. 기영이의 보조개가 맘에 듦
- 기영이가 공부를 잘함
- 기영은 안양고등학교로 유학을 감. 서로 편지를 주고받던 중 사랑을 싹틔움
- 남편은 할 수 있으면 꿈을 이루라고 했지만, 어릴 적에 영향을 준 어머니의 말씀을 따라 꿈을 포기하고 집안일을 함
- 29세에 죽음
- 꿈을 많이 펼치고 싶었지만 기영이가 결혼을 하자해서 잠시 꿈을 접었다. 마음 한편으로는 결혼과 나의 꿈을 모두 찾을 수 있을 것이라고 생각했지만, 아이들에 대한 욕심 가정에 대한 욕심을 가지니 이루어 질 수 없었다.
- 몸이 조금 약했다.
- 아이는 많이 가지려고 노력을 했다.
- 시부모와 전혀 아무런 갈등이 없었다.
- 시어머니는 기영이의 뒷바라지를 많이 요구했다.
- 시어머니가 돌아가셨을 때 가슴이 많이 아팠다.

- 꿈을 이루고 싶었으나 생활의 여유가 없었다. 자신의 꿈을 아이들에게 투사함
- 우울증을 앓았음
- 가장 소중한 것은 가족이었다.
- 아이들에게 대한 애착이 강함
- 인생이 이렇게 끝나는 것에 대한 아쉬움이 많음
- 엄마를 잊지 말아다오. 무엇이든지 미련이 남지 않게 살라고, 남편에게 아이 잘 키우라고 당부하고 아버지 담배 좀 끊고 당뇨병을 앓고 계시니 조심히 드시고 엄마에게는 여유 좀 갖으라고, 사람이 언제 죽을지 모르는데 사람들끼리 서로 미워하지 말라고 이야기 해 주고 싶다.
- 이승에 있을 때에는 어머니를 이해할 수 없었다. 죽은 후에는 그런 마음이 모두 사라졌다. 그저 좋았다.
- 죽은 후에는 마을 공동묘지에 있음
- 고등학교 때 기영이랑 시험지를 주고 받던 때. 꿈도 있었고, 나에게 사랑을 주던 사람이 있던 때
- 중학교 때 시험기간에 늦게 갈 때 기영이와 살짝 떨어져 걷던 길에서 서로 대화하다가 기영이가 노래를 불러 주었던 때
- 아버지가 바빠서서 가족 나들이를 못했는데 기영이네 가족과 갔던 나들이 날이 가장 기억이 남는다.

〈 기영 〉
- 이복 동생이 있음
- 부모님을 존경하고 있음
- 부모님이 마을 사람들에게 헌신적이었음.

- 기영은 면사무소 직원으로 취직함

- 아버지는 큰 뜻은 요구하지 않았지만 조금 투덜대었다. 하지만 자 신
  만이 가능하다고 생각했으므로 일을 했다.

- 부모의 금슬은 좋았다. 어머니가 아버지의 성격을 알고 계셨으므로
  그런 일이 없었다.

- 아버지는 지식이 박식했다. 고집이 있었다.

- 어머니의 영향으로 도시에서 살고 싶어했다. 군인이나 의사를 하고 싶
  었다. 성공하고 싶은 욕심이 있었다. 건축가와 군수가 되고 싶었다. 살
  아가는데 있어서 우리고장에서 살아야 한다는 욕심이 있었다.

- 현재 직업은 건축가

- 의사인 아버지의 모습을 보고, 의사를 하고 싶지는 않았음

- 새마을 사업으로 인해 일이 많아져 돈을 좀 많이 범(먹고 살만 함)

- 직장은 익산에 있음

- 고향에 살고 있음

- 사실 공부를 잘하지는 못했다. 아버지가 생각하는 모범적인 학생은 아
  니었다.

- 처음에는 정은이를 여자라고 생각해 본 적은 없었다. 그저 친구였지만
  고등학교 때 친구인 석대가 정은이에게 관심이 있었다. 그래서 석대가
  정은이에 대한 소식을 나에게 알아갔다. 석대는 좋은 친구가 아니었
  다. 둘의 사이에서 일어나는 일속에서 정은이에 대한 나의 마음을 확
  인했다. 정은이는 처음부터 나를 좋아하지는 않았다.

- 장난끼가 있고 농담을 자주함

- 운동을 잘하고 멋지게 생김

- 정은이 전에 다른 여자와 사귀어 본 적이 없다.

- 정은이와 싸워본 적 없다.
- 정은이와는 연애를 해보지 못하고 결혼을 했다.
- 결혼을 한 후에는 두어번 싸웠다. 아마도 피곤해서 그랬던 것 같다.
- 정은이가 죽었을 때 "당신은 참 바보다"라고 이야기하고 싶다. 두 번째 아이를 지우자고 했지만 말을 듣지 않았다.
- 믿기지가 않았다.
- '돌아와'

〈 정은이 엄마, 기영이 엄마 〉
- 정은에 대한 좋은 감정을 가지고 있음
- 처음에는 결혼을 반대했다. 강원도에서 시집와 어려운 것을 떠올려 결혼을 반대했다.
- 남편은 칼같은 사람이었음
- 남편은 잔정이 많은 사람이었고, 따뜻한 사람이었음 무뚝뚝함. 강씨에게도 잘 해줌
- "여자는 조용히 살아야 한다"라고 며느리에게 이야기 해 줌
- 나이가 어리고해서 결혼에 걱정이 있었지만 기영이의 반듯함을 믿고 결혼을 허락함
- 정은이와 부모님은 갈등이 있었음
- 성격이 보통이 아님
- 아버지가 결혼을 허락함
- 많이 참고 지내는 입장임
- 기영이에 대한 바램은 의사였으나 건축가가 되고자 하니 괜찮음
- 정은이에 대한 죽음에 대해 관조적임(팔자소관)

- 너무 일찍 결혼을 한 것이 문제가 됨

〈 정은이 아버지, 기영이 아버지 〉
- 기영이에 대해 그렇게 신뢰하고 있지는 않다.
- 정은이에 대해 긍정적으로 생각하고 있고, 겸손한 마음새를 지니고 있는 듯 하다.
- 자식에 대해 요구가 많았으나 이성적임. 정은이가 빨리 결혼한 것에 대해 많이 안타까워한다. 동생 은경이에게 가업을 물려줄 수도 있다. 하지만 본인의 의사가 중요한 것이라고 생각하고 있다. 의사라는 직업에 대한 어려움을 몸으로 느끼고 있다. 그래서 딸에게 의사라는 직업을 권하고 있지 않다.
- 여자들과 남자들에 대한 분명한 역할이 있다고 믿는다.
- 사회적 책임감이 있고, 직업적 운명을 믿고 있다.
- 중매로 결혼함. 아내의 고향은 하동지방임. 가끔 자식문제로 다툰다.
- 마을이 조금 뒤숭숭하다고 생각함

※ **도움말**
모둠별로 인물 그림그리기, 상상의 의자, 빈 의자 기법 등을 활용하여 한 인물의 심리를 분석하였다. 발표 후 극중 인물의 이름을 우리나라 식으로 바꾸어 보며 친근함을 느낌.

7 블럭 연극 놀이를 통해 삶의 정서 찾기

1. 난 뭐든지 될 수 있어("ㅇㅇ하는 ㅇㅇ!")

- 공간을 걷는다.
- 누군가가 "ㅇㅇ하는 ㅇㅇ!"하고 외치면 몸으로 표현한다.

(꿈틀거리는 지렁이, 굴러가는 바위, 바람에 흔들리는 나무, 꿀을 찾아 날아가는 벌, 도둑 잡는 경찰, 물건을 훔치는 도둑, 구겨진 휴지…)

- 바꾸고 싶은 사람은 즉흥적으로 연상되는 것으로 계속 바뀌가면서 즉흥을 한다.

2. 두 사람씩 짝을 지어 인생을 마임으로 표현하기

● 탄생—성장—어린 시절—현재— 남과 이별—죽음까지 표현하기

3. 어린 시절(사춘기)에 대한 정서 표현하기

● 메모리 박스를 통한 추억 나누기
● 일상적인 움직임으로 표현해 보기, 움직임이 생각나지 않으면 정지로 표현해 보기.
● 탄생과 죽음 사이에 나타나는 인생의 주요 정서를 몸짓과 표정으로 드러내는 퍼포먼스.

8 블럭 연극적인 장면 표현하기

장면과 가장 연관되는 '그림'을 이용하여 연극적으로 활용할 방법 연구하

기. 공연의 주요 장면으로 만들 것이므로 '공간'을 염두에 두고 장면에 흐르는 주된 '정서'를 찾아내기는 것이 중요함. 따라서 장면을 찾고 그 장면을 어떻게 표현할 것인지 토의하고 이와 관련된 놀이와 드라마관습, 형상화 기법을 탐구하는 과정이 필요함.

1. '우리 읍내'와 관련하여 내가 보았던 연극들 중에서 인상적이었던 장면 나누기

- 일상의 한 순간 표현하기
- 일상의 '하루'를 즉흥으로 표현하기
- 사랑과 결혼, 죽음과 이별 정지장면으로 표현하기
- 어느 날의 하루(탄생, 결혼식, 장례식 생일 등등)
- 나 돌아갈래!(내 일생에서 돌아가고 싶은 순간이 있다면?)

2. 세 모둠으로 나누어서 1막씩 시놉시스 작성(일상, 결혼식, 죽음)

- 시놉시스 작성시 유의사항: 토론을 통해서 합의를 이끌어 내도 되고, 논의가 겉도는 경우 개인적으로 설계를 한 후 각자의 논의를 모으는 형식으로 해도 됨
- 무대 위의 간단한 시각적, 청각적 자극은 훨씬 더 풍부한 상상적 반응을 끌어낸다.
- 연극놀이, 즉흥극 등에서 활용했던 좋은 표현 방법 등을 모두 활용해 보도록 한다.
- 장면과 장면을 어떻게 연결할 것인가?
- 연극의 처음과 마지막을 아주 명확하고 인상적으로 만든다.
- 정지동작, 느리게, 빠르게 등의 속도 조절을 고려한다.

● 적절하게 소리가 포함되는 것이 좋다.

● 소품, 도구, 의상 등의 연극적 요소들을 활용한다.

〈1장 일상〉

　1.산파:무대소개

　2.두 집안의 일상: 인물소개(행동)

　3.기영, 정은 관계 복선

　4.여수댁, 강씨, 이화 잠깐 등장

1) 그림자 극 또는 소리로만

　빗소리, 폭풍우, 여자 비명 소리, 산파(당골네)가 손을 닦으며 등장

　극의 시작을 알림

2) 여수댁이 가게문을 열고 있고 교감선생이 어머니 묘지에 갔다가 오는 길에

　"어디 다녀오세요?" / "어머니 한테요"

3) 기영이 엄마가 가게에 미원을 사러 온다 여수댁과 이야기를 나눈다.

4) 교감집

　교감이 들어오고 아내는 아침준비중이다.

　"이제와요?" / ":응" / "잘 계십디까?" / "응"

　정은이가 교복깃이 더럽다고 짜증을 부림 엄마는 아침밥을 먹으라고 잔소리

5) 기영이집

  아버지 약재 썰고 있음 엄마는 부리나케 달려오며 은경이에게 잔소리함
"된장국불 보라니까 뭐했냐?" 은경이 투덜대고 나오며 "나만 갖고 그래, 오
빠도 있는데"

  기영이는 학교갈 준비를 함

  엄마가 기영에게 삶은 밤을 주며 정은이랑 나눠먹으라고 함 동생은경
투덜대며 따라감 "엄마 내꺼는?"

6) 학교가는 길

  기영 정은 학교 감. 가는 길에 만취한 강씨 만남(공부 잘하라는 술주정+
잔소리)

  이화 휙-지나감, 이화가 당골네랑 부딪힘 ->당골네가 2장 정리 대사를 함

〈2장 사랑과 결혼〉

연출기법: 코러스, 복선

(장면 1). 초저녁 가을 마을 뒷동산(달이 환하게 떠있음)

  1. 무대 중앙에 기영이가 달을 보고 있고 이화는 나무 뒤에서 기영을 훔
쳐본다.

  2. 이화가 갑자기 뛰어나와 기영이를 보고 말을 건네다 예쁜 꽃을 보고
    꽃 쪽으로 뛰어간다.

  3. 입영통지서를 보고 한숨쉬는 기영이 옆으로 정은이 등장

  4. 기영이가 정은이에게 기다려 달라며 사랑을 고백함. 두 사람의 감정
    확인

5. 보라색 꽃을 들고 이화가 등장해서 기영에게 건네준 후 옆에 있는 정은이를 때림

6. 기영이가 이화를 말리는데 당골네가 등장하여 이화를 데리고 퇴장

7. 기영이가 이화에게 받았던 꽃을 정은에게 건네주고 애틋한 분위기를 연출하며 정지

(장면 2). 결혼식장

1. 기영이와 정은이는 무대에 정지상태로 있고 무대 밖에서 "결혼식을 시작합니다."

2. 사람들이 결혼식에 필요한 소품을 들고 등장하여 결혼식 분위기를 형성하고 둘에게 덕담을 하고서 퇴장

3. 무대 밖에서 혼인서약의 주례대사 처리 후 가족 사진을 찍음을 알림. 이때 각 부모님이 심정을 담은 대사를 한마디씩 한 후 사진포즈 취함.

4. 무대 밖에서 이화 등장. 기영에게 달려들다 정은이 던진 부케를 받고 좋아함.

5. 당골네 등장 후 이화 데리고 퇴장하며 결혼과 사랑에 대한 대사 처리

(장면 3). 결혼 후 기영의 집

1. 친정 부모님의 대화(시어머니의 성격, 아들 못 낳는 시집살이, 몸이 약한 것 걱정)

2. 아이가 울자 자고 있던 정은이가 일어나 아이를 달램. 이때 시어머니의 핀잔

3. 정은이 혼자 힘들어하며 아이를 달래고 있는데(자신의 삶에 대한 푸념) 기영이가 들어와 아내의 어깨를 주무르며 애정섞인 대사

〈3장 죽음〉

등장인물: 정은, 기영 엄마, 이수댁, 이화, 당골네

기법: 분신, 코러스, 무대 분철

1. 상여 행렬이 지나고, 정은이 그 행렬에서 빠져나옴/코러스
2. 당골네 등장(또 한 사람 오는 구려)/뒷산 무덤에 묻힌 사연 설명
3. 기영 엄마와 여수댁 대화
4. 정은 망자들 곁에 와 인사. 대화
5. 당골네를 통해 과거의 평범한 일상으로 돌아옴
6. 평범한 일상(1장 장면 중 정은이네 집 장면)/분신
7. 정은은 자신의 죽음을 받아들이고 망자의 세계로 돌아오면서 이승에 이별을 고함(안녕 이승이여~)
8. 이화 대사(별에 관한 이야기), 망자들의 대화
9. 삶과 죽음에 대한 당골네의 대사

9 블럭 이야기 드라마로 장면 표현하기

1. 사랑과 결혼에 대한 마임(narrative drama 형식으로)(5분)

남자아이가 놀이터에서 혼자 그네를 탑니다. 이때 여자아이도 놀이터에 혼자 놀러 옵니다. 남자아이는 여자아이가 보라는 듯이 힘차게 그네를 탑니다. 남자아이는 철봉을 합니다. 5개를 겨우 합니다. 여자아이도 철봉에 매달립니다. 여자아이는 5개를 가볍게 합니다. 그리고 한손으로 3개를 더 합니다…. 남자는 반지를 건넵니다. 둘은 팔짱을 낍니다. 결혼을 합니다.

2. 내러티브 드라마 만들기

- 찾아본 10가지 장면에 대한 문장을 바탕으로 내레이션을 만든다. 내레
이터가 줄거리를 읽으면 나머지 사람들은 거기에 맞는 동작을 한다.

〈1모둠〉

깁스선생님이 쌍둥이를 봐주면서 우리 하루가 시작합니다. 아침식사를 준비하고 애들을 깨웁니다. "에밀리 웰 일어나라 어서" 마을의 일상은 그렇게 흘러가고 "엄마 나 예뻐" 에밀리와 조오지는 서로 이웃집에 삽니다. 둘은 서로 좋아합니다. 어느 날 둘은 음료수를 마시러 갑니다. "스트로베리 탄산수", "딸기 아이스크림 소다 둘 주세요." 이 둘은 졸업과 동시에 결혼을 합니다.

시간이 흐르고 에밀리는 아이를 낳다 죽습니다. 에밀리의 장례를 치르고 돌아가는 날 에밀리는 말한다. "다시 돌아가고 싶어요" 아 너무나 아름다워 그 진가를 몰랐던 이승이여 안녕. 자 여러분 여러분도 이제 쉬셔야지요.

〈2모둠〉

우리 마을의 아침이 시작되었습니다. 마을의 종소리가 들리고 신문은 집으로 배달되고 온 세상에 아침을 준비합니다. 아침식사를 준비하고 아이들을 깨웁니다. 예쁜 딸의 머리를 빗겨주고 핀을 꽂아주고 가방을 메며 학교를 가고 아이들의 등굣길을 배웅합니다. 아낙네들은 마당에서 콩깍지를 까며 온동네 수다를 다 합니다. 에밀리가 조오지가 서로의 사랑을 확인합니다. 둘은 두렵지만 부모님을 떠나 결혼식을 올립니다. 평범한 일상이 반복되고 세월은 그렇게 빠르게, 빠르게 흘러갑니다. 죽은 에밀리는 무덤가로 찾아와 깁스부인을 만납니다. 삶에 대한 애착을 떨치지 못한 에밀리는 과거로 돌아가 사랑하는 가족들을 만납니다. 그리고 무덤가로 돌아와 죽음을 받아들입니다.

〈3모둠〉

우리 마을에도 첫 닭이 울고 아침이 밝았습니다. 깁스 부인은 아이들을 깨웁니다. 깁스부인이 창을 열고 지나가는 사람들과 밝게 인사를 나눕니다. 그리고 아이들은 학교로 갑니다. 어느새 시간이 흘러 아이들이 돌아올 시간이 되었습니다. 아이들은 재잘대며 돌아오고 친구들과 인사를 나눕니다. 조오지와 에밀리는 같이 공부를 합니다. 같이 공부하던 에밀리와 조오지는 사랑이 싹텄습니다. 그 마음이 혹시 들킬까 수줍어합니다. 그들은 어느새 어른이 되어 결혼을 하게 되었습니다. 결혼식 날이 되어 결혼반지를 끼워줍니다. 그 앞날을 향해 그 두 아이들은 행진을 합니다. 에밀리는 첫 아이를 얼르고 있습니다. 또 에밀리는 둘째아이를 가졌습니다. 에밀리는 아이를 낳다가 결국은 숨이 끊겨졌습니다. 조오지는 에밀리의 무덤을 찾아가 비석을 잡고 흐느껴 웁니다. 그리고 푹 쓰러집니다. 자신의 죽음을 믿지 못하던 에밀리는 우리 마을로 돌아가 사람들을 만나지만 그들은 나를 바라보지 못합니다. 에밀리는 자신이 돌아갈 수 없음을 깨닫고 되돌아옵니다. 마을 사람들은 언제나 그렇듯이 다시 일상으로 돌아가 하루 생활을 하고 잠이 듭니다.

10 블럭 장면 만들기 1

1. 걷기

자연스럽게 눈을 감고 걷다가, 부딪치는 사람과 몸이 닿는 부분을 유지하면서 천천히 계속 움직인다. 동시에 두 사람에게 부딪치면 어느 쪽을 선택해야 하는데, 이 갈등의 상황에서 누구를 보내고 누구랑 같이 가야 하는 가에 대한 판단을 내려야 한다. 상대방의 동작에 반응을 하기도 하고, 자신이 먼저 동작을 시작도 하면서 상황에 적절하게 대처하는 능력을 기르는 효과가 있다.)

2. 모둠별로 첫 번째 장면 만들기

- 모둠을 만들기(6~7명 한 모둠, 총 2모둠)
- 움직임과 내래이션 프로그램과 군무(일상의 동작들)를 활용하여 만들기
- 각 모둠이 만든 작품을 보고 서로 토론하며 장면을 함께 만들어 가기

〈첫 모둠〉: 뫼비우스의 띠를 이용한 출생과 일상적인 삶 표현

- 상대편의 작품을 보면서 느낌이 오잖아요. 마찬가지로 서로의 것중에서 뽑아다가 모자이크를 만들 예정입니다. 대사를 길게 하지 마시고, 한 문장 정도 간단하게 만들어 주세요. 일단 무대에 올라가면 긴장을 풀지 마시고, 일단 정지한 상태를 유지해 주세요.

〈둘째 모둠〉: 출생, 사망, 그래서 일상은 지속된다는 조각상 보여주기

- 두 모둠의 장면을 어떻게 합칠까? 첫째 모둠의 장면과 둘째 모둠의 소리를 합치면 어떨까?

- 첫째 모둠의 내용으로 모든 사람들을 배우들로 참가시켜 만들어 보세요.
- 마찬가지로 둘째 모둠의 내용으로 모든 사람들을 배우들로 참가시켜…
- 배우들은 상대 모둠에서 요구하는 대로 해주세요.
- 첫째 모둠 작품을 확장하기: 꽃의 모양을 만들어 봅시다. 점점 꽃이 벌어지는 모양(배경음악: 꽃별 1집 수선화) → 뒤로 빠지면서 뫼비우스의 띠를 만들어 주세요. 손을 잡고 아래위로 움직이면서 각자의 대사 말하기

(응애, 응애, 동생 갖고 싶어, 결혼해줘, 나도 이제 집이 생겼어, 제사는 지내 줄꺼지…)

- 둘째 모둠 작품을 확장하기: 출생, 사망 장면 만들고, 나머지 분들은 둘씩 짝지어서 우리 읍내의 일상적인 모습으로 들어가세요. 운명의 수레바퀴 돌리기, 엄마 가르마 잘 타주세요. 술 주정꾼 모습. 끝 장면에서 정지를 할 것인지, 조금씩 움직일지에 대한 합의가 필요할 것 같습니다.

- 장면을 짜가는 과정이 예민해 질 수 있는 과정입니다. 해보면 분위기가 틀려집니다. 제가 그러하듯이 여러분들도 서로 믿으시고 조언을 해 주시기 바랍니다. 직접 하실 때는 좀 허접해 보여도 관객들이 볼 때는 좋게 보입니다. 자신감을 가지시고 해 주시기 바랍니다.

11 ~12블럭 **장면 만들기** 2, 3

1. 즉흥 연기

강사가 시놉시스를 보면서 내래이션을 하는 동안 아무나 들어와서 연기를 합니다.

〈1장 내레이션〉

- 폭풍우가 치는 밤이다. 빗소리가 들리고, 어디선가 여자의 비명소리도 들린다. 당골네가 손을 닦으며 나오고 있다. (범혜영) 아가씨는 올해 나이가 몇이여? 28이요. 올해 결혼해야 쓰것구마. 이 마을 분위기 좀 같이 살펴 봅시다.

- 의식을 행하는 장면도 들어가야겠지요. 태어난 자와 망자를 위한 의식

이 필요합니다.

- 여수댁이 가게를 열고 있습니다. 교장 선생님은 어머니 묘지에 갔다가 오시는 길입니다. -문 열었어요. 어머니 산소 좀 다녀오는 길입니다. - 장씨가 안오네. 여기 재수엔 강씨가 온다고 되어 있는디~

- 기영이 엄마는 가게에 미원을 사러와서 여수댁과 이야기를 나눔(여수댁도 동시에 등장)

- 교장선생님이 들어오고 아내는 아침을 준비하고 있습니다

- 영은이는 교복 깃이 더럽다고 짜증을 냅니다./엄마 교복 깃이 이게 뭐야. 나는 꼬질꼬질한 거는 정말 싫어

- 기영이 아버지는 약재를 썰고 있습니다.

- 엄마가 들어오면서 은경이에게 야단을 칩니다.

- 기영이는 학교갈 준비를 하고 나옵니다./학교 갈라꼬? 잘 댕겨온나?

- 엄마는 삶은 밤을 정은이와 나눠먹으라고 함. 은경이는 투덜댐. 기영이와 은경이는 아버지를 본체만체하고 나간다

- 기영이와 정은이는 만취한 강씨 아저씨를 만난다./야 너덜 핵교 가냐? 공부 안하면 너덜 나처럼 된다. 그려 어여 가.

- 이화가 기영과 정은을 만납니다./ 너 밥먹었니? 어, 숙제는 다 했어? 어.

- 당골네와 부딪친다.

〈2장 사랑과 결혼〉

- 무대 중앙에는 기영이가 달을 보고 앉아 있고, 이화는 나무 뒤에서 기영이를 훔쳐본다.

- 이화는 기영을 보고 뛰어 나가다가 예쁜 꽃을 저견하고 꽃에게 뛰어

나간다.

- 입영통지서를 보고 한숨쉬는 기영의 옆으로 정은이가 나온다.
- 기영이는 정은이에게 사랑을 고백하고 기다려 달라고 부탁하고 사랑을 확인한다.
- 보라색 꽃을 들고 이화는 기영에게 전해주고, 정은이를 때린다.
- 기영이가 이화를 말리는데 당골네가 등장
- 기영이가 꽃을 정은에게 줌

- 기영이와 정은이가 정지 상태로 있고 무대 밖에서 지금부터 결혼식을 시작합니다 라고 말함/ 지금부터 김기영군과 이정은양의 결혼식을 시작하겠습니다. 신랑 김기영 군은 신부 이정은 양을 평생토록 사랑하겠습니까?
- 당골네가 등장해서 이화를 데리고 퇴장하며 결혼과 사랑에 대한 대사 처리
- 정은이가 애기를 앉고 졸고 있는 장면(음성으로만 어른들의 걱정서러움 대사 처리)
- 정은이는 혼자 힘들어 하며 혼자 아기를 달래면서 푸념을 함. 기영이가 들어와 아내어깨를 주무르며 사랑을 표현합니다./어머니 때문에 못살겠어요. 조금만 참아요.

〈3장 죽음〉

- 상여행렬이 지나가고 정은이는 그 행렬에서 빠져나옵니다. 상여는 검은 천을 네 귀퉁이를 들고 지나가면 될 것 같습니다.
- 당골네가 등장해서 무덤에 묻힌 사람들의 사연을 이야기해줍니다./여

기는 술주정뱅이 강씨가 누워 있고, 기영엄마도 있고, 정신 나가서 불쌍한 이화도 여기 있어. 그리고 저기 또 한사람… /그렇게 예쁘더니만 왜 벌써왔어 여기를. 어머니 저 지금 집에 가봐야 되요. 기영씨 빨래만 하고 와서, 닭 모이도 줘야 되고요.

- 정은이는 눈을 들어 당골네를 찾습니다. /아주머니 제발 저를 가게 해주세요.
- 결국 당골네는 정은이를 평범한 어느 하루로 돌려보내기로 한다.
- 정은이는 결국 자신의 16살 평범한 어느 하루로 들어갑니다.
- 정은이가 언제 적 일상으로 돌아가야 할까요?
- 일단 두 분씩 나오셔서 일상연기를 해보세요. 느낌이 좋은 것으로 선정 하도록 하겠습니다. 정은이는 안타까운 모습. 엄마는 평소대로 행동.
- 정은은 자신의 죽음을 받아들이고 다시 망자의 세계로 돌아온 채 이승에 이별을 고합니다.
- 죽은 자는 죽은 자의 자리에서 그렇게 산 사람들을 바라보는 거야.
- 이화는 별에 대한 이야기를 하며, 죽은 사람들은 서로에 대한 위로를 한다.

2. 부족한 부분에 대한 논의

〈1장〉부터 부족했던 부분에 대한 논의를 하겠습니다.

- 1장에서는 아침 부분은 있는데, 다른 시간에 대한 내용이 부족합니다. 여수댁에 대한 내용도 없습니다. 일상이 좀 더 보강되었으면 좋겠습니다. 교장과 여수댁의 만남이 어색함. 기영이네 집도 좀 손질이 필요합니다. 기영이 아버지는 왜 약재를 썰고 있나요? 기영이 아버지의 직업

을 농부로 해도 되지 않을까?

〈2장〉

- 내러티브 드라마 형식으로 사랑을 표현하는 것은 어떨까?
- 동그라미 음악을 적절하게 집어넣으면 좋을 것 같습니다.
- 하객들의 반응 처리는 어떻게 해야 할까? 신랑~는/하객의 대화/결혼을 선포합니다. 결혼 후 삶 장면은 중복되는 것이 있으므로 삭제하는 것이 좋을 것 같습니다.

〈3장〉

- 망자도 이승과의 이별의식이 필요하듯이, 남편도 저승과의 이별의식이 필요함. 남편이 아내의 무덤에 찾아가는 장면이 이별의식이 아닐까?

13 블럭 장면 구성하고 다듬기

〈1장 일상〉

1. 산파 : 무대소개
2. 두 집안의 일상: 인물소개(행동)
3. 기영, 정은 관계 복선
4. 여수댁, 강씨, 이화 잠깐 등장

1) 그림자 극 또는 소리로만

빗소리, 폭풍우, 여자 비명 소리, 산파(당골네)가 손을 닦으며 등장
극의 시작을 알림

2) 여수댁이 가게문을 열고 있고 교감선생이 어머니 묘지에 갔다가 오는
길에
"어디 다녀오세요?" / "어머니 한테요"

3) 기영이 엄마가 가게에 미원을 사러 온다 여수댁과 이야기를 나눈다.

4) 교감집
교감이 들어오고 아내는 아침준비중이다.
"이제와요?" / ":웅" / "잘 계십디까?" / "웅"
정은이가 교복깃이 더럽다고 짜증을 부림 엄마는 아침밥을 먹으라고 잔
소리

5) 기영이집
아버지 약재 썰고 있음 엄마는 부리나케 달려오며 은경이에게 잔소리함
"된장국불 보라니까 뭐했냐?" 은경이 투덜대고 나오며 "나만 갖고 그래, 오
빠도 있는데"
기영이는 학교갈 준비를 함
엄마가 기영에게 삶은 밤을 주며 정은이랑 나눠먹으라고 함 동생은경
투덜대며 따라감 "엄마 내꺼는?"

6) 학교가는 길

기영 정은 학교 감. 가는 길에 만취한 강씨 만남(공부 잘하라는 술주정+
잔소리)

이화 확- 지나감, 이화가 당골네랑 부딪힘 → 당골네가 2장 정리 대사를 함

〈2장 사랑과 결혼〉

연출기법 : 코러스, 복선

(장면 1). 초저녁 가을 마을 뒷동산(달이 환하게 떠 있음)

1. 무대 중앙에 기영이가 달을 보고 있고 이화는 나무 뒤에서 기영을 훔
   쳐본다.
2. 이화가 갑자기 뛰어나와 기영이를 보고 말을 건네다 예쁜 꽃을 보고
   꽃 쪽으로 뛰어간다.
3. 입영통지서를 보고 한숨쉬는 기영이 옆으로 정은이 등장
4. 기영이가 정은이에게 기다려 달라며 사랑을 고백함. 두 사람의 감정
   확인
5. 보라색 꽃을 들고 이화가 등장해서 기영에게 건네준 후 옆에 있는 정
   은이를 때림
6. 기영이가 이화를 말리는데 당골네가 등장하여 이화를 데리고 퇴장
7. 기영이가 이화에게 받았던 꽃을 정은에게 건네주고 애틋한 분위기를
   연출하며 정지

(장면 2). 결혼식장

1. 기영이와 정은이는 무대에 정지 상태로 있고 무대 밖에서 "결혼식을
   시작합니다."

2. 사람들이 결혼식에 필요한 소품을 들고 등장하여 결혼식 분위기를 형성하고 둘에게 덕담을 하고서 퇴장

3. 무대 밖에서 혼인서약의 주례대사 처리 후 가족 사진을 찍음을 알림. 이때 각 부모님이 심정을 담은 대사를 한마디씩 한 후 사진포즈 취함.

4. 무대 밖에서 이화 등장. 기영에게 달려들다 정은이 던진 부케를 받고 좋아함.

5. 당골네 등장 후 이화 데리고 퇴장하며 결혼과 사랑에 대한 대사 처리

(장면 3). 결혼 후 기영의 집

1. 친정 부모님의 대화(시어머니의 성격, 아들 못 낳는 시집살이, 몸이 약한 것 걱정)

2. 아이가 울자 자고 있던 정은이가 일어나 아이를 달램. 이때 시어머니의 핀잔

3. 정은이 혼자 힘들어하며 아이를 달래고 있는데(자신의 삶에 대한 푸념) 기영이가 들어와 아내의 어깨를 주무르며 애정섞인 대사

〈3장 죽음〉

등장인물 : 정은, 기영 엄마, 이수댁, 이화, 당골네

기법: 분신, 코러스, 무대 분철

1. 상여 행렬이 지나고, 정은이 그 행렬에서 빠져나옴/코러스

2. 당골네 등장(또 한 사람 오는 구려)/뒷산 무덤에 묻힌 사연 설명

3. 기영 엄마와 여수댁 대화

4. 정은 망자들 곁에 와 인사. 대화

5. 당골네를 통해 과거의 평범한 일상으로 돌아옴

6. 평범한 일상(1장 장면 중 정은이네 집 장면)/분신

7. 정은은 자신의 죽음을 받아들이고 망자의 세계로 돌아오면서 이승에
   이별을 고함(안녕 이승이여~)

8. 이화 대사(별에 관한 이야기), 망자들의 대화

9. 삶과 죽음에 대한 당골네의 대사

배역 정하기

- 자신이 하고 싶은 역할 오디션 보기(에피소드를 만들어 연기해 보기, 상
  대역을 대상으로 즉흥극 해보기)

- 자신이 하고 싶은 역할 1지망, 2지망, 3지망 써보기

- 모둠별로 무대, 의상, 소품, 음악에 대한 계획안 만들기와 아이디어 회의
  (브레인 스토밍) 발표하고 난 후 제작하기

14 ~15블럭 공연 연습 및 리허설

에스파니아 공주의 생일 _{정진경}

오스카와일드 원작 / 김미정 각색

01. 작품을 고른 까닭

1. 작품을 기획하며 대본으로 극을 만든다는 건 기본적으로 이야기 구조를 가지고 출발한다는 건데 연극을 만들고 표현하는 재미에 빠져도 모자랄 시간에 대본을 맛보고 참가자 각자의 삶과 연관 지으려 하다 보니 '우리 이야기로 연극 만들기' 못지않게 내용에 치중하여 정작 대본이 지닌 연극 만들기의 즐거움에 빠지지 못한 채 마무리 하는 아쉬움이 늘 있었다. 가슴에 아련하게 또는 강렬하게 남는 장면을 만들고 연기하는 즐거움에 푹 빠져 보고 싶은 마음이 컸던 모양이다. 그래서 이번 작품은 강사들이 오랜 시간 고민했으면서도 프로그램을 계속 바꿔가며, 때로는 참가자들의 느낌과 요구를 받아들이며, 즉흥의 힘을 믿고 진행한 것이 큰 도움이 되었고 참가자들 또한 극 속으로 깊이 빠져들게 했던 작품이 된 것 같다. 늘 고민해 왔던 연극놀이와 즉흥으로 작품과 만나고 작품 속에 자신의 삶을 녹여 내어 아프지만 깊이 있는 이야기를 풀어낼 수 있기를 바랄 뿐이다.

2. 〈에스파이나 공주의 생일〉을 고른 까닭 우연히 극단 북새통의 '브로큰 하트' 대본을 읽고 슬프지만 아름다운 이야기를 연극적 상상력으로 장면화 시키고 싶다는 생각이 들었습니다. 그 중에서도 외로움으로 심장이 얼어버린 공주 '인판타'와 차가운 현실과 편견어린 시선에 심장이 깨져버린 꼽추 '판타스틱'의 이야기를 집중적으로 다뤄보자는 생각이 들었습니다. 서로의 상처를 드러내지도 보듬지도 못하는 이들의 외로움을 느끼고 '아름다움과 추함을 나누는 우리들의 기준은 뭘까?'라는 질문을 던지며 슬프고도 아름다운 삶과 사랑의 이야기를 무대 위에 형상화해 보기로 했다.

전국 교사 연극 모임 '놀이와 즉흥으로 극
만들기' 연수 (2009. 8. 3~8. 8)를 바탕으로
정리하였다. 주강사 정진경, 보조강사 정주
희, 범혜영

02. 과정 한눈에 보기

블록		주제	내용	비고
월	1	몸과 마음 열기	연극놀이와 즉흥	
	2	대본을 만나다	모둠, 연극과 만나기	
	3		'에스파니아공주의 생일'을 읽고 이야기 나누기	
화	4	대본을 가지고 놀다	대본의 줄거리를 다양하게 표현하기	
	5		연극 놀이를 통해 정서 찾기	
	6		드라마 관습을 활용하여 인물 분석하기	
수	7	대본으로 연극적 상상을 펼치다	대본에서 연극적으로 표현해 보고 싶은 장면을 찾아 표현하기	
	8		연출가 되어보기 1	
	9		연출가 되어보기 2	
목	10		연출가 되어보기 3	
	11		연출가 되어보기 4	
	12		연출가 되어보기 5	
금	13	대본으로 연극을 만들다	장면 구성하고 다듬기	
	14		연습하기	
	15		리허설	

03. '에스파니아 공주의 생일' 연극 만들기

목표

1. 대본을 읽고 토론하고 해석하며 장면을 재구성한다.
2. 드라마관습(놀이, 즉흥)을 활용하여 다양한 연극적 체험을 한다.
3. 다양한 연극적 체험 과정 변형하여 연극 만들기(공연)에 반영한다.
4. 연극 만들기에 대본이 가지고 있는 장점(문학적인 대사, 해설, 구성)을 반영한다.

1 블럭 몸과 마음 열기

1. 몸풀기
- 스트레칭
- 앉아서 발과 다리 풀기,

2. 이름 외우기 놀이
- 돌아가며 수식어가 있는 이름 꼬리를 물고 말하기

  꿈 많은 ○○ / 사람 좋은 ○○ / 김 좋아하는 ○○ / 엉뚱한 ○○ / 과묵한 ○○ / 밥 좋아하는 ○○ / 생각만 하는 ○○ / 천 가지 표정 ○○ / 꿈꾸는 ○○ / 사랑 많은 ○○ / 잘 웃는 ○○ / 생각 많은 ○○ / 건강한 ○○

- 이름으로 얼음 땡

- 술래가 잡으려하면 다른 사람 이름을 부르면 살아난다. 이름이 불린 사람은 술래가 된다.
- 조스 놀이
  - 전체가 원으로 동그랗게 선다. 술래는 원 안에 선다. 두 손을 모아 조스를 만들어 한 사람을 지목하여 그 방향으로 조스가 되어 나아간다. 죽게 돼 있는 사람은 조스가 오기 전에 자신의 이름을 불러줄 사람을 지목한다. 이름이 불려지면 살아남고, 이름이 불리지 않으면 죽는다.

※ **도움말**
- 연극놀이와 놀이는 어떤 차이가 있을까?

놀이도 연극도 영어로는 PLAY / 갈등이 들어있는 놀이 / 역할이 계속 바뀜

2 블럭 모둠, 연극과 만나기

1. 돌아가며 자기소개하기
- 인사를 하며 자연스럽게 연수에 오게 된 이유, 연극과의 인연 등을 이야기한다.

2. 자기소개(나는요!)
- 나를 말해주는 것들, 좋아하는 것, 화나게 하는 것, 내 마음의 상태 등을 A4 용지에 적고 종이를 걷어 골고루 나누어 준다. 서로 돌아가며 자신이 들고 있는 종이의 내용을 읽어준다. 듣는 사람들은 그 종이의 주인공이 누구인지 손가락 투표로 맞춰본다.

- 자기소개를 쓰기에 앞서 단편적인 사실보다 자신의 내면에 담겨져 있는 모습을 쓰도록 '나를 말해주는 것들, 좋아하는 것, 화나게 하는 것, 내 마음의 상태 등'의 구체적인 발문을 해 주면 좋을 것 같다.

3. 신문지로 나를 표현하기

- 신문지로 나를 표현할 수 있는 것을 접거나 찢거나 구겨서 만든 다음, 짤막한 극을 만들어 보여준다.
- 발표할 공간을 선택하고, 간단한 대사를 생각해 본다.

- 참여자 이야기
- (공) 앞으로 굴러가야할 공
- (하트) 삶의 열정을 불태우고 싶음
- (반듯한 마음과 만신창이가 된 마음)
  20년 전 결혼을 시작할 때의 내 마음과 지금의 마음
- (신문의 크기를 점점 넓혀감) 마음의 여유를 갖고 싶음
- (지시봉 또는 매, 걸레 또는 쓰레기)
  학교에서의 과격하고 엄격한 나와 집에서 풀어지는 나
- (거울) 이중적인 내면의 나를 거울로 표현
- (지갑) 로봇이 아닌 지갑으로 살고 있지만 지갑으로 살아도 만족
- (친구에게 했던 못할 말들) 솔직하지 못했던 친구에 대한 미안함
- (강물, 뼛가루) 어머니를 떠나보내는 슬픔
- (작은 공간) 답답한 일상에서 벗어나는 법
- (책, 자료) 인도에서 다양한 문화를 가르치고 싶음

- (화살표) 화살표를 따라 꿈을 찾아가는 여행, 삶

※ 도움말
- 아이들과 이 방법으로 자기소개를 해 보면. 세 개의 문장으로 만들어라. 동작도 곁들어라 하면 좋은 작품들이 많이 나오더라구요.
- 흰종이로 '나'를 표현하기의 변형이다. 흰종이보다는 신문지가 편하고 크기도 조절할 수 있다. 여기에 움직임과 독백을 넣으면 한 편의 1인극을 보는 듯 하고 모둠끼리 모여 정지동작을 한 후 한명씩 돌아가며 표현하면 한 장면이 될 수 있다.
- 이전에는 발표할 공간이라는 새로운 항목을 추가했는데 그것도 대사와 상징물 못지않게 좋은 효과를 준 것 같다. 높낮이, 중앙, 구석진 곳, 어떤 물건 옆, 햇빛이 비추는 곳 등 자신의 마음 상태에 따라 공간을 설정하게 되었기 때문이다.

3 블럭 '에스파니아 공주의 생일' 읽고 이야기 나누기

1. 몸풀기
- 마주보고 손목잡고 균형 맞춰 앉았다 일어서기
- 손목잡고 빠른 속도로 돌고, 돌고

2. 짧은 대사로 장면 표현하기
- 대본 중 짧은 대사를 10개 나눠주고, 두 사람씩 짝을 지어 상황이나 분위기를 상상하여 표현해 본다.

앙상블의 노래 :

나나나나나나 나나나나나

나 나나나

나나나나나나 나나나 나나

나 나~

메아리는 메아리는 산이 울려

서 나는 소리

우리는 우리는 메아리를 따라

춤추는 광대

메아리의 노래는 바람의 날개

를 타고 가지마다 꽃피운다.

사랑의 붉은 장미를

나나나나나 나나나나나나

나나나

나나나나나나 나나나 나나

나 나~

앙상블   솜털처럼 부드러워

앙상블   날아갈 것만 같아

앙상블   난 꼼짝도 할 수 없는데

앙상블   머리끝부터 발끝까지 전기가 통하는 것 같아

앙상블   가슴이 터질 것 같애

앙상블	난 지금 하고 있지
앙상블	난 해본 지 오래 됐는데….
앙상블	달콤한 향기
앙상블	쓰디 쓴 맛이지
앙상블	배고파
앙상블	으이그!
국왕	나의 사랑하는 왕비여, 나의 사랑하는 왕비여!
앙상블	싸늘하게 식은 왕비의 파리한 손을 부여잡고,
앙상블	마치 죽음의 잠에서 흔들어 깨워 보려는 듯,
앙상블	울부짖는 왕의 절규, 몸부림치는 왕의 슬픔
앙상블	안돼. 국왕은 눈물을 보여선 안돼!
앙상블	안돼. 국왕은 슬픔을 내비쳐선 안돼!
인판타	혼자 있고 싶어요.
공작부인	공주 마마!
인판타	아빠가 내 생일 축하파티에는 참석하신대요?
공작부인	국왕 폐하께서는 사랑하는 공주님의 생일을 위해 오후에 거대한 연회를 준비했습니다.
인판타	나의 아버지이신 스페인 국왕께서 그 거대한 연회에 나와 함께 하실거냐구요?
시종장	공주님, 오늘은 가장 기쁜 날, 공주님의 생일날입니다. 세상에서 가장 큰 생일 케　과 화려하고 멋진 쇼가 준비되어 있습니다. 이집트의 마술사와 아랍에서 온 인형들, 멋진 그림자극들, 그리고 깜짝 쇼까지! 자, 시작해라!
판타스틱	공주님이 곧 오신대. 내 춤을 볼려구. 나를 만나려구. (장미

	를 양손에 쥐고) 그럼 이 장미꽃은! 설마 공주님이 나를? 우
	와! 공주님과 숲으로 돌아가면 얼마나 좋을까!
공작부인	공주마마, 지금까지 왕족의 피를 받은 공주가 신분이 낮은
	사람들 앞에서 이렇게 웃은 적은 없었습니다.
인판타	(아랑곳하지 않고 이때만큼은 어린 아이처럼 마냥 즐거워하
	며) 와, 저것 좀 봐!
판타스틱	절 때리실 건가요?
시종장	아니. 넌 공주님을 즐겁게 해드렸어. (넌 공주님을 웃게 만들
	었어.)
판타스틱	저어.. 공주님이 정말 행복해하셨나요? 저 때문에, 제 모습을
	보시고서요?
시종장	넌 네 모습을 본 적이 있니?
달님	한 겨울, 마른 가지에 꽃을 피우기 위해선 끔찍한 형 벌을 치
	러야 하거든. 가시에 가슴을 박아. 심장의 붉은 피로 나무를
	적셔야 하지.
시종장	공주마마, 이 작고 우스꽝스러운 판타스틱은 다시는 춤을 추
	지 않을 겁니다.
인판타	아니, 춤을 춰야 돼. 명령이다. 어서 춤 춰!

※ 도움말

대본을 읽기 전 간단한 대사들을 통해 작품에 대한 흥미를 가지고 작품을 상 상해 보는 재미를 느낄 수 있는 활동이다.

3. 의자를 가지고 앉기, 다과를 먹으면서 대본 읽기

- 돌아가면서 읽는다. 본인이 읽고 싶은 만큼 읽는다.
- 읽으면서 궁금한 내용을 가볍게 메모한다.

4. 각자 읽은 대본에 대한 느낌 나누기

- 느낌 나누기
  - 공주도 불쌍해요.
  - 외모 지상주의에 관한 이야기에요.
  - 갑갑해요. 읽고 말로 하는 건 안 해봐서 생소한 거라 갑갑합니다.
  - 사실적이지 않고 상징적인 극인 것 같아요. 표현들이 대본에서 벗어날 수 있는 여지가 많은 작품인 것 같아요.
  - 보는 사람이 복잡할 것 같은 느낌이 들어요. 그림자극을 관객들이 잘 받아들일 수
  - 해피엔딩으로 끝났으면
  - 길고 글자가 많아서 깜짝 놀람. 여러 목소리를 들을 수 있어서 좋았어요.
  - 희곡 전공인데도 생소하고, 노래도 많고 대사도 음악, 시 같은 느낌이 강한 것 같아요.
  - 다양하게 표현이 가능할 것 같아요.
  - 노래가 많아서 뮤지컬 같은 느낌이 들 것 같아요. 사람들에 따라 다양하게 받아들일 것 같아서
  - 노래는 어떻게 부르나, 악기는 어떻게 다루나, 그림자극은 어떻게 처리하나 고민이 많이 돼요. 그림자극은 빼는 것이 좋지 않을까. 한 장 한 장 넘길 때마다 색다른 그림책 같은 이야기인 것 같아요. 근데 해피엔딩이었으면.

- 아까 짤막한 극을 했던 대사를 읽게 됐을 때 웃겼어요.
- 예전에 했던 극에서는 노래, 코러스가 나오면 다 빼버렸는데 어떻게 할 것인가 궁금해요.
- 시종장이 판타스틱인 줄 알았는데, 읽고 나서 아닌 걸 알았어요.

5. 질문 나누기

- 내용에 관한 질문
  - 판타스틱은 왜 숲에 숨어 사나요
  - 어떻게 해야 판타스틱이 다시 웃을 수 있을까요?
  - 원작의 결말은 어찌 되나요?
  - 시종장은 판타스틱의 아름다운 마음을 알아본 유일한 사람이 아니었을까?
  - 공주가 판타스틱의 춤을 즐기며 그를 기롱한 것은 그를 상처 입히며 스스로를 상처주려는 자학적인 행위가 아니었을까?
  - 공주는 전에 언제 판타스틱을 봤을까? 그때는 왜 인상 깊게 남지 않았을까?
  - 나이팅게일과 장미라는 그림자극은 공주 인판타와 판타스틱과 어떤 연관이 있나요?
  - 왕비가 죽었는데 인판타는 왕비의 딸이 아닌가요? 엄마가 돌아가셨는데 아무런 슬픔 없이 단지 아버지가 자신에게 관심이 없는 것에만 화를 내는 이유가 뭔가요? 시간이 많이 흘러서인가요?
  - 커튼으로 둘러써진 방의 비밀은? 왜 커튼으로
  - 판타스틱이 말하는 메아리의 의미는?
  - 시종장의 정체를 모르겠어요. 거울 이야기를 제일 먼저 꺼냈고, 판타

스틱이 죽은 후 허밍으로 위로 혹은 결말을 짓는 이도 시종장인데 그는 판타스틱의 친구일까, 적일까?

- 공주가 몇 살 때 왕비가 죽었을까?
- 공작부인의 역할은? 실제 공작부인과 공주와의 관계는?
- 왕은 왜 그림자극을 보았을까? 그리고 극이 끝난 후 커튼을 닫았을 때의 마음은?
- 삼촌과 국왕이 보낸 선물은 왜 판타스틱이었나?
- 검은 천에 덮인 판타스틱의 등장은 추한 몰골 때문인가?

● 기술적인 측면, 연출적인 질문
- 여기 나오는 노래를 비슷한 대중가요로 바꾸면 안될까요?
- 인판타가 왕이 커튼을 친 방에 있다고 할 때 실제 그렇게 꾸며진 방에 있는 모습을 보여주나요?
- 꽃이나 거울도 분장을 하나요?
- 이 연극에서 웃음을 줄 수 있는 부분은 어디일까요?
- 죽은 제비의 모습을 정지 그림으로 하나요?
- 인물의 대사보다는 앙상블의 노래나 대사가 많은데 설명하는 식으로 되어 있어 지루하지 않을까요?
- 황소의 심장에서 나온 장미 사탕 등 선물을 나오는 것이 어떤 설정? 현실성 부족. 동화.
- 앙상블은 왜 조각상을 만드나요?
- 앙상블 간의 관계는?
- 아주 작은 수레와 커다랗고 허름한 수레의 의미는? 이것이 물체로 변형되는 이유는?

- 악기로 단소를 가져왔는데 괜찮을까요?

- 그림자극 커튼과 왕의 커튼이 동시에 열린다는데 두 개의 커튼이 있어야 하는 건가요? 커튼의 의미는 뭔가요?

- 마술쇼 어떻게 할까요? 그림자극과 투우 모두.

- 투우 재미있을 거 같아요.

- 거울들은 사람이 하나요?

- 음치라서 걱정이에요.

- 시대극 같은데 말투에 신경을 썼으면 좋겠어요.

4 블럭 대본의 줄거리를 다양하게 표현하기

1. 몸풀기

- 마사지

- 직선으로 또는 곡선으로 걷기

- 창과 방패 / 이등변 삼각형 만들기

  팁〉 움직임을 멈출 때 '얼음'을 쓰는 것도 좋다.

〈쉼〉 창과 방패나 이등변 삼각형도 연극놀이?

공간을 이용하는 움직임 / 다른 사람의 움직임에 나도 영향을 주고 받는다는 것 / 함께 하는 기운을 느끼는 것

2. 즉흥놀이와 마임

- 너 뭐하니?

- 두 사람이 짝을 지어 A가 "너 뭐하니?"라고 말하면 B는 "나 ○○○ 해"라고 말한다. 그러면 A는 B가 말한 상황을 몸으로 표현한다. 번갈아 반복.

● 빨간 공, 노란 공, 파란 공
- 동그란 원으로 서서 상상의 공을 만들어 누군가에게 던진다. 던질 때는 상대를 분명히 하고, "빨간 공"이라고 색을 외치며 던진다. 받은 사람은 "빨간 공 고맙습니다."라고 답한다. 처음에는 빨간 공만, 점점 공을 하나씩 늘려나간다.

● 선물 전달하기
- 동그란 원으로 서서 한 사람씩 마임으로 주고 싶은 선물을 크기나 무게, 상황 등을 표현하여 주고 싶은 사람에게 전달한다. 선물을 받은 사람은 그것을 나름대로 처리한 후 다른 사람에게 다시 선물을 전달한다.

● 틀린 그림 찾기
- 두 사람이 짝을 지어 자신의 몸에서 3군데를 다르게 만들어 서로에게 보여주고, 어디가 달라졌는지 알아맞혀 본다.

● 과감한 패션쇼!
- ④ 번에서 한 것 중 가장 과감한 자신의 모습을 연출하고 짝과 함께 어울리는 워킹으로 모델처럼 걸어나와 포토라인에 서고 옆쪽으로 선다. 마지막엔 모두가 커튼콜 버전으로 나란히 서서 포즈~

● 택시
- 네 개의 의자나 상자를 이용하여 택시를 준비한다. 앞쪽 좌석엔 기사, 나머지는 손님이 된다. 운전을 하고 가다가 바깥에서 택시를 세우고 들어오는 손님의 설정에 맞추어 전체가 같은 설정으로 즉흥적인 이야

기를 나눈다.

　반짝 설정들!! → 미국에서 온 여행객, 유치원 아이, 만삭인 산모, 외계인이 되고 싶은 아이들, 수화를 하는 장애인, 불량 청소년, 닭살스런 애교로 통화를 하는 여자, 미친년, 스트레칭 전문 강사, 도를 아십니까, 실연당한 남자, 느끼한 성적 에너지를 가진 남자 등

3. 줄거리를 한 사람이 한 문장씩 이어가기

- 국왕이 아내가 죽어서 탑으로 올라갔습니다.
- 인판타 공주의 열 두 번째 생일날, 인판타는 아버지가 오시지 않는 다는 소리에 충격을 받지만 생일 축하쇼는 시작됩니다.
- 생일 축하쇼는 투우와 그림자극에 이어서 판타스틱의 공연까지 이어집니다.
- 판타스틱의 공연을 보고 인판타는 너무나 행복해하며 장미꽃을 판타스틱에게 줍니다.
- 판타스틱은 거울이라는 것을 새로 접하게 되고 그 거울 속에서 자신의 모습을 발견하게 됩니다.
- 그 거울 속에 비친 자신의 모습에 실망을 하고, 거울들이 비웃는 소리에 충격을 받습니다.
- 판타스틱은 쓰러집니다.
- 아. 공주가 돌아와 판타스틱의 춤을 다시 보고자 하나, 시종장은 판타스틱이 심장이 깨져 죽었다고 하고, 공주는 다음부터는 심장이 없는 것을 데리고 오라고 합니다.
- 공주는 결국 춤을 볼 수가 없었습니다.

4. 대사로 이어가기

- 침묵
- 하하하. 너무 재밌다.
- 이건 공주님이 주신 장미야. 이건 세상에서 하나밖에 없는 장미야.
- 이건 세상에서 하나밖에 없어.
- 정말 모르나봐. 우리가 왜 웃는지. 공주님이 왜 웃는지.
- 다음엔 심장이 없는 것으로 가져와.

5. 대사와 줄거리를 번갈아가며 이어가기

- 스페인 왕비께서 돌아가셨대.
- 나는 슬픔과 재혼을 했다.
- 인판타의 생일 쇼가 시작됩니다.
- 설마, 판타스틱?
- 판타스틱은 공연을 하고, 공주는 매우 흡족해하며 다시 보고싶어 합니다.
- 아, 너무 행복해.
- 판타스틱은 거울이 있는 방으로 들어갔습니다.
- 아. 웃어봐.
- 자. 판타스틱은 심장이 깨져버렸습니다.

6. 질문을 통해 줄거리 이해하기

- 인판타의 아버지는 왜 인판타를 거부하는 걸까?
  - 딸에 대한 사랑보다 아내에 대한 사랑이 더 크기 때문에 무너져서 치유할 시간이 필요하지 않았을까

- 아내가 딸을 낳다가 죽었기 때문에 원망이 살아있을 수도 있다
- 왕은 눈물을 보일 수 없기 때문에 딸을 보면 감정적이 될까봐 냉정함을 지키기 위한 게 아니었을까
- 딸에 대한 의무는 있었겠지만 사랑일지는 모르겠다.
- 인판타가 왕비를 너무 많이 닮아서 왕이 볼 때마다 마음이 아팠을 것이다
- 아버지와 딸의 관계면서도 왕과 공주의 관계이기도 해서 마음을 내비치지 못하는 것이다

● 인판타와 판타스틱
  - 아버지를 대신할 수 있는 존재
  - 즐거움을 주는 도구가 아니었을까
  - 인판타에게 의미가 있을 듯. 인판타를 유일하게 웃게 만들어주는, 위로해주는 중요한 존재인데 깨닫지 못했을 것이다. 계속 데려오라는 것만으로도 인판타에게는 정말 간절히 필요한 게 아니었을까

● 장미와 판타스틱
  - 장미는 인판타가 정말 원하는 무엇이 아니었을까. 그런 의미에서 왕이 주지 못하는 무언가를 판타스틱에게서 받았다는 의미가 아닐까
  - 장미는 사랑을 의미, 인판타가 아이이기 때문에 소중한 것을 모르고 차갑게 말한 게 아닐까
  - 나이팅게일의 이야기에서도 그렇고 심장에서 흘러나오는 피가 만들어 낸 게 장미라는 것을 봐도 장미는 사랑이다

- "심장이 없는 것으로 데리고 와"라는 말의 의미는?
  - 어릴 적에 기본적으로 충족되어야 할 사랑이 없는 결여된 인물. 판타 스틱이 채워줄 수 있는 사랑을 잃어버린 것이기 때문에 판타스틱에게 서 버림받은 것으로 생각한다
  - 어쩌면 공주의 심장이 깨진 것일지도
  - 공주도 이제는 왕처럼 커튼을 닫는 존재가 되어가는 것

- 판타스틱은 왜 공주를 사랑했을까?
  - 마음이 통하는 상대라고 생각하지 않았을까

- 판타스틱의 죽음
  - 판타스틱의 죽음은 오해다. 판타스틱을 계속 찾고 있지 않나. 아버지 에 대한 것도 마찬가지다. 아버지가 사랑하지 않는 게 아닌데 아버지 도 오해하고 있는 것이므로
  - 심장이 깨져버린 이유도 공주가 자신을 보고 웃는 것이 자신의 존재를 좋아하는 것인 줄 알았는데 자신의 겉모습만 좋아하는 거라고 오해를 한 순간, 존재가 무너져 버린 것이다

- 공주와 판타스틱은 이미 알고 있던 사이일까?
  - 공주가 궁을 빠져나갈 일이 있었는데 숲에서 춤추는 판타스틱을 본 적 이 있지 않았을까

- 거울의 의미
  - 왜곡된 모습을 비추는, 왕궁의 겉만, 권력만 보는 것

● 기타 질문

- 왜 판타스틱을 선물했을까?

- 공주와 판타스틱의 전사가 있었으면

- 이후의 인판타는?

5 블럭 연극 놀이를 통해 정서 찾기

1. 사랑을 정의하는 말들, 몸으로 표현하기

● go-stop

- 공간 속을 고르게 분포해서 걷기

- 걷다가 누군가가 stop하면 멈추기

● stop에서 사랑에 관한 정의하기

- 음악의 느낌대로 사랑을 정의하기 (사랑은~~~), 정의에 따라서 움직이기

신나는 거야 / 천연진통제지 / 달콤한 거야 / 어지러워 / 질주본능 / 아픔이야 / 가시밭길을 걸어가는 거야 / 눈물이다 / 애통한거야 / 절규하는 거야 / 급성피부전염병같은 거야 / 솜털같이 가벼운 거야 / 환상같은 거야 / 촉촉한 봄비야 / 간지러운 거야 / 아이같은 거야 / 밀려오는 파도와 같지 / 산들바람 / 민들레 홀씨 / 기다리는 거야 / 전기가 짜릿짜릿 통하는 것 / 힘든 거지 거대한 거야 / 날개와 같아 / 정열의 탱고 / 엉뚱한 곳에서 찾아오지 / 미치는거야 / 아무것도 보이지 않는 거야 / 가슴~~~ / 남여 간의 밀고 당기기야 / 산에 오르는 것과 같지

2. 관절 감싸기 → 등 맞대기

- 짝끼리 번갈아가며 따뜻한 손으로 서로의 관절을 감싸줍니다.
- 누군가를 위해 기도를 한 것은 처음인데 굉장히 마음이 편하고 마디마디까지 느낌이 전해오는 듯했다.

3. 날 좀 바라 봐

- 둘씩 짝을 지어 가위 바위 보를 해서 이긴 사람과 진 사람으로 나눈다.
- 공간을 직선으로 걸어 돌아다니다가 만나는 사람과 다음의 말을 주고받는다.
- 이긴 사람은 사람을 만나면 "흥"이라고 말하며 차갑게 돌아선다.
- 진 사람은 멀어져가는 이긴 사람의 등을 물끄러미 안타깝게 끝까지 바라본다.

4. 석고 뜨기

- 사랑의 감정을 가지고 두 사람씩 짝을 지어 석고 뜨기를 한다.
- 한 사람이 어떤 동작으로 서 있으면 그 몸의 어떤 부분에 사랑의 감정으로 만난다.
- 석고를 뜨는 것처럼 몸의 접합부분에 잠시 정지, 시간 상 먼저 있던 사람이 옆 사람의 몸 상태가 흐트러지지 않게 조심해서 빠져 나와 석고를 이어 뜬다.

5. 가장 슬픈 장면과 기쁜 장면 만들기

- 슬픈 → 기쁜 모둠 : 탑에 갇힌 왕 - 인판타의 탄생을 기뻐하고, 백성들에게 알림

● 기쁜→ 슬픈 모둠: 인판타의 탄생 - 왕비의 죽음

6 블럭 드라마 관습을 활용하여 인물 분석하기

1. 인물 되어보기

● 판타스틱 되기(직선과 곡선)

- 몸의 모든 부분이 딱딱하게 되어갑니다. 직선으로 걷습니다. 마음도 딱딱하게 굳어가네요. 공간도 날이 서고 차갑고 딱딱해집니다.

- 몸이 서서히 풀리면서 따뜻한 기운이 퍼져 옵니다. 표정이 밝아지고 세상이 포근해지고 가장 평온한 공간이 됩니다. 나무가 우거지고 풀들이 살랑이고 따스한 볕이 쏟아지고 마음은 행복으로 가득 찹니다.

- 몸이 가벼워지면서 춤을 춥니다. 날아오르네요. 천천히 내려앉으면서 마음이 편해집니다. 가장 평화로운 느낌으로 섭니다.

● 참여자 이야기

직선일 때는 경계하게 되고 차가워지고 무서워지는 느낌이 들었어요. 숲에서 몸을 마음대로 움직일 수 있어서 좋았어요. 숲속에서 누군가 함께 하진 않았지만 자연들이 치유해주는 함께 하는 느낌이 들었어요. 그 무엇도 부럽지 않았어요. 여러 곳을 자유롭게 다닐 수 있어 좋았어요. 주체적으로 행동하는 느낌이 들었어요. 숲에서 나무를 안아줄

수 있어 좋았어요. 편한 옷을 입고 와서인지 정말 편하게 움직일 수 있었고요, 다른 사람들과 함께 물 흐르듯 에너지를 느끼면서 걷는 게 정말 좋았어요.

● 인판타 되기
  - 나는 다른 사람과 다릅니다. 다른 사람들은 나를 두려워하기도 하고 측은하게 보기도 합니다. 지금부터 8살의 인판타가 되어 궁전을
  - 천한 것들 앞에선 그렇게 걸으시면 안 됩니다. 고개를 들고 허리를 세우세요. 발에 힘을 주십시오.
  - 그렇게 뛰어다니시면 안 됩니다. 치마를 드십시오.
  - 2, 4, 6, 8, 10 술래잡기 하다가 다시 공주님!!
  - 각자 가장 마음에 드는 공간에 가서 공주의 침실을 만들고 누우세요. 공주의 24시, 하루를 만드는 겁니다.
  - 밤 12시, 지금 공주님들은 꿈을 꾸고 있습니다. 강사의 신호에 맞춰 어떤 꿈인지 한 마디의 대사로 표현해 주세요.

● 참여자 이야기
  할 게 없어요. 뭘 해도 남의 눈치를 봐야 하는 게 힘들고, 지루한 것만 해야 하고 공주의 직분을 유지하기 위한 행동들 뿐. 또래 친구들을 만날 수도 없어요. 가족들과 떨어져서 외로움이 많았어요. 자유로운 생활이 없어요. 궁 밖을 나가고 싶었어요. 유일한 낙은 주변의 자연과 벗하는 것. 함께 하는 건 하나도 없고 전부다 혼자 하는 것 뿐이었어요. 뭔가를 배우기보단 사랑받고 싶었어요. 긴장돼요. 언제 혼날지 몰라서 불안해요. 부자연스러워요. 몸에 맞지 않는 옷을 입고 있는 느낌이었어요. 판타스틱의 숲처럼 같은 자연인데 그걸 누릴 수가 없어요. 규율이나 예의 때문에. 남들이 어떻게 해줘야 행동

할 수 있는 수동적인 존재라는 느낌이 들었어요. 나무를 안아줄 수 있는 게 아니라 그냥 바라만 보고 물만 주는 존재가 됐어요. 오늘 제가 편한 옷을 입었는데 틀에 갇혀 있는 느낌이 들었어요.

- 스페인 국왕 되기
  - 두 줄로 서서 한 쪽은 왕이 되고, 반대쪽은 인판타가 됩니다. 인판타는 왕을 향해 다가오고, 왕은 인판타가 오는 것을 보면서 커튼을 칩니다. 이 때, 커튼이 닫힘과 동시에 잠시 정지하세요.
  - 인판타의 입장에서 하고 싶은 말을 대사로 치세요. 국왕의 입장에서도.
  - 두 사람이 등을 맞대고 앉습니다. 인판타와 왕이 만났다고 가정하고 서로에게 하고 싶었던 말을 하세요.

1조	인판타	싫어, 여기는 감옥 같아. 나는 저 백성들처럼 자유롭고 싶단 말이야.
	국왕	….
2조	인판타	그래, 아빠 내가 보고 싶지 않은 거겠지.
	국왕	인판타, 너는 나의 딸이기 이전에 스페인의 공주다. 그것을 잊지 말렴.
	인판타	아빠 딸이 될 수 있다면 스페인의 공주 따위 필요 없어.
	국왕	넌 스페인의 공주야. 내가 스페인의 국왕인 것처럼.
3조	국왕	넌 그렇게 어리지 않아. 남들이 누리고 있는 것보다 훨씬 많은 것을 누리고 있고. 그걸 몰라?
	인판타	다신 아빠를 찾아오지 않을 거야. 아빠라고 부르지도 않을

거야.

4조　국왕　　언젠가는 널 사랑하게 될 거야.

인판타　　그때까지 난 그냥 기다려야 하는 거야?

국왕　　계속 기다려 보렴.

5조　국왕　　널 보면 괴로워 내가. 그냥 화가 나.

인판타　　내 탓이 아니라구.

국왕　　네 탓이 아닌데 화가 나.

인판타　　그럼 난 어떻게 해.

국왕　　나도 모르겠다.

인판타　　아빤 너무 무책임 해.

국왕　　나를 비난하려 하지 마. 나라고 내 삶이, 내가 사랑하는 사람들이 이렇게 엉망진창이 될 줄 난들 알았겠니?

공동창작시

● 탑에서 - 국왕

내게 있는 것은
저 짙푸른 절망과 고독뿐
커텐을 닫아 버렸어

푸른 숲 탁 트인 들판에서
마음껏 가슴 터지도록
웃고 뛰어 놀고 싶어하는
너의 마음 알기에

너를 볼 때마다
네 엄마가 생각나 괴로워
손을 내미는 것이 아직은 참 어려워

네가 그랬다더구나
화려한 궁생활 휘황찬란한 보석보다
이 아비가 더 필요하다고
조금만 기다려주렴
너를 견제하는 다른 무리들이 있어서란다
내가 그들을 막고 이 성 속에서 너를 지키기 위해서다

이 못난 애비를 용서해다오

다음엔 밝게 너에게 손내밀 수 있을 거다

시간이 흐르면 아주 먼 그 날
나를 이해할 수 있을 거야 언젠가는

● 어젯밤 꿈에 - 인판타

어젯밤 꿈에 나 엄마를 만났어요
엄마가 아빠께 잘 해드리래요

달려가 아바바마께 어리광도 부리고 싶고
재미있는 시간을 보내고 싶은데

나도 아빠가 필요해요
저는 스페인의 공주 따위는
단 한 번도 바란 적이 없어요
왜 자꾸 저를 밀어내시는 건가요

성 밖 사람들의
사는 모습을 생각해 보았어요

커텐을 여세요 나를 보세요
아빠에겐 제가 있잖아요
언젠가는 저를 돌봐줄 거라고 굳게 믿고 있어요

제발

제발 이제는 날 봐주세요, 아빠

7 블럭 연극적인 장면 표현하기

1. 몸 풀기

 ① 몸 어루만지기, 스트레칭

 ② 네 박자 박수치기

 ③ 공중에 이름쓰기

2. 궁금한 장면 상상하여 만들기

 ● 공주와 판타스틱의 이전 만남

 - 1모둠 : 공주와 시종장이 숲을 지나다가 판타스틱을 발견. 공주가 판타
   스틱에게 춤을 추라고 명령함

 - 2모둠 : 숲에서 상처 입은 새를 돌보다가 판타스틱이 휘파람을 부는 것
   을 듣고 공주가 좋아하는데 시종장이 부름

 ● 판타스틱의 전사

 - 1모둠 : 돈 페드로 경이 조련되다시피 한 판타스틱을 안쓰럽게 여겨 데
   려와서 숲 속에 살면서 춤을 추며 살도록 해 줌

 - 2모둠 : 판타스틱이 아기 때부터 조용한 곳에 떨어져 사는(숲을 지키며
   사는) 할머니와 할아버지 손에 길러지게 됨. 따뜻한 사랑 속에 삶. 숲속
   에서 혼자 춤을 추는 판타스틱을 보고 사람들이 즐거워하는 것을 보고

사랑받는다고 생각함. (판타스틱 : 사람들이 절 보고 웃었어요. 할머니
: 네가 좋아서 그러는 거야.)

3. 10개의 장면 만들기

- 첫 모둠

  왕비의 죽음 / 커튼 / 가시 - 새 - 청년 - 나레이터 / 또, 또 해봐. 총소리
  그만 / 나는 참 좋아요 / 시종 - 판타스틱 / 정원 꽃 - 추하다 추해 / 거울 -
  판타스틱 / 심장이 깨져버렸습니다

- 두 번째 모둠

  왕비 죽음 / 인판타 생일 / 투우경기 / 나이팅게일 / 청년과 여인 / 판타
  스틱 춤 / 절 때리실 건가요 / 꽃 비웃음 / 거울 비웃음 / 죽음, 심장

8 블럭 연출가 되어보기 1

1. 거울놀이

- 두 사람이 마주보고 서서 서로의 거울이 되어 시선을 정확히 맞추고 상
  대의 행동을 완벽히 따라합니다. 그러다 북소리가 빨라지면 거울이 그
  로테스크하게 변해갑니다.

- 동그란 원으로 서서 한 사람이 중앙에 들어가고 다른 나머지가 거울이
  됩니다. 거울을 응시하며 행동하고 거울은 처음에는 멀찍이 서 있다가
  음악의 템포가 빨라짐에 따라 원 안으로 조금씩 다가갑니다.

● 참여자 이야기

- 그로테스크한 장면을 할 때는 동작이 출렁거려서 무섭다기보다 표정이
  바뀌는 순간 섬뜩한 느낌이 들었어요.
- 사람이 좁혀올 때는 공격하는 느낌이 들었어요.
- 중반부터 기분이 나빠지고 마지막에는 눈물이 날 것 같았어요.
- 착하던 사람이 바뀌니까 더 무서웠어요.
- 모여들 때는 너무 갑갑한 느낌, 동굴 속에 갇힌 느낌이다.
- 욕 할 때는 마음이 이상했어요.
- 거울 할 때는 감정을 많이 못 느꼈어요. 빠져 들지 못해서인지.
- 몰입이 힘들었어요. 어제부터 '굳이 내 역할이 아니다.' 라는 느낌이 안 들
  었어요. 길을 지나올 때는 심취하면 감정이 너무 상할 것 같아서 빠져들
  지 않으려고 했어요. 그런데 사람들의 강도가 점점 달라지더라고요.

- 북소리와 음악이 과장이 되게끔 잘 이끌어 준 것 같아요. 아니라고 생각
  을 하고 그냥 지나가지만 메아리로 점점 들렸어요.그로테스크한 모습이
  별로 과장된다는 느낌이 아니었어요. 어찌보면 우리가 분노를 했을 때
  그런 표현들이 충분히 평소에도 나오는 것 같아요. 그래서 사람들에게도
  평소에 화를 그렇게까지 내면
- 터널을 지날 때 악몽을 꾸면 이런 느낌이 아닐까 하는 생각이 들었어요.
  소리가 몸을 둘러싸고 있는 것 같았어요.
- 길 사이를 지날 때는 별로 심한 느낌이 아니었어요. 마주보고 거울 역할
  을 할 때 제가 사람이 되고 상대가 거울이 되었을 때 어쩌면 이런 표현을
  이렇게 할 수도 있구나 하는 생각을 했어요. 내 안에 폭력성이 보이기도
  했어요.
- 한 번도 이런 것을 해 본 적이 없었는데 이런 감정을 안 갖고 살다가, 어

쩌다 아이한테 하는 내 모습을 보면 이럴 때가 있는데 과격해지고 싶은
욕구가 들었어요.

2. 연출가 되어 보기 1

- 한 사람씩 장면을 나누어서 연출가가 되어 장면, 연출, 배역선정까지 정
  해서 지시하면 다른 사람들은 연출가의 말에 따라 움직인다.

#1 프롤로그 & 유랑극단, 이야기를 시작하다 - ○○○ 선생님

아카펠라처럼 노래한다. 윔마왑빠~~

3쪽 첫 앙상블 대사로 노래로 처리한다.

두 번째 대사는 그냥 읽어도.

세 번째 대사는 읽다가 읽던 앙상블이 하나씩 지목을 하면 그 사람들
이 정지장면을 만든다.

네 번째 대사는 하나씩 나누어서 앙상블

- 연출가 이야기

준비한 것에 비해 잘 해줘서 좋았다. 목마 *끄*는 장면은 안 넣었는데 고민
중이다.

- 참여자 이야기

- 음악 선정이 좋다.

- 왕관을 가져다주는 앙상블을 왕으로 만들어 당황한 표정을 만드는 상황
  이 재치있다.

- "죽었대"를 말한 앙상블이 왕비가 되어 누워있는 설정이 재미있다.

#2 국왕의 사랑, 국왕의 슬픔 - ○○○ 선생님

- 연출가 이야기

국왕의 슬픔을 나타내려면 옥탑 위에 갇혀 있는 설정으로 공주가 그 곁에 다가갈 수 없는 모습을 나타내고 싶다.

- 참여자 이야기
- 커튼을 치는 것도 좋겠다.
- 공주의 시선을 외면하고 있는 설정도 좋겠다.

9 블럭 연출가 되어보기 2

1. 물, 바람, 불, 땅의 기운으로 움직이기

- 물, 바람, 불, 땅의 기운이 느껴지는 움직임을 생각하며 공간을 움직이다 두 사람이 만나면 각자의 기운으로 싸운다.

2. 연출자 되어보기 2

#3 생일축하쇼가 펼쳐진다 - ○○○

- 연출가 이야기

장미꽃을 뿌리는 게 좋다. 처리만 잘 되면. 장미를 들고 있는 사람은 파워를 가진 사람입니다. 그 사람 가까이 가지 않게, 그러나 멀리 가서 눈 밖에 나지도 않게 걸으면서 마음의 변화를 느껴 보세요.

- 참여자 이야기

- 외롭다는 생각

- 이번에는 장미를 든 사람이 정말 너무 싫은 사람입니다. 여러분은 이 사람보다 훨씬 우월하고 가까이 하기 조차 너무나 싫습니다. 거리를 두고 걸으세요. 마음에 어떤 변화가 일어나는지 생각하세요.

- 작아지는 느낌, 사라져버리는 느낌

※ **도움말**

연출가 되어보기는 각 장면을 한 명씩 연출가가 되어 자신이 생각한 대로 장면 만들기를 하는 것인데 참여자들의 성격에 따라 효과가 달라질 수 있다. 긍정적인 측면은 내가 만들었다는 자신감을 가질 수 있고 연출가의 관점을 가질 수 있다는 점을 들 수 있고 토론을 하며 함께 만들어 갈 수 있다는 점을 들 수 있다. 돌아가며 다양하게 배역을 연기해 볼 수도 있고, 더불어 어울리는 배역에 대해 공감을 얻을 수도 있다. 반면 소극적인 참여자들을 만날 경우 서로 많이 힘들어 할 수 있다.

#4. 생일축하쇼가 펼쳐진다 - ○○○ 선생님

- 연출가 이야기

각 나라에서 온 사람들의 특징이 드러나게 투우쇼와 마술을 보여 주고 인형극을 사람들이 인형처럼 움직이는 걸로 표현하면 좋겠습니다.

- 참여자 이야기

- 모든 걸 마임으로 한다는 게 어렵지 않을까요?

- 작은 소품이나 이미지로 표현할 수 있는 방법을 찾아야 할 것 같아요.

- 인형처럼 움직이면 재미있을 것 같아요.

10 블럭 연출가 되어보기 3

1. 몸 풀기

- 안마
- 박수 도미노
- 기 전달하기

● 춤추기 - 4박자 춤, 폴카 짝 춤, 손 가는 대로 몸을 움직여 볼까요

2. 연출가 되어 보기 3

#5. 판타스틱이 공주 앞에서 춤을 춘다 - ○ ○ ○ 선생님

● 연출가 이야기

공주가 나오기 전에 광대들에게 집중할 수 있게 하고 싶어서 등장을 객석에서 하게 했어요.

● 참여자 이야기

- 춤이 관건일 것 같아요.

- 판타스틱의 감정변화가 첫 번째 춤과 두 번째 춤에서 드러났으면 좋겠다.

- 장미를 전해주는 장면이 분명히 나와야 할 듯 합니다.

- 공작부인의 말투는 스타카토로!

#6. 혼자 남은 판타스틱, 숲을 노래한다 - ○ ○ ○ 선생님

● 연출가 이야기

동화적이고 환상적인 느낌이 났으면 좋겠다는 생각을 했어요. 내레이션이 아니라 노래, 장면으로 보여주려 했어요.

● 참여자 이야기

- 나무의 모습, 판타스틱이 위에 올라가서 행복해 하는 표정이 정말 좋아요.

- 메아리가 울리는 것은 앙상블과 함께 살렸으면 해요.

- 노래를 부르며 앙상블들이 나와서 노래를 부르며 천천히 춤추는 나무를

만드는 게 좋겠어요.

11 블럭 연출가 되어보기 4

1. 무게 중심이 다른 다양한 인물 되기

- 걸어가기 - 역할 (독토레/ 콜롬비나/ 판탈로네/ 알레키노)
- CATWALK- 모델처럼 걸었을 때 신체의 어느 부분이 중심이 되나?
- 신체의 여러 부분에 중점을 두고 걸어본다 (앞가슴/ 골반/ 머리…)

  1) 독토레역- 몸은 더 이상 중요하지 않고 머리가 위로 향하고 땅을 보지 않는다.

  2) 콜롬비나역- 부드럽고 아름답지만 두 얼굴을 가졌다. 직접적인 관계 보다 간접적인 관계를 맺는다. 골반에 중심을 두고 걷는다.

  3) 알레키노역 - 먹을 것이냐 잘 것이냐 사이에서 항상 갈등한다. 자기중 심이 없어 주위에 의해 끌려 다닌다. 양쪽으로 찢어지는 사이에 광대 로 발전된 자기 비애가 있다

  4) 판탈로네역 - 마스크에 긴 코 가슴을 펴고 싶지만 허리를 굽히고 있 다. 높은 지위. 현실적으로 굽은 허리로 1시간 반 이상 연기해야 하는 판탈로네 역 위해 자세를 바로 설 수 있는 힘을 키워야한다. 극적인 인물을 통해 무엇이 이상적인 인간인가를 찾을 수 있다.

※ **도움말**

각자 4역 중 하나를 선택하여 말없이 사람들과 만남을 시도해보자. 만남에서 역의 성격이 드러나게 된다. 한 역을 맡을 때 어떤 걸음을 갖고 있는지 먼저 생각한다.

2. 연출가 되어보기 4

7. 판타스틱과 시종장의 대화 - ○ ○ ○ 선생님

● 연출가 이야기

너무 단순하지 않게 표현하는 것이 중점일 것 같아요.

● 참여자 이야기

- 시종장이 스스로 고민을 해야 합니다. 어떤 사람일까, 왜 그런 것을 알려
  줬을까 등을 생각해야 할 듯

8. 정원의 꽃들마저 판타스틱을 비웃는다 - ○ ○ ○ 선생님

● 연출가 이야기

판타스틱의 상상을 보여주기 위해
좋아하는 판타스틱과 대조적으로 등
돌린, 차가운 세상을 표현하려 했습니
다.(관객들 궁금증 유발) 꽃밭을 걸
을 때 소리터널처럼 효과를 내고자
했어요.

● 참여자 이야기

- 판타스틱의 마음을 더 잘 표현해
주었으면 해요.
  - 꽃들의 성격을 넣거나 화법을 고민해 보면 좋겠어요.
  - 꽃들이 도는 시점을 판타스틱의 움직임과 어떻게 연결을 시킬 건지 고민
    해 볼 필요가 있어요.

12 블럭 연출가 되어보기 5

1. 몸 풀기

- 둥글게 손잡고 점점 좁아지며 한사람씩 건너 잡기
- 두 명씩 손잡고 돌기

2. 연출가 되어보기 5

#9. 판타스틱, 거울을 마주한다 - ○ ○ ○ 선생님

- 연출가 이야기

거울이 일그러지는 모습, 거울들이 조롱하는 모습 등을 표현해내는 게 중점이라고 생각했는데 아침 활동이 도움이 됐습니다.

- 참여자 이야기

- 조명이 허락이 된다면 거울을 하나만 먼저 비추었으면 좋겠다는 생각입니다. 그러다 전체 조명이 들어오면 전체가 등장하는 거죠.
- 장미 부분도 들어 올리는 것도 거울이 따라하는 게 아니라 거울들이 다른 동작으로 했으면 좋겠어요.
- 거울 조명 처리가 안 된다면 전체 거울은 등을 돌리고 있으면 좋겠습니다.
- 문을 열고 들어오는 설정은 참 좋았습니다.
- 거울을 독대하는 게 힘들다면 관객을 보고 하면 좋겠어요.
- 나갈까 하는 순간 전체 거울이 있는 걸로 했으면 합니다.
- 쓰러질 때 장미를 던지는 것으로
- 장미를 꺼내는 장면은 거울마다 다르게 했으면 해요.

10. 심장이 깨지다 - ○○○ 선생님

● 연출가 이야기

마지막에 거울들을 깨지게 하고 싶은데요. 거울들은 목적달성을 했다는 느낌이 있었으면 해요.

● 참여자 이야기

- 엽기적인 생각을 해 봤는데요 맨 처음에 했던 음악을 가장 마지막에 썼으면 좋겠다는 생각을 했어요.
- 이소라의 '데이트' 멜로디를 쓰는 것으로.
- 망토를 떨어뜨린 장면을 처리하는 방식이 굉장히 중요할 듯. 공주의 마음이나 시종장의 마음을 표현하게 됩니다.

13 블럭 장면 구성하고 다듬기

1. 스트레칭, 안마 해 주기

2. 배경음악 만들기

● 앙상블이 신나게 부르는 노래는 Toto Gomez의 'Awim bowe' 아카펠라곡에서 멜로디만 따오고, 판타스틱을 위한 곡은 이소라의 '데이트'라는 노래에서 멜로디만 따오기로 함

3. 예고편 만들기^^

● 아침 시간에 한 명씩 갑자기 일어나서 예고!

2009년 새로운 공연이 찾아온다. 미스터리, 서스펜스, 스릴러, 로맨스, 럭셔리, 그로테스크 호러, 아크로바트, 아카펠라, 로드! 기대하시라, 커밍 순~~

4. 배역 정하기

- 자신이 하고 싶은 역할 오디션 보기(에피소드를 만들어 연기해 보기, 상대역을 대상으로 즉흥극 해보기)
- 자신이 하고 싶은 역할 1지망, 2지망, 3지망 써보기
- 판타스틱 / 인판타 / 시종장 / 공작부인 / 청년 / 처녀 / 나이팅게일 / 달님(내레이터) / 스페인 국왕

14 ~15블럭 공연 연습 및 리허설

참여자들이 연출가가 되어 장면을 만들고 관객의 입장으로 장면에 덧보태어 만들어진 작품이라 애착이 많이 느껴졌다. 코러스의 노래와 연주, 마임을 연습하고 일관된 인물을 맡은 사람들은 정서에 대해 깊이 있게 표현하도록 했다. 짧은 시간동안 함께 만들어 낸 아이디어와 음악, 움직임들이 조화롭게 연결될 수 있도록 집중하여 연습하였다. 원래 무대로 사용하려는 공간에서 극 만들기 활동을 해서인지 특별한 리허설이 필요하진 않았다. 연습을 하듯이 공연을 올릴 수 있었다. 익숙한 공간, 그 공간이 주는 안정감이 연습과정과 공연에서 좋은 영향을 주었다.

우리 읍내 정진경

1장 일상

1.
뫼비우스와 꽃의 몸짓 삽입.
당골네가 등장하여 제의형식의 관객참여 (앞풀이)
- 배우들 모두 무대로 등장하여 탄생을 축하하는 의식. 1장의 시작되는 자기
위치로 돌아가 정지장면. 비나리.

당골네   여기가 어드냐면 전라도와 경상도가 만나는 곳에 있는 섬진
              강 한 마을이여. 그러니까 경상도와 전라도가 만나는 지리산
              자락에 있어. 비나이다. 비나이다. 천지신명께 비나이다. 방

금 태어난 새 생명이…

2.

여수댁이 가게 문을 열고 있고 코러스 등장하여 동네의 대소사에 대해 수다를 떤다. 강씨 등장하여 여수 댁과 이야기를 나눈다.

당골네   아고 새댁 고생했소. 삼신할미가 이쁜 애기를 점지해 주셨소. 잘 생겼드라고. 난 우리 할머니 적부터 이 동네에서 무당을 하고 있어. 아가씨는 나이가 몇이여? 아홉이면 띠가 양띠? 총각은 올해 몇이여? 여기 아가씨 어뗘?… 근데 내가 요러고 있을 때가 아닌디. 여수댁~ 어디 있는가? 어째 이렇게 조용하단가? 여수댁~

여수댁   아고 와 불러요. 아침부터… 영감이나 하나 있어야지. (물을 뿌리며) 여기 먼지가 많구먼. 어디 다녀오세요.

당골네   나가 오늘 쩌기 아이를 낳는다 해서.

강씨   여수댁. 여기 술 한병 주시오.

여수댁   아침부터 술 좀 고만 먹소. 저기 숭늉이라도 있는데….

3.

기영이 엄마가 가게에 미원을 사러 온다. 여수댁과 이야기를 나눈다.

당골네   여기는 교장댁이고 여기는 과수원 댁이여. 무슨 일이 있나 한번 볼까?

4.

교장집

교장이 들어오고 아내는 아침준비중이다.

정은이가 교복깃이 더럽다고 짜증을 부림. 엄마는 아침밥을 먹으라고

잔소리

교장	(신문을 들고 들어오며) 이제 제법 날씨가 쌀쌀해 졌네.
부인	그러게요. 모레가 벌써 입동이네요.
교장	정은이는 일어났소?
부인	글쎄요. 정은아? 밥먹어.
정은	엄마! 양말 어딨어?
부인	거기 맨 아랫 서랍에.
교장	어제 밤에 비가 왔는데 어머님 산소는 괜찮을랑가?
부인	그러게요. 당신이 오후에 한 번 가 보세요.
정은	엄마! 교복은?
부인	빨았어. 거기 작은 방에 봐봐
정은	(짜증내며) 엄마, 교복 단추가 떨어졌잖아!
부인	그게 왜 떨어졌데… 벗어. 달아줄게.
정은	됐어. (나간다)
부인	정은아! 재가….
교장	놔 두구려. 요즘 애들 다 그렇지 뭐. 나이 들면 다 철들게 돼 있어.
부인	당신이 그러니까 애가 더 그렇잖아요.

5.

기영이집(과수원집)

아버지 신문 보고 있고 엄마는 부리나케 달려오며 은경이에게 잔소리함. "된장국물 보라니까 뭐했냐?" 은경이 투덜대고 나오며 "나만 갖고 그래, 오빠도 있는데" 기영이는 학교 갈 준비를 함. 엄마가 기영에게 삶은 밤을 주며 정은이랑 나눠먹으라고 함. 동생 은경 투덜대며 따라감 "엄마 내꺼는?"

6.

학교 가는 길

기영 정은 학교 감. 가는 길에 이화 만남

기영	정은아 숙제했어?
이화	웅.
정은	어?
기영	정은아 우리 엄마가 밤 삶아주셨어. 좀 먹어봐.
이화	(밤을 채가며) 밤이다.
정은	???

이화 휙- 지나감, 이화가 당골네랑 부딪힘 ->당골네가 1장 정리 대사를 함

2장 사랑과 결혼

1.

기영이와 정은이는 무대에 정지 상태로 있고 부대 밖에서 "결혼식을 시작합

니다."

2.

사람들이 결혼식에 필요한 소품을 들고 등장하여 결혼식 분위기를 형성하고
둘에게 덕담을 하고서 퇴장

3.

무대 밖에서 혼인서약의 주례대사 처리 후 가족사진을 찍음을 알림. 이때 각
부모님이 심정을 담은 대사를 한마디씩 한 후 사진포즈 취함.

정은	엄마 나 잘 할 수 있을까?
교장부인	그럼 잘할 수 있지. 누구 딸인데….
정은	엄마 나 결혼 안하면 안돼?
교장부인	무슨 소릴 그렇게 해. 넌 잘 할 수 있어.
정은	겁나요~
교장부인	맨날 어린애 처럼 굴어.
당골네	자 이제 결혼식을 시작하겠습니다. 신랑은 신부를 아끼고 사랑하겠습니까? 신부는 신랑을 계속해서 사랑하겠습니까? 하객 여러분들 사진 촬영이 있을팅께 모두들 앞으로 나와서이시요이~ 근디 어째 누가 하나 빠진 것 같네~

4.

무대 밖에서 이화 등장. 기영에게 달려든다.(사진 3컷 찍힘)

5.

당골네 등장 후 이화 데리고 퇴장하며 결혼과 사랑에 대한 대사 처리

다락방과 평상에 누워 있다. 정은이도 역시 다락방에 나와 있다. 서로 하늘을 보며 있다. 도중에 동생이 들어와 정은이에 대한 기영이의 마음을 떠보려한다. 동그라미 노래를 기영이가 부르고 정은이가 따라 부른다. 그리고 대화한다.

(기영은 평상에 누워 밤하늘을 보고있다)

은경   오빠 뭐해?

기영   아무 것도 안해.

(옆집 창에 정은이가 있는 것을 본 은경)

은경   오빠! 정은이 언니 좋아하지?

기영   쓸데없는 소리 하지마. 들어가서 공부나 해?

은경   나 같으면 그 시간에 공부나 하겠다.

기영   동그라미 그리려다 무심히 그린 얼굴….(밝게 부름)

정은   내 마음 따라 피어나던 하얀 그때 얼굴….

정은   기영이니? 너 별보러 나왔니?

기영   어, 응.

정은   저기 저 별 좀 봐봐. 참 예쁘지.

기영   와~ 이쁘다. 따다 줄까? 근데 넌 왜 나왔어?

정은   별도 좀 보고 마음이 좀 심난해서…. 너 대학 안갈 거야?

기영	응. 난 흙이 좋아. 이곳에서 살래! 넌 대학 갈거야?
정은	대학을 가야할지 말아야 할지….
기영	어디 서울로? 그럼 너 여기 떠나는 거야? 쫌 있으면 너 못 보는 거야?
아빠	정은아 안자고 뭐하니?
정은	지금 잘게요~ 기영아 나 들어간다? 잘 자.
기영	저기!! 정은아~ (준비해둔 편지를 주고 재빨리 사라짐)

당골네 등장

3장 죽음

1.

상여 행렬이 지나가고, 정은이 그 행렬에서 빠져나옴/코러스

| 강씨 | 간다 간다 나는 간다. 이제가면 언제오나…. |

2.

당골네 등장(또 한 사람 오는 구려)/뒷산 무덤에 묻힌 사연 설명

| 당골네 | 별똥별이 떨어지네. 별똥별이 떨어지면 누구 하나 또 저 세상으로 가는 것인데, 오늘은 누가 갈 건가? |

3.

기영 엄마와 여수댁 대화

4.

정은 망자들 곁에 와 인사. 대화

5.

당골네를 통해 과거의 평범한 일상으로 돌아옴

6.

평범한 일상(1장 장면 중 정은이네 집 장면)

(정은 등장)

여수댁	저기 누가 오네요.
과수원댁	우리 며늘아기예요.
정은	어머니 저예요. 여기 어디예요. 어! 이화도 있네?
과수원댁	그래 이제 편히 쉬거라.
정은	그럼 제가 죽은 건가요? 어머니, 저는 집에 다시 가봐야겠어요. 빨래도 해야 되구요, 설거지도 해야해요.
과수원댁	이젠 모두 잊고 여기서 쉬거라.
정은	어머니, 저 가야해요. 저 갈 수 있죠?
당골네	보고 있자니 마음이 짠하네.
정은	할머니 저 돌아갈 수 있죠. 돌아가게 해 주세요.
당골네	다 잊어버리고 여기서 편히 쉬어.
정은	할머니 저 꼭 돌아가고 싶어요. 꼭 돌아가게 해 주세요.
당골네	그럼 언제로 돌아가게 해 줄까?
정은	기영씨랑 결혼 하던 날?

당골네	그런 특별한 날은 안 돼? 더 힘들어 지기만 해. 평범한 날 중의 하나로 해야 되는데. 중학교 2학년 때 어느 날로 정하자. 가서 부모님께 안부 인사나 하고 와.

교장	(신문을 들고 들어오며) 이제 제법 날씨가 쌀쌀해졌네.
부인	그러게요. 모레가 벌써 입동이네요.
교장	정은이는 일어났소?
부인	글쎄요. 정은아? 밥먹어.
정은	엄마! 양말 어딨어?
부인	거기 맨 아랫 서랍에.
교장	어제 밤에 비가 왔는데 어머님 산소는 괜찮을랑가?
부인	그러게요. 당신이 오후에 한 번 가 보세요.
정은	엄마! 교복은?
부인	빨았어. 거기 작은 방에 봐봐.
정은	(짜증내며) 엄마, 교복 단추가 떨어졌잖아!
부인	그게 왜 떨어졌데…. 벗어. 달아줄게.
정은	됐어. (나간다)
부인	정은아! 재가….
교장	놔 두구려. 요즘 애들 다 그렇지 뭐. 나이 들면 다 철들게 되 있어.
부인	당신이 그러니까 애가 더 그렇잖아요.

(정은이 엄마 팔을 주무른다)

부인	애가 안하던 짓을 하고 있어. 그만해.

정은   (엄마를 껴안으며) 엄마….

7.

정은은 자신의 죽음을 받아들이고 망자의 세계로 돌아오면서 이승에
이별을 고함(안녕 이승이여~)

8.

이화 대사(별에 관한 이야기), 망자들의 대화

9.

삶과 죽음에 대한 당골네의 대사

10.

기영이의 등장
아내의 무덤 앞에 술이 취해 노래를 부르다 울먹인다.

기영   동그라미 그리려다 무심히 그린 얼굴….

메아리, 작은새 ^{김미정[17]}

유랑광대들이 들려주는 사랑 이야기

프롤로그 - 유랑극단, 이야기를 시작하다

여러 명의 앙상블이 세 개의 목마가 끄는 아주 작은 수레를 조심스럽게 끌고 들어오고, 그 뒤에 한 명이 커다랗고 허름한 수레를 끌고 등장한다. 작은 수레에는 새빨간 상자 하나만이 놓여있다. 앙상블, 수레를 끌고 들어오는 동안 흥얼거린다.

앙상블   ('메아리의 노래'): 나나나나나나나 나나나나나나 나나나

　　　　　　　　나나나나나나나 나나나 나나나 나~

---

17 극작 및 연출, 연극놀이 강의, 현재 한국예술종합학교 강사, 국립극단 어린이청소년극연구소 연구원(예술교육)으로 활동. 이 작품은 한국예술종합학교 연극원 연기과 아동청소년극 전공 2006년 초등학교 순회공연 대본이다(연출 남인우). 오스카 와일드의 단편인 「에스파냐공주님의 생일」, 「나이팅게일과 장미」, 「행복한 왕자」이 세 편을 각색하여 대본화한 것이다.

메아리는 메아리는 산이 울려서 나는 소리
우리는 우리는 메아리를 따라 춤추는 광대
메아리의 노래는 바람의 날개를 타고
가지마다 꽃피운다. 사랑의 붉은 장미를
나나나나나나나 나나나나나나 나나나
나나나나나나나 나나나 나나나 나~

앙상블, 수레를 세우고 빨간 상자에 시선을 모은다. 마치 그 상자에 반응하기라도 하듯, 사랑에 대한 생각과 느낌을 공중에 화음처럼 이야기하며 움직인다.

앙상블	솜털처럼 부드러워.
기영	동그라미 그리려다 무심히 그린 얼굴….
앙상블	날아갈 것만 같아.
앙상블	난 꼼짝도 할 수 없는데.
앙상블	머리끝부터 발끝까지 전기가 통하는 것 같아.
앙상블	가슴이 터질 것 같애.
앙상블	난 지금 하고 있지.
앙상블	난 해본 지 오래 됐는데….
앙상블	달콤한 향기.
앙상블	쓰디 쓴 맛이지.
앙상블	배고파.
앙상블	으이그!

앙상블, '메아리의 노래' 후렴구 부르며, 모두 빨간 상자에 가까이 모인다.

앙상블	바다 건너 멀리 위대한 시인이 있었지.
	시인은 보았지. 마른 나뭇가지 꼭대기에 붉은 장미 한 송이.
	시인은 들었지. 사랑을 노래하는 작은 새, 나이팅게일의 울음소리.
	시인은 끝내 울고 말았지.
	시인의 눈물이 노래한 사랑은….

앙상블, 악기를 연주하며 노래하기 시작한다.

앙상블	사랑의 메신저, 나이팅게일은 노래했네.
	한 소절 한 소절 노래할 때마다
	한 잎 한 잎 피어나는 꽃잎
	강에 피어오르는 안개처럼
	아침이 다가오는 소리처럼
	새벽녘의 은빛 날개처럼
	자욱하게 은은하게 희미하게,
	은색 거울에 비친 장미의 모습으로 (첫 번째 조각상 만들기)
	연못에 비친 장미의 그림자처럼 (두 번째 조각상 만들기)
	생명의 피로 피어난 꽃잎의 숨결처럼 (세 번째 조각상 만들기)

첫 번째로 인판타와 스페인 왕 장면, 두 번째로 인판타와 판타스틱의 마지막 장면, 세 번째로 행복한 왕자 곁에서 죽은 제비의 모습을 정지장면으로 보여준다.

앙상블	철학보다도
앙상블	권력보다도
앙상블	명예보다도
앙상블	숭고한!

앙상블, 흩어지며 빠르고 경쾌하게 연주한다.

1장 국왕의 사랑, 국왕의 슬픔

앙상블(장)	세상에서 가장 화려한 곳은 어디?
앙상블	여기.
앙상블	여기.
앙상블	여기!
앙상블	… 거기!
앙상블(장)	스페인 궁전!
	그럼 가장 힘센 사람은 누구?
앙상블	왕.
앙상블	왕.
앙상블	국왕.
앙상블	무적함대, 빛나는 함성의 주인, 스페인 국왕!

앙상블, 한 사람을 왕으로 세워 왕관을 만들고 경의를 표한다.

앙상블(장)	금과 보석으로 장식된 왕관을 보라.

스페인을 유럽의 왕으로 만들어 준,

싸우면 이기는 백전백승의 전투함대, 무적함대!

그 무적함대를 만든 스페인 국왕!

세상에서 가장 힘센 남자!

앙상블(장)이 앙상블 중 한 명에게 왕관을 씌워주면, 그는 스페인 국왕이 된다.

나머지 앙상블이 망토를 입혀주고, 왕좌에 앉혀주고는 그 옆에서 조각상을 만든다.

앙상블(장)   아, 그런데!

국왕이 손에 얼굴을 묻는다.

앙상블   죽었대.

앙상블   누가?

앙상블   왕비가. 꽃다운 젊은 나이에.

국왕   나의 사랑하는 왕비여, 나의 사랑하는 왕비여!

앙상블   싸늘하게 식은 왕비의 파리한 손을 부여잡고,

앙상블   마치 죽음의 잠에서 흔들어 깨워 보려는 듯,

앙상블   울부짖는 왕의 절규, 몸부림치는 왕의 슬픔

앙상블   안 돼. 국왕은 눈물을 보여선 안 돼!

앙상블   안 돼. 국왕은 슬픔을 내비쳐선 안 돼!

앙상블   안 됩니다.

앙상블	안 됩니다.
앙상블	안 됩니다.
국왕	커튼을 쳐라!

앙상블	사랑의 열정에 사로잡히면 눈이 멀 듯이
앙상블	신분도 나랏일도 잊은 왕

앙상블	(커튼을 활짝 제끼며) 국왕폐하, 이웃나라 황제의 따님과 재혼을 하심이 어떠신지요. 전갈이 왔나이다.
국 왕	나는 이미 슬픔과 재혼을 했느니.
앙상블(장)	너무나 눈부신 햇빛은 무정하게도 왕의 슬픔을 조롱하는 듯!

앙상블	그런데 왕과 왕비 사이엔 딸이 하나 있었대.
앙상블	인판타, 공주님!

2장 인판타, 열두 번째 생일을 맞이한다

앙상블, 무대 바닥에 화려한 꽃장식으로 된 길을 만든다.

앙상블	(한 사람씩) 오늘이 바로
	스페인 공주
	인판타의
	열두 번째
	(다같이) 생일!

앙상블, 흩어지며 역할로 들어간다.

인판타, 꽃길을 보고 탄성을 지르며 뛰어다닌다.

공작부인   공주 마마!

인판타, 반응 없자, 나머지 앙상블 다함께 공주 마마를 부른다.

인판타, 멈칫하고는 공주의 신분으로 꽃길을 걷는다. 또각또각.

인판타는 길 끝에 있는 왕좌 곁으로 간다. 반응없이 고개를 숙이고 있는 왕.

인판타, 축하드린다는 말들을 뒤로한 채 왕을 바라본다. 인판타가 뭔가를 말

하려는 순간, 왕과 인판타 사이에 커튼이 쳐진다.

인판타   혼자 있고 싶어요.

공작부인   공주 마마!

인판타   아빠가 내 생일 축하파티에는 참석하신대요?

공작부인   국왕 폐하께서는 사랑하는 공주님의 생일을 위해 오후에 거
              대한 연회를 준비했습니다.

인판타   나의 아버지이신 스페인 국왕께서 그 거대한 연회에 나와 함
              께 하실 거냐구요?

공작부인   스페인 국왕께서는 공주님을 이 세상에서 누구보다 사랑하
              시며, 공주님의 생일을 축하한다고 전하셨습니다만, 불행히
              도 오후엔 국가의 중요한 일로 인해서 함께 참석 할 수 없다
              는….

인판타   거짓말! 내 생일인데도 같이 있을 수 없다니!
              또, 커텐이 드리워진 어두운 탑에 계시겠지. 내가 절대 들어

가선 안 되는 탑.

커텐을 내려! 커텐으로 돌아가신 어마마마의 방을 숨기듯이 내 방도 숨기지 그래! (획 돌아앉는다)

시종장, 궁정 광대들에게 행사준비를 지시한다.

시종장   판타스틱은 어딨지? 판타스틱!

궁정 광대들이 검은 천이 씌여진 판타스틱을 가리킨다.
시종장이 판타스틱에 손을 가져가자, 순간 움츠러들며 몸을 떤다.

시종장   판타스틱, 준비됐지?

괜찮아. 겁 먹지 마. 그냥 춤을 추면 돼. 숲 속에서 네가 보여 줬던 춤 말야.

(판타스틱에게 귀를 기울인다)

시종장   뭐라구…? 메아리…? 네가 들었던 메아리를 상상하면서 추면 되지 않니? 아무튼 넌 공주님을 기쁘게 해드려야 돼. 신나게 즐겁게 춤을 추라구. 알겠지?

시종장, 다시 공주 곁으로 간다.

시종장   공주님, 오늘은 가장 기쁜 날, 공주님의 생일날입니다. 세상에서 가장 큰 생일케이크와 화려하고 멋진 쇼가 준비되어 있습니다. 이집트의 마술사와 아랍에서 온 인형들, 멋진 그림자극들, 그리고 깜짝 쇼까지! 자, 시작해라!

폭죽이 터지며, 축하행사들이 시작된다.

3장 생일축하쇼가 펼쳐진다

앙상블, 모의 투우 경기를 한다.
한 사람이 황소가 되고 나머지는 투우사가 되어 정교하게 짜여진 마임(춤)을 한다.
우선 투우사들이 멋진 걸음걸이로 인판타에게 스페인 신사다운 우아한 몸짓으로 모자를 벗으며 인사를 한다.
투우사들이 목마들을 타고 장난감 칼들을 휘두르기 시작한다.
황소가 무서운 기세로 한 바퀴 돌고는 투우사들에게 돌진한다.
목마들 중 하나가 황소의 공격을 받고, 투우사가 말에서 떨어진다.
하지만 곧바로 일어나 걸으며 싸움을 계속한다.
드디어 여러 명의 투우사가 소의 등에 칼을 꽂는다.
그 중 한 투우사가 공주로부터 최후의 일격을 가할 허락을 얻기 위해, 팔을 치켜든 채 공주를 바라보면, 시종장이 공주에게 귓속말을 한다. 공주가 고개를 치켜들고, 엄지손가락을 치켜들어 아래로 떨어뜨린다.
투우사가 칼로 소를 죽이고 배를 갈라 심장을 꺼낸다.
소의 심장을 인판타 공주에게 바친다.
심장을 깨뜨려 열면 붉은 장미다발(혹은 한 송이)이 나오고, 사탕 등 선물들이 딸려 나온다.

인판타는 장미다발만 손에 쥐고, 나머지는 나눠가지라고 명령하며 던진다.

사람들 환호하며 던진 것을 주워갖는다.

투우 경기가 벌어지는 동안, 극적인 순간 마다 인판타가 자신도 모르게 자리에서 벌떡 일어나지만 공작부인의 제지로 바로 앉곤 한다.

인판타   정말 멋있었어. 내가 본 진짜 투우경기보다도 더 판타스틱했
            어. 그 다음은?

시종장   이집트에서 온 마술사들이 펼치는 환상의 마술쇼가 이어집
            니다.

각종 마술쇼가 펼쳐진다. 앙상블은 때론 능숙하게, 때론 어설프게 쇼를 펼친다.

다음 쇼를 재촉하는 인판타에게 앙상블장이 구슬픈 선율로 다음 쇼를 알린다.

[나이팅게일과 장미] 이야기가 그림자극으로 펼쳐진다.

앙상블은 마차에서 장대와 천 등을 꺼내 즉석에서 그림자극 무대를 만든다.

애잔한 음악이 시작되면, 그림자극 커튼과 왕좌의 커튼이 동시에 열린다.

나레이터   왜 울고 있나요?

앙상블   빨간 장미 한 송이 때문이죠.

나레이터   여기, 사랑을 위해 자신의 생명을 바친 한 영혼의 이야기가

펼쳐집니다.

나레이터	창가에 한 청년이 있었습니다.
청년	이런 추위 속에서 어떻게 빨간 장미꽃을 찾지? 불가능해! 장미꽃을 바쳐야지만 그녀가 나와 춤을 추겠다고 했어. 아, 이번에도 내 사랑은 무너지고 마는구나….
나레이터	그 때 날아든 나이팅게일, 안타까워 날개를 파닥였습니다.
나이팅게일	사랑 때문에 저렇게 고민하는 사람이 있다니!
	나는 매일 사랑의 노래를 부르지만, 진정으로 사랑에 빠진 사람은 처음 봐.
	저 사람의 사랑을 지켜주고 싶어.
	달님, 어떻게 하면 빨간 장미를 피울 수 있나요?
달님	한 겨울, 마른 가지에 꽃을 피우기 위해선 끔찍한 형벌을 치러야 하거든. 가시에 가슴을 박아. 심장의 붉은 피로 나무를 적셔야 하지.
나레이터	노래하는 작은 새, 나이팅게일은 작은 가슴을 서슬 퍼런 가시에 박습니다.

커다란 가시가 들어오고 새가 가시에 점점 더 깊이 찔리며 아름답고 고통스럽게 파득거린다.

나레이터	파르르 온몸을 떠는 나이팅게일. 아직 가시가 심장에 가 닿지 않았어, 더 세게, 더 깊숙이!

공주의 눈에 금세 눈물이 그렁그렁 맺힌다. 공작부인에게 손수건을 요구한다. 못마땅한 얼굴로 손수건을 내미는 공작부인, 하지만 자신도 손수건을 꺼내 슬쩍 눈물을 훔치며 헛기침을 한다.

나레이터   기어이 가시가 심장을 파고든다. 드디어 생명의 피가 스며
                  나오기 시작한다.
                  울부짖는 듯한 마지막 노랫소리.
                  나이팅게일의 마지막 숨이 멎고,
                  마침내 꽃잎을 여는.

새가 바닥에 쓰러질 즈음, 가시 끝에서 장미꽃 봉오리 솟아난다. 나이팅게일의 울부짖는 듯한 마지막 노랫소리에 봉오리는 온몸을 부들부들 떤다. 나이팅게일의 마지막 숨이 멎자, 장미는 활짝 꽃잎을 연다.

청년   와, 이런 추위 속에 새빨간 장미가 피어나다니!
나레이터   청년은 보지 못합니다. 바닥에 피흘리며 죽어있는 나이팅게
                  일을.
                  청년은 바로 달려갑니다.
청년   자, 여기 내 사랑을 받아주세요.
여인   흥! 이까짓 장미가 뭐람! 난 이미 세상에서 제일 큰 다이아몬
                  드를 선물 받았다구요.
나레이터   분노로 일그러진 청년은 장미를 바닥에 내동댕이치고 맙니
                  다.
청년   사랑같은 건 쓸데없는 거야!

| 나레이터 | 마침 지나가던 마차 바퀴에 장미는 으스러지고…. |

그림자극이 시작될 때, 커튼을 열고 바라보던 왕은 그림자극이 절정에 다다랐을 때, 고개를 떨구고 커튼을 친다. 인판타, 커튼이 처지는 것을 본다.

인판타	그만. 혼자 있고 싶어.
공작부인	공주 마마!
인판타	혼자 있겠다. 명령이다!

공작부인의 신호에 따라 모두 사라진다.

공작부인	스페인 왕실의 예법에 따르면, 지금 하신 행동은 매우 품위가 없는 행동이십니다.
인판타	내 생일인데 그까짓 품위쯤 없으면 어때!
공작부인	지금까지 왕실의 어떤 공주도 그런 식으로 말하고 행동하지는….
인판타	(말 끊으며 귀를 막는다) 난 공주다. 그만하라고 명령했어.

4장 판타스틱이 공주 앞에서 춤을 춘다

시종장이 공주에게 다가간다. 간단한 손 마술로 인판타의 시선을 잡는다.

| 시종장 | 공주님, 깜짝 선물이 기다리고 있습니다. |
| 인판타 | …아빠가? |

시종장	아니, 삼촌인 돈 페드로 경이 보내신 겁니다. 물론 국왕폐하께서 준비하라고….
인판타	(말 자르며) 됐어요. 전혀 궁금하지 않아.
시종장	(휘파람 노래를 불어 전에 공주가 보았던 판타스틱을 암시한다)
인판타	설마… 판타스틱?

시종장이 명하자, 시동들이 커다란 상자를 밀고 들어온다.
악사들이 연주를 시작하자, 상자의 뚜껑이 슬그머니 열리고 판타스틱이 나온다.
처음에 겁먹은 표정으로 눈을 뒤룩뒤룩 굴리며 꼼짝 않던 판타스틱, 시종장의 손신호를 여러 번 받고서야 엉거주춤 공주에게 인사를 한다.
인사를 받고 박수를 치며 어서 시작하라고 재촉하는 공주,
판타스틱은 그제서야 휘파람을 불며 몸을 움직이기 시작하고, 상자를 두드리고 밀고 당기는 앙상블들과 함께 노래하고 춤춘다.
판타스틱을 보며, 공주가 큰 소리로 호들갑스럽게 웃어댄다.

공작부인	공주마마, 지금까지 왕족의 피를 받은 공주 신분이 낮은 사람들 앞에서 이렇게 웃은 적은 없었습니다.
인판타	(아랑곳하지 않고 이 순간 만큼은 어린 아이처럼 마냥 즐거워하며) 와, 저 것 좀 봐!

눈을 내리깔고 있던 공작부인은 그제야 판타스틱을 보고는 그 기이한 행동과 추한 몰골에 잔뜩 인상을 찌푸리며 고개를 돌린다.

판타스틱이 춤을 마치고 마무리 인사를 한다.

인판타   또, 또 해봐. 처음부터 다시, 다시! 아까 빙빙 돌던 그 춤!

판타스틱, 흥분된 감정으로 다시 시작한다.
그 때 종소리, '그만!' 이라고 외치는 공작부인, 놀라 멈추는 판타스틱.
시종장이 인판타가 연회에 참석해야 할 시간임을 알리고,
가지 않겠다고 고집을 피우던 인판타는 결국 공작부인의 강한 태도에 밀려
나간다.
나가기 전, 인판타는 판타스틱에게 소의 심장에서 꺼낸 장미꽃을 던진다.

인판타   다시 춤을 보러 올 거야. 이건 명령이야.

흥분해서 뛰어나가려던 인판타는 공작부인의 제지로 금세 딱딱한 걸음걸이
로 교정한다.
인판타와 공작부인, 시종장 퇴장한다.

5장 혼자 남은 판타스틱, 숲을 노래한다

장미꽃을 받고 황홀해하는 판타스틱, 휘파람을 분다.
숲 속을 거니는 듯, 노래하며 춤춘다.
앙상블, 화음을 이뤄 노래한다.

판타스틱   나는 참 좋아요

키 작은 나무 사이를 걸을 때
나뭇잎들이 내 볼을 따뜻하게 어루만져요.

나는 나무를 타고 올라가요.
나무 꼭대기에 새 둥지,
와아 그 안에는 지금 막 알을 깬 작은 생명이!
그 작은 생명이 놀라지 않게
나즈막이 노래를 불러줘요.

작은 소리로 노래하는 새들
꽃잎처럼 얇은 날개로 팔랑이는 나비들

야호~ (메아리 : 야호, 야호, 야호~)
누구~ (메아리 : 누구, 누구, 누구~)
나야~ (메아리 : 나야, 나야, 나야~)

메아리는, 메아리는 나를 춤추게 해요.
나의 그림자도 따라 춤을 춰요.
나는 따라가야 할지 잠시 망설여요.
그 때 그림자는 날개를 펴요.
한 박자 쉬고, 숨 한 번 고르고, 날아오른다. 아~

앙상블, 판타스틱의 날개가 되어 판타스틱을 날아오르게 한다.
몸을 한 바퀴 돌리면 다가와 서 있는 시종장, 앙상블은 사라지고 판타스틱은 놀라 주저앉는다.

6장 판타스틱과 시종장의 대화

| 판타스틱 | (겁에 질려) 아무 짓도 안 했어요…. 죄송해요. |

판타스틱   (겁에 질려) 아무 짓도 안 했어요…. 죄송해요.

시종장   ….

판타스틱   절 때리실 건가요?

시종장   아니. 넌 공주님을 즐겁게 해드렸어.

판타스틱   저어…. 공주님이 정말 행복해하셨나요? 저 때문에, 제 모습을 보시고서요?

시종장   넌 네 모습을 본 적이 있니?

판타스틱   아니요. 근데 사람들이 절 보면 좋아해요. 심각하던 사람들도 절 보면 막 웃어요. 저도 제 모습이 궁금해요. 근데 시종장님은 자신을 본 적이 있으세요?

시종장   응.

판타스틱   어디서요?

시종장   거울에서.

판타스틱   거울이요? 나도 내 모습을 한 번 봤으면 좋겠어요. 내가 행복할 때 사람들은 웃어요. 공주님도 저 때문에 행복해지신 거 맞죠?

시종장   ….

연회가 끝났음을 알리는 종소리.

시종장	공주님께서 곧 오실거야. 네 춤을 다시 보신다고 했다. 알겠지?

시종장, 퇴장한다.

7장 정원의 꽃들마저 판타스틱을 비웃는다

판타스틱	공주님이 곧 오신대. 내 춤을 볼려구. 나를 만나려구.
	(장미를 양손에 쥐고) 그럼 이 장미꽃은! 설마 공주님이 나를?
	우와! 공주님과 숲으로 돌아가면 얼마나 좋을까!
	숲 속엔 재밌고 신기한 게 너무 많은데.
	나무비둘기가 어디에 둥지를 트는지 알려드려야지.
	별처럼 반짝거릴 반딧불도 찾아드려야지.
	달빛아래서 춤을 추면, 공주님은 은색날개를 단 천사같을 거야.
	그래, 틀림없이 공주님은 나와 숲으로 가서 놀 거야.
	공주님한테 내 침대를 주고 새벽이 될 때까지 유리창 밖을 내다봐야지.
	숲 속 밤하늘에 수많은 별들을 보면 아마 깜짝 놀라시겠지.
	새벽이 되면 톡톡 유리창 덧문을 두드려 공주님을 깨울 거야.
	그리고 밖으로 나가 하루종일 같이 춤을 추는 거야!
	(두리번 거린다) 근데 공주님은 왜 안 오실까?

판타스틱, 공주를 찾으러 정원으로 나간다.

정원에 핀 꽃들이 판타스틱이 지나갈 때, 한 마디씩 한다.

꽃1	어머머, 쟤 좀 봐. 너무 우스꽝스럽게 생겼다.
꽃2	추해도 너무 추하다. 저런 난쟁이꼽추는 천 년 동안 재워버려야 돼.
꽃3	뒤틀린 몸으로 웬 꽃밭 산책?
꽃4	저런 건 닿기만 해도 우리 꽃들은 시들어 버릴 거야.
꽃1	야, 숨 쉬지마, 숨 쉬지마.
꽃2	왜?
꽃들	냄새나. 냄새.

꽃들과 새들 사이사이를 걷던 판타스틱, 오싹한 기운을 느낀다.

판타스틱	여긴 이상해. 나무도 꽃들도 많지만, 서늘해. 빨리 공주님을 찾아 숲으로 갔으면 좋겠다….

꽃과 새들 사라진다.

8장 판타스틱, 거울을 마주한다

문을 끼이익 열고 다시 궁안으로 들어온 판타스틱, 뭔가 인기척을 느끼고 두려워한다.

판타스틱   공주님은 궁 안에 계신가? 도대체 어디에 계신 걸까?

거울 등장.
거울들, 처음엔 일사분란하게 움직이고 소리도 판타스틱을 그대로 따라하다
가 점차 움직임과 소리가 일그러진다.
가로질러 가려다 거울 때문에 더 가지 못한 판타스틱은 거울을 보고 놀라 소
리친다.

판타스틱   누구야! 놀랐잖아. …(얼른 장미꽃을 뒤로 숨긴다)비켜! 난
                    공주님을 만나러 가는 길이야. 참, 혹시 공주님이 어디 계신
                    지 아니…? 말을 할 줄 몰라…? (쿡쿡 거리며 웃는다) 근데 넌
                    참 희한하게 생겼다…. 웃어? 아마 네 모습을 보면 배꼽이 빠
                    져라 웃게 될 걸.
                    (이상스레 여기며 몸을 움직여본다) 날 비웃는 거야. … 왜
                    날 따라하는 거지…? 그만 해…. 그런 식으로 보지마. … 이
                    상해. 무섭단 말야…. 뭐라고 말 좀 해봐. 왜 입술만 움직이
                    는 거야….

판타스틱은 앞으로 달려가 손을 내민다.
천천히 움직임을 해본다. 앞 좌우에 있는 거울들이 모두 똑같이 따라 한다.
움직임을 빨리 해본다. 역시 따라하는 거울들.
공포감에 사로잡히는 판타스틱, 뒷걸음질 치다 돌아서자 거기에도 다른 거
울이 있다.
허둥지둥 다시 다른 곳으로 달려가 보지만 역시 또 다른 거울이 막아서고 있

다. 여러 개의 거울이 판타스틱을 반원형으로 둘러싼다.

피해보려 몸부림치는 판타스틱, 더 이상 소용없음을 깨닫고 가만히 서서 거울을 응시한다.

판타스틱   이 장미는 공주님이 나한테 주신 이 세상에 하나밖에 없는 장미야.

떨리는 손으로 장미를 꺼내 바라보고 마지막으로 확인이라도 하듯 장미를 서서히 치켜들면서 사방 거울들을 바라본다. 똑같이 장미를 들고 있는 거울들. 판타스틱 몸을 움직이려 하지만 마치 동상처럼 굳어지는 듯 옴짝달싹 할 수가 없다.

거울들은 다음 말들을 반복하며 천천히 판타스틱에게 모여들기도 하고, 주위를 돌기도 하며 위협한다. 거울의 말들은 때론 겹치기도 하고 메아리처럼 들리기도 한다.

거울들   (웃음소리)

거울   너무 웃겨!

거울   웃기긴 너무 흉측하다, 흉측해.

거울   그래도 등 뒤에 난 혹은 쓸만하지 않아?

거울   그럼! 혹 한 번 치고, 행운 하나 빌고!

거울   쟤 다리 휜 것 봐.

거울   쟤 몸은 비틀어졌어.

거울   쟤 얼굴 너무 재수없어.

거울   모르나봐, 공주님이 자길 보고 왜 웃는지.

거울	모르나봐, 공주님이 자길 보고 왜 웃는지.
거울	모르나봐, 모르나봐.
거울	정말 모르나봐.

판타스틱, 고통스럽게 울부짖으며 그 자리에서 무너져 내린다.
거울들의 웃음소리 점차 사그라들며, 거울들 사라진다.
시종장, 바닥에 쓰러진 판타스틱을 발견하고는 천천히 거울의 방을 둘러
본다.

9장 Broken heart

공주, 공작부인과 함께 들어오면서 어서 판타스틱에게 춤을 추게 하라고 재
촉한다.

시종장	공주마마, 이 작고 우스꽝스러운 판타스틱은 다시는 춤을 추지 않을 겁니다.
인판타	아니! 춤을 춰야 돼! 명령이다. 어서 춤 춰!
시종장	(말없이 고개를 단호히 젓는다)
인판타	왜지?
시종장	심장이 깨져버렸습니다.

잠시 침묵.

인판타	(차갑게 돌아서서 가다가 문득 멈추고는) 다음부터는 심장

이 없는 것으로 데리고 와.

시선으로 인판타의 뒷모습을 따라가던 시종장, 공주가 떨어뜨리고 간 망토를 판타스틱에게 덮어준다.

10장 앙상블의 노래(브릿지)

앙상블, '메아리의 노래' 변주한 후렴구를 허밍으로 가늘게 부르며 쓰러져있는 판타스틱 주변으로 모인다. 바라본다. 장미꽃잎을 판타스틱 몸 위에 뿌려주며 애도한다. 관을 이동하듯, 망토를 들어 옮긴다.

앙상블   ('메아리의 노래') 나나나나나나나 나나나 나나나 나나나

                    나나나나나나나 나나나 나나나 나나나

                    메아리는 메아리는 산이 울려서 나는 소리

                    우리는 우리는 메아리를 따라 춤추는 광대

                    메아리의 노래는 바람의 날개를 타고

                    가지마다 꽃피운다. 사랑의 붉은 장미를.

앙상블, '메아리의 노래'부르면서 무대 전환, 또 다른 이야기의 시작을 준비한다.

11장 제비, 사랑무용론을 펼치다

'메아리의 노래' 후렴구 이어지는 동안, 한 사람씩 사랑에 대한 대사를 이어나

간다.

앙상블	사랑의 붉은 장미
앙상블	그 한 송이를 위해
앙상블	누구는 심장을 바쳤고.
앙상블	그 한 송이 때문에
앙상블	누구는 심장이 깨졌지.

앙상블	사랑은 그만큼 강렬하고
앙상블	사랑은 그만큼 위대하고
앙상블	사랑은 그만큼 숭고한 것!

제비, 턱시도 차림에 멋스럽고 앙증맞은 가방과 우산을 들고 날아온다. 신경질적으로 우산을 접으며 비꼬듯 참견한다. 하지만, 앙상블은 제비의 말에 별다른 반응을 보이지 않고 말을 이어간다.

제비	뭐? 숭고? 위대? 설마 사랑을 두고 하는 말은 아니겠지.
앙상블	사랑의 빛깔은 아!
제비	칙칙하지. 눈물, 콧물 다 짜내고…
앙상블	사랑의 향기는 아!
제비	구려, 구려. 내가 해봐서 알아.
앙상블	사랑이란 잃었던 시력을 되찾는 것!
앙상블	사랑이란 내 맘이 날아올라 네게로 가는 것!
앙상블	사랑이란….

제비	(말 가로채며) 어리석은 광대짓! 사랑이란 쓸모없는 장난감!
앙상블	(이제서야 제비를 인식하고) 쯧쯧… 사랑이란 허다한 죄를 덮느니라.
앙상블	사랑은 심장이 고장난 사람은 할 수 없는 거야.
앙상블	사랑은 물과 같아 잡을 수 없는 것!
제비	그러니까 쓸데없는 거지!
앙상블	하지만 담을 순 있지. 그래서 그대를 내 가슴에 담는다!
제비	우웩!
앙상블	사랑은 사람을 행복하게 한다.
제비	사랑은 사람을 돌게 하지.
앙상블	사랑이란 희망을 안겨주지.
제비	사랑이란 고통과 절망이 뭔지를 똑똑히 가르쳐 준다니까.
앙상블	사랑에 빠진 사람은 하늘을 날 수 있대.
앙상블	가슴이 터질 것 같아.
앙상블	두근두근
앙상블	콩닥콩닥
앙상블	벌렁벌렁
앙상블	싸아아아
앙상블	짜릿한 전율
앙상블	사랑은 폭풍같은 것
앙상블	완전한 이해
앙상블	하나되는 것
앙상블들	(이구동성으로) 사랑이란!
제비	(잽싸게 가로채며) 부질없는 것이라니까!

사랑이란 한심한 시간낭비라구.

사랑도 모르는 것들이 사랑을 떠들고 있네.

나는 사랑을 해봤다구. 방금 전까지!

앙상블 (이구동성으로) 누구랑?

제비   …갈대랑.

앙상블, '어머, 어머' 속닥거리며 어느새 갈대들이 되어 흔들거린다.

제비   내가 왜 그랬을까? 그 잘록한 허리에 홀딱 반해서 한 순간 눈
     이 멀었어. (멀리 바라보며) 다들 남쪽나라로 날아갔는데, 도
     대체 나는 왜 가다말고 멈췄냐구!
     (우산을 펴고 날아가다가 갈대를 보고 멈춘다)
     (갈대에게) 당신을, 사랑해도 될까요?

갈대들, 순간 놀라 멈칫하지만 이내 다시 몸과 고개를 흔들흔들 살랑살랑 움
직인다.

사랑의 테마곡이 흐르는 가운데 갈대와 제비의 사랑의 모습 보여진다. 갈대
주위를 맴돌며 제비가 날개로 물을 톡 치면 잠시 후 갈대는 까르르 웃으며 온
몸으로 춤을 춘다. 그리고 갈대가 몸을 구부려 제비의 머리를 쓰다듬거나 날
개를 간질이기도 하며 그들의 애정행각은 자못 닭살스럽게 이어진다.

그러다가 부드럽게 흐르던 음악이 갑자기 삐이이익 엇나간다.

제비   싫증나! 아니 왜 말 한 마디 할 줄을 몰라. 허구헌 날 실룩실
     룩 샐룩샐룩 흔들어대기만 하구. 가만 있어봐. 그러고 보니,

항상 바람하고 호호호 하면서 새롱거린단 말이야.

앙상블 중 한 명이 바람이 되어 불어오자, 갈대들이 우아한 몸짓으로 바람을 반긴다.

제비   에이, 바람둥이!하지만 기회를 한 번 주겠어. 내가 여행을 좋
            아하니까 내 짝궁이 되려면 당연히 여행을 좋아해야 돼. (목
            소리를 가다듬고 갈대에게) 좋아요. 마지막으로 묻겠어요.
            지금 당장 나랑 같이 멀리 떠납시다!

갈대들은 안타까운 표정으로 고개를 살랑살랑 저을 뿐이다.

제비   흥! 괜한 시간 낭비를 했어. 빨리 이집트로 가야지. (시계를
            꺼내본다) 지금 몇 시야.

제비는 우산을 쫙 펴든다.

12장 제비, 왕자를 만나다

제비가 날개짓 하는 동안, 앙상블은 갈대역할에서 빠져나와 무대 전환, 받침 대를 세우고 망토와 칼로 행복한 왕자의 동상을 세운다.

앙상블(들)   (음악이 흐르는 가운데, 이어말하기 하듯 이야기한다)
            마을의 높은 곳 높은 기둥 위에 행복한 왕자의 동상이 서 있

었지.

슬픔이 없는 궁전, 불행이 없는 궁전에서

낮에는 정원에서 뛰어놀고, 저녁엔 궁안에서 춤을 추었지.

눈물이 뭔지도 몰랐고, 아픔이 뭔지도 몰랐지.

모두가 그를 '행복한 왕자'라고 불렀지.

그렇게 살다가 그렇게 죽었지.

그리고 지금은, 온몸에 금빛을 두르고 보석으로 치장한 행복
한 동상으로 서 있지.

(이구동성으로) 여기, 광장에!

제비   오늘은 여기서 잠시 쉬고 내일 떠나야겠다.

제비는 작은 가방에서 작은 수건을 꺼내 앙증맞은 이부자리를 만들고, 목에
고급스러운 수건을 두르고 칫솔질을 한 다음, 머리를 빗으며 잘 준비를 한다.
잘 준비를 마치고는 누워 마지막으로 머리맡에 우산을 펴서 얼굴을 가린다.
앙상블, 광장에 있는 사람들(이하 '행인')로 분한다. 분주히 오가며 동상에 대
해 한 마디씩 한다.

행인   캬, 금과 보석으로 도배를 했군. 진짜 폼 난다.

행인   폼은 나는데 쓸모는 없잖아.

행인   배고파….

행인   시장님, 이 황금동상이야말로 우리 시의 부와 명예를 상징하
         는 것 아니겠습니까?

행인   음, 내 명함에 배경사진으로 깔아야겠어.

행인(아이)	와, 왕자님은 꼭 천사같애요.
행인	어떻게 알아? 천사를 본 적도 없으면서
행인(아이)	봤어요. 꿈 속에서요.
행인	이 세상에 저렇게 행복해 보이는 사람이 있다니 그나마 다행이야.
행인	엉? 저거 사람 아닌데 동상인데….

제비, 떠드는 소리에 일어난다. 두리번거린다. 처음에 자기한테 찬사를 하는 줄 알고 폼 잡다가 아니라는 걸 알고 멋쩍어 한다.

제비	왜 이렇게 말들이 많아! 침묵이라는 걸 도대체 모르는 사람들이군. 시끄러운 도시야. 빨리 떠나야지. (둘러보며) 왜 이렇게 우중충해. 온통 회색빛이야.

제비는 다시 자리를 정돈하고 눕는다.

제비	내일이면 난 이집트 하늘을 날고 있을 거야. 친구들은 벌써 도착했겠지.

앙상블, 손에 작은 종을 들고 제비가 잠든 것을 들여다보며 살짝 종을 흔든다. 물 떨어지는 소리.

제비	앗 차가워. 날씨가 왜 이래? 마른 하늘에 빗방울이라니! 어디 가서 비를 피하나?

···갈대아가씨는 비를 좋아했어.

···흥! 이기주의자.

제비, 중얼거리며 침구들을 가방에 챙기고 이동한다.

왕자   잠깐만!

제비   엥?

왕자   난 행복한 왕자라고 해.

제비   행복한 왕자? (빗물 아닌 눈물에 젖은 옷을 털며) 근데 왜 울

           어요? 괜시리 내 날개만 젖었잖아요. 멀리까지 가려면 간수

           를 잘 해야 되는데.

제비, 바로 다시 우산을 펴고 날개짓을 한다.

왕자   잠깐만!

난 여기 세워진 후로 매일같이 울었어.

심장이 납으로 만들어지긴 했지만 이렇게 하염없이 눈물이 흘러.

제비   납? 뭐야, 전체가 순금으로 된 것도 아니잖아.

앙상블   왕자는 눈물을 흘리면서 도시의 비참함과 슬픔을 이야기했지.

           받침대에 묶여 꼼짝을 할 수 없는 왕자이기에

           자유롭게 날아다니는 제비에게 부탁을 할 수밖에 없었어.

13장 가난한 모자에게 보석을 나르다

왕자	제비야, 제비야, 딱 하룻밤만.
제비	네? 안 되요. 난 이집트로 빨리 가야돼요. (다시 날갯짓!)
앙상블	잠깐만, 잠깐만.
제비	이집트에서 날 기다리는 이들이 있다구요.
	아, 거긴 말이죠. 거대하고 화려한 무덤이 있는데요. 그 무덤 속에는 커다란 비취 목걸이를 목에 걸고 향유를 바른 위대한 임금님이 누워 계시죠. 미이라로 말이에요. 게다가 물가엔 황금빛 사자들이 내려오는데 사자들의 눈은 초록빛 에메랄 도 같아요. 울음소리는 폭포 소리보다 더 웅장하구요!
왕자	저 멀리, 저 멀리 좁은 골목길에 허름한 집 한 채가 있거든.
제비	저 멀리 허름한 곳이 아니고 나는 저저 멀리 화려한 곳으로 갈 거라구요.
왕자	아이가 너무 아파.
제비	난 애들 싫어해요. 글쎄, 난 지금 떠나야 된다니까요.
왕자	너무 아픈 아이가…
제비	그럼 딱 한 번만이에요!

이야기되는 동안 앙상블, 마을의 모형들을 세우고 제비는 그 주위를 난다.

앙상블	제비는 왕자의 칼에서 커다란 루비를 뽑아 날아갔어.
	('비행의 노래')
	높다란 교회의 탑을 지나,

음악소리가 들리는 궁전을 넘어,

수많은 등불이 반짝이는 돛대

배 위를 날아 강물을 건너,

빽빽하게 늘어선 지붕, 덜컹거리는 창문

도시의 하늘, 도시의 그림자.

마침내 제비는 허름한 집에 도착했지.

앙상블, 창틀을 만들고 두 사람은 아픈 아들과 엄마로, 한 사람은 재봉틀로, 나머지 사람은 창틀의 화분으로 분한다. 화분들이 집안의 상황을 떠들어댄다.

화분	어쩌니, 어쩌니.
화분	많이 아픈가봐.
화분	열이 40도까지 올랐대.
화분	그럼 병원 가야지.
화분	야, 쌀 살 돈도 없다는데
화분	어쩌니, 어쩌니.

아이는 콜록콜록 밭은 기침을 하고 재봉틀은 덜덜거린다.

화분	목이 타는지 아까부터 오렌지가 먹고 싶대.
화분	요즘 싼데, 하나 먹이지.
화분	돈이 없다니까.
화분	어쩌니, 어쩌니.

덜덜거리던 재봉틀이 고장나 부서진다.

화분   정말 어쩌니, 밥줄까지 끊겼네.

제비, 창가로 날아들어 아이한테 자신의 날개로 부채질을 해준다.
그리고 보석을 떨어뜨린다.
아이와 엄마, 재봉틀, 화분들 모두 기쁨의 탄성.
제비는 우산을 펴들고 경쾌한 걸음걸이로 발바닥까지 마주쳐가며 돌아간다.

하룻밤의 경과를 알리는 종소리. 음악소리.

14장 배고픈 작가에게 한 쪽 눈을 전하다

제비, 기지개를 펴며 일어나서는 가볍게 스트레칭을 한다. 시계를 꺼내보고 바람의 세기를 체크 하며 떠날 채비를 한다. 마지막으로 앞가르마를 타며 단정히 머리를 빗는다.

제비   (콧노래하며) 굿 모닝! 자 이제 곧 출발합니다.
왕자   제비야, 제비야, 딱 하룻밤만!
제비   이번엔 정말 안 돼요. 나 철새에요, 철새. 남쪽나라로 안 가면 죽어요.
왕자   저기 배를 곯아서 글을 못 쓰고 있는 작가가 있는데
제비   그거야 그 사람 사정이고.
왕자   내 사파이어 눈을 떼다가

제비	네? 아니 잠깐만, 지금 혹시 눈이라고 했어요? 말도 안 돼. 농담이시죠?
왕자	한쪽 눈이 있잖아. 한쪽 눈으로도 얼마든지 볼 수 있잖니. 난 궁에 있을 때, 눈이 있었지만 보지 못한 게 참 많았어. 제비야, 제발. (사이) 왕자로서 네게 명령하노라.
앙상블	제비는 왠일인지 잠시동안 눈을 꼬옥 감고 있더니, 말없이 왕자의 한 쪽 눈을 떼서 날아갔어.

('비행의 노래')

높다란 교회의 탑을 지나,

음악소리가 들리는 궁전을 넘어,

수많은 등불이 반짝이는 돛대

배 위를 날아 강물을 건너,

빽빽하게 늘어선 지붕, 덜컹거리는 창문

도시의 하늘, 도시의 그림자.

마침내 제비는 작가의 다락방으로 날아들었지.

상블 중 한 명이 작가로 분해 커다란 펜을 들고 허공에 글을 쓰고, 나머지 앙상블들 종이가 되어 포개어 선다. 작가가 펜을 휘두르며 입으로 글을 쓸 때마다 종이들은 그에 따른 움직임을 보여주며 넘겨진다.

작가	그 청년은 그녀의 집 창가에 다다랐습니다.
	창문을 두드렸습니다.
	아니지, 그럴만한 용기는 없어.
	그 때, 갑자기 창문이 열렸습니다.

흡! 청년은 담벼락밑에 얼른 몸을 숨겼습니다.

그녀는 두리번거리며 말했습니다.

아니야, 그녀는 말을 못해.

아, 배고파. 더 이상 못 쓰겠어.

아니야, 다시 해보자.

아… 배고프고 머리도 띵해, 더 이상 못 쓰겠어.

(펜을 놓는다. 마지막 한 장의 종이 어쩔 줄 몰라 한다)

제비, 작가에게 보석을 톡 던진다.

작가   앗 따가워. (보석을 주우며) 이게 뭐야, 아! 누군가 내 실력을
인정하기 시작했군. 와, 글이 저절로 씌여질 것만 같은데!

종이들이 스스로 글을 쓰는 동안, 제비는 마치 연극배우처럼 그 내용을 마임
으로 한다.

종이   마침내 그 청년은 그녀를 만났습니다.

용기있게 고백을 했습니다.

그녀는 눈이 휘둥그레졌습니다.

잠시 후, 그녀는 말없이 고개를 끄덕였고,

두 사람은 뜨겁게 서로를 안았습니다.

끝! 드디어 완성!

제비, 한참 물이 올라 열연하다가 완성이라는 말에 머리를 긁적인다.

제비	나도 한 때는 배우가 되고 싶었지.

제비는 우산도 펴지 않은 채, 어깨에 짊어지고 터벅터벅 걸어간다.

하룻밤의 경과를 알리는 종소리. 음악소리.

15장 성냥팔이 소녀에게 나머지 눈마저 떼어주다

왕자	제비야, 제비야.
	제비야, 제비야.
	제비야, 제비야.
	딱,
	딱,
	딱,
	딱 하룻밤만!
제비	(누워있다가 벌떡 일어나며) 싫어요. 그게 말이 돼요? 한 쪽 눈마저 떼어내면 아무 것도 볼 수 없잖아요. 세상에 얼마나 신나고 재밌는 볼거리가 많은데…. 왕자님은 아직 이집트에도 안 가봤잖아요.
왕자	저기 광장 아래, 성냥을 파는 소녀가 있어.
제비	안 되요. 마지막 남은 눈이잖아요.
왕자	성냥을 못 팔면 아버지가 때릴 거야.
제비	하룻밤 더 곁에 있을게요. 하지만 그 짓만은 할 수 없어요.
왕자	….

제비	(돌아앉아 팔짱을 끼고 버틴다) 그만해요. 자꾸 울어도 소용 없어요. 진짜 안 할 거에요. (귀를 막고 소리를 낸다) … 눈물 좀 그만 흘려요, 제발!
왕자	제비야, 눈이 없으면 더 이상 울지 않아도 되잖아. 부탁이야.
앙상블	제비는 한참동안 뒤돌아 고개를 숙이고 있다가, 이윽고 왕자의 나머지 눈을 뽑았지.

('비행의 노래')

높다란 교회의 탑을 지나,

음악소리가 들리는 궁전을 넘어,

수많은 등불이 반짝이는 돛대

배 위를 날아 강물을 건너,

빽빽하게 늘어선 지붕, 덜컹거리는 창문

도시의 하늘, 도시의 그림자.

앙상블 중 한 명이 소녀가 되어 성냥을 팔러 다닌다.
나머지 앙상블은 행인이 되어 걷는다.
소녀, 그만 도랑에 성냥을 떨어뜨린다.
앙상블, 소녀를 빙 둘러서서 아버지의 목소리가 되어 소녀를 윽박지른다.
소녀, 주저앉아 운다.

아버지(목소리)	무슨 짓이야!
아버지(목소리)	이 성냥 다 팔지 않으면 집에 들어올 생각하지 마.
아버지(목소리)	방에 가둬 버릴 거야.

아버지(목소리)	오늘 저녁도 굶어!
아버지(목소리)	혼날 줄 알어.
아버지(목소리)	맞아야 정신 차리겠어?

제비는 소녀를 윽박지르는 앙상블들을 향해 턱시도를 벗어들고 탁탁 턴다.
그 서슬에 앙상블 흩어진다.
제비는 소녀에게 다가가 턱시도를 어깨에 걸쳐주고 일으켜 세운다.
소녀는 두려움 반, 의아함 반인 눈으로 몸을 움츠린다.
제비가 주머니에서 사파이어 눈을 꺼내 내민다.
소녀는 냉큼 받아들고 기뻐서 폴짝폴짝 뛴다.
가던 소녀는 다시 와서 제비를 한 번 끌어안고는 춤추듯 사라진다.
제비, 추워 몸을 움츠리며 잰걸음으로 돌아간다.

하룻밤의 경과를 알리는 종소리. 음악소리.

16장 온 도시에 금을 뿌리다

제비, 밭은 기침을 한다.

제비	아무 것도 안 보이니까 속이 시원해요? 답답하죠? 거 봐요. 제비 말 안 듣더니…. 그래도 왕자님, 친구 하난 잘 만났어요. 이제부턴 늘 제가 곁에서 보여주고 들려줄께요.
왕자	안 돼, 제비야, 넌 따뜻한 곳으로 가야지.
제비	이상하게 발이 떨어지질 않아요.

왕자	하지만 곧 매서운 추위가 닥칠텐데. 제비야, 넌 철새잖니?
제비	그래요. 왕자님을 만나 철 없는 새가 됐죠. (밭은 기침과 콧물을 훌쩍인다) 왕자님, 있잖아요. 따오기 본 적 있어요? 금빛 물고기를 잡아먹는 붉은 따오기요. 나일강에 가 보면 말이죠….

앙상블이 오브제 활용과 몸의 변형과 함께 이야기를 하는 동안, 제비도 신이 나서 온몸으로 이야기를 한다.

앙상블	제비는 앞을 못 보는 왕자를 위해 여행을 하며 보았던 신기한 이야기들을 들려줍니다.
앙상블	세상이 시작될 때부터 사막에 살면서 세상 모든 일을 알고 있는 스핑크스 이야기.
앙상블	호박 염주를 들고 낙타와 함께 느릿느릿 여행하는 상인 이야기
앙상블	커다란 수정 구슬을 신으로 받들어 모시는 투르크 제국의 왕에 대한 이야기.
앙상블	야자나무에 똬리를 틀고 자는 녹색 뱀 이야기.
왕자	제비야, 네 얘기들은 정말 놀랍다. 하지만 나한텐 여기 도시 사람들의 비참한 생활보다 더 놀라운 건 없단다. 사람들은 어떠니? 울음소리가 들리는 것 같은데, 한숨소리도. 아직도 울고 있는 사람들이 많니? 제비야, 부탁인데, 내 몸에 있는 금붙이를 한 겹 한 겹 벗겨서 불쌍한 사람들한테 나눠줄래? 사람들은 항상 금이 있으면 행복해질 거라고 생각하거든.

제비, 말없이 왕자를 올려다본다.

앙상블	제비는 한 겹 한 겹 왕자의 몸에서 금붙이를 벗겨내었어.
앙상블	금붙이를 받은 사람들은 신이 나서 뛰어다녔지.
앙상블	행복한 왕자의 몸은 점점 칙칙한 잿빛으로 변해 갔어.
앙상블	도시는 황금으로 웃음을 찾은 듯 생기가 넘쳐흘렀지.

제비는 도시를 날아다니며 온 도시를 금빛으로 물들인다.
앙상블, 오브제를 활용해 금빛 도시를 보여준다.

17장 제비의 죽음 / 심장 갈라지는 소리

앙상블	그러던 어느 날 눈이 내렸어.
앙상블	눈이 오고 나자 서리가 내렸고, 거리는 온통 은빛으로 얼어 붙었어.

광장에, 그리고 제비의 머리위에 눈이 떨어진다.

제비	이게 바로 눈이라는 거군요.

제비, 몸을 일으키려 하나 기력이 없어서 제대로 움직이질 못하고 기침을 한다.

제비	왕자님, 그동안 왕자님 곁에 머물면서 참 행복했어요. 저를 여기 붙들어 둔 게 뭐였는지 이제야 알겠어요. 심부름을 하면서 저를 따뜻하게 했던 힘이 뭐였는지도요. 갈대가 왜 나랑 같이 떠날 수 없었는지, 이제는 알겠어요.

제비, 추위에 몸을 떨며 밭은 기침을 한다.

제비   왕자님, 이제 작별 인사를 해야겠어요.
왕자   그래 제비야, 더 늦기 전에 이집트로 가야지.
제비   아니요, 이집트가 아니에요. 내가 갈 곳은…. 죽음의 집이에
         요. 죽는다는 건 잠이 든다는 것과 별로 다르지 않을 거예요,
         그렇죠?
왕자   제비야….
제비   왕자님, 마지막으로 입을 맞춰도 될까요?

앙상블, 가엾은 제비가 날개짓을 하여 날아오를 수 있게 도와준다.
제비는 결국 마지막 비상을 하게 된다. 앙상블이 제비의 몸을 높이 들어올린다.
왕자님과 마지막 입맞춤을 나눈다.
제비, 바닥에 쓰러진다.

앙상블   그 순간, 왕자의 동상에 금이 가고
앙상블   마침내 소리내며 깨어진 심장.

앙상블, 제비 위로 붉은 장미 잎을 떨어뜨린다.
테마음악인 '메아리의 노래', 낮고 느리게 허밍으로 부른다.

에필로그

프롤로그의 세 가지 정지장면들이 다시 보여진다.

시간의 경과를 알리던 종소리와 함께.

앙상블	철학보다도
앙상블	권력보다도
앙상블	명예보다도
앙상블	숭고한!

앙상블, '사랑'이라는 말대신 빨간 상자를 다시 꺼내어 들여다본다.
앙상블, '메아리의 노래' 부르며, 받침대로 변형됐던 수레를 다시 이동 수레로
전환하고 짐들을 수레에 모두 싣고 또 다른 곳으로 유랑을 떠난다.

우리가 진행한 '우리 이야기로 극만들기' 방식은 '공동 창작'을 통해 이야기를 만들고 그것을 극화시키는 것이다. 누가 만들어 놓은 이야기(소설, 희곡, 옛이야기 등)가 아니라 '우리 이야기', 즉 참가자들의 경험이나 상상을 바탕으로 새롭게 이야기를 창작해서 극으로 만드는 과정이다.

극만들기를 음식 만들기에 비유한다면, 다른 분과 - 문학, 옛이야기, 대본 분과 - 는 음식의 메뉴(원작)가 미리 정해져 있고, 그 메뉴를 위한 훌륭한 재료들(텍스트)을 강사들이 다 준비해 온 상태에서, 그 재료들로 다양한 시도들을 실컷 해본 후에 최종 나름 가장 마음에 드는 요리를 만들어 올리는 것이라 말할 수 있다. 그에 반해 우리이야기 분과는 메뉴도 미리 정해져 있지 않는 상태에서 서로 만나 그 때서야 논의를 통해 메뉴를 결정한다. 그러다보니 준비된 재료도 전혀 없다. 모든 재료를 손수 만들어 내야한다. 콩도 기르고, 고추도 기르고, 생선도 잡아와야 한다. 유명작가가 쓴 소설이나 희곡, 오랫동안 구전되면서 다듬어진 옛이야기와 같은 재료들에 비하면 허접할 수밖에 없다. 하지만 우리가 직접 만든 재료로 만든 요리이기에 그 맛은 어쩌면 더 감동적일 수 있다. 이것이 우리 이야기로 극만들기의 매력이다. (강병용)

5부
우리 이야기로
연극 만들기

첫 번째 우리 이야기로 연극 만들기

꿈꾸지 않으면 강병용

01. 작업 방식에 대하여

공동 창작은 여러 사람이 이야기를 만들어 내기 위해 서로 머리를 맞대고 아이디어를 모으는 것이기 때문에 전문적 작가 아닌 사람들로서는 혼자 하는 것보다 더 좋은 생각들을 만들어 낼 수 있다.

그러나 이러한 장점에도 불구하고 논의 과정이 잘못되면 불필요한 논쟁이 길게 반복되거나, 한 사람이 논의를 독점하거나, 각자가 가진 생각들을 다 끄집어내지 못하는 오류를 범하기 쉽다.

이러한 오류를 피하기 위해서는 '브레인스토밍' 방식 등을 활용하는 것이 필요하다. 토론할 때 다음과 같은 태도를 지닐 것을 추천한다.

▷ 먼저 쏟아내고 나중에 토론하라
▷ 열심히 이야기하고 더 열심히 들어라
▷ 적극적으로 주장하고 흔쾌히 수용하라
▷ '그건 아니다'라고 주장하지 말고 '이게 어때요?'라고 제안하라

그리고 앉아서 토론만 하는 것이 아니라 즉흥극을 통해 직접 장면을 만들어 보고 이를 바탕으로 다시 토론하는 방식을 곁들여 가는 것이 좋다.

이번 연수에서는 〈작품 기획안 공모전〉이라는 형식을 통해 작품을 제안하고 선택하는 과정을 밟고자 한다.

전국 교사 연극 모임 '놀이와 즉흥으로 극 만들기' 연수(2009. 8. 3 ~ 8. 9)를 바탕으로 정리하였다. 주강사 강병용, 보조강사 고두한, 김경혜.

02. 과정 한눈에 보기

블록		주제	내용	비고
월	1	마음열기	연극놀이로 몸과 마음 열기	
	2	준비 활동	소지품으로 자기 소개하기	
	3		연출가 되어보기	
화	4	작품의 발상	기획안 공모전	
	5		기획안 즉흥극 → 최종 선택	
	6		질문 쏟아내기	
수	7	이야기 탐색	인물 탐색1 - 교사	
	8		인물 탐색1 - 제자	
	9		주제 탐색	
목	10	이야기 틀짜기	장면 쏟아내기	
	11		플롯 짜기	
	12	장면 만들기	장면별 즉흥극	
금	13		장면별 즉흥극	
	14	다듬기	소품, 의상, 음향 등 정하기	
	15	연습하기	리허설	

o3. '꿈꾸지 않으면' 연극 만들기

목표

1. 참여자들의 경험이나 상상을 바탕으로 이야기를 공동 창작한다.
2. 자유로운 토론과 즉흥극을 통하여 극을 만들어 나간다.
3. 공동 창작을 위한 바람직한 작업 방식을 경험한다.

1 블럭 마음 열기

1. 준비 활동 (밭 갈기)

극만들기를 음식 만들기에 비유할 때 우리 이야기분과는 음식 재료를 직접 재배해야 한다고 말하였다. 재료를 재배하려면 먼저 씨를 뿌려야 하겠지만 그 전에 해놓을 일이 있다. 씨가 잘 자라게 하기 위해서는 밭을 갈아야 한다.

공동 창작에 있어서도 마찬가지다. 본격적인 창작 활동에 앞서 사전 활동으로 창작을 위한 몸과 마음을 준비하는 것이 필요하다.

2. 연극놀이로 몸과 마음 열기

창작은 두뇌 활동이지만 활발한 두뇌 활동을 위해서 먼저 몸을 많이 움직여 주는 것이 필요하다. 그래서 먼저 몸을 많이 움직이는 연극놀이로 몸을 풀어주는 활동을 하였다. 이 연극놀이는 연수 과정에서 모둠 활동이 시작될 때마다 계속적으로 배치되는 것이 좋다.

첫날 진행되었던 연극 놀이만 소개해보자.

　　▷ 둘이서 마주 보고 서서 양팔을 마주 잡고 - V자 만들기, 앉았다 일어
　　　서기
　　▷ 둘이서 등을 맞대고 서서 - 앉았다 일어서기, 등대고 엎어주기
　　▷ 3인1조 - 대칭으로 지압하기
　　▷ 자동차 놀이
　　▷ 자리 바꾸기 (과일샐러드, 난 ~ 한 적이 있다.)
　　▷ 우리집에 왜 왔니?

역시 놀이를 진행하니 서서히 몸이 풀리면서 마음이 열리고 표정들도 다
밝아졌다.

2 블럭 연출가 되어 보기

1. 소지품으로 자기 소개하기

가. 이야기(인물과 사건) 만들기 체험

서로 처음 보는 사이이기에 소개하는 시간이 필요한 것은 당연. 그런데 자기 소개도 공동 창작의 준비활동의 하나로 활용하였다. 자기 소지품을 이용하여 소개하는 것으로 그 소지품에 얽힌 사연을 함께 들려주어야 하는 것이다. 스토리를 만드는 창작 활동이 가미된 것이라 할 수 있다.

〈소지품으로 자기 소개하기〉

1) 각자는 자기가 가지고 있는 소지품 중에서 자신을 소개하는데 사용할 것을 하나 고른다. 나중에 이 물건에 얽힌 이야기를 들려주어야 한다.

2) 소지품이 다 정해졌으면 자유롭게 돌아다니다 아무나 붙잡고 인사를 나눈다.

3) 인사할 때 〈ㄱ)이름 ㄴ)근무하는 지역 및 학교 ㄷ) 소지품에 얽힌 이야기〉를 소개한다.

4) 각자 1분씩 자기 소개를 한 뒤 소지품을 교환한 후 헤어진다.

5) 역시 자유롭게 돌아다니다 아무나 붙잡고 인사를 나눈다.

6) 이번에는 자기 소개를 하는 것이 아니라 자기가 가지고 있는 소지품 주인에 대해 소개한다. 역시 이름, 근무하는 지역 및 학교, 소지품에 얽힌 이야기를 전달하면 된다.

7) 각자 소개를 나눈 뒤, 역시 소지품을 교환하고 헤어진다.

8) 이번에도 자유롭게 돌아다니다 아무나 붙잡고 인사를 나눈다.

9) 역시 자신이 가지고 있는 소지품에 대해 이야기를 주고받는다.

10) 소지품을 교환하고 헤어진다.

11) 이렇게 세 명 정도를 만난 상태에서 인사 나누기를 마무리하고 둥글게 앉는다.

12) 진행자가 한 사람을 지명하고 그 사람은 자신이 들고 있는 소지품의 주인을 찾아간다.

13) 그 소지품의 주인 뒤에 서서 그 주인에 대하여 들은 정보를 이용하여 자세히 소개한다.

14) 소지품 주인은 소개한 내용에 대해 정정할 것이 있으면 정정하고 간단히 보완하여 자신의 소개를 한다.

15) 이어 자기가 들고 있는 소지품의 주인을 찾아간다.

16) 이후는 똑같은 방식으로 진행하면 된다.

다음은 각 선생님들이 소개한 내용. 소지품과 사연을 정리해 보았다. (몇 개만 소개)

▷ 라이터 - 담배를 끊었는데 이번 연수 과정에서 한 대 씩 피고 있다. 아내도 함께 연수 왔기 때문에 아내에게 들킬까봐 노심초사하고 있다.

▷ 휴대폰 - 보시다시피 낡은 휴대폰. 남들은 번호이동하면 최신 휴대폰 공짜로 살 수 있다고 하지만 그렇게 하려면 010이란 번호를 의무적으로 써야한다는 게 싫어서 아직 낡은 휴대폰으로 버티고 있다.

▷ 담배 - 27년째 담배를 피고 있다. 스트레스 해소용으로 애용하고 있는데 학생들 지도를 위해서는 담배를 끊어야 하지 않을까 고민 중이다.

▷ 과자(곡물바) - 타지에서 혼자 자취하고 있는 아들이 밥 해먹기 힘들 것 같아 곡물바를 사다 주었는데 이번에 가보니 뜯지도 않았더라.

▷ 붕대 - 얼마 전에 막걸리와 맥주를 섞어 마셨다가 술이 취해 계단에

서 넘어졌다. 그 때 깁스를 했는데 이게 그 붕대이다.

▷ 컵 - 발령4년차인데 발령 첫해부터 얼떨결에 아람단을 맡아 하고 있다. 누군가에게 이 컵을 선물하면서 아람단도 같이 넘겨주고 싶다.

이 활동을 통하여 각자의 단면을 볼 수 있어 서로를 알아가는데 도움이 되었다. 더불어 이 소개 내용에는 인물과 사건(에피소드)이 하나씩 들어 있다. 자기 소개를 통해 가벼운 창작의 실습을 한 것이라 할 수 있다. 또한 여기서 나온 것들이 나중에 작품 만들기의 재료로 사용될 수도 있다. (실제로 휴대폰 이야기는 공연 작품에 사용되었다.)

3 블럭 연출가 되어 보기

1. 연출가 되어 보기

가. 장면 만들기 체험 (올해 있었던 가장 인상적인 일)

극만들기는 이야기를 결국 무대 위의 한 장면으로 만드는 것이기에 간단한 실습으로 '올해 있었던 일 중 가장 인상적인 일'을 내용으로 장면 만들기 실습을 하였다. 극만들기의 준비 운동 성격으로 욕심 부리지 말고 간단히 만들어보는 것이 좋다. 긴 시간 토론하는 것은 절대 불필요. 5~10분 내에 만들어 발표하도록 유도한다.

〈연출가 되어 보기 - 올해 가장 인상적인 일〉

1) 3명씩 한 모둠을 만든다.

2) 3명이 돌아가면서 연출자가 된다. 가장 먼저 할 사람을 정한다.

3) 연출자가 된 사람은 자신에게 '올해 있었던 일 중 가장 인상적인 일'을 들려 준다.

4) 그리고 그 일을 하나의 장면으로 만드는데, 연출자가 임의로 배역을 정해준다. 자신이 배우로 등장할 수 있다.

5) 다 만들어졌으면 발표를 한다.

6) 발표를 보고 간단히 소감을 나눈다.

7) 강사는 연출 상 필요한 도움말을 한다.

8) 모둠별 또 다른 연출자를 정하여 장면을 만든다.

9) 발표하고 이야기를 나눈다.

10) 마찬가지로 진행.

다음은 이 활동에서 나온 결과물들이다. (몇 개만 소개)

▶ 선물 : 크리스마스 날 성당에서 여자 친구에게 선물을 주었고 보름 뒤 바다로 여행을 가서 여자 친구로부터 선물을 받음

▶ 시국 선언: 집에서 뉴스를 보다가 교사들의 시국 선언에 대한 관점의 차이로 아버지와 갈등을 벌이는 여교사의 이야기로 아버지는 결혼이나 하라고 함.

▶ 학생 난동: 돈을 뺏고, 담배를 피는 학생을 야단치는 학생부 교사에게 칼을 들이대는 학생의 이야기

▶ 사랑이 어떻게 변하니: 행동에 장애가 있는 학생을 지극정성으로 잘 가르쳤는데, 새 학기가 시작되고 새로운 담임에게만 인사를 하는 아이에게 서운했던 이야기

▶ 학생은 나의 힘: 장애가 있는 학생에게 글자를 열심히 가르치려는 선생님이 시국선언으로 속상했던 마음을 털어놓자 처음으로 학생이

'선생님'이란 말을 한 이야기

▶ 엄마의 이중 인격: 평소 자유 연애를 말했지만 딸과 제자가 스킨쉽을 하는 모습을 보고, 평소와 다른 태도를 보이는 엄마의 이야기

▶ 노동자도 사람이다: 평택 노동자들의 시위에 동참하면서 벌어진 이야기

▶ 니들 때문에 산다: 학교에 대한 분노로 가득한 선생님을 위해 학생들이 이벤트를 준비하는 내용

이 활동 역시 본격적인 작품 논의는 아니고 그것을 위한 연습 과정이라 할 수 있다. 하지만 여기서 나온 이야기들이 공연 작품의 재료가 될 수도 있다. 그래서 자기 소개의 결과나 인상적인 일의 제목을 쪽지에 적어 강의실 벽에 붙여 놓았다.

4 블럭 기획안 공모전

1. 작품의 발상 (씨뿌리기)

※ 공동 창작을 위한 몇 가지 tip

☞ 공동 창작으로 극만들기 작업의 흐름

공동 창작으로 극만들기를 할 경우 그 과정을 크게 구분한다면 '①이야기(story) 만들기 - ②플롯(plot) 짜기 - ③형상화 하기 - ④다듬기'라고 할 수 있을 것이다. 희곡을 먼저 완성하고 형상화 작업을 하면 앞의 순서대로 작업이 이루어지겠지만, 즉흥을 통한 작업을 하는 경우에는 순서가 ①-③(앞의 두 개가 동시에 진행된다고 볼 수 있다.)-②-④순으로 이루어지기도 한다.

☞ 발상의 시작 : 인물, 사건, 주제

작품 창작의 첫 단계는 이야기를 만드는 것이다. 이야기는 인물, 사건, 주제 등이 서로 어우러져 우리에게 재미나 감동이나 교훈을 전해 줄 것이다. 이 이야기가 바로 우리가 만들고자 하는 연극의 내용인 것이다.

이러한 이야기의 창작은 '경험'과 '사색'에서 비롯된다고 할 수 있다. 살아오면서 보고, 듣고, 실제로 겪은 일들을 그냥 스쳐 넘기는 것이 아니라, 다시 한 번 돌아보고 그 의미를 생각해 볼 때 남들에게 들려주고 싶은 욕구가 생겨나고 그 때 비로소 작품 창작이 시작되는 것이다.

이야기 만들기의 출발점은 인물이 될 수도 있고, 사건이 될 수도 있고, 주제나 메시지가 될 수도 있다. 첫 시작은 무엇이 되어도 좋다. 뭔가 자기 마음을 강하게 당기는 것이 출발점이 될 것이다. 허나 이를 아직 이야기의 씨앗으로 보기는 힘들다. 이야기가 만들어지기 위해서는 '인물, 사건, 주제'가 나름 갖추어 져야 한다. 이와 같이 만들고자 하는 이야기의 '인물, 사건, 주제'를 담고 있는 '씨앗'을 만들어 내는 것이 공동 창작의 제1단계라고 할 수 있다.

☞ 먼저 쏟아 내고 나중에 토론하라!

이 단계와 관련하여 필자가 강력히 주장하고 싶은 것은 '자유토론'은 결코 바람직하지 않다는 것이다.

〈가상 상황〉

참여자 - A(리더), B, C, D, E, …

A : 자, 지금부터 우리가 어떤 작품을 만들었으면 좋을 지 각자 생각을 자유롭게 말씀해 주세요.

(한동안 침묵)

A : 아무 제안이 없나요? 너무 부담 갖지 말고 자유롭게 말해 주세요.

B : 아무래도 우리가 교사들이고 하니 교육문제가 공통의 관심사 아니겠습니까? 그러니 학교이야기를 극으로 만드는 게 어떨까요?

C : 어휴, 학교 이야기는 답답해요. 문제는 많지만 해결책도 없고… 학교 이야기 말고 다른 이야기를 하면 좋겠습니다.

A : 그럼 학교 이야기 말고 다른 어떤 이야기를 하고 싶은지요?

C : 글쎄요. 학교 이야기 말고 다른 이야기라면 뭐든 다 좋아요.

D : 해리포터와 같은 판타지는 어떨까요?

B : 마법을 무대에서 표현할 수 있을까요? 영화처럼 편집을 하거나 특수효과를 사용하지 않고 예를 들어 빗자루를 타고 하늘을 나는 장면이나 동물로 변신하는 장면을 어떻게 할 수 있을까요?

D : 가능하다고 봅니다. 공중에 뜨지 않더라도 배우가 (직접 시범을 보이며) 이렇게 날고 있다는 연기만 해도 관객은 날고 있다고 받아들일 거예요.

B : 제 자리에서 하는 건 그렇다 치더라도 이동을 하면 영 허접할걸요.

D : (직접 해보고는) 좀 그렇긴 하군요. 그럼 이건 어떨까요? 검은 옷을 입은 사람들, 그러니까 코러스가 빗자루 타는 사람을 직접 들어 올리는 거죠. 그리고 이동을 하는 겁니다.

E : 그런데요. 우리 판타지로 하기로 결정한건가요?

위는 작품 발상단계에서 자유토론으로 진행할 경우 흔히 발생하는 상황을 가상으로 엮어본 것이다. 논의 초기단계에서 지엽적인 토론이 벌어져 다양한 제안을 검토할 기회를 놓치고 있다. 더구나 벌어지고 있는 토론 주제가 '교육문제를 다룰 것이냐 말거냐'와 같이 막연하여 불필요하거나, '마법 장면을 연극 무대에서 어떻게 표현할 수 있는가'와 같이 시기적으로 부적절한 논쟁을 하고 있는 것이다. 이로 인하여 다수는 침묵을 강요당하고 있다. 그들이 가진 제안을 꺼내지 못한 채 말이다.

작품의 발상 단계에서는 '토론'이 아니라 '생각 쏟아내기'가 우선 되어야 한다. 이 때 흔히 말하는 '브레인스토밍(brain storming)' 기법을 사용하는 것이 좋다. 그리고 브레인스토밍을 진행하는 구체적인 방법에 여러 가지가 있겠지만 필자는 '쪽지(주로 포스티잇 사용)'에 써서 게시판(칠판이나 벽)에 붙이는 방법을 가장 즐겨 사용하고 있다.

※ 브레인스토밍(brain storming)
집단에 의한 아이디어 개발법. 토의방식을 취하며, 일정한 문제에 대해 참석자 전원이 생각나는 것을 자유롭게 발표한다. 다른 사람의 발언을 비판하지 못하며, 여러 사람의 아이디어를 평가, 정리해서 하나의 아이디어로 전개시킨다.

브레인스토밍을 성공시키기 위해서는 다음과 같은 사항을 염두에 두어야 한다.

① 평가의 금지 및 보류 : 자신의 의견이나 타인의 의견에 대하여 일체의 판단이나 비판을 의도적으로 금지한다. 아이디어를 내는 동안에는 어떠한 경우에도 평가를 해서는 안 되며 아이디어가 다 나올 때까지 평가는 보류하여야 한다.

② 자유분방한 사고 : 어떤 생각이든 자유롭게 표현해야 하고 또 어떤 생각이든 거침없이 받아들여야 한다.

③ 양산 : 질보다는 양에 관심을 가지고 무조건 많이 내려고 노력한다.

④ 결합과 개선 : 자기가 남들이 내놓은 아이디어를 결합시키거나 개선

하여 제3의 아이디어를 내보도록 노력한다.

〈작품 발상을 위한 작업 방법 1 - 생각 조각들을 모두 쏟아내기〉

1) 쪽지(주로 포스트-잇을 사용)를 충분하게 나누준다.

2) 참여자는 하고 싶은 이야기의 '주제'나 '인물','사건'들을 적는다. (주제, 인물, 사건 중 무엇을 적어도 좋다.)

3) 쪽지 1장에 하나의 아이디어를 적는다.

4) 많이 적을 수록 좋다.

5) 적은 것을 벽에 각자 붙인다.

6) 다 적어 붙였으면 붙여진 내용을 살펴본다.

7) 비슷한 것끼리 분류도 해본다.

8) 필요하다면 붙여진 내용에 대하여 질문과 대답도 나눈다.

9) 적절한 과정을 통하여 다룰 이야기의 '주제, 인물, 사건'을 결정한다.

※ 9)단계에서 필요하다면 '주제, 인물, 사건'을 결합한 아이디어를 쪽지에 적어 내게 하여 같은 작업을 진행할 수도 있다.

2. 기획안 공모전

필자는 평소 공동 창작 작업 시 위의 방법을 주로 사용하였다. 그런데 이번 연수에서는 시간 부족의 압박감 때문에 바로 9)단계를 진행하였다. '기획안 공모전' 이란 이름으로 작품의 인물, 사건, 주제 등을 묶어 제안하게 하였다. ('기획안 공모전 기법'이란 용어는 필자가 만든 것임.)

〈작품 발상을 위한 작업 방법 2 - '기획안 공모전'〉

1) 쪽지(A4용지)를 나누어 준다.

2) 참여자는 다루고 싶은 이야기를 정하고, 그 이야기의 기획안을 적어 낸다.

3) 기획안에는 '제목', '주요 인물', '사건', '주제' 등을 적는다.

4) 혹시 보는 사람을 솔깃하게 만들 아이디어가 있다면 덧붙인다. (예- 극
   적 반전 등)

5) 적은 것을 벽에 각자 붙인다.

6) 다 적어 붙였으면 붙여진 내용을 살펴본다.

7) 필요하다면 붙여진 내용에 대하여 질문과 대답도 나눈다.

8) 적절한 과정을 통하여 다룰 이야기의 '주제, 인물, 사건'을 결정한다.

모둠 활동 첫날의 저녁식사 후에 잠시 모여 기획안을 적어 내는 시간을 가졌다. 당시에는 겉으로 내색 하지 않았지만 나중에 하는 말로는 이 때 무척 압박감을 느꼈다고 한다. 위의 방법1의 과정을 거치지 않았던 걸 후회하였다.

기획안 공모전에는 다음과 같은 기획안들이 제출되었다.

〈나는 교육자인가 사기꾼인가〉

교사는 멋진 인생, 꿈꾸는 인생, 대안적 삶을 얘기하고, 그를 스승으로 따른 학생 역시 꿈을 꾸며 학교를 나간 지 2년, 그리고 학생은 3년째 방에서 나오지 않는 히끼코모리(은둔형 외톨이)가 되어 바닷가 횟집에서 재회한다. 그리고 무겁게 입을 열었다. "당신을 믿은 게 오늘 나를 이렇게 만들었어."

〈 어느 시골 학교 이야기〉

도시 학교에 염증을 느낀 모 교사는 과감히 시골학교로 내려간다. 전교생 서른 명 시골 학교에서 벌어지는 이야기로, 케이블카 설치를 반대하는 이야

기, 또는 아이들과 시골 마을 축제를 만드는 이야기

〈행복한 교실〉

A시로 향하는 기차 안. 같은 대학 동기 J와 M은 대학 내내 과 수석을 서로 다퉈온 동기로 A시에 있는 B고교와 S고교로 각각 발령 받아 같은 통근 버스를 타고 첫 출근을 하는 중. B고교는 후기고이고, S고교는 명문고이지만, 둘 다 부푼 기대로 설레고 있다. J는 교장 선생님의 아이들에 대한 회의적인 얘기를 듣고 마음이 무겁다. 실제 무기력한 교실, 아이들의 무단결석으로 J교사는 괴로워한다. 어느 날 출석부가 사라져 찾아보니 화장실 변기통에서 나와 아이들을 무자비하게 체벌한다. 학부모의 항의에 교장으로부터 혼이 나게 된다. 하지만 연극을 통해 J교사가 아이들과 함께 바뀌어 간다.

〈치킨〉

가족은 아주 화목하고 평범하다. 아버지는 대기업 간부로 적지 않은 돈을 벌고, 어머니는 따뜻하고 자상하여 가족을 잘 챙긴다. 이 가족은 휴일이면 곧잘 나들이를 간다. 이 날 휴일도 여느 때처럼 서커스 구경을 간다. 이때 서커스에 최면술사가 등장하여 아버지를 상대로 최면을 건다. 아버지는 최면에 걸려 닭으로 변한다. 사람들은 환호하고, 최면술사가 만족하는데, 이때 검은 양복의 사나이가 나타나 최면술사를 죽인다. 서커스 극장은 아수라장이 되고, 최면술사는 구급차에 실려나간다. 집으로 돌아온 가족들은 사람으로 돌아오지 못할 아버지를 구할 방법이 없어 낙담한다. 하루하루 날이 지나고 가족들은 점점 닭아빠를 구박한다. 아버지는 매일 언덕에 나가 나는 연습을 한다. 심지어 지붕에 올라가 날기 연습을 하다가 몸을 다치기도 한다. 아들은 아버지의 그런 모습을 지켜본다. 그러던 어느 날 아들은 아버지와 함께 날기 연습을 시작한다. 그러다가 결국 부자는 함께 날게 된다.

〈자장자장 우리 아가〉

여성 삼대가 함께 살며 겪는 이야기. 나이든 친정어머니(외할머니) 부양, 권위적인 남편과의 결혼 생활 속에 엄마는 점점 삶에 지쳐가고 50대의 나이에 치매가 찾아온다. 이를 지켜보는 딸(20대)의 마음.

〈Run to wedding〉

서로 사랑하는 사이의 남자와 여자. 둘은 결혼을 생각한다. 하지만 남자가 프로포즈를 하지 않는다. 어느 날 여자가 남자를 떠보지만 남자는 자신의 집안이 독실한 기독교 집안이라 자유분방한 여자와 만났을 때의 상황이 두려워 청혼을 못한다는 것을 알게 된다. 하지만 둘은 결혼하기로 결심하고 양가 부모님의 상견례 자리를 마련한다. 상대방 부모님을 전도하려는 남자 집안과 탐탁지 않게 생각하는 여자 집안. 둘의 결혼은 이루어질까? 행복할까?

〈첫사랑〉

대학교 2학년 미연은 신입생 환영회에서 노래하던 박찬우에게 반한다. 박찬우에겐 너무 많은 여성들이 있어 속앓이만 하다가 박찬우가 솔로가 되었다는 소식에 사랑을 고백하다 퇴짜를 맞는다. 이후 잊고 지내다가 박찬우가 결혼했다는 소식에 미연도 직장 동료 김범수와 결혼한다. 딸을 낳고 18년 간 결혼 생활을 하나 찬우에 대한 그리움을 지우지 못한다. 그러다가 찬우 아내가 교통사고로 죽자 문상을 가게 된 걸 계기로 찬우의 마음이 열리게 된다. 미연은 찬우와 범수를 두고 고민한다.

〈안티 조선 방송〉

미디어법을 불법적으로 통과시킨다. 2MB는 다른 나라도 다 하는 것이라며 강행한다. 최상재(언론노조)를 비롯한 언론 노조의 저항, 전교조 방송의 주도로 지구를 위한 한 시간 운동의 확산, 바보 상태에서 깨어나 공정방송국을 시민의 힘으로 만들고 키워 나간다.

국회에서 언론법이 통과 되고, 촛불집회가 열린다. 일반 시민들은 점점 텔레비전을 신뢰하게 된다. 관람객에게 어떻게 생각하느냐, 벙어리가 된 것인지 등을 묻는다.

5 블럭 기획안 즉흥극 그리고 선택

1. 기획안 즉흥극 그리고 선택

〈기획안 고르기〉

1) "12개의 기획안이 나왔습니다. 각자 마음에 드는 두 작품을 골라 스티커를 붙여 주세요."
2) 가장 많이 나온 세 작품을 최종 후보로 올린다.
3) "세 후보 작품 중에서 마음에 드는 작품을 하나 골라 그 앞으로 모여 주세요."
4) 작품의 선호도를 기준으로 하되 모둠별 인원 등을 고려하여 세 모둠을 만든다.
5) 각 모둠은 자신이 고른 작품을 5분짜리 작품으로 만든다.
6) 모둠별로 발표한다.
7) 발표가 다 끝난 후 의견을 나눈다.
8) 적절한 과정을 통하여 최종 작품을 선택한다.

12개의 기획안이 나왔다. 평소 생각이 충분히 무르익어서 만들어진 기획안이 아니고 강사의 요구에 의하여 급박하게 만들어진 기획안이기에 부실한 점이 많을 수밖에 없는 상황이다. 하지만 이런 상황을 전제로 놓고 판단한다면 꽤나 괜찮은 아이디어들이 들어 있다고 판단되었다. 이 중 어느 하나를 선택하는 일이 우리 앞에 놓여 있는데 어떤 것이 선택되든 해볼만 하다는 생각이 들었다. 강사 입장에서 가장 끌리는 작품이 있었지만 마음속에 묻어두고 있었다.

12개의 제안을 하나하나 다 검토하기에는 주어진 시간이 부족하다. 기획안을 훑어보는 것만으로 대충 내용은 이해되었고 간단히 질문응답만 한 후에 각자 마음에 드는 작품을 두 작품을 표시하게 하여 가장 표를 많이 얻은 세 작품을 먼저 선정하였다. 이렇게 해서 선정된 작품은 '교사인가 사기꾼인가?', '치킨', '자장자장 우리 아가'이다.

이제 이 세 개 중에서 최종 하나를 선택해야 한다. 이번 선택 과정에서는 각 이야기가 가지고 있는 발전 가능성 등을 직접 확인해 본다는 의미에서 세 모둠으로 나누어 간단한 극만들기 활동을 진행하였다.

모둠별로 극만들기와 발표, 그리고 각 작품에 대해 검토하는 과정을 거친 후, 어떤 작품이 좋겠는지 각자 의문을 물은 결과 '교사인가 사기꾼인가'가 가장 많이 나왔다. 드디어 우리 이야기 거리가 최종 선택된 것이다. 결정된 이야기를 하나의 문장으로 정리한다면?

"자유로운 교육을 추구하던 교사가 그의 영향으로 은둔형 외톨이가 된 제자를 만나 크게 좌절한다."

이것이 우리 작품의 '씨앗'이다. 식물의 씨앗에서 싹이 나와 잎과 줄기로 성장하고 꽃과 열매를 맺게 되듯이, 우리 이야기의 씨앗을 잘 가꾸면 인물, 사건, 주제가 풍성하게 만들어져 한편의 흥미 있는 이야기가 만들어 질 것이다. 이제부터 가꾸는 일이 시작된다.

6 블럭 질문 쏟아내기

1. 이야기 탐색 (거름주고 물주기)

가. 질문 쏟아내기

▶ 이야기의 '씨앗' - "자유로운 교육을 추구하던 교사가 그의 영향으로 은둔형 외톨이가 된 제자를 만나 크게 좌절한다."

큰 방향을 보여 주고 있지만 자세한 내용이 아직 없다. 이제부터 그것을 만들어 나가야 한다. 어떻게? 우선 씨앗에 대고 질문을 하라, 마구 마구.

〈 질문 쏟아 내기 〉

1) 결정된 이야기에 대하여 어떤 의문이라도 좋다. 쪽지 한 장에 질문 하나를 적는다.

2) 1인당 5장 이상씩 적는다. (많이 적는 것이 좋다는 의미)

3) 각자 적은 것을 벽에 붙인다.

4) 비슷한 것끼리 분류를 해본다.

5) 필요하다면 이 자리에서 질문에 대한 답을 논의해 본다. (꼭 이 과정에서 답이 나와야 하는 것은 아니다.)

★ 이 질문들은 앞으로 작품의 내용을 구체적으로 만들 때 어떤 내용들이 더 만들어져야 하는 지를 가리키는 중요한 지침이 된다.

질문 쏟아내기에서 나온 질문들을 분류하여 소개하면 아래와 같다.

〈주제〉

● 그 무엇이 성공이라는 삶일까요?

● 제자의 원망의 핵심은?

● 선생이 가르친 진실과 사회의 모습은 어떻게 다를까?

● 선생은 무엇을 가르쳐야 하는가?

● 교육의 품질보증기간?

● '자유롭다'의 정의는 무엇?

● 자유로운 삶이란?

- 선생님 아이의 가치관의 대립이 벌어질 경우 선생님의 행동은 어때야 하나?
- 대학은 꼭 갈 필요가 있다?
- 교사가 과연 무엇을 가르칠 수 있을까?
- 자신의 로망을 아이들에게 가르치는 것은 문제인가?
- 교사의 내면이 가르침에 있어 왜 중요한가?
- 은둔형 외톨이가 된 제자를 밖으로 나오게 할 수는 없을까?

〈교사〉

- 교사가 가르친 것은?
- 교사 자신은 자유로운 삶을 살고 있는가?
- 선생은 아이에게 어떤 마음으로 사과를 했을까
- 교사와 부모의 관계에는 신뢰가 있느냐?
- 교사는 진짜 자유로운 삶이 가능하다고 믿는 걸까
- 교사 자신의 신념이 흔들리는 이유?
- 교사는 어떤 학창 시절을 보냈을까? 어떤 학생이었을까?
- 교사는 어떤 학교 교사인가? 교과목은?
- 교사는 어떻게 제자가 은둔형 외톨이가 된 사실을 알게 되었을까?
- 교사는 무엇을 강조했나?
- 교사는 고민의 원인을 어디에서 또는 누구에게 찾는가?
- 교사는 자유를 중시하는 교육관을 지녔는데, 극에서 어떻게 표현할 것인가
- 은둔형 외톨이가 된 아이를 앞으로 선생은 어떻게 대할 것인가
- 제자에게 교사가 사과한 이유는?

- 교사는 왜 자유로운 삶을 동경할까?
- 제자의 치유에 선생이 무슨 역할을 할 수 있을까?
- 교사와 제자의 관계가 사제지간이 아닌 다른 것도 가능할까?

〈학생〉

- 너를 힘들게 하는 사람은 누구니?
- 은둔형 외톨이가 된 후 아이가 관심을 가진 것은?
- 인도여행에서 만난 이는 어떤 계급이었을까? 불가촉천민의 삶을 보았을까?
- 아이는 왜 그 교사를 영향력 있다고 믿었을까?
- 제자가 미련을 갖고 붙잡으려는 것은?
- 제자가 방콕자가 된 이유, 계기는?
- 제자가 인도로 간 까닭은?
- 아이는 누구와 인도여행을 갔는가?
- 제자에게 과거의 교사와 지금의 교사는 어떻게 다를까?
- 제자의 학교생활 모습은?
- 제자가 즐겨 듣거나 부르던 노래가 있나요?
- 교사가 제자의 삶에 가장 큰 영향을 끼친 사람이었을까?
- 알바를 통해 만난 인간 군상의 추함은?
- 사회에서 어떤 사람들을 만난 것일까?
- 그 제자의 엉뚱한 에피소드는 없을까?
- 제자는 무엇이 두려울까?
- 나는 누구이며 왜 사는가?
- 제자는 왜 자신의 상황이 교사 때문이라고 생각했을까?
- 아이는 자신이 히키코모리가 된 이유가 정말 교사 탓이라 여길까?

- 여자가 홀로 여행하는 건 위험?

- 제자의 원망의 핵심은 교사일까? 자신일까?

- 교사 이외에 친구, 가정 등의 다른 요소가 제자에게 영향을 미치진 않았을까?

- 제자는 선생님을 만나기 전 어떤 모습이었을까?

- 학생이 세상을 두려워하게 된 계기는?

- 학생은 무엇을 제일 두려워하는가?

- 교사 이후에는 영향을 줄 만한 사람을 못 만났을까?

- 은둔형 외톨이가 된 자신의 모습이 싫었다면 왜 그렇게 생각했을까?

- 제자는 졸업 후 무엇이 두려웠을까?

- 아이가 느낀 좌절의 정체는 구체적으로 무엇인가?

- 제자의 학교 생활 모습은 어땠을까?

- 제자에게 호감을 보이는 이성 친구는 없었나?

〈주변 인물〉

- 친구는 무얼 했을까?

- 아이의 부모는 히키코모리가 될 때까지 어떤 태도를 지니고, 무슨 생각을 했을까?

- 여행자인 제자를 보고 저 사람은 뭐라 느낄까?

- 제자의 가정환경 혹은 친구 관계는 어땠나?

- 제자의 부모님이나 가족은 어떤 사람들일까?

- 부모는 어떤 사람으로 키우길 바랐을까?

- 제자 부모의 삶은 어떤 모습일까?

- 제자의 학교생활 중 제자를 챙겨주는 관심 주는 교사는 없었나?

- 아이의 부모는 뭘 했는가? 사건 해결을 위해.

● 제자가 외톨이가 되어갈 때 부모는 무엇을 했나?

● 제자의 가장 친한 친구는 어떻게 살고 있을까?

〈기타〉

● 다른 제자들은 교사의 가르침을 어떻게 처리했을까?

● 교사의 가르침 받은 제자 중 행복하게 살고 있는 경우는 어떤 모습일까?

● 교사의 학교생활에서 동료 교사와의 갈등은 없을까?

● 다른 교사들은 이 교사의 가르침을 어떻게 생각하는가?

7 블럭 인물 탐색1 - 교사

1. 인물 탐색1(교사) - 즉흥극

〈교사 모습 즉흥극 만들기〉

1) 모둠을 적절히 나눈다.

2) 모둠별로 논의하여 교사의 캐릭터가 잘 드러날 수 있는 장면을 설정하여 만들어 본다. (성격, 겪었을 법한 상황, 사건 등)

3) 발표 후 의견을 나눈다.

★ 길게 논의하는 것보다 아이디어들을 쏟아내고 그것을 간단히 장면으로 만들어 보는 것이 좋다. 이를 위해서는 모둠 인원을 3~4명 정도로 적게 두는 것이 좋다.

실제 과정에서는 2모둠으로 나누어 진행하였는데 그러다보니 한 모둠에 6명씩 배치되었고 여러 사람의 의견을 조율하느라 논의에 시간이 많이 사용되었다. 입으로 논의하여 6개의 의견 중 하나를 선택하니 차라리 모둠을 쪼개서 각자의 의견을 간단히 직접 만들어 보고 선택하는 것이 더 효율적이 겠다는 판단이 들었다.

다음은 두 개의 모둠에서 나온 장면들이다.

   ▷ 모둠 1 : 교무실 풍경. 주인공 교사를 찾아오는 아이들이 교사를 친구 대하듯 하는 모습에 주변교사들은 부정적이고 신경질적으 로 반응.

   ▷ 모둠 2 : 운동장에서 동성애를 하는 학생 커플을 발견하고는 야단치 지 않고 오히려 더욱 독려하는 모습

▶ 논의 내용

  - 동성애에 대하여 오히려 더욱 독려하는 모습은 장난스럽게 비쳐짐. 수 용하는 정도의 태도가 적절할 듯.

  - '자유로운 삶을 추구'하다는 것이 구체적으로 무엇인가에 대해 논의.

   → 무절제하고 자기만을 아는 것이 아니라 '자유로운 영혼'을 추구하는 모습

8블럭 인물 탐색1 - 제자

1. 인물 탐색2(제자) - 즉흥극

〈제자 모습 즉흥극 만들기〉

1) 모둠을 적절히 나눈다.

2) 모둠별로 논의하여 제자의 캐릭터가 잘 드러날 수 있는 장면을 설정하 여 만들어 본다. (성격, 겪었을 법한 상황, 사건 등)

3) 발표 후 의견을 나눈다.

★ 길게 논의하는 것보다 아이디어들을 쏟아내고 그것을 간단히 장면으로 만들어 보는 것이 좋다. 이를 위해서는 모둠 인원을 3~4명 정도로 적게 두는 것이 좋다.

앞 활동에서 논의가 너무 길어진 점에 문제를 느끼고 인원을 세 명씩 한 모둠으로 구성하였다. 하지만 여전히 논의가 길어지는 문제는 해결되지 않았다. 간단히 빨리 해달라는 주문은 계속했지만 별 영향력을 발휘하지 못했다. 막연히 간단히 빨리 하라는 주문보다는 각자의 의견에 따라 하나씩 만들어 보라는 주문이 더 좋겠다는 생각이 들었다.

다음 모둠별로 나온 장면들이다.

▷ 모둠1 : 회의시간에 늦은 양선호. 동료들의 질타를 받음 (사회구조에 적응 못하는 제자의 모습)

▷ 모둠2 : 면접 보는 학생과 면접관. 면접관의 질문에 처음에는 의욕적으로 대답하나 점점 사회의 무거운 벽에 눌려 힘을 잃어가는 모습.

▷ 모둠3 : 중3학부모. 담임선생님과 진학상담 후 대안학교로의 진학 결정. 자기 의견을 내지 못하고 부모님과 교사에 의해 일방적 결정되어지는 모습.

▷ 모둠4 : 고3 진학을 앞둔 시점, 꿈이 없다는 학생에게 남들과는 다른 삶을 권함. 대학을 가지 않고 인도 여행을 다녀옴. 우연히 길에서 뜻이 맞았던 친구를 만나지만 대학에 진학해서 다른 삶을 살아가는 모습을 보며 섭섭해 함.

9 블럭 주제 탐색

1. 주제 탐색 - 자유 토론

가. 무엇이 문제인가? (갈등의 원인)

→ 주인공 교사는 제도와 타협이 안되는 자유에 대한 소유자, 그 영향을 받은 제자가 들어가야 할 세상은 제도권. 그것 사이에서의 불협화음이 갈등의 원천. 즉, '자신의 가치(자유로운 영혼)'를 전도할 것인가, 영혼의 자유를 포기하고 제도권 삶에 잘 적응하는 방법을 가르칠 것인가?'의 문제.

나. 여기서 우리 작품의 입장은? : 교사가 괴로워하는 것을 보여주는 것을 끝내는 열린 결말이냐, 아니면 어떻게든 좌절을 딛고 자신의 가치를 추구하는 모습을 보여주어 그것이 옳다는 입장을 가질 것인가?

→ 결론은 후자.

다. 좌절을 딛고 끝까지 자신의 가치를 지켜나가는 모습을 어떻게 보여줄 것인가?

→ 자신의 가치와 관련된 학교 행사를 하나 설정하자.

▶ 과제

- 교사가 좌절을 딛고 일어설 수 있는 계기는 무엇일까?
- 교사가 좌절을 극복하는 것을 보여주는 학교 행사는 무엇이 적절할까?
- 제자가 은둔형 외톨이가 된 계기는 무엇일까?
- 주변 인물로는 어떤 사람들이 나올 수 있을까?

이제 씨앗에서 잎과 줄기가 자라 제법 무성한 이야기 거리가 되었다. 아직 꽃이나 열매에 해당되는 재료들을 더 길러내야 하는 과제는 남아 있지만 말이다.

다음날 꽃과 열매가 만들어지면 이것들을 재료로 하여 맛있는 요리를 하게 될 것이다.

10 블럭 장면 쏟아내기

1. 이야기 틀(plot)짜기 (식단 짜기)

가. 장면 쏟아내기(재료 준비) - 브레인스토밍

극만들기를 음식 만들기에 비유할 때 지금까지의 활동을 통하여 우리는 작품의 다양한 재료들을 만들어냈다. 물론 이들은 아직 허접해서 사용할 것과 버릴 것을 가려내야 하며, 선택한 것들도 더 많이 다듬어내야 할 것이다.

그리고 아직 부족한 재료들이 많다. 그래서 지금부터 필요하지만 아직 만들어지지 않은 장면들을 적어 내기 활동을 진행하였다.

〈더 필요한 장면 쏟아내기〉

1) 지금까지 만들어진 장면을 나열해 본다. (쪽지에 하나씩 적어서 벽에 붙인다.)

2) 작품에 필요한데 아직 만들어지지 않은 장면을 생각나는대로 적는다. 쪽지 한 장에 하나씩. 각자 3장 이상 적도록 한다.

3) 적은 것을 벽에 붙인다.

4) 붙인 것을 비슷한 것끼리 분류하면서 함께 살펴본다.

이 작업을 통해 무척이나 많은 장면들이 쏟아져 나왔다.

- 학교에서 찐한 연애를 하다가 징계, 혹은 자퇴를 하게 된 아이~설득하고 힘을 주는 교사
- 성 캠프 준비를 논의하는 교사와 학생
- 동료 교사와 갈등을 일으키는 장면
- 성 캠프를 준비하고 진행하며 학교와 극심한 마찰을 겪음 결과는 대성공
- 다른 교사와의 갈등(교사가 운동권이냐/ 여기는 학교다/ 학교는 학교다)
- 제자의 부모가 교사에게 전화로 은둔형 외톨이가 된 사실을 알린다.
- 학생들과 친구처럼 행동 한다.
- 동료 교사들은 주인공 교사의 태도에 대해 비난한다.
- 너희들의 꿈은 무엇이니? 너는 어떤 상상력을 갖고 네 삶을 꿈꾸니? VS 돈 많이 버는 거요/ 공무원이요/ 좋은 대학 가는 거요
- 군 입대를 앞둔 졸업생의 방문
- 교사는 제자의 대학에 가지 않겠다는 결정에 대해 적극적으로 동의한다.
- 제자는 인도 여행을 하며 교사에게 엽서를 보낸다.
- 제자는 졸업 후 인도 여행을 간다.
- 제자가 외톨이가 되어갈 때 부모는 무엇을 했는가?
- 제자의 친구들은 모두 대학 진학을 하고 제자는 외로움을 느낀다.
- 학생과 부모는 이해관계가 부족하다.
- 제자는 여자친구에게 배신당한다.
- 제자는 사회생활에서 순수한 마음으로 행동하고, 사회는 그를 무시하고 이용한다.
- 엄마는 이중인격자: 딸과 학생의 연애 사건, 엄마와 선생 그 사이에

서….

- 교사가 자신의 자녀에게는 지금까지 교육 신념을 버리는 장면(성 캠프 포기 장면)

- 성 캠프 취소-분개하는 학생이 김미정을 질타

- 과거 행사 앨범 파괴

- 성 캠프를 함께 준비하던 학생이 교사에게 힘을 준다.

- 선호의 편지

- 제자에게 보내는 편지

- 다른 졸업생의 이야기-정말 힘들면 찾아오고 싶다.

-동료의 위로(네 교육 전체의 문제로 보지 마라)

- 졸업생들과의 만남(교사에 대한 격려)

이 정도면 요리 한 상차리기에 재료로 충분하지 않을까? 이제부터 본격적으로 요리에 들어가자. 그전에 우리의 식단을 짜야 한다. 우리의 메뉴를 순두부 백반이라고 한다면 그 밥상에 무엇무엇이 올라갈 것인가를 정하는 것이다. 밥, 순두부찌개는 기본이고, 국은 무엇으로 할 것인지, 반찬은 어떤 것들을 내놓을 것인지를 정해야 한다. 만약 우리의 요리가 코스 요리라고 한다면 어떤 음식들이 어떤 순서로 나올 것인지를 정해야 한다. 극만들기를 음식 만들기에 비유한다면 플롯 짜기는 식단 짜기라 할 수 있다.

11 블럭 플롯 짜기 - 브레인스토밍

〈플롯 짜기〉

1) "지금까지 만들어진 이야기의 줄거리를 6장면으로 재구성해 봅시다."

2) "필요하다면 6장면이외에 프롤로그와 에필로그를 배치해도 좋습니다."

3) "각자 쪽지에 한 개의 장면씩 적어서 전체 플롯을 완성해 보세요."

4) "다 적으신 분은 벽에 장면 순서대로 붙여 주세요."

5) 다 붙였으면 서로간의 구성을 서로 비교하면서 살펴본다.

6) 적절한 과정을 통하여 하나의 플롯을 합의한다.

이야기 줄거리를 어떤 순서, 어떤 구조로 배치할 것인가? 이를 플롯이라고 하는데, 플롯 또한 극만들기에 있어서 대단히 중요한 창작 요소이다. 그래서 모든 참여자들이 각자 플롯을 만들어 보게 하였다. 그 결과 다음과 같이 11개의 안이 나왔다. (11개의 플롯안을 소개하는 것은 생략한다.)

그리고 그것들을 비교 논의하면서 최종안을 합의해 내었다.

▶ 최종 합의된 플롯

프롤로그 : (내용 미정)

1장 : 교사는 자유로운 교육(성 캠프 등)을 추구하며 주변과 갈등하는데,
옛 제자 학부모의 전화를 받는다.

2장 : (회상 장면) 교사의 영향을 받아 제자는 자유롭게 여행하고 행동한다.

3장 : 교사는 제자를 만나지만 제자는 원망한다.

4장 : (회상 장면) 제자는 소외감을 느끼고 상처를 받는다.

5장 : 자유로운 교육 활동을 계속할지 갈등하지만 학생들로부터 힘을 얻
게 된다.

6장 : 성 캠프를 성공적으로(?) 진행하고 마친다.

에필로그 : (내용 미정)

12 블럭 장면 즉흥극

1. 장면 만들기 (요리하기)

가. 장면별 즉흥극

지금가지 우리는 밭을 갈고 씨를 뿌리고 거름과 물을 주어 음식 재료들을
재배해 내었다. 그리고 이 재료들로 만들 식단을 다 짜놓았다. 이제 할 일은
우리가 손수 마련한 재료들을 이용하여 역시 우리가 만든 식단에 따라 요리
해서 음식을 만들어 내는 일이다.

장면별로 어떤 인물, 사건들이 배치될 것인지를 즉흥극을 통해 만드는 작
업을 진행하였다.

〈장면 구축하기〉 (첫 번째 시도)

1) 참여자를 3개의 모둠으로 나눈다.

2) 1모둠은 제1장을, 2모둠은 제2장을, 3모둠은 제3장을 만들어 본다.

3) 발표하고 논의한다.

4) 1모둠은 제4장, 2모둠은 제5장, 3모둠은 제6장을 만들어 본다.

5) 발표하고 논의한다.

위의 방식으로 진행한 결과 무척이나 실망스러운 결과가 나왔다. 만든 사람도 실망했고, 보는 사람도 실망했고, 강사들도 실망했다. 발표 후 논의 과정에서 이러한 실망이 표출되었고 분위기도 극도로 가라앉았다.

가장 큰 문제는 내용이 빈약하다는 것인데, 각 장마다 위에서 문장으로 서술한 내용에서 벗어나지 못하고 있었던 것이다. 그 이전까지 우리가 만들어 놓았던 수많은 재료들은 다 까맣게 잊어버리고 최종 정리한 문장에만 매몰된 결과인 것이다.

그래서 장면 구축 작업을 다시 시도하였다. 이번에는 모둠을 나누지 않고 전체가 함께 참여하면서 강사가 끌어나갔다.

〈장면 구축하기〉 (두 번째 시도)

1) "지금 이 앞에는 플롯이 정리되어 있습니다. 헌데 각 장면들이 서술된 문장의 내용만으로 만들어지는 것이 아닙니다. 이것은 가장 핵심 내용을 보여주는 것이고, 이 내용을 전달하기 위해서는 크고 작은 에피소드, 상황들이 그려져야 합니다."

2) "그 크고 작은 에피소드, 상황들로 사용할 재료들이 우리 강의실 벽에 잔뜩 붙어 있습니다. "

3) "지금부터 각 장별로 들어갈 사건들을 모아봅시다. 사건이 적힌 쪽지를 떼서 원하는 장에 붙여 주세요."

4) 각자 벽에 붙어 있는 쪽지들을 떼내어 원하는 장에 옮겨 붙인다.

5) 옮겨 붙이기가 마무리되면 장별로 함께 정리한다.

6) "제1장을 함께 살펴봅시다. 여기에 열 개 정도의 사건 쪽지가 붙어 있습니다. 이것을 다 담을 수는 없겠죠? 우선 없어도 된다고 판단되는 것들은 없애볼까요?"

7) 불필요한 쪽지들을 떼서 다른 곳에 붙여 둔다.

8) "자 그럼 이 사건들을 어떤 순서로 배치하면 좋을까요?"

9) 1장에 채택된 사건들의 순서대로 연결해 본다.

10) 사건이 정리되면 등장할 인물을 정리해 본다. 11) "이제 이 장면을 즉흥극으로 만들어 봅시다."

12) 임시로 배역을 정한다.

13) 사건의 순서와 각 인물들의 행동을 명확히 정리한다.

14) 즉흥극을 한다.

15) 평가를 나눈다.

16) 평가를 바탕으로 다시 한 번 즉흥극을 해본다.

17) 다음 장들도 같은 요령으로 진행한다.

위의 방식으로 우선 제1장을 만들어 보았다. 모두 깜짝 놀랐다. 놀라운 마술이 벌어진 것이다. 좀 전에는 그렇게 막막하고 밋밋하기만 하던 장면 구축 활동이 이젠 인물과 사건들로 살아 움직이는 결과를 만들어 낸 것이다. 우리들이 만들어 놓았던 재료들을 활용했더니 이런 결과가 만들어졌다.

이어서 제2장도 같은 방식으로 만들어 내었다. 역시 성공적이었다. 우리

는 흥분하고 자신감을 얻었다.

13 블럭 **장면 즉흥극**

1. 장면별 즉흥극

장면 구축 활동은 다음날까지 이어졌는데 계속된 즉흥극과 논의를 통해
작품은 더욱 다듬어졌다. 그 과정을 통해 우리 작품은 서서히 제대로 된 모
습을 갖추어 가게 되었다. 그리고 공연 직전 우리가 만든 우리 이야기가 완

성되었다.

14 블럭 소품, 의상, 음향 등 정하기

1. 다듬기 (양념하기)

가. 음향, 소품, 의상 등

이제 요리의 주요 과정이 다 진행되었다. 하지만 아직도 대단히 중요한 과정이 남아 있으니 바로 양념하기. 이 양념의 최종 음식 맛을 좌우하지 않는가? 연극에서 작품 내용과 배우의 연기를 보조하는 음향, 조명, 소품, 의상 등이 매우 중요한 역할을 한다. 우리의 이야기가 관객을 만날 때 이러한 요소들이 관객들의 눈과 귀를 더욱 사로잡게 해 주는 것이다.

연수 과정에서는 이런 것들을 온전하게 결합시키는 힘들다. 그나마 욕심을 부릴 만한 것은 음악이다. 보조 강사 선생님이 음악을 맡아 장면 장면마다 어울리는 좋은 음악을 선곡해 주셨다. 그 결과 우리의 작품은 더욱 따뜻하고 예쁜 작품이 될 수 있었다.

15 블럭 리허설

1. 연습하기

가. 리허설

극만들기 작업이 다 완료한 후 실제 공연할 무대에서 모든 것(음향, 조명, 의상, 소품 등)을 다 갖추고 실제 공연처럼 해보는 연습을 리허설이라 한다.

하지만 우리의 경우 아직도 극만들기가 진행 중인 상태라 리허설하면서도 계속 작품을 계속 수정하게 되는데, 이러다보면 주어진 리허설 시간을 넘기기 일쑤다. 그러면 다음 팀 리허설에 지장을 주게 된다. 따라서 이 단계에서 중요한 점은 연출자가 욕심을 버리는 것이다. 더 좋은 것을 만들어 넣으려는 욕심을 버리고 연기와 음향, 조명 등이 서로 조화를 이룰 수 있도록 하는 것에 초점을 맞추는 것이 필요하다.

아직 만들어지지 못한 것은 포기하고 지금까지 만든 것을 잘 표현해내는 데 중점을 두고 리허설을 진행하였다. 우리 스스로 감동하고 만족하는 리허설이 되었다. 이것이 실제 공연에도 큰 도움이 되었다.

지금까지 공동 창작의 방식으로 만들어 낸 '우리 이야기로 극만들기' 과정을 살펴보았다. 이 방법은 '우리가 하고 싶은 이야기는 무엇인가?'라는 문제의식에서 출발하는 방법이다. 함께 하고 싶은 이야기를 토론을 통해 합의해내는 과정에 매우 많은 비중을 두고 있다. 연수할 때 이 과정이 매우 막막하여 참여자들이 힘들어 한다. 하지만 이 과정을 잘 풀어내면 대단히 만족스러운 작품이 만들어진다. 그 때의 감동은 마치 '아기'를 낳았을 때 느끼는 감동과 비슷하다고나 할까….

느티나무의 노래 ^{변채우}

01. 작업 방식에 대하여

　　우리 이야기로 극 만들기는 놀이와 즉흥적인 방법으로 하고 싶은 이야기를 찾고 그것을 어떤 형식의 극으로 만들어서 보여줄지를 결정하는 것이 중요하다. 하나의 이야기를 만들 수도 있고 여러 가지 이야기를 연결하는 옴니버스 형식으로 만들 수도 있다. 놀이와 즉흥으로 이야기를 만들기 때문에 미리 형식을 정하고 극 만들기를 시작할 수가 없다. 참여자들이 어떤 이야기를 만들지 알 수 없기 때문에 참여자들이 만드는 이야기를 잘 보아야 한다.

　　이야기를 찾는 방법에는 여러 가지가 있지만 이번에는 그림일기, 의자, 소품을 활용해서 이야기를 찾아 보았다. 그림 일기에서는 나와 관련된 이야기, 의자 즉흥에서는 공간과 관련된 이야기, 소품에서는 인물에 관련된 이야기들이 만들어졌다. 만들어진 이야기들을 어떤 형식으로 구성할지에 대해서 이야기를 나누던 중 이야기가 느티나무가 있는 벤치에서 일어나는 상황이라는 것을 발견하였다. 그래서 느티나무가 있는 벤치에서 일어난 일로 장면을 엮게 되었다. 옴니버스 형식의 극을 만들 때 만들어진 이야기를 자연스럽게 연결하는 것이 중요하다. 인물, 공간, 사건 등 중심이 되는 요소를 찾아 하고 싶은 이야기에 알맞은 형식을 담을 수 있다. 이번 우리 이야기에서는 공간이 그 역할을 해주었다. 이렇게 형식을 결정하는 것도 즉흥으로 이루어졌다. 참여자와 이끔이들이 과정 속에서 함께 결정하고 함께 만든다. 지금 이순간을 함께 하기 때문에 가능한 일이다. 그리고 그 과정 속에서 극적으로 진실된 순간을 만나게 된다. 나로부터 출발해서 우리가 창조한 인물로서 하고 싶은 이야기를 가지고 관객과 만난다.

전국 교사 연극 모임 '놀이와 즉흥으로 극 만들기' 연수 (2015. 8. 4~8. 7)를 바탕으로 정리하였다. 주강사 백인식, 보조강사 변채우, 조윤주.

02. 과정 한눈에 보기

블록		주제	내용	비고
월	1	마음열기 준비 활동	서로 친해지기	
	2		즉흥 1	
	3			
화	4	이야기 찾기 & 즉흥으로 놀기1	즉흥 2	
	5		이야기 찾기 1 (그림 일기)	
	6			
수	7	이야기 찾기 & 즉흥으로 놀기2	즉흥 3 (의자 즉흥)	
	8			
	9		이야기 찾기 2 (광대 활동)	
목	10	이야기 찾기 & 즉흥으로 놀기3	스토리 씨어터	
	11		이야기 찾기 3 (소품)	
	12			
금	13	연극 만들기	틀 구성과 장면 정리	
	14		장면 만들기	
	15		리허설과 공연	

03. '느티나무의 노래' 연극 만들기

목표

1. 놀이와 즉흥을 통해 삶의 이야기를 찾고 장면으로 만들어 본다.
2.. 내용에 어울리는 다양한 연극적 형식을 탐구해본다.
3. 연극적 의미를 만들어내는 순간을 이해하고 연극으로 만들어본다.

1 ~3블럭 몸과 마음 열기

1. 서로 친해지기

- 액션도미노 인사: 나를 나타내는 특징이나 별명을 이름 앞에 붙여 인사
  한다. 이 때 그와 어울리는 동작과 함께 인사한다.

  (별명+인사, 형용사+인사 형태 ▶ 뒤태 10대 정은입니다.)

- 죠스(이름 외우기 놀이): 가운데 죠스가 서서 누군가를 향해 다가가는데
  가까이 가기 전에 상대방은 원 안의 사람의 이름을 정확하게 말해야 한
  다. 당황해서 이름을 말하지 못하거나 늦게 말하면 그 사람이 술래가 된
  다. (간격을 좁혀서 하거나 앞에서 말한 사람의 이름이 들어가면 안되는
  등 조건을 추가하며 놀이를 해도 좋다.)

- 누구냐 너는? : 동일한 종이, 동일한 종류의 펜을 준비하여 아주 작게 이
  름을 쓴다. 안대를 한 후, 자신의 자화상을 그린다. 사진을 한 곳에 모아
  그림의 주인공이 누구일지 추측해본다. 이 때 본인의 특유의 그림체가
  나올 수 있으므로 다른 사람들이 보고 함께 누구일지 추측해보고 확인해

본다.

- 나는요 : 나를 소개하는 내용으로 10문장을 만든다. 문장을 읽으면서 누구의 것인지 추측하는 놀이이다 이 때, 문장의 앞에서는 겉으로 드러나지 않는 나의 모습을 나타낸다면 뒤로 갈수록 겉으로도 추측할 수 있는 문장을 쓴다. 다 완성한 사람은 나를 표현하는 한 가지 정지동작을 준비한다. 리더가 걸어서 문장을 읽어주되 3문장 이상 되었을 때, 정답을 말하도록 하며 정답이어도 10문장 모두 읽어주며 마지막 문장이 끝나면 준비한 정지동작을 보여준다. (이 때 간단한 상품을 준비하면 더욱 집중한다.ᄊ)

※**도움말**

첫 만남 어색함을 없애주는 활동으로 협력하거나 신체적 접촉이 많은 활동을 하면 급 친해질 수 있다. (고리 이어가기, 장님조각가, 장님 길 안내해주기, 하나의 원 만들기, 물건 숨기기 무궁화 꽃이 피었습니다. 등.)

2. 즉흥 1

- 즉흥은 충동이다. 그런데 나의 충동을 주저하게 만드는 것은 무엇이 있을까?
- 다른 사람 시선에서 내가 바보같아 보이지 않을까? 뛰지 않을까? 뻔하고 식상한 것은 아닐까?
- 자기검열관에 의해 자꾸 브레이크가 걸리게 된다. (특히, 성적인 부분에 관해서는 더욱 제어하게 된다.)
- 앞 사람이 단어를 이야기하면, 순간 떠오르는 이미지나 단어를 이야기한다. (리더의 박수소리와 함께 가능한 빠르게 진행한다)

- 두 번째 턴에서는 앞에서와 같은 방법으로 진행하되 두 단어를 이야기한다.(바다, 모자 - 아이들, 수박 - 파랑, 노랑…)

제안과 수용 : 시작하는 사람이 어떤 상황을 제시하는 정지동작을 하면 그 동작에 어울리게 수용하는 연기를 한다. 정지동작을 했던 사람은 상대방이 제안한 상황에 어울리는 즉흥연기를 주고받는다. 연기가 끝나면 자신의 제안을 수용해 주는 상대방에게 감사의 인사를 잊지 않는다.

코러스 연습
- 라반보이스(언어의 해체): 언어의 질감과 느낌을 달리하면서 같은 대사를 연습하기. 칼로 베는 것 같은 동작, 물방울이 떨어지는 느낌의 동작, 먼지를 터는 동작, 빨래 짜는 동작, 펀치 동작을 하면서 "로미오 그대는 왜 로미오인가요?" 대사를 한다. (같은 언어임에도 색다른 느낌의 언어가 느껴진다.)
- 복사: 포스트잇에 "내가 좋아하는 것은 ~이다." 라고 적는다. 첫 번째 사람이 포스트잇 내용을 읽고 반대편 사람이 그에 어울리는 동작을 한다. 양 옆의 사람은 그 동작을 복사하듯이 따라한다. 이 때 동작의 높낮이, 방향, 속도 등을 다르게 하면서 행동을 반복한다. 셋의 동작이 줄여지면서 멈추면 정지동작으로 마무리 한다. 반복되는 소리가 있을 경우 지속해도 된다.

※도움말
메인 행동을 보이는 사람을 관찰하고 따라하면서 약간의 변화를 주는 것이다.

처음부터 각자의 길을 가지 않는다. 동작을 최소화하고 간단하게 하는 것이 좋다. 사람, 사물 그 무엇이 되어도 된다. 지나치게 지속적인 동작보다는 멈춤을 적절하게 이용하면 더 좋은 결과물을 만들 수 있다. 단순동작을 반복하는 것 보다는 앞서 말한 것과 같이 높낮이, 빠르기, 방향 등 미묘한 변화를 주는 것이 바람직하다.

4 ~6블럭 이야기 찾기 & 즉흥으로 놀기 1

1. 이름 확인하기 놀이

- 이름 세 번 부르기 : 원으로 대형을 만들고 술래는 가운데에 선다. 술래가 대상을 정하여 정한 대상의 이름을 빠르게 이름을 세 번 연속으로 부르며 다가가기 전에 구성원 중 누구라도 이름을 불러야 한다.
- 죠스 놀이

2. 즉흥 2

가. 1, 2, 3 즉흥

- 3명씩 팀을 이루어 번호를 정한다. 1번이 먼저 정지장면을 보여주면 2번은 장면을 잘 관찰하고 어울리는 정지장면을 만든다. 1번이 빠져나가고 2번의 동작을 3번이 관찰한 뒤 역시 어울리는 장면으로 정지한다. 정지 후 2번이 동작을 풀고 나가고 다시 이어서 1번이 3번의 상황을 관찰하고 어울리는 정지장면을 만든다.

※도움말

대사나 말이 없이 정지장면으로 이어가며 정지동작이 너무 빠르게 지나가지 않고 일정하게 정지한 후 부드럽게 이어나간다.

- 1, 2, 3 변형1 : 1-3번까지 순서대로 이어가면서 본인이 생각한 장면에 어울리는 간단한 대사를 해주며 정지한다.
- 1, 2, 3 변형2 : 변형1의 대사를 듣고 제안에 수용하는 어울리는 대사와 행동을 하면서 정지한다.

※도움말

주고받는 대사의 횟수가 많다고 좋은 것이 아니다. 대사를 3-4회로 제한한 구성이 더 좋다. 이 때 정지의 묘미를 살려주는 것도 좋다.

3. 이야기 찾기 1

가. 그림일기

- 어느 외로운 날, 어느 화나는 날의 그림일기를 개별로 그린다.
- 두 모둠으로 나누어 일기를 읽어주면 일기의 주인공이 있는 반대 모둠이 궁금한 점(구체적인 상황과 그 때의 느낌 등)에 대해 질문을 한다.
- 역할을 정해서 일기를 표현한다. (즉흥정지동작)
- 간단한 대사, 동작과 함께 역할 속으로 들어가는데 이 때는 비사실적인 연기도 가능하며 입퇴장이 자유롭다. 주인공은 주인공으로 남되 다른 사람은 역할이 순간적으로 변하여도 무방하다.

● 이○○ : 친구들이 나만 빼고 단체 미팅에 나갔던 날의 일기

● 김○○ : 야근 후 집에 가는 길에 하늘에는 별이 총총 아무도 없고 오로지
  혼자 있는 것 같은 날의 일기

● 신○○ : 방학하고 나서 일주일 동안 뭘 해야 할지 몰라서 외로웠던 날의
  일기

● 권○○ : 육아휴직 중 온종일 아이만 봐야하는 상황에서 남편에게 나의
  짜증과 화를 내면서 착하던 남편조차도 받아주지 않는다고 느
  꼈을 때의 일기

● 이○○ : 죽고 싶다는 말을 입에 달고 사는 아이에게서 도와 달라는 카톡
이 왔다. 엄마가 술에 취해 칼을 쥐고 아이에게 위협을 해서 화
가 나는 날의 일기

● 이○○ : 부장교사의 끊임없는 불신의 태도에 화가 나는 날의 일기

● 박○○ : 저녁 시간이 되어 어둑해질 무렵 집에 도착했다. 아무도 없어서
왠지 낯설다. 밥은 있지만 먹기 귀찮은 6학년때의 일기

● 박○○ : 예쁜 호수 길을 산책하고 있는데 같이 나눌 사람이 없어서 외로
   운 날의 일기

▷ 소감나누기

고정관념을 버릴 수 있었다. 역동적 과정 안에서 사람들과 함께 작용하는 과정이 어렵기도 하지만 재미있다. 두 팀으로 나눠하다보니 하면서도 배우고 보면서도 배우는 것이 좋았다. 순간적으로 떠오른 생각들을 표현하는 게 맞다. 즉흥 과정 안에서 호흡이 맞아 들어가는 모습이 좋았다.

※**도움말**

함께하는 사람들을 잘 관찰하고 그 안에서 극을 만들어내며 할 것이 없다고 느꼈을 때, 무언가를 하려하기 보다는 그 무엇도 하지 않는 것이 더 좋다.

7 ~9블럭 이야기 찾기 & 즉흥으로 놀기 2

1. 즉흥 3 (의자 즉흥1)

의자즉흥. 의자를 배열하고 떠오르는 의미를 간단한 단어로 제목을 말한다. 여러 제목 중 하나를 선택하여 생각한 그림대로 의자에 앉아본다. 그리

고 다른 사람들이 덧붙여서 그 주제에 어울리는 장면을 표현한다. 이 때 무 조건 많이 표현하는 것이 좋은 것이 아니며 군더더기 동작이 없이 정지 하면 된다.

※도움말

동작으로 무언가 설명하려하지마라.(그러는 순간 지루해짐) 필요 없는 것을 거 둬내는 작업이 필요하다. 특별한 장소를 주고 그 곳에서 일어나는 다양한 일 들을 표현할 수 있다.

2. 의자 즉흥 2 (장소 제시)

- 학교의 오래된 느티나무 그늘아래 낡은 벤치가 있다. 이곳에 앉거나 지 나치는 사람들이 누구일지 상상해본다. 재미있는 관계 두 가지 정도를 생각해 본다.
- 3모둠으로 나누어 짧게(5분 정도) 이야기를 나눈다.
- 첫 번째 모둠이 에피소드를 연기하고 상황에 어울리게 자연스럽게 퇴장 하면 자연스럽게 두 번째 등장하고 계속 이어진다.

♣ 에피소드1 : 삼각관계 - 학교지킴이 - 멋진 선배오빠 - 느티나무 키재기 - 할머니와 손자 - 일탈

♣ 에피소드2 : (모둠을 바꾸어서 두 가지 에피소드를 만든다.) 어릴 적 나의 꿈-어린시절 외로운 나 - 청소용역 - 취업준비 생 - 청춘과 노인 - 씨앗이 피고 지는 생명의 존재

※도움말

대사는 가능한 간결하고 많지 않게 한다. 분위기와 어울리는 음악(텅 빈 운동

장엔 태극기만 펄럭이고)이 함께하면 분위기가 더해진다. 장면이 30초를 넘지 않게 한다. 길어지지 않게 간결함을 잃지 않는다.

3. 광대활동

- go & stop : 정지할 때, 시선을 바꾼다. 시선과 높낮이를 바꾼다. 시선과 높낮이+ 발동작과 함께 바꾼다. 시선과 높낮이+ 발동작 + 팔동작과 함께 바꾼다. 음악에 맞춰 사람과 사람 사이를 걸어 다닌다. 여전히 사람과 사람 사이를 지나다니며 어깨가 이끌게 걷는다. 손이 이끌어가다가 만나는 사람과 손을 마주하다가 떨어졌다가 또 만나는 사람과 마주하다가 떨어졌다가를 반복하며 사람과 사람 사이를 지나다닌다.
- 빨간코 착용시 절대 코에 손을 대거나 벗지를 않는다. 말을 하지 않는다. 무엇이든 할 수 있다. 가장 중요한 것은 관객과의 아이컨텍을 한다.
- 1분 동안 광대가 되어 자유롭게 행동한다.
- 변형1: 2인 1조가 되어 리더 박수 소리에 행동 후에 동작정지를 한다. 박수 칠 때마다 정지동작을 다르게 한다.(3-4번 정도)
- 이 중에 인상적인 한 가지 표정으로 무대를 한 바퀴 돌아본다.(광대의 캐릭터를 정하는 것이 중요함.)
- 팀을 나누어 정한 노래를 표현하는 광대가 된다. 노래, 성격, 관계, 캐릭터를 정해서 립싱크 퍼포먼스를 보여준다. (노래를 표현하는 그 무엇도 된다.)

▷ 소감 나누기

캐릭터를 잘 보이고, 변화가 잘 보이게 하는 점, 광대와 노래와 잘 맞아서 더욱 보기 좋았다. (열아홉 순정) / 진지한 모습이 너무 진지하게 나와서 더 웃겼음. 관객과 아이컨텍을 하는 이유, 내가 어떻게 보여지는지 모르기 때문

에…/ 같이 나오지 않아서 둘이 같은 캐릭터인 줄은 모름. 나오는 시기도 중
요함. 원래는 복사기법을 하려고 했는데 막상 무대에 올라가니 생각이 나지
않음. (거짓말) 노래의 분위기와 전혀 어울리지 않는다고 생각했던 캐릭터
임에도 조화로움이 느껴짐. 캐릭터 유지된 광대가 더 재미있었음.(이등병
의 편지)

※도움말

가만히 있어도 된다. 천천히 관객과의 아이컨텍 과정에서 관객을 관찰하며 미
묘한 변화를 감지하고 순간 무언가를 행동하고 싶은 욕구가 생기면 그 때 행
동을 하는 것이 좋다. 억지로 무언가를 하지 말고 천천히 관객과의 호흡을 느
껴본다. 전체 관객에게 골고루 시선을 줘야 한다.

10 ~12블럭 이야기 찾기 & 즉흥으로 놀기 3

1. 스토리 씨어터

- 인물이 등장하고 해설이 시작되면 인물은 그에 어울리는 동작을 한다.
(ex 1) 소풍을 갑니다. 길을 걷다 징검다리 5개가 있습니다. 징검다리를 건너다가
발이 미끄러져 물에 빠집니다. 등등 이야기에 어울리는 동작을 한다.

(ex 2) 재민이는 지금 3년차 교사입니다. 그런데 선배들을 잘 못 만나서 늘 술에
쩔어 지냅니다. 재민이가 출근을 합니다. 보기만해도 술냄새가 납니다. 저
기 보이는 저 분은 우리 학교 교무부장입니다. 저 깐깐한 분이 가만 둘리
없습니다. (연기) 그런데 이 때 교장 선생님이 들어오십니다. 술냄새가 교

무실에 가득하네요. (연기)

- 교무실에서 화가 나는 상황, 주인공 설정, 주인공과 관계된 인물 등을 정하고 짧은 극을 만든다.(주인공은 해설을 하지 않는다. 1분에서 1분 30초 정도 극을 만든다. 해설의 비중이 높지 않게 만든다.)

※도움말

주인공이 있고 나머지 배우들이 객관적인 타자가 되어 해설하기도하고, 주인공이 때로는 해설을 하기도 한다. 역할과 해설이 넘나드는 형태의 극입니다.

2. 소품을 활용한 이야기 만들기(Memory Box)

- 몸풀기 놀이: 얼룩말 사자놀이
- 각자 의미 있는 소품, 상상력을 자극하는 물품을 꺼내놓고 어떤 이야기가 숨겨져 있을지 생각해보며 이야기 나눈다. 전체적인 이야기 뒤 두 모둠으로 나누어 2가지 조건에 맞게 이야기를 만든다.(20분 정도)
  ♣ 2가지 조건: 세 가지 물건이 다 들어가는 이야기, 꼭 노래가 들어가야 한다.
  1팀 : 전화기, 숄, 트라이앵글 (고향의 봄) : 치매 걸린 할머니의 옛사랑 이야기
  2팀 : 보라색 우산, 반지, 모자 (너에게 난) : 사랑 이야기

※도움말

트라이앵글의 여운이 크게 느껴짐. 간단한 악기가 극의 정서와 시간의 변화까지 표현해줌. 메인이 되는 소품이 장면으로 이어지는 느낌이 좋았음. 두 장면이 동시에 이루어지는 것으로 집중이 되지 않아 아쉬웠음. 즉흥은 완전한 것

이 아니기에 일단 해보고 극작업 속에서 완성도를 높이면 됨. 틀려도 당황하지 않고 태연하게 넘어가는 것도 필요함. 노래가 제한이 되었을 경우, 좋은 상상력을 줄 수 있음. 노래를 배경으로도 쓸 수 있지만 노래가 이야기를 보여주는 것이 될 수도 있음.

13 ~15블럭 연극 만들기

1. 틀 구성과 장면정리

- 그림일기: 별빛 아래 부르던 노래 장면, 육아의 고된 상황에서 혼자 있는 것 같은 장면, 고시원에서 도시소음과 자전거 장면
- 광대: 이등병의 편지 슬픈데 웃는 광대가 더 슬펐다. 열아홉순정은 스토리라인이 보여서 좋았다.
- 느티나무 의자: 혼자 남은 소년, 휴지 줍는 할아버지- 청년과 노인, 젊은 이들의 미래에 대한 불안감, 외로움이 표현된 장면- 꽃씨 하나로 연결되는 느낌이었음. 학교에서 아이들끼리 술 먹는 장면
- 학교에서 화가 났던 장면: 학부모, 버너 등.
- 세대별로 이야기가 모두 나옴. 어린 아이부터 노인까지 모든 세대의 고민이 나옴. 10대-20대-30대… 정형화된 순서보다는 소품, 대사, 영화, 노래 등 공통의 매개체가 주어지면 좋겠다. (이야기가 하나의 흐름이 보여질 수 있도록)
- 소품과 의상, 느티나무와 벤치를 어떻게 만들거나 있는 것을 활용할 것인가?

모든 이야기의 공통적 요소가 느티나무아래에서 일어나는 상황으로 모두 담을 수 있음. / 문제는 광대의 요소를 어떻게 접목시킬 수 있는가? 고민이 됨./ 과연 우리 극을 위해 어떤 도움이 될 수 있을까? 고민해보고 버릴 것이 있다면 과감하게 버리는 것이 맞다.

[나무 그늘 아래 벤치, 뒤에 보이는 화단에 들어가지 말라는 금지판]
음악: 이병우"텅빈 학교 운동장엔 태극기만 펄럭이고"

1. 트라이앵글 할머니의 등장
효과음: 풀벌레 소리로 밤늦은 시각임을 알림
2. 몰래 술마시는 중학생들
3. 공공근로 노인들
4. 젊은 여교사와 학부모 전화 그리고 짝사랑 학생(음료수 건내주는 장면)
5. 놀이터에서 놀다 혼자 남는 아이
6. 트라이앵글 소녀의 등장(다시 현재의 할머니로 연결)
7. 조울증 여교사와 과학보조
효과음: 여행스케치 "별이 진다네" 도입부 풀벌레 소리
8. 고시원 생활의 팍팍함(젊은이들의 상처) : 혜정샘 솔로곡(별이 진다네)
9. 트라이앵글 할아버지와 할머니의 재회
음악: 이병우"텅빈 학교 운동장엔 태극기만 펄럭이고"

※도움말
- 설명하려하지 말고 가능한 상대방에게 반응하면서 가능한 간결하게 표현한다.

- 장면에서 자연스럽게 다음 장면으로 이어지는 대사나 상황을 생각한다.
- 이 장면에서 어울리는 소품이나 대사, 음악 등을 생각한다.

2. 장면 만들기

가. 몸 풀기와 연극놀이

나. 장면별 연습 및 다듬기
- 각 장면마다 등퇴장과 동선에 대해 의견을 나눠 확정한다.
- 압축할 부분과 보완해야 할 부분에 대해 이야기 나누고 수정 작업을 한다.
- 서로 봐주면서 도움말 주기

다. 등퇴장과 무대 전환
- 등퇴장과 무대 전환을 어떻게 할지 약속한다.
- 처음부터 끝까지 연결을 고려해서 연습해 본다.

라. 오프닝과 무대 전환, 커튼콜 연습
- 오프닝에서는 열아홉 순정을 광대들이 나와서 하는 장면을 넣기로 했다.
- 무대 전환에서 앞 장면에서 끝나는 장면과 다음 장면에 등장 하는 사람들이 자연스럽게 이어 질 수 있는 방법을 찾아 보았다.

마 음향, 소품 확인
- 필요한 음향을 찾고 각각 필요한 소품을 확인 한다. 필요시 간단하게 제작한다.

3. 리허설과 공연

- 리허설을 한 뒤에 너무 세세한 것들을 고치지 않는다. 극의 흐름에 큰 영
  향을 끼치는 부분 등을 약속한다.
- 서로의 연기에 대해 도움말을 준다.

네 개의 사랑 스케치 _{백인식}

01. 작업 방식에 대하여

　이번 연수에서는 연극적으로 확장될 가능성이 있는 씨앗을 찾고자 '물건'이라는 매개체를 활용했다. '물건과 관련된 이야기'를 일반적인 경우와 학생, 교사, 학교가 관련된 경우로 나누어 여러 사례를 즉흥극으로 만들었다.

　'물건'은 연극 만들기에서도 중요한 역할을 하였다. '물건'이 연극적 행동을 촉발하는 요인으로 작용하여 연기자들이 연극적 행동을 할 수 있게 해 주었으며, 연극의 구조를 단단하게 만들어 주었다.

　우리이야기로 극 만들기는 사례를 바로 즉흥극으로 만들어 보는 활동이 많은 비중을 차지한다. 이때 세밀하게 약속되지 않은 상태에서 진행되는 즉흥은 자칫 잘못하면 초점을 잡지 못하고, 대사 위주의 산만한 방향으로 흐를 가능성이 크다. 따라서 어떤 의도를 가진 움직임 즉 극적 행동에 대한 이해를 돕기 위한 활동(속담을 행동만으로 표현하기)을 앞 쪽에 구성했다.

전국 교사 연극 모임 '놀이와 즉흥으로 극 만들기' 연수(2011. 8. ~ 8.)를 바탕으로 정리하였다. 주강사 백인식, 보조강사 조재천, 변채우.

O2. 과정 한눈에 보기

블록		주제	내용	비고
월	1	몸과 마음열기	친해지기와 감성 깨우기	
	2		연극적 행동의 이해	
	3		몸짓과 즉흥	
화	4	이야기 찾기	연극놀이와 즉흥 1	
	5		삶의 이야기 1	
	6			
수	7	우리 이야기 즉흥으로 놀기 1	연극놀이와 즉흥 2	
	8		물건 즉흥극	
	9			
목	10	우리 이야기 즉흥으로 놀기 2	몸풀기와 연극놀이	
	11		제한 조건이 있는 즉흥극	
	12		삶의 이야기 2	
금	13	연극 만들기	틀 구성과 장면 정리	
	14		장면 만들기	
	15		리허설과 공연	

03. '네 개의 사랑스케치' 연극 만들기

목표

1. 참여자들의 삶이 반영된 연극을 만든다.
2. 연극놀이와 즉흥을 활용하여 이야기를 찾고, 장면을 만든다.
3. 연극적 행동을 이해하고 즉흥에 반영한다.
4. 여라 사례를 모아서 옴니버스 구성으로 연극을 만든다.

1 ~ 3블럭 몸과 마음 열기

1. 친해지기와 감성 깨우기

가. 나는 이래서 연극 연수에 왔어요!

- 간단하게 서로 소개하는 시간을 가진다.
- 학생들의 경우 참여한 동기를 서로 나눈다.

나. 1,2,3 숫자 대화

- 두 사람이 짝을 이룬다.
- 둘이서 숫자 1, 2, 3을 반복해서 센다. (A : 1, B : 2, A : 3, B : 1, A : 2 …)
- '1' 대신에 간단한 동작과 소리를 넣는다. (예 : 두 팔을 위로 들며 '후루룩 후루룩')
- 1의 순서에서는 위에서 정한 동작과 소리를 한다. ('동작과 소리', 2, 3,

'동작과 소리' 2, 3, ….)

- 몇 번 해 본 뒤에 같은 방법으로 '2'에 들어갈 동작과 소리를 만든다.
- 2의 순서에서도 위에서 정한 동작과 소리를 한다. ('동작과 소리', '동작과 소리', 3, '동작과 소리' '동작과 소리', 3, ….)
- 몇 번 해 본 뒤에 같은 방법으로 '3'에 들어갈 동작과 소리를 만든다.
- 이제 1, 2, 3 대신에 동작과 소리만으로 이어서 반복한다.

※**도움말**
- 같은 동작과 소리를 계속하면 독특한 리듬이 만들어 진다. 두 사람이 어떤 감정을 가지고 이야기를 나누는 것처럼 느껴진다.
- 집중과 몰입의 효과가 있다.

다. 손가락 접기
- 모두 손가락 다섯 개를 펼친다.
- 한 사람씩 돌아가며 조건을 말한다. (예 : 나이 40이상 접어!, 초등학교 교사 접어! 영화를 싫어하는 사람 접어!)
- 제시한 조건에 해당되는 사람들은 조건마다 손가락을 하나씩 접는다.
- 첫째 탈락자가 나올 때 까지 계속한다.
- 간단한 벌칙을 주고 여러 번 반복한다.

라. 흰 종이로 자기 소개하기
- 손만 사용하여 A4 정도 크기의 흰 종이로 자신을 소개할 수 있는 조형물을 만든다. 구기거나 접을 수 있다. 글자를 오려서는 안된다.
- 발표할 때는 반드시 조형물을 이용한 간단한 몸짓이 있어야 한다.

- 각자 발표가 끝나면 이미지가 비슷한 사람들끼리 만난다. 공통으로 느껴지는 분위기나 단어, 문장을 정해서 간단하게 동작을 보태 발표한다.
- 모든 참여자들이 자기가 만든 조형물을 가운데에 모아두고, 각자 돌아가면서 말하고 싶은 단어나 간단한 문장을 간단한 동작과 함께 발표하면 다른 사람들이 따라한다.

● 말에 행위가 보태지면 연극적인 표현이 된다.

2. 연극적 행동의 이해

영어 사전을 보면 '연기, 행동, 행위'를 모두 'acting, act'라고 설명하고, '움직임, 몸짓'은 movement라 한다.

국어사전에는 행동을 '내적, 또는 외적 자극에 대한 생물체의 반응을 통틀어 이르는 말'로, 연기는 '배우가 배역의 인물, 성격, 행동 따위를 표현해 내는 일'로 설명한다. 참 헷갈린다.

연기는 행동이다. 행위와 행동은 의도성의 차이이다. 행동은 의도가 있어야 한다. '왜?'라는 목적이 있어야 한다. 그것이 발전 되면 극적 행동이 된다. 원하는 것을 이루고자 하는 것이 극적 행동의 힘이 된다.

여러 마디 말로 표현해야 하는 것을 하나의 행동으로 표현할 수 있다.

가. 속담 표현 하기 1
- 속담을 작은 종이에 100개 정도 적는다.
- 두 모둠으로 나눈다. 인원이 많을 때에는 세 모둠으로 나눈다.
- 한 모둠이 앞에 한 줄로 앉는다. 이어달리기처럼 한 명씩 나와서 쪽지를 뽑는다.

- 쪽지에 적힌 속담을 행동으로만 표현한다. 저학년의 경우에는 의성어를 쓸 수도 있다.
- 같은 모둠원들이 무슨 속담인지를 맞춘다. 맞추기 어려울 때 모둠원들이 "통과!"하면 다음 사람이 나와서 새 쪽지를 뽑는다.
- 2분 동안에 어느 모둠이 많이 맞히는 가를 겨룬다.

나. 속담 표현 하기 2
- 각자 표현하고 싶은 속담을 하나 씩 고른다.
- 그 속담을 연기나 몸짓으로 표현한다. 속담에는 행동의 요소가 들어 있다. 행동의 요소를 찾아 행동으로 표현한다.
- 다른 사람들이 맞춰본다.

※ **도움말**
- 속담으로 활동하는 연극놀이는 의도에 따라 여러 가지가 있다. 혼자서 표현하는 즉흥 활동은 문맥에서 행동을 찾아 표현할 수 있는 연기 연습으로 좋은 효과를 거둘 수 있다.
- '소 잃고 외양간 고친다.'는 속담을 행동만으로 보여주려면 어떻게 해야 할지를 생각해 보자. 혼자서 소와 나를 표현해야 한다. 소를 표현하기 위해 두 손가락을 써서 뿔을 나타낼 수도 있겠지만, 그런 표현은 설명이다. 설명이 아닌 표현을 생각해 보자. 뿔을 보여주지 않고, 끌려가는 소의 슬픈 모습을 표현하면 보는 사람들이 바로 의미를 이해한다.
- 종로에서 뺨맞고, 동대문에서 화풀이 한다'라는 속담을 생각해 보자. 이 속담은 혼자서 3명의 역할을 수행해야 한다. 이런 활동은 극적 행위와 연극적 표현에 대해 스스로 계획/연출 하고, 실제 느껴보게 한다. 또한 다른 사람들의

표현에서 행위란 무엇인지, 어떠해야 하는 지를 관찰 할 수 있는 기회를 제공한다.

3. 몸짓과 즉흥

우리 이야기 모둠은 경험한 사례나 들어 알고 있는 이야기를 바로바로 간단한 극으로 만들어 나가는 작업이 많은 부분을 차지한다. 즉흥연기와 즉흥극을 가지고 자유롭게 노는 과정을 통해 극의 구성 원리와 행동으로 표현하기를 미리 경험하면 사례를 즉흥극으로 만드는 작업은 소모적인 과정을 줄일 수 있어 신택과 집중의 효과를 높일 수 있다. 연기의 두려움을 줄이는 작용도 한다.

가. 몸 풀기

- 둥그렇게 둘러선다. 한 사람씩 돌아가며 몸을 푸는 활동을 이끈다. 시범을 보이면 바로 따라서 한다. 처음에는 너무 어렵지 않은 동작을 부탁한다. 몸 전체를 골고루 풀어 줄 수 있도록 한다.

나. 손뼉 치기

- 둥그렇게 선다.
- 교사가 오른 쪽 옆의 사람을 보며 손뼉을 한 번 친다.
- 손뼉을 받은 사람은 다시 자신의 오른쪽 사람에게 손뼉을 한 번 친다. 이런 방법으로 계속 이어간다.
- 단순하게 손뼉을 치는 것이 아니라 옆 사람의 에너지를 그대로 받아서 전달한다는 느낌으로 손뼉을 친다.
- 손뼉 치기 놀이는 여러 가지 방법이 있다. 단순하게 도미노 식으로만

박수를 쳐도 리듬감이 생겨 재미있다.

- 손뼉을 두 번, 세 번으로 늘려서 한다. 손뼉을 세 번을 치면 주고받는 사람마다 감정이 들어가는 듯이 보인다.

다. 몸짓 이어가기 - 1

- 둥그렇게 둘러선다.
- 한 사람(A)이 간단한 추상적인 동작을 한다.
- 오른쪽의 사람(B)가 A의 동작을 그대로 따라한다. B가 하는 모습을 보고, C가 B의 동작을 그대로 따라한다. 계속 도미노 식으로 전달한다.
- 맨 처음에 시작한 A에게까지 동작이 전달되면 A는 그 동작을 따라한다. A 오른 쪽에 있던 B가 새로운 동작을 하고, C가 새로운 동작을 따라하면서 다시 도미노 식으로 전달한다.

라. 몸짓 이어가기 - 2

- 몸짓 이어가기를 어느 정도 활동한 뒤에 방법을 바꾼다.
- 앞 사람에게서 전달받은 동작을 하다가 중간쯤에서 자기 동작으로 바꾼다. 즉 산술적으로 말해서 절반 정도는 앞 사람의 동작을 따라하고, 절반은 자신이 새로 만든 동작을 하는 것이다.
- 이 활동에서 중요한 요소는 리듬감, 바로 반응하기이다. 앞의 사람을 주의 깊게 보고, 많이 생각하지 말고 바로 따라한다.

● 연극은 행동과 반응인데 반응은 상대에게 자극이 되어 또 다른 행동과 반응이 연쇄적으로 일어난다.

마. 두 개의 문

- 적당한 거리를 두고 두 개의 의자를 놓는다. 두 개의 의자는 각각 다른 장소를 의미한다.

- 각 방에서 일어나는 대화는 각자 서너 마디 정도로 한다. 길어지면 상황을 이어가는 것이 부담이 생긴다.

- 두 개의 의자에 A, B가 앉는다. C가 B가 있는 방으로 들어온다. C가 문을 열고 B가 있는 곳으로 들어가면 B는 상황을 이끈다. C는 B가 정한 상황에 맞게 즉흥 연기를 펼쳐야 한다. 30초 정도 진행하다가 C는 적당한 이유를 들어 퇴장한다. 퇴장하는 원인은 반드시 C가 설정해야 한다.

- B가 있는 곳을 나온 C는 문을 열고 A가 있는 곳으로 간다. 이번에도 C는 A가 설정한 상황에 맞게 즉흥을 펼친다. 30초 정도 활동하다가 A는 적당한 이유를 만들어 퇴장한다. C는 빈 의자에 앉는다.

- 같은 방법으로 계속 진행하는데, 다음 사람인 D는 먼저 C가 있는 곳에 갔다가 자신이 정당한 이유를 만들어 퇴장한다. B가 있는 곳으로 가면, B가 퇴장한다.

- 그림으로 보면 다음과 같은 구조이다.

방		방
A		B
A	C가 B방에 들어감	B, C
	C가 이유를 만들어 퇴장.	
A, C	A의 방에 들어감	B
	A가 이유를 만들어 퇴장	
C		B
	D가 C의 방에 들어감	
C, D	C가 이유를 만들어 퇴장	B

C	B의 방에 들어감	B, D
	B가 이유를 만들어 퇴장	
C		D
	E가 D의 방에 들어감	
	A, B, C, D가 C, D, E, F가 되어 같은 방법으로 순환	

※도움말

- 퇴장의 이유는 논리적으로 정당한, 목적이 분명한 퇴장이어야 한다.
- 두 사람 사이의 상황과 관계를 설정하는 사람은 첫 대사에서 충분한 정보를 주도록 한다. 이에 반응하는 사람은 적극적으로 제시한 상황과 관계를 받아들여 호응한다.
- 상황과 관계를 설정한 사람의 의도를 전달 받을 수 있도록 기다릴 줄 알아야 한다. 미리 반응을 하면 상황과 정보 전달이 충분하지 못하기 때문에 혼선이 생긴다. 정보가 잘 전달되었을 때 재미있는 상황이 만들어진다.
- 말을 줄이고 행동으로 할 때, 즉 침묵의 언어, 포즈를 사용하면 말보다 더 힘이 있을 수 있다.
- 즉흥은 연극놀이와 달리 참여자가 부담을 갖게 된다. 쉬운 즉흥부터 차근차근 단계를 밟아야 심리적으로 억압되지 않고 자유로운 상상과 표현을 즐길 수 있다. 이 즉흥은 초보자에게는 조금 어려울 수 있다.
- 처음에 활동할 때는 장소에 제한을 두지 않고 자유롭게 설정하고, 어느 정도 활동한 뒤에는 연극만들기에 필요한 장소로 설정하여 활동한다.

4 ~6블럭 이야기 찾기

1. 연극놀이와 즉흥 1

가. 스트레칭과 서로 마사지 해주기

나. 손의 여행

- 조용하면서도 밝은 음악을 튼다.
- 오른 손을 든다. 오른 손이 마치 물고기나 새처럼 자유롭게 움직인다. 손이 움직이고 나서 몸은 손의 움직임을 따라간다. 손의 충동을 몸이 뒷받침 해주는 것이다.
- 처음에는 혼자서 자유롭게 이리저리 움직이다가, 다른 손과 만나서 교감을 나눈다. 사람들이 서로 사귀는 것처럼 손들도 움직임으로 서로 감정을 주고받는다. 서로 어울리다가 다른 손, 다른 장소를 찾아 움직이면서 다양한 움직임을 만들어 본다.

다. 물건 전달하기

- 술래를 한 명 정하고, 다른 사람들은 둘이나 셋씩 짝을 지어서 출발선에서부터 술래 근처까지 드문 드문 선다.
- 소리가 나는 물건을 출발선에서부터 시작해서 앞으로 계속 전달하여 술래 발밑에 놓는 것을 목표로 한다.
- 술래는 '무궁화 꽃이 피었습니다'에서 하는 역할과 같은데, 물건을 가지고 있다고 생각되는 사람을 지목한다. 지목하는 횟수는 상황에 맞게 정할 수 있는데, 모두 더해서 3~4번 정도로 하면 적당하다.

※**도움말**

- 물건을 전달할 때 소리가 안 나게 조심해야 한다.
- 이 놀이에서 재미있는 부분은 물건을 갖고 있는 사람을 숨기기 위해 다른 사람들이 자신이 물건을 갖고 있는 것처럼 적당한 연기를 펼치는데 있다. 물건을 갖고 있는 사람은 없는 척, 없는 사람은 있는 척 하는 것이 중요하다.

라. 소리를 이용한 즉흥

- 두드려서 소리를 낼 수 있는 탁자나 상자 주변에 둘러앉는다.
- 탁자나 상자를 두드려보고 어떠한 소리가 나는 지 탐색해 본다.
- 자신이 찾은 소리에 간단한 동작을 보태 발표하면 어떤 상황인지를 맞춰본다.

● 발표된 예

목탁소리/야채 써는 소리/화장실 노크/오토바이 시동/수박 두드리는 소리/심장소리/말 달리는 소리/칠판에 판서하는 소리 등

마. 어릿광대(삐에로) 즉흥 1

- 빨간 색종이를 동그랗게 오려서 삐에로처럼 코에 붙인다.
- 삐에로처럼 걷고 행동해 본다. 이리저리 거닐다가 다른 삐에로를 만나면 서로 장난을 주고 받는다.
- 두 명 씩 짝을 짓는다. 한 명이 앞서 걸어가고 다른 사람은 뒤에서 따라간다. 뒤에서 따라 가는 사람은 뒤에서 앞 사람을 놀리는 행위를 한다. 앞 사람은 걸어가다가 이상한 기척을 느껴 뒤돌아보면 놀리던 사람은 놀리는 행위를 감추기 위한 다른 행동을 한다. 연습하지 않고 바로 돌

아가면서 발표한다.

- 찰리 채플린의 영화에서처럼 지위가 낮은 사람, 힘이 약한 사람이 지위가 높은 사람, 권력을 가진 사람을 놀릴 때 관객들이 웃는다. 즉흥극을 할 때 참조하면 좋다.

바. 삐에로 즉흥 2
- 3~4명이 한 모둠을 이룬다.
- 각 모둠마다 모둠의 성격과 특정한 직업을 정한다. (예: 아주 소심한 도둑들, 어리버리한 군인들, 쓰레기를 마구 버리는 신사들)
- 무대에 등장하여 자신들이 설정한 캐릭터의 모습으로 한 바퀴 정도 행진한다.
- 행진을 마친 뒤에 무대에서 아주 간단한 움직임, 해프닝을 보여준다.

※도움말
- 큰 동작이 재미가 있다.
- 소리가 없는 상태에서 들리는 작은 소리들은 좋은 느낌을 준다.
- 혼자 놀릴 때는 약간 힘이 들 수 있다. 여럿이 함께 할 때가 더 편하게 활동할 수 있다.
- 즉흥이나 연기를 하다 보면 그 인물이 된 것 같이 느껴지는 순간이 있다. 역할 속의 나와 원래의 나가 만들어 내는 교집합이 관객에게 보여 진다. 그 비율이 어느 정도이냐의 차이에 따라 연기의 맛이 달라진다. 연기자는 역할에 푹 빠져 있다가도 객관적으로 조절해야 한다. 한 순간이라도 역할에 몰입했을 때와 원래의 나로 있을 때를 조절 하는 것을 즉흥을 통해 느껴보자. 그런

느낌이 쌓이다 보면 조금씩 변화가 있을 것이다.

2. 삶의 이야기 1

  가. 메모리 박스 1

    - 네 명이 앞으로 나가 의자에 앉는다. 나머지는 관객이 된다.

    - 관객들에게 어린 시절에 있었던 일을 들려준다.

    - 한 사람이 이야기를 시작하면 다른 사람들은 그 이야기를 듣다가 떠오르는 이야기가 있으면 바로 말을 가로채서 자신의 이야기를 한다.

    - 앞 사람의 이야기 아무 때나 끼어들어서 자신의 이야기를 하는 것이다. 다른 사람이 이야기를 가로채면 이야기 하던 사람은 바로 이야기를 멈춘다.

    - 하던 이야기를 다른 사람 때문에 중단 했던 사람은 다른 사람의 이야기를 듣다가 다른 사람의 이야기 중간에 끼어 들어 자신의 이야기를 한다. 이때의 이야기는 아까 하던 이야기를 다시 하는 것이 아니다. 앞 사람의 이야기에서 떠오른 자신의 어린 시절의 일, 새로운 이야기를 시작한다. 그러다가 자연스럽게 앞에서 했던 이야기를 다시 할 수도 있다.

※도움말

  - 다른 사람의 이야기를 통해 어떤 기억이 떠올랐을 때, 이야기를 가로채거나 끊는 것에 미안함을 느껴서 그냥 지나쳐서는 안 된다. 놀이이므로 전혀 미안해 할 필요가 없다. 다른 사람의 이야기에 의해 자신의 기억이 촉발되면 주저하지 말고 이야기를 시작해야 한다.

  - 서로의 이야기가 자극과 상승 작용을 한다. 다른 사람이야기를 듣다보면 떠

오르는 생각들이 많이 나서 메모리 박스라는 제목을 쓴 것 같다.
- 적극전인 사람들은 자신의 이야기를 더 많이 하기 위해 몸짓을 쓰기도 하고, 더 연극적으로 말하게 된다.
- 관객과 눈 맞추며 이야기를 하게 되는 순간은 연기의 한 장면 같다.
- 활동을 하다가 교사가 "아주 천천히, 빠르게, 화난 듯이, 즐겁게" 중의 한 가지를 외치면 참여자들은 그에 맞게 이야기 하는 방법도 있다. 이때 교사가 제시한 조건은 한 사람만 수행하고 다른 사람은 원래 상태로 돌아간다.

나. 메모리 박스 2
 - 학교/교육에 관련되는 일로 물건이 나오는 이야기 나누기.

※도움말
- 연극 만들기의 소재를 찾기 위한 활동이다. 이 활동에서 나온 이야기 중 연극의 소재가 될 만한 사례는 나중에 좀 더 보충해서 이야기를 듣는다.
- 매개체가 있으면 연상 작용이 편하다. 처음에는 생각이 잘 안 떠오르지만 다른 사람의 이야기를 듣다보면 생각하지 못했던 일들이 무의식을 자극하여 갑자기 떠오른다.

다. 이야기를 짧은 즉흥극으로 만들기 - 1
 - 자신이 겪었거나 들은 이야기를 편하게 나눈다.
 - 그 중에서 하나를 골라 즉흥극으로 만들어 발표한다.
 - 사건과 인물, 대강의 줄거리만 약속하고 한 번 정도만 연습한다.
 - 대사를 줄이고 행동으로 표현할 수 있도록 한다.
 - 결말을 완전하게 맺지 않아도 좋다. 기승전결이 갖춰진 결말을 지으려

면 활동이 힘들어진다. 이야기를 찾는 과정이므로 결말이 명확하지 않아도 좋다.

(활동의 예 : 라면)

한 학생이 장기 결석을 한다. 선생님이 학생을 찾으러 찜질방에 간다. 밀린 외상값을 선생님이 대신 대주고 학생의 집으로 간다. 집에서는 동생이 혼자 놀고 있다. 학생은 선생님을 대접한다며 라면을 한 개 끓여온다. 셋이서 라면 한 개를 나눠 먹는다.

(활동 소감)

- 연습할 시간이 없어 배역과 장면만 정했는데도 잠시 몰입하는 순간이 있었다. 오히려 연습을 하고 발표했다면 그런 상황이 안 나왔을 것 같다.

- 집중력과 몰입이 좋았다. 연기를 하고 있는데 연기하고 있다는 느낌이 들지 않았다. 반응들이 진심으로 느껴졌다. 마음이 치유된다는 느낌이 들었다. 그것이 즉흥의 묘미가 아닐까?

※도움말

- 연습은 한 순간이라도 연극적 진실을 만나기 위해 노력하는 과정이다. 욕심 부리지 말고 즐기면 더 많은 진실을 만날 수 있을 것이다.

- 즉흥극을 하다보면 인물 창조에 소홀할 수 있다. 이다. 인물이 어떤 사람이냐에 대해서 생각해보고 즉흥을 하면 좋다. 어떤 인물의 버릇이나 습관을 활용하면 인상 깊은 캐릭터를 만들 수 있다. 내가 맡은 인물의 가장 큰 특징은 무엇이며 어떤 마음일까 생각해 보면 좋겠다.

- 즉흥극을 할 때 어렵더라도 말보다 행동으로 표현 하도록 노력하면 극이 산만해 지는 것을 막을 수 있다.
- 학생들이 여러 명 나오는 교실 장면에서 여러 학생이 비슷하면 재미가 없다. 학생마다의 개성을 찾아서 인물을 연기하는 편이 보기 좋다.

7 ~9블럭 우리이야기를 즉흥으로 놀기 1

1. 연극놀이와 즉흥 2

가. 스트레칭과 몸풀기, 마사지

나. 1, 2, 3 놀이의 변형
- 앞에서 활동한 '1, 2, 3 숫자 대화' 놀이에서 한 음절의 소리를 넣어서 활동한다. (예: 응, 뭐, 치 등)

다. 코끼리, 나무, 자전거
- 둥그렇게 선다.
- '코끼리, 나무, 자전거'는 세 사람(A, B, C)이 만든다.
  코끼리 : 가운데 있는 B는 코끼리 코를 만든다. A와 C는 두 팔을 커다랗게 하여 둥그렇게 귀를 표현하여 B의 몸 옆에 붙인다. A와 C의 모양은 대칭이 되어야 한다.
  나무 : 가운데 있는 B는 두 팔을 하늘로 뻗는다. A와 C는 두 팔을 로 가지 모양을 만들어 B에 붙인다.
  자전거 : 가운데 있는 B는 허리를 낮춰 자전거를 탄 자세를 취한다. A

와 C는 B의 다리 옆에 바퀴 모양을 만든다.

- 술래 한 명이 원안으로 들어간다.
- 술래가 어느 한 사람을 가리키면서 그가 B가 되고 오른 쪽, 왼쪽 사람
  이 A와 C가 된다. 그 세 사람은 약속된 코끼리의 모양을 재빨리 만들
  어야 한다.
- 바로 만들지 못하거나 모양이 틀리면 그 사람이 술래가 된다.
- 약속한 모양을 제대로 잘 만들었을 경우에는 다른 사람을 가리킨다.

※도움말
- 빨리 진행되어야 재미있다.
- 술래는 한 사람을 지목한 다음, 다음 사람을 지목하는 틈을 아주 짧게 할 수
  도 있다.
- '코끼리, 나무, 자전거'가 아닌 다른 모양을 자유롭게 선택하여 활동할 수 있
  다. 연극 만들기에서 필요한 코러스의 자세를 가지고 놀이를 하면 다양한 모
  양을 연습하게 된다.

라. 연극에 대하여 우리가 알고 있는 것들 적어보기
  - 각자 알고 있는 연극에 대한 짧은 글, 이야기를 공유한다.
  - 인터넷 검색을 해서 서로 나누는 것도 좋다.

(활동 결과)
  - 행함으로 배운다. (Learning by doing. 존 듀이)
  - 연극은 인생을 비추는 거울이다(셰익스피어)
  - 연극은 혁명을 연습하는 것이다(칼 막스)

- 연극은 시대의 정신이다.
- 내가 인생이라는 연극에서 내 배역을 잘 연기했더냐? 그렇다면 박수를 쳐다오. (아우구스투스)
- 인생은 3막이 고약하게 쓰여진 조금 괜찮은 연극이다. (트루먼 카포티)
- 劇자는 호랑이와 돼지가 칼을 들고 싸운다는 뜻이 있다
- 俳優는 사람이 슬픈 역할과 희극적인 역할을 맡는다는 뜻이 있다
- 배우는 배우는 사람이다.

2. 물건즉흥극

- 약간 오래된 물건, 사연이 담겨 있어 보이는 물건을 3개 이상씩 가져온다.
- 한 군데로 모아서 잘 관찰한다.
- 한 명씩 돌아가며 물건을 선택하고, 물건과 관계된 이물, 얽혀 있을 법한 이야기들을 상상해서 발표한다.
- 3~4명이 한 모둠을 이뤄 2개의 물건을 선택한다.
- 첫 번째 물건으로 인물과 이야기를 설정한다. 두 번 째 물건으로 이야기를 발전시킨다.
- 짧은 즉흥극으로 만들어 발표한다.

• 이 활동이 잘 이뤄지기 위해서는 오래되고, 사람의 손때가 묻은 물건들이 갖춰져야 한다.

10 _{~12블럭} 우리이야기를 즉흥으로 놀기 2

1. 몸 풀기와 연극놀이

이때쯤이면 몸과 마음이 어느 정도 지쳐 있다. 분위기를 바꿀 수 있는 연극놀이를 해서 기운을 복 돋운다.

가. 괴물치기, 쥐와 고양이, 함께 춤추기 등

나. 연상 놀이

- "원숭이는 엉덩이가 빨개, 빨간 것은 사과, …"와 같은 방법으로 연상되는 것들을 이어나간다.

   (예 : 솜사탕 ― 구름 ― 비 ― 장마 ― 이별 ― 소주 ― …)

- 처음에는 단어만 이어나간다. 몇 번 해보다가 "솜사탕은 하얘, 하얀 것은 구름"하는 식으로 연결해 본다.

- 자유 연상이므로 무엇이든 말할 수 있다.

다. 낱말쓰기

- 한 글자로만 된 낱말을 큰 종이에 쓰기

- 연상되는 낱말 쓰기

   (예) 이별 : 별리, 작별, 끝, 분단, ….

      사랑 : 동행, 전율, 애정…

● 지금까지 활동한 즉흥극에 흐르는 정서가 '사랑'이라 생각되어 사랑의 정서를 환기하고자 하였다. 즉흥극의 결과에 따라 주제를 달리한다.

2. 제한 조건이 있는 즉흥극

- '이 소리가 들려요?'라는 대사가 꼭 들어가는 연극을 5분정도 논의해서 만든다.
- 소재는 학교와 관계된 이야기로 한다.
- 자신이 겪은 사례를 바탕으로 변형하여 만드는 것이 쉽다.
- 결말을 완전하게 맺으려 하다보면 극을 만들기가 어려워진다. 갈등의 정점까지만 보여줘도 좋다.

※도움말

- 아무 제한 조건이 없는 경우는 막막하지만, 적당한 제한 조건이 주어지면 이야기를 만들기가 쉬워진다.
- 짧은 즉흥극이라도 사건 또는 갈등이 있어야 한다. 사건이나 갈등이 없으면 설명하는 이야기가 되어 힘이 떨어진다.

3. 삶의 이야기 - 2

- 모둠원들끼리 학교에서 겪었거나 들은 이야기를 자유롭게 나눈다.
- 그 중에서 하나를 골라 짧은 극으로 만들어 발표한다.
- 갈등이 있는 이야기가 역동적인 즉흥을 이끈다.
- 다시 한 번 강조하지만 결말을 완전하게 맺으려 하지 않는다.

13 ~15블럭 연극 만들기

1. 틀 구성과 장면정리

가. 즉흥극 되새기기

- 지금까지 발표된 장면들에 제목을 붙여서 정리한다.
- 즉흥극에 제목을 붙이면 내용과 장면이 확실한 실체를 띄게 된다.

나. 구성 방법 결정하기

- 하나의 이야기를 선택해서 다른 이야기들을 통합하는 방법
- 하나의 이야기를 강화, 확대하는 방법
- 옴니버스 형식

※도움말

- 지금까지 활동한 즉흥극에 들어 있는 공통점을 찾아본다. 그 공통점을 가지고 구성을 한다. 공통점은 정서, 물건, 장소, 인물, 주제 등 다양하다.
- 공통점을 갖지 않은 나머지 이야기들은 재미있는 에피소드로 활용한다.

다. 옴니버스 구성에서 고려해야 할 점들

- 장면의 최소화
- 인물의 최소화
- 하나의 이야기는 7~8분 이내로 한다.
- 각 에피소드가 하나의 장면으로 끝날 경우는 그 장면에서 기승전결을 보여준다.

라. 주요 인물 정하기

- 처음에 만들어진 장면에서 필요한 인물들만으로 선택, 보완한다.

(활동 결과)

〈라면〉 : 담임, 학생, 동생, 찜질방 아저씨

〈기타〉 : 청년, 아가씨, 동생, 아빠

〈쪽지〉 : 아내, 남편, 딸, 젊은 연인

〈25바퀴〉 : 담임 교사, 교장, 동료교사들, 장애우

마. 줄거리 수정, 보충

  - 각 에피소드마다 인물의 직업, 나이, 성격들을 간단하게 구축한다.

  - 인물의 전사(前史) 를 '자기소개서 쓰기'와 같은 방법으로 만들어 본다.
    자신이 맡은 인물을 이해하면 연기도 편해지고, 전달하려는 내용이 관
    객들에게 진실 되게 다가갈 수 있다.

  - 필요한 장면을 강화하고, 연결고리 등을 강화한다.

  - 여건이 되면 각 에피소드에 등장하는 인물들이 다른 에피소드에 등장
    하거나 사건이 연결되는 구조를 만들어 볼 수도 있다.

● 연극 만들기에서 가장 어려운 점 중의 하나는 '선택과 집중', '설명적인
  부분 덜어내기'이다. 이 과정을 "Kill the baby"라고 표현하기도 하는데,
  그만큼 간결하게 만드는 것이 어렵다는 점을 강조하는 말이다. 관객을
  믿고, 설명적인 부분을 행동으로 나타낼 수 있도록 애써야 한다. 과감해
  져야 한다.

2. 장면 만들기

  가. 몸 풀기와 연극놀이

나. 장면별 극적 행동 찾기

  - 각 장면을 행동으로 서술한다.

  - 무대에서 어떻게 연극이 진행될 것인가를 약속하고, 극의 흐름을 파악하는데 유용하다.

● 〈라면〉의 경우

교실 : 담임이 반 학생들에게 호소한다. 담임이 퇴근한다. 전화를 받는다. 학생의 소재를 확인한다.

찜질방 : 학생이 사우나에서 빈둥거리고 있다. 아저씨는 청소를 마친다. 고스톱을 친다. 담임이 사우나에서 학생을 찾는다. 학생과 담임이 만난다.

집 : 두 사람은 동생과 만난다. 학생이 라면을 끓인다. 담임은 청소를 한다. 서로 라면을 양보한다. 함께 라면을 먹는다.

다. 장면별 연습 및 다듬기

  - 각 장면마다 등퇴장과 동선에 대해 의견을 나눠 확정한다.

  - 압축할 부분과 보완해야 할 부분에 대해 이야기 나누고 수정 작업을 한다.

  - 서로 봐주면서 도움말 주기

※도움말

  - 아마추어 연기자들에게는 '처음만나는 관객'의 역할로서 도움말을 주는 사람이 꼭 필요하다. 선생님들이 서로서로에게 이런 역할을 어느 정도는 잘해주었다.

- 리더는 되도록 간섭을 줄이고 스스로 연구할 수 있도록 했다.
- 자신이 맡은 역할을 충분히 이해될 때까지 여러 가지로 고민하는 선생님의 모습이 보기 좋았다. 이런 경우 처음에는 답답해 보이지만, 연기자 스스로가 그 역할에 대해 납득하면 편하고 진실 된 표현들이 나온다.

라. 등퇴장과 무대 전환
  - 등퇴장과 무대 전환을 어떻게 할지 약속한다.
  - 끝 장면과 시작 장면까지의 연결을 연습해 본다.

마. 오프닝과 무대 전환, 커튼콜 연습
  - 이번 연극에서는 스케치 북에 제목을 적어서 보여주는 방법을 선택했다.
  - 제목을 보여주는 사람은 삐에로 분장을 하고 각 장의 사이마다 약간의 변화를 준다.

바. 음향, 소품 확인
  - 필요한 음향을 찾고 각각 필요한 소품을 확인 한다. 필요시 간단하게 제작한다.

※도움말
  - 발표 전에는 무리해서 연습을 반복하기 보다는 어느 정도 여유를 갖는 것이 효과를 높일 수 있다.
  - 연습을 마무리 할 때 쯤에는 의상, 도구, 음악 등에 대해 좋은 의견들이 제시된다. 그동안의 활동이 좋은 방향으로 영향을 미치기 때문이다.

3. 리허설과 공연

- 리허설을 한 뒤에 너무 세세한 것들을 고치지 않는다. 극의 흐름에 큰 영향을 끼치는 부분 등을 약속한다.
- 서로의 연기에 대해 도움말을 준다.

느티나무의 노래 _{변채우}

프롤로그

"열아홉 순정" 노래가 흐르고 광대 3명이 등장한다.

남자 광대에 노래 가사와 어울리지 않게 두 여자 광대 사이에서 갈팡질팡하

다 결국 두 여자 광대에게 버려진다. (암전)

음악이 흐르고, 서서히 밝아지는 무대에는 어느 시골 작은 학교처럼 보이는 느티나무 그늘 아래 낡은 벤치와 봉곡중학교라고 쓰인 화단표지판이 보인다. 딸처럼 보이는 여자가 휠체어에 할머니를 태우고 천천히 들어온다. 할머니 목에는 낡은 머플러가 매여 있다.

딸   아유….엄마는 이렇게 더운데 여기까지 꼭 와야 해?

할머니   (딸을 알아보지 못하는 치매에 걸린 듯한 할머니가 밝게 웃
          으며) 언니야, 나는 여기가 참 좋다. 나무도 좋고, 의자도 참
          좋지 않나?

딸   (애처롭고 답답하다는 듯이) 엄마…딸이야. 딸! 어휴…(엄마
          를 걱정하며) 엄마, 배 안고파?

할머니   (해맑게 웃으며) 아이스께끼! 아이스께끼!

딸	알았어. (더운 여름에 머플러를 하고 있는 엄마의 머플러를 잡아당기며) 근데 덥지 않아?
할머니	(소스라치게 놀라서 머플러를 손에 꼭 쥐고) 안 된다! 언니야!(울먹인다.)
딸	(체념하듯) 알았어. 알았어. (부채를 꺼내 부채질을 해준다.)
할머니	(해맑게 웃으며) 아이스께끼! 아이스께끼!
딸	(고개를 끄덕이며) 알았어. 엄마, 아이스께끼 사줄게.(휠체어를 끌고 퇴장한다.)(암전)

1장 꿈 많은 중딩들의 일탈

효과음: 여름 밤 풀벌레 소리

풀벌레소리가 밤늦은 시각임을 알려준다. 세 명의 중학생들이 망을 보며 조심스러우면서도 신속하게 벤치로 달려온다. 한 손에는 소주병과 종이컵이 들려있다.

학생1	(환하게 웃으며 술병을 따고, 친구들에게 술을 권하며) 받으시오. 받으시오.(장난스럽게 술을 따라준다.)
학생2,3	(신난 표정으로 술을 받고 다함께) 짠!
학생1	(한 번에 술을 원샷을 하고 한 번 더 따라준다.)
학생2,3	(다 같이 원샷을 하고, 인상을 찌푸리며 다시 술을 받는다.)
학생1	(한 번에 술을 원샷을 하고) 크….원 샷 했다.(거만하게 등을 대고 앉는다.)
학생2	(놀랍다는 듯 바라보며) 진짜 잘 마신다.
학생1	(당연하다는 듯) 당연하지! 내가 술 집 아들이잖아!
학생3	(한심하다는 표정으로) 폼 잡네. 폼 잡아!
학생1	(의자에서 일어나 무대 앞으로 나가며) 폼! 그렇지! 내가 폼 나지! 내가 쫌 완전 폼나지! (자동차 키로 차를 여는 시늉을 하며) 삐삑! 철컥 (자동차 문을 열고 타는 시늉을 하며) 벤츠! 부우우웅~(차를 운전하며 관객 앞으로 나간다. 씨익 웃으며) 헤이걸! 컴온!(관객의 반응을 보고, 갑자기 차를 후진하며 후진소리를 내며 뒤로 다시 이동한다.) 띠리리리띠리리리리(엘리제를 위하여 후진음)
학생2,3	(벤치에 앉아서 학생의 1 행동을 보며 동작을 따라한다.)
학생1	(멈춰서 학생3과 마주보고 웃으며) 나…존나 괜찮겠지? 그지?
학생3	(맞장구쳐주는 시늉을 한다.)
학생2	(어이없다는 표정으로 고개를 돌리며) 아…핵노잼!
학생1	(학생 2를 무시하듯 벤치에 앉으며) 야! (학생3을 가리키며) 네가 얘기해봐!

학생3	(벤치에서 벌떡 일어나 무대 앞으로 수줍은 듯 나온다.) 나는 너희 채우샘 알지?
학생1	변채우?
학생3	응. 그 노래 잘하시고…(스윙댄스를 하는 시늉을 하며) 춤도 잘 추시고…(환하게 웃으며) 아,그리고 채움샘 연기도 잘하시잖아.
학생1	(학생 3이 말할 때 마다 휘파람을 불어주며 고개를 절레절레 흔든다.)
학생2	야! 너 변채우 좋아하냐?
학생3	(화들짝 놀란 얼굴로 정색하며) 아니! 그런 선생님 되고 싶다고… 선!생!님! 나는 선생님 돼서 이런 시골 중딩. 너희같은 시골 중딩들에게 (양 손을 쭉 뻗으며) 한 줄기 빛과 같은 존재가 되고 싶다고!
학생2	(학생 1에게 학생 3을 가리키며) 야! 쟤 공부 못하잖아!
학생3	(시무룩하게 고개를 떨군다.)
학생1	(자신감 넘치는 목소리로) 야! 괜찮아.괜찮아. 내가 학교 하나 차릴게! (학생 3을 가리키며) 내가 너 꽂아준다!(학생 3과 하이파이브를 한다.)
학생3	(시큰둥한 학생2를 바라보며) 선정아! 그럼 너는 뭐할건데?
학생2	나? (아주 당연하다는 듯이 양 무릎을 치며) 아이돌!
학생1,3	(크게 비웃는다.)
학생2	야! 나 진짜 아이돌할거다!
학생1	야, 해봐! 해봐! 연기! 너 연기할 수 있어?
학생2	연기? (아주 쉽다는 표정으로 갑자기 배가 아픈 듯 고개를 숙

인다.)악! (고개를 들며 아주 무미건조한 톤으로) 괜찮아요? 어디 아픈데 없어요?

학생1,3	(잠시 정적이 흐르고 크게 박수치며) 이야!!!! 잘하는데?
학생1	(뭔가 생각난 듯 랩퍼처럼 이야기 한다.) 그럼 나는 JMP대표 재민, (학생2를 바라보더니 다가가며) 그럼, 넌 수지? 예~~
학생2	(섹시한 동작을 보여주며 정지한 후 어색하다는 듯) 시끄럽고! 우리 춤이나 추자!
학생1,2,3	(막춤을 추기 시작한다.)
어른목소리	야! 어린노무 새끼들이 거기서 뭐하는거야? 니들?
학생1,2,3	(화들짝 놀라며 도망가듯이 퇴장한다.) (암전)

2장 공공근로 노인들의 삶

조명이 서서히 밝아지며 할머니, 할아버지로 보이는 사람들이 쓰레기를 주

우며 들어온다.

할머니1	(대충 줍는 시늉만하며 벤치에 재빠르게 앉는다.) 살살 해. 살살.
할아버지	(말없이 버려진 소주병을 보고 빈 잔에 있는 소주를 마신 다.)
할머니2	(벤치에 버려진 쓰레기를 주우며) 아이고, 무신 쓰레기가 뭐 이리 많노?
할머니1	대충 치워. 박끄네 그년이 우릴 위해 뭐 그리 해준다고 그리열심히 치워?
할머니2	(손사래를 치며) 아이고, 대통령님한테 그래 말하면 안되 지.
할아버지, 할머니2	(한 참 쓰레기를 줍고, 벤치에 앉는다.)
할아버지	(짜증난다는 듯 쓰레기 봉투를 집어 던지며 표정을 찡그 린다.)
할머니1, 2	와 그러는데?
할아버지	(오만상을 찌푸리며) 할매가…아침밥을 안해준다.
할머니2	할매가? 와?
할머니1	(눈에 훤하다는 듯이 한심하다는 표정을 지으며) 저 영감 쟁이 어제 또 술 퍼먹었겠지.
할아버지	(버럭 화를 내며) 와 술 마시면 안되나?
할머니2	아무리 그래도 여편네가 술국은 끓여줘야지.
할머니1	(짜증난다는 듯이) 니 손목떼기 뿌라졌나? 삼시세끼를 지가 끄리 묵어야지.

할머니2	봐라봐라. 여자는 나이가 들든지 젊든지 간에 (목에 걸린 금목걸이를 가리키며) 요런거~ 요런거~ 쥐어주면 12첩 반상이 나오는기라.
할머니1	(부럽지만 들키지 않으려고 심술궂게 표정을 짓는다.) 딱 보니 스댕이야. 스댕!
할머니2	(어이 없다는 표정으로) 스댕? 니 눈깔이 삣나? (벌떡 일어나 할머니1에게 다가가 목을 들이대며) 이게 무슨 스댕이고? 봐라!보라고!!!(자랑하듯이 얄밉게) 이거 24K이야.
할머니1	아이고….지랄을 한다. (얄밉게 표정 지으며) 그래. 니 염감쟁이가 노령연금 받아가 목걸이 사주고 좋네. 그럼 뭐하노? 아들놈이 며느리랑 붙어가 집에 오지도 않는데….
할머니2	(버럭 화를 내며) 니! 여기서 그 얘기가 와 나오는데? 니가 우리 아들 오는지 봤나? 봤어? 저 저 눈까리를 확…(참는다는 표정으로) 으이고 니가 그따구로 씨부리니까 동네에서 그 주둥아리로 서방잡아먹었다고 얘기가 도는기다. (속시원하다는 듯이 등을 돌리고 선다.)
할머니1	뭐시라? 뭐시라??니가 뚫린 입이라고 아무렇게나 씨부리샀나? (뒷목을 잡으며 소리를 높게 지르며 싸우듯이 말한다.)
할머니1,2	(서로 잡아먹을 듯이 언성이 높아지고 몸싸움으로 갈 듯 싸움이 커지자 할아버지가 싸움을 말린다.)
할머니1	(바닥을 치며 울부짖는다.) 아이고…아이고..영오아부지요….내 혼자 두고…. 아이고….

할아버지	(한심하다는 듯이) 여기 학교다! 아들 보기 쪽팔리지도 않나? 오늘 경로당에서 국시 끄리준단다. 고마 가자!(쓰레기 봉지를 들고 나선다.)
할머니2	국시? (할아버지를 따라나서며 할머니 1을 째려본다.) 니는 그 주둥아리로 먹지도 마라!
할머니1	(바닥에서 벌떡 일어나며 쓰레기 봉투를 챙기고 촐랑거리는 모습으로 따라나간다.) 와? 공짜 국시는 묵어야지! (암전)

3장 신규교사의 쉼

조명이 밝아지면 조금 지쳐 보이는 젊은 여교사가 머그컵과 책을 들고 벤치로 걸어 나와 벤치에 앉는다. 잠시 쉬는 시간인 듯 커피를 마시며 책을 펴서 보고 있다. 평온함을 깨는 핸드폰 소리에 놀란 여교사가 핸드폰을 바라본다. 그리고 잠시 머뭇거리다 전화를 받는다. 이 때 벤치 오른 쪽에 학부모로 보이는 사람이 등장한다.

교사	네. 여보세요?
학부모	(싸늘한 표정으로) 네. 저 인식이 엄만데요? 백인식! 알죠?
교사	네. 그럼요. 우리 반 아이인걸요.
학부모	제가 지난번에도 분명히 말씀드렸잖아요. 우리 인식이가 공부를 잘하려면 제일 앞자리에 앉아야 한다고 말씀드렸잖아요.
교사	(난처해하며) 예. 안그래도 오늘 아이들과 얘기해서 자리를…
학부모	(교사의 말을 자르며) 아니, 어제도 보니까 자리를 바꿔주지

않으셨더라고요?

교사	(난감한 표정으로) 예, 하지만 우리 반에는 인식이 말고도..
학부모	(더 당당하고 큰 목소리로) 아..그건 난 모르겠고..아 우리 선생님 신규라서 그런가 말이 안통하네? 선생님 학교 물정을 몰라도 너무 모르신다. 선생님 제가 누군지 알아요? 제가 학운위 회장이잖아요!(아주 거들먹거리는 말투로) 제가 이 학교 운영위원회장을 3년이나 하고 있다고요. 제가 왜 하겠냐고? 인식이 때문이라고… 인식이….
교사	네….마음이….
학부모	(교사의 말을 자르며) 아니, 작년 선생님은 안그러시던데? 선생님 세상물정을 너무 모르시네?
교사	네….어머님 정말 죄송합니다.
학부모	(교사의 말을 자르며) 아..죄송하고 말고..선생님 월급은 누가 주는 줄 알아? 내가 내는 세금으로 주잖아. 나 세금 많이

내. 나 돈 많이 벌어.

교사   (어이없지만 당황한 표정으로) 네. 어머님….

학부모   (교사의 말을 자르며) 아..이런 식으로 하면 곤란해. 나 정식
            으로 민원 접수할거야!

교사   어머님….그러시지 말…

학부모   (교사의 말을 자르며) 됐고. 바쁘니까 다음에 봐요.

교사   (이미 끊긴 수화기에 대고) 어머니! 어머니…! (전화기를 멍
            하니 바라보다 두 손으로 얼굴을 감싸고 고개를 숙인다.)

무대 왼쪽에서 교복을 입은 남학생이 조심스럽게 바라보고 있다. 선생님께
가려는 모양이지만 아주 천천히 조심스럽게 여교사를 향해 다가온다.

학생	(조심스럽게 다가와) 선…
교사	(고개를 들어 학생을 발견한다.) 어, 요셉아? 너 아직 안가고 뭐해?
학생	(부끄러운 듯이 손을 감추고 서있다.) 어..그냥 있었어요.
교사	(학부모에게 시달려 지쳐있는 마음으로) 너도 뭐 할 말 있니?
학생	(아무 말 없이 캔커피를 벤치에 내려놓고 뒤도 돌아보지 못하고 서둘러 자리를 뜬다.)
교사	(멍하게 있다 정신 차리고 저 멀리 가고 있는 학생을 바라보며) 고마워!(한 참을 캔커피를 애틋하게 바라본다.) 그래, 힘내자!(밝게 웃는 얼굴로 퇴장한다.)

4장 소년과 소녀의 어린시절

어린 소년이 목에 보자기를 둘러매고 슈퍼맨처럼 날아온다. 그 뒤로 친구들이 장난스런 모습으로 따라 들어온다.

소년1,2,3	(비장한 표정으로 눈이 마주치고) 가위,바위,보! (소년1이 술래가 된다.)
소년1	무궁화 꽃이 피었습니다!
소년2,3	(우스꽝스러운 표정과 몸짓으로 멈춘다.)
소년1	무궁화 꽃이 피었습니다!
소년2	(살짝 움직이며 멈춘다.)
소년1	(소년2를 가리키며) 움직였데이.
소년2	(애교스런 표정으로) 한 번만!!!

소년1	(고개를 갸웃거리며 다시 술래가 된다.) 무궁화 꽃이 피었습니다!
소년2	(살짝 움직이며 멈춘다.)
소년1	움직였잖아!
소년2	아이다.
소년1	지금도 움직이네.
소년2	쟤도 움직인데이.
소년1	빨리 온나.
소년2	(억울하다는 듯이 씩씩 거리며) 느그 둘이 짜고 한다 아이가! 나 엄마한테 이를끼다. 두고보래이. (씩씩거리며 퇴장한다.)
소년1	(어이없다는 듯이 집으로 가는 소년2를 바라본다.)
소년3	(상관없다는 표정으로) 계속해!
소년1,3	(무궁화 꽃이 피었습니다!를 계속해서 반복한다.)
소년3	(시계를 우연히 본 듯 멈춰서며) 야!야! 가만있어봐. 시간이 5시네. (잘난척하며) 우리 집에 텔레비전이 있거든. 독수리 5형제 볼 시간이거든. 느그 집에 텔레비전있나? 난 그만 갈게. 텔레비전 보러.(약올리듯이) 엘롱! 갑니다. 내는. 안뇽!
소년1	(기운 빠진 표정으로 소년3을 향해 손을 흔든다.) 잘 가!

멍하게 친구가 간 방향을 바라보고 있다가 다시금 밝은 표정으로 벤치위로 아래로 날아다니며 혼자놀이를 해본다. 얼음!땡!을 혼자하며 좋아하다가 쓸쓸해진 소년은 벤치에 혼자 앉는다. 이 때 소년의 소녀가 뒤에 무언가를 숨기고 들어온다.

소녀	경준아!(반갑게 웃으며 소년을 부르며 인사를 나눈 뒤, 소년에게 트라이앵글을 보여준다.) 짜잔~!
소년	(처음 보았다는 듯이 깜짝 놀라며) 어? 뭐야?
소녀	트라이앵글! 우리 서울 사는 외삼촌이 주셨는데 이쁘제? (환하게 웃는다.)
소년	(환하게 웃으며) 와…반짝거리는기 스댕 같다.
소녀	소리 들어 볼래?(트라이앵글을 가볍게 친다.)
소년	와…좋다. 너처럼 이쁘다.
소녀	(환하게 웃으며 한 번 더 트라이앵글을 친다.)
소년	와…절 같다.
소년, 소녀	(서로 마주보며 환하게 웃는다. 이 때 소녀가 트라이앵글을 치며 노래를 부르자, 소년도 함께 트라이앵글에 맞춰 노래를 부른다. - 고향의 봄)
소녀	(노래를 마친 뒤 갑자기 불어오는 바람에 한기를 느낀다.) 갑자기 춥다.
소년	(자신이 두르고 있던 보자기를 소녀에게 둘러준다.) 따뜻하제?
소녀	(고개를 끄덕이며 좋아하다가 소년을 바라보며 트라이앵글을 소년에게 건넨다.) 경준아, 이거 니 가져라!
소년	(고개를 저으며) 아이다.
소녀	난 사실 이거 별로다. 이 마음에 들제?
소년	(고개를 끄덕이며) 어.어.어!(엄청 환하게 웃는다.)
소녀	(환하게 웃으며 목에 감긴 보자기를 만지작 거린다.)
소년	(방긋 웃으며 트라이앵글을 쳐 본다. 그러다 일어서서 트라

이앵글을 치며 고향의 봄을 허밍으로 부르면서 퇴장한다.)

(암전)

5장 소녀와 할머니

무대가 밝아지고 벤치에는 처음에 등장했던 치매걸린 할머니가 앉아서 허공
을 바라보며 웃고 있다. 목에는 여전히 소년이 매어주었던 머플러가 있다.

딸	(빈 휠체어를 끌고 들어온다.) 엄마, 여기 와있으면 어떡해?
	배고프다고 밥 차려 달라더니… 여긴 또 왜 자꾸 와?
할머니	(벤치를 어루만지며 정신이 돌아온 듯이 추억에 잠겨 이야기
	한다.) 여기 참 좋다. 나무도 좋고… 벤치도 좋고….
딸	엄마, 배 안고파?

할머니	(아무것도 모른다는 천진한 표정으로) 아이스께끼!
딸	또???? 아…(머플러를 풀려고 만지며) 이것 좀 벗자. 더워.
할머니	(고개를 저으며 목을 잡고 있다.)
딸	(부채를 꺼내들고 부채질을 하며 휠체어로 옮긴다.)
할머니	(휠체어로 옮겨 앉은 후 갑자기 고향의 봄을 노래한다.)
딸	(이상하다는 듯이 엄마를 바라보며) 우리 엄마, 오늘 기분 좋으신가보네. 노래를 다 하시고… 우리 엄마 완전 애가 되어 가네. (휠체어를 끌고 퇴장한다.) (암전)

6장 과학보조의 수난시대

조명이 밝아지고 젊은 여자가 터덜터덜 걸어서 벤치에 앉는다. 몹시 피곤한 듯이 부은 다리를 두드리며 힘없이 앉아있다. 이 때 극도로 흥분한 듯 보이는 50대 교사가 씩씩거리며 들어온다.

조울증교사	이거 어디 갔어?(좌우를 두리번 거리다 벤치에 앉아있는 여자를 발견하고 빠른 걸음으로 다가간다.) 어! 너! 보조! 니 내가 가스바나 찾아놓으라는 메시지 받았나? 못받았나?
과학보조교사	(움찔하며 겁에 질린 표정으로) 네 , 받았습니다. 선생님.
조울증교사	(더 흥분된 목소리로) 내가 정확히 35번 메시지 보낸 거 봤나?
과학보조교사	(뒷걸음질 치며) 봤습니다. 선생님.
조울증교사	(안경을 치켜 올리며) 그런데 왜 안왔지?
과학보조교사	(울먹이며) 교장선생님께서 차를 타오라고 하셔서요.
조울증교사	(더 과장되고 흥분된 목소리와 액션을 보이며) 뭐뭐뭐?교장?

	교장 말은 사람 말이고 내 말은 개소리가?
과학보조교사	아닙니다.
조울증교사	(더이상은 참지 못하겠다는 듯이 표정을 짓고 과학보조교사에게 다가가 멱살을 잡으며) 니 오늘 내한테 죽었어!!!응?응? 응?
과학보조교사	(가만히 고개 숙이고 당하고만 있는다.)
조울증교사	(멱살을 잡다가 매우 놀라며 심호흡을 한다.) 허허헉…후~ 후~ 후~ (가슴이 크다는 제스쳐를 보이며) 니가 지금 대가리 보다 가슴이 더 커? 그래…난 니가 교장이랑 뭘했는지는 난 모르겠고…나는…어쨌든 니는 나한테 오늘 디졌으! 니 일로 와! 일로와! 일로 오라고!!!(엄청 흥분된 목소리로 과학보조 교사에게 다가가며 머리채를 잡는다.)
동료교사	(머리채를 잡고 있는 모습에 화들짝 놀라 뛰어오며) 야!야! 니 또 와그라노? (흥분한 조울증교사를 안아버린다. 계속해서 싸우려는 조울증교사를 벤치에 앉히며 달랜다음 과학보조교사에게 다가간다.)
과학보조교사	(울먹이며) 저 너무 힘들어요.
동료교사	(과학보조교사를 다독이며) 나도 다 안다. 쟤가 또 뚜껑 열린 거 다 안다. 쟤 남편이 사업 말아먹고 정신이 나갔다 들어왔다 한다 아이가. (울먹이는 과학보조를 따뜻하게 다독거리며) 니 그래도 교장한테 얘기하면 안된데이. 이 좁은 바닥에서 소문나면 쟤보다 니가 더 힘들어 진데이. 내가 조금 있다 전화할게.(과학보조를 달래서 들여보내고 조울증교사에게 다가간다.)

조울증교사	(여전히 흥분상태로 벤치에 앉아서 혼자서 화를 내고 있다.)
동료교사	(과학보조를 가리키며) 쟤가 가슴이 커서 교장한테 잘 보인다고?
조울증교사	(가슴 크다는 모양을 만들며) 깜짝 놀랐다. 깜짝!(괘씸하다는 듯이 표정을 짓고) 나쁜년이다!
동료교사	다 알지. 나쁜거. 그래도 니가 이러면 젊은 애들 보기 내가 다 부끄럽다 아이가. 니가 참으라.
조울증교사	개무시를 하잖아. 개무시를…
동료교사	내가 이따가 단디 뭐라 할게. 그라지 말고 우리 커피 한 잔 하러 갈까?
조울증교사	됐다! 내가 무슨 커피에 환장한 것도 아니고….
동료교사	(고양이 시늉을 보이며) 루왁인데?

조울증교사	(관심 없다는 듯 고개를 돌리다가 얄미운 고양이 흉내를 내
	며) 미야옹! 루왁? 하하하하…(갑자기 조중걸린 환자처럼 웃
	는다.)
동료교사	그래, 루왁! 가자!
조울증교사	(삐진 듯 새초롬한 표정으로) 빨리 말하지! 루왁? 미야옹! 루
	왁! 하하하하.(엄청 밝게 웃으며 고양이 걸음을 흉내내며 퇴
	장한다.) (암전)

7장 취업준비생의 상처

음악: 여행스케치의 별이 진다네

"별이 진다네"의 전주 풀벌레 소리와 기타 연주부분이 들려오고 무거운 가방을 맨 취업준비생처럼 보이는 학생이 어깨를 축 늘어뜨리고 걸어 들어와 벤치에 앉는다.

학생	(벤치에 힘없이 앉아 코러스들의 대사와 동작에 반응한다.)
코러스1	(엄청 성난 발걸음으로 성큼성큼 들어와 무대 앞으로 보고
	선다.) 이봐! 다혜학생 고시원 방값을 내야할 거 아냐? 누구
	는 땅을 파서 장사하는 줄 알아? (정지)
코러스2	(딱딱한 표정으로 걸어 들어와 앞을 보고 선다.) 학원 재등록
	을 하시려면 내일까지는 등록금을 내셔야한다니까요?(정지)
코러스1	(아~이놈의 고시원은 방음이 안되냐?(드릴로 벽을 뚫는 소
	리를 내며 동작도 공사하는 동작을 취한다.)(정지)
코러스2	아~시끄러! 부우웅~ 빵빵! 부우웅~ 빵빵! (차를 운전하는 모
	습을 보이며 클라션을 울려서 시끄러운 도시의 거리가 떠오

	르게 한다.)(정지)
코러스3	(애처로운 표정으로 걸어들어와 학생의 뒤에 서서) 다혜야! 밥은 챙겨먹고 다니니? 문은 꼭 잠그고 다니지?
코러스2	(정지동작을 풀고 다혜 옆에 벤치에 앉아 앞을 보며 전화하듯이 말한다.) 다혜야, 나 합격했어! 내가 한 턱 낼게.(정지)
코러스1	(정지동작을 풀고 다혜 근처로 와서) 우리 딸, 힘내! 아빠는 우리 딸 믿는다! 파이팅!(정지)

자신이 처한 상황이 무겁고 혼란스러운 듯 벤치에 앉은 학생이 고개를 숙인다. 조명도 함께 어두워지고 LED램프를 한 개가 켜지면 코러스가 노래를 부르기 시작한다. (음악: 여행스케치의 별이 진다네.) LED램프가 코러스 수대로 켜지고 별빛이 반짝이면서 점점 이동한다. 별빛이 사라지는 모습을 학생이 바라보다가 한 동안 정적이 흐른다. 노래가 끝나고 학생이 일어서서 가방

을 다시 매고 희망찬 발걸음으로 퇴장한다. (암전)

8장 트라이앵글 그리고 재회

음악 - 이병우 "텅 빈 학교 운동장엔 태극기만 펄럭이고"
조명이 서서히 밝아지며 처음에 등장한 할머니가 여전히 목에는 머플러를
매고 딸이 끌어주는 휠체어를 타고 들어온다.

딸	(휠체어를 세우고) 엄마, 나 저기 슈퍼에 좀 다녀올게.
할머니	(방긋 웃으며) 언니야, 아이스께기!
딸	(답답하다는 듯이) 언니 아니고 딸! 알았어.(퇴장한다.)

무대 뒷 편에서 중절모를 쓴 할아버지 한 분이 구부정한 걸음으로 걸어나
온다.

할아버지	아이고, 여도 마이 변해뿟네. (느티나무를 발견하고 반가운 마음에 한 걸음으로 달려온다. 느티나무를 어루만지며) 아이고..니도 마이 늙었다. (여기 저기 둘러보며 벤치로 다가와 앉는다. 그리고 바로 그 순간 벤치 옆 할머니를 바라본다. 그러다 목에 걸친 보자기를 보고 확신에 찬 목소리로 말한다.) 니, 진이 아이가?
할머니	(전혀 못알아보는 표정으로) 누구신데요?
할아버지	(답답하다는 표정으로) 나? 경준이! 우리 맨날 여서 놀았다 아이가! (둘의 눈빛이 마주치고 알아보지 못하는 표정을 보고 소녀가 치매에 걸린 것을 알아챈다.) 그래… 우리 나이에

이상한 일은 아이지···.(씁쓸하게 내뱉는다.)

무언가 생각 난 듯이 벌떡 일어나 예전 소녀와 함께 놀았던 놀이를 재연한다. 무궁활 꽃이 피었습니다. 슈퍼맨 흉내, 벤치에 올라가서 뛰어내리는 등 모습을 보여주자 소녀였던 할머니는 기억을 하지 못한 채 그냥 해맑게 웃기만 한다.

할머니   (환하게 웃으며) 하하하···아저씨 참 재미있는 아저씨네.

할아버지   (지친 듯 벤치에 걸터 앉으며) 아이고..재밌나?(소녀를 하염
               없이 바라본다. 그러다 트라이앵글 소리가 챙~한 번 울리고
               정적이 흐른다. 그리고 할아버지는 고향의 봄을 부르기 시작
               한다. 이 때 할머니는 환하게 웃으며 할아버지를 바라본다.)

딸   (낯선 사람이 엄마 옆에 있자 경계하며 뛰어온다.) 엄마! 할

	아버지… 우리 엄마 아세요?
할아버지	(망설이다가) 아… 아닙니다.
할머니	(방긋방긋 아이처럼 웃는다.) 언니야, 재미있는 아저씨다.
딸	(이상하다는 듯이 고개를 갸웃거리며) 재미있어?
할머니	아이스께끼!
딸	알았어. 여기 사왔어. 집에 가자. (휠체어를 끌고 가려고 한다.)
할아버지	저기요!(딸을 불러 세우며) 어무이 좀…잘…좀 돌봐 주이소.
딸	(이상항 할아버지란 생각을 하며) 아… 예.(엄마랑 퇴장한다.)
할아버지	(소녀가 사라지는 모습을 멍하니 바라보다 화단이며 벤치며 애틋하게 쓰다듬으며 걸어가다 추억이 담긴 느티나무를 바라보며 선다.) 나무야, 내 니를 언제 다시 보겠나? (쓸쓸한 걸음으로 걸어가다 멈춰서서 벤치를 바라보는 순간 음악이 흐르고 이내 세월이 흘러 할아버지가 된 소년은 퇴장한다. 벤치에 조명이 비춰지고, 서서히 암전된다.)

네 개의 사랑스케치 ^{백인식}

〈음악〉 유희열 여름날 소품집 중 "공원에서"

삐에로 등장해서 스케치북을 넘겨서 전체제목과 첫 번째 에피소드의 제목
(라면)을 보여준다.

에피소드 1 - 라면

등장인물 : 선생님, 슬아(중학생), 슬아 동생, 찜질방 주인

1장 교실

선생님   오늘이 도대체 며칠 째야? 이번 주까지 안 오면 학교에서 징
         계 내려. 친구가 징계 받으면 좋아? 슬아한테 연락 받는 사
         람은 선생님한테 빨리 전화하라고 해. 반장, 오늘은 종례 없

어.(퇴근 길. 퇴장했다가 가방을 메고 다시 등장한다. 휴대폰 벨이 울린다.) 어! 그래. 뭐? 슬아가? 어느 찜질방? 어! 그래. (뛰어서 퇴장한다.)

2장 찜질방

슬아가 한 쪽에서 누워 있고 찜질방 주인은 컴퓨터로 고스톱을 친다. 선생님 들어온다.

선생님   안녕하세요? 사람을 좀 찾으러 왔는데요.
주인   누구?
선생님   우리 반 학생이 이 찜질방에 있다는 얘기를 듣고 왔는데요. 잠깐만 들어가서 찾아봐도 될까요?
주인   네. 그러세요.

선생님 들어가서 여기저기 찾다가 슬아를 발견한다.

선생님   너!

유슬아   어! (도망간다.)

선생님   (따라가서 등을 치면서) 유슬아!

유슬아   아야! 선생님!

선생님   (슬아의 어깨를 잡아 끌며) 너 이리와. (어이가 없다는 듯)아
          ~휴. 오늘이 몇 일째야?

유슬아   ….

선생님   이번 주까지 학교에 안 오면 ….

유슬아   학교에 가려고 했는데요… (머리를 긁적이며) 아버지가 저
          번 주에 오시기로 했는데 안 오셔서…. 차비가 하나도 없었
          어요.

선생님   (소매를 잡아 끌며) 가자.

유슬아   (머뭇거리며) 선생님, 저… 찜질방에 ….

선생님   가자니까

유슬아   외상을 많이 해놔서….

선생님   (어이없다는 듯 웃으면서) 알았어.

유슬아   (선생님을 뒤에서 안으면서) 고마워요. 선생님

선생님   학교 나와야 돼.

유슬아   (찜질방 열쇠를 내밀면서) 아저씨, 이거 계산해 주세요.

주인   7만 2천원입니다.

유슬아   (아저씨에게 귓속말로)좀 깎아 주세요.

주인   7만원만 주십시오.

계산하고 선생님과 슬아 퇴장한다. 주인은 대걸레질 하면서 퇴장한다.

3장 슬아집
동생(원주)가 혼자 놀고 있다. 선생님과 슬아가 등장한다.

선생님	집이 어디야? 네가 앞장 서봐.
슬아	선생님, 여기가 우리 집인데요. (대문 쪽에 붙은 거미줄을 걷으면서) 우리 아빠가 10만원 짜리 방중에서 제일 좋은 걸로 골랐어요. 들어오세요. (동생 등 뒤에서 놀래키며) 원주야! 형 왔다. 잘 있었어?
동생	형! 뭐야? 어디 갔다 왔어?
슬아	아빠는?
동생	몰라. 집에 오니까 없었어.

슬아	연락 없었어?
슬아	응. 배고파! 배고파!
선생님	동생이야?
슬아	아 참! 인사드려. 우리 선생님이야. 제 동생이에요. 초등학생인데
선생님	튼튼하게 생겼네.
슬아	네. 못 먹어서 부은 거예요. 귀엽죠?
동생	안녕하세요?
선생님	반가워.
슬아	선생님, 배 고프시죠? 앉으세요(손으로 급한 김에 자기 옷으로 선생님이 앉을 자리를 닦는다)
선생님	(슬아 등을 가볍게 치며) 됐어. 이 녀석아.
슬아	제가 라면 잘 끓이는데 라면 드실래요?
선생님	(앉아서 방 여기저기를 걱정스레 훑어보다가 긍정의 표정으로) 그럴까.
슬아	(찬장에 라면이 없는 것을 확인하고 원주에게 나오라는 손짓을 하며)원주!
동생	왜? (일어나서 슬아에게 다가간다)
슬아	너 돈 좀 가진 거 있냐?
동생	내가 돈이 어딨어.
슬아	아빠 비상금 어디 숨겨놨어?
동생	몰라. 맨날 싱크대에 넣어두잖아.
선생님	(방 청소를 하시다가) 슬아야, 선생님이 돈 줄까?
슬아	(싱크대 찬장에서 돈을 꺼내면서)아이 참! 선생님, 원래 집에

손님이 오면 주인이 손님을 대접하는 거예요. 저 돈 있어요. 원주야, 선생님이랑 놀아드려.(무대 한 쪽 구석으로 가서 대기석 쪽을 보면서) 아저씨, 라면 제일 싼 게 뭐예요? 안성탕면요? 그럼 그거랑… 아니요. 라면은 더 안 주셔도 되고요. 계란만 하나 주세요. 근데 제가 500원밖에 없어서 50원은 나중에 드리면 안 될까요? 고맙습니다.

라면을 받아와서 상을 차린다. 젓가락을 몇 개 놓을까 고민하다 결국 한 개만 올리고 방으로 들어간다.

슬아   선생님, 라면 드세요.

원주가 눈치 없이 냉큼 와서 먼저 앉는다. 슬아가 발로 툭툭 차면서 일어나라고 눈치를 준다.

선생님 그런데 젓가락이 왜 하나밖에 없어?

슬아   저희는 살을 좀 빼려고요. (선생님 쪽으로 더 가까이 상을 옮기면서) 드세요. 저 진짜 라면 잘 끓여요.

선생님 먹는다가 아니고 얼른 가서 젓가락 두 개 더 갖고 와. 라면은 혼자 먹으면 맛 없어.

슬아   아니에요. 전 배 안 고파요.

동생   (선생님 말이 끝나기가 무섭게 냉큼 일어나서 젓가락을 갖고 온다. 선생님과 슬아의 대화가 끝나는 동시에 젓가락을 슬아에게 내민다)

선생님	그래. 같이 먹어.
슬아	한 번 드셔보세요. 제가 18년 동안 라면만 끓였어요.
선생님	그럼, 슬아 솜씨 한 번 볼까? (먹은 후 슬아에게 엄지손가락을 치켜세운다)
슬아	맛있죠? 역시. (원주를 보면서)내가 끓인 게 제일 맛있어. (선생님을 보면서)라면집 할까요?
선생님	그 정도는 아니고. 자! 그럼 같이 먹어볼까? (망설이는 슬아를 보고) 늦게 먹는 사람이 설거지 하기다.
슬아	그럼 … 한 젓가락만 …
선생님	하나, 두~울, 셋!
슬아	(원주가 먹는 계란을 뺏으려고 하면서) 야! 그건 선생님꺼야. (냄비를 선생님께 드리면서) 국물도 드셔 보세요.

선생님은 국물을 마시고 슬아는 삐져있는 원주에게 덮치듯이 뽀뽀를 하면서 정지한다.

조명 out

에피소드 2 - 편지

등장인물 : 아내, 남편, 딸, 닭살커플남, 닭살커플여

경쾌한 음악이 흐르고 삐에로 등장해서 제목을 보여주는 동안 무대를 바꾼다. 음악 약해지다 사라진다.

1장 집안

남편이 무대 중앙의 의자에 앉아 tv를 보고, 딸은 왼쪽의 의자에 앉아서 문자를 보내고, 엄마는 걸레질을 한다.

엄마   (계속 걸레질을 하면서)점심은 뭘 먹을까?

딸과 남편은 신경 안 쓰고 자기가 하던 것만 계속한다.

엄마   (계속 걸레질을 하다 한숨을 쉬면서) 칼국수라도 먹을까?
                (반응이 없자 한 숨 쉬고 계속 걸레질을 한다.)

남편   (휴대전화를 받고) 아. 예. 예. (전화 끊고 짐을 챙긴 후) 여보, 나 교육청 좀 다녀올게.
엄마   … (계속 걸레질을 하면서 딸 근처로 간다)
딸   아 엄마! 왜 허락도 없이 내 방에 들어와!
엄마   딸내미 방에도 못 들어가니?
딸   아휴 짜증나(몸을 뒤흔들면서 일어난 후 책꽂이를 보면서) 아 근데 국어선생은 왜 유치하게 시리 시를 외어오래? (코러스가 만든 책꽂이에서 책을 빼서 훑어보는데 편지가 떨어진다.) 뭐야 이거
엄마   (편지를 빼앗으며) 아니야 아무것도.
딸   뭔데?
엄마   아니야 아무것도.
딸   (온 몸을 비틀며)아유 짜증나! 나 친구 만나고 올 거야!(무대 밖으로 나간다)

엄마	아~휴 애도 참…(쪽지를 펴서 읽는다)
옛애인	(무대 밖에서 목소리만 들린다) 미향아, 나 오늘 정말 행복했어. 우리 20년 후 오늘, 8월 12일에 이 바닷가에서 다시 만나자.
엄마	(잠시 사이. 걸레를 던져 버리고 편지를 가방에 넣고 립스틱을 바른 후 집을 나선다)

2장 바닷가

엄마가 바닷가를 거닌다.

경비대원	(소리만 들린다) 아아 속초 해안경비대에서 안내방송 드립니다. 저기 바위 뒤에서 헤엄치고 계신 두 남녀 빨리 나오세요. 위험합니다. 빨리 나오세요.

엄마는 앉아서 바다를 바라보고 남자가 손으로 여자의 눈을 가리고 닭살커플이 등장한다.

여자	어디까지 가는 거야?
남자	조금만 더
여자	아이참 도대체 어디까지 가는 거야?
남자	다 왔어.
여자	아이참 엉뚱하게 이게 뭐하는 거야?
남자	하나 둘 셋(손을 떼면서)짜잔!
여자	어머 웬일이야? 너무 멋있다! 이거 언제 준비했어?

남자	오늘 새벽에 와서 이거 다 만드느라고 얼마나 고생했다고.
여자	어머 자기야~~

닭살커플 팔짱끼고 퇴장한다.

엄마	(쪽지를 꺼내서 읽어본다. 시계를 본다. 다시 접어서 넣는다. 바다를 쳐다보고 일어선다. 바다를 그윽하게 바라본 후 퇴장한다)

조명 out

에피소드 3 - 기타
등장인물 : 오빠, 여동생, 아가씨, 아버지

경쾌한 음악이 흐르고 삐에로 등장해서 제목 보여주는 동안 무대가 꾸며진다. 음악 약해지다 사라진다.

1장 집 안
아버지가 무대 뒤 가운데쯤에 있는 의자에 앉아서 기타를 친다, 여동생이 무대 왼쪽에서 의자에 기대어 듣고 있다.

아버지	(연주가 끝나면 무대 밖으로 퇴장한다.)
여동생	(아버지가 두고 간 기타를 들고 노래를 부른다) 마주치는 눈빛이 무엇을 말하는지 난 아직 몰라 난 아직 몰라

오빠	야! 내가 그 노래하지 말라고 몇 번이나 말했어? (기타를 치면서) 이거 뭐야? 그 물건 내 눈에 안 띄게 하라고 했지?
여동생	그래도 아빠가…
오빠	아빠? 그 인간이 아버지야? 집 나간 지 5년째야. 그 인간이 살아있기라도 하겠어?
여동생	오빠, 왜 그래!
오빠	뭘 왜 그래! 다시는 내 앞에서 그 노래 하지 마. 그리고 이 물건 아예 부숴버려(돌아서서 가방을 든다)
여동생	(오빠가 돌아서면 곧바로) 마주치는 눈빛이~~
오빠	(동생 쪽으로 신경질적으로 확 돌아서면서) 하지 말라고 했지! 내가 그 인간 생각만 하면… (가방 메면서, 마음을 조금 누그러뜨리고) 나 아르바이트자리 알아보러 가니까 집에 있어
여동생	(오빠가 돌아서서 좀 걸어가면 약하게) 마주치는 눈빛이~~
오빠	(멈추고 동생을 한 번 째려본 후 무대 밖으로 퇴장한다)
여동생	기타 의자에 올려놓고 퇴장한다.

2장 거리와 호프집

오빠	(우산을 펴고 등장해서 여기 저기 보면서 전단지 내용을 중얼거린다) 시간당 4500원… 11시까지…
아가씨	(버스에서 내려 손으로 머리를 가리며) 아유! 진짜 바보 (주위를 둘러보다가 오빠의 우산 속으로 뛰어들면서)저기요~!

* 우산 속으로 뛰어드는 순간부터 기타연주가 잔잔하게 깔린다.

오빠	(놀라면서)어유유유
아가씨	죄송한데요… 제가 버스에 우산을 놓고 내려서요… 여기서 조금만 더 가면 되는데 거기까지 우산 좀 같이 쓰고 가면 안 될까요?
오빠	(약하게 혼자 중얼거리듯이)아… 네… 요 근처… 같이….
아가씨	네. 여기 바로 앞이에요
오빠	아… 네… 네… (우산 밖으로 밀려나면서) 같이 가시죠.
아가씨	들어오세요. 비 다 맞아요.
오빠	(부끄러워서 못 들어가며) 전 괜찮아요.
아가씨	그러지 말고 들어오세요.
오빠	그러면 이 우산 쓰고 가세요. 저는 바로 이 앞에 있는 마트 가면 되거든요.
아가씨	그러면 제가 너무 죄송해서 안돼요.

오빠	아니… 제가 드리고 싶어요.
아가씨	너무 죄송한데… 그러면 제가 마트까지 데려다 드릴게요.
오빠	아니요. 괜찮아요. 가세요. (우산 밖으로 나와 뛰어간다)
아가씨	(오빠를 따라가면서) 잠깐만요! (오빠가 멈추고 돌아서면) 저기 슈퍼모퉁이 돌아가면 호프집이 하나 있거든요. 제가 거기서 새벽2시까지 아르바이트 하거든요. 오시면 우산 돌려드릴게요.
오빠	(낮은 소리로)저 맥주 정말 좋아합니다.
아가씨	(낮은 소리로)오시면 서비스 드릴게요. 그럼 이따 찾으러 오세요. 감사합니다.
오빠	아… 네…

헤어지고 무대 양쪽 뒤로 각각 사라진다. 아가씨가 다시 무대에 등장한다.
의자를 닦음으로서 이곳이 호프집임을 알려준다. 걸레 내려놓고 책을 본다.
이 때 무대 반대편에서 오빠가 등장한다.

오빠	저기… 안녕하세요?
아가씨	네. 어서 오세요.
오빠	(주저하며 약한 목소리로) 저 … 혹시 …
아가씨	저희 영업시간 다 끝났는데…
오빠	(수줍어서 말을 못하고 몸짓으로 낮에 만난 일을 설명한다. 아가씨가 못 알아듣자) 여기 아르바이트 자리 없나요?
아가씨	아리바이트 자리는 없구요. 밴드에 기타리스트 자리가 하나 비었는데… 기타는 좀 가능하세요?

오빠	조금
아가씨	조금?
오빠	그러면… (아쉬워하며 돌아서 나간다.)
아가씨	(고개를 갸웃하다가) 아! 저기요! (우산을 드는 쉬늉을 하며) 우산…
오빠	(반갑게 뛰어오며) 예! 아까 막 뛰어들어 오셔서… 모르는 줄 알고 …
아가씨	죄송해요. 제가 건망증도 심하구요. 안면인식장애가 있어서 사람을 잘 못 알아봐요. 아~참! 우산!
오빠	우산을 찾으러 온 건 아니구요.
아가씨	그래도 우산 돌려드려야죠. 어디다 뒀더라…
오빠	괜찮아요. 우산 필요없어요. 집에 우산 많아요.
아가씨	(여기저기 찾아보지만 못 찾고) 그래도 드려야 되는데… (라이터를 집어 주며)그러면 이거라도… 여기 가게 전화번호가 있어요.
오빠	(라이터를 받으며) 이거…
아가씨	다음에 이 전화번호로 전화 주시면 우산 꼭 찾아 놓을게요.
오빠	다음에 전화…
아가씨	네. 다음에 전화…
오빠	그럼 안녕히 계세요.
아가씨	안녕히 가세요.

오빠는 라이터를 들고 싱글벙글하며 나간다.

아가씨   나도 퇴근해야겠네.

가게 불을 끄고 셔터 문을 내리고 퇴장한다.

3장 집 안
오빠 다시 무대로 등장한다. 같은 무대이지만 집 안이다.

오빠   (기타가 놓여 있는 옆 의자에 앉아서 라이터를 만지작 거리
                 다 쑥스럽게 머리를 만지고 라이터를 바지주머니에 넣는다.
                 기타를 슬쩍 쳐다보고 일어나서 기타 쪽으로 간다. 기타를
                 쳐다본 후 다시 자리에 와서 앉는다. 다시 기타를 한참 쳐다
                 본 후 일어나서 기타를 잡고 이리저리 살펴본다. 자리에 앉
                 아서 기타를 뜯다가 다시 내려놓는다.)
여동생   오빠!

오빠	어! (놀라서 얼른 제자리로 돌아온다.) 넌 오면 온다고 말을 하고 들어와야지.
여동생	(급히 뛰어 들어오며) 웬일이야?
오빠	뭘?
여동생	기타!
오빠	(방을 빙글빙글 돌며 안절부절 못하고)기타가 뭘 어쨌다고 (자리에 가서 머쓱하게 앉는다.)
여동생	(기타 들고 바닥에 가서 앉는다.)오빠!
오빠	왜?
여동생	기타 치는 거 싫어했잖아?
오빠	있길래 그냥…
여동생	오빠, 예전처럼 기타 배우면 안 될까? 아빠한테 배웠던 것처럼.
오빠	….
여동생	난 아빠가 좋아하던 노래 부르고 오빠는 기타 치고….
오빠	(한참을 가만히 있다가 서서히 동생 쪽으로 고개를 돌리며) 다시 한 번 배워볼까?
여동생	(힘차게 고개를 끄덕인다.)
오빠	그럼 네가 노래 한번 해봐.
여동생	(고개를 끄덕이고 무대 밖에서 기타반주가 흘러나오면) 마주치는 눈빛이 무엇을 말하는지 난 아직 몰라 난 정말 몰라 가슴만 두근두근 아~~ 사랑인가 봐
오빠	(처음엔 듣고 있다가 아주 낮은 목소리로) 무엇을 말하는지 난 아직 몰라 난 정말 몰라 아~~ 사랑인가 봐 ~

조명 out

에피소드 4 - 25바퀴

등장인물 : 이선생, 원주, 교감, 선생님들(변선생, 추선생, 유선생)

경쾌한 음악이 흐르고 삐에로 등장해서 제목 보여주는 동안 무대가 꾸며진다. 음악 약해지다 사라진다.

1장 교무실

교감	(손에 수첩을 들고 무대 한 가운데로 등장해서) 다 왔습니까? 오늘은 교무선생님 대신 교감인 제가 직접 교무회의를 진행하겠습니다. 자! 백인식 선생?
백인식	(무대 밖에서 목소리만) 네!
교감	운동하는 학교 잘 진행되고 있는가?
백인식	(목소리만)믿어주십시오.
교감	아이들 아침마다 1시간씩 줄넘기 열심히 하고 있죠?
백인식	네.
교감	조재천 선생?
조재천	네
교감	어. 책 읽는 학교, 처음 하는 시범학교니까 잘 해야 됩니다. 알겠습니까?
조재천	네. 걱정마십시오.
교감	유슬아 선생?
유슬아	네.

교감	(목소리 격해지며)아~! 유슬아 선생은 노래하는 학교, 방과 후 대회 최종안 언제 낼겁니까? 도대체. 이거 내라고 한 게 언젠데 아직까지 안 내고 있어요? 그리고 말씀드린대로 A4 용지는 앞으로 한 달에 한 권씩만 제공됩니다. 체크할거예요. 그리고 프린터기 절약모드는 왜 안하는 거예요? 절약모드 몰라요? 그래! 어제 대낮에 불 켜놓고 수업한 반 어느 반이야 도대체? 정신이 있는 거야 없는 거야? 학교 돈, 국세가 자기 돈이야? 썩어나? 썩어나? 에너지 물자절약! 절약! 명심하세요. 알겠습니까?
전체	네
교감	이상! 회의 끝. (무대 밖으로 퇴장하다 갑자기 멈추고 돌아와서) 잠깐만! 제일 중요한 걸 빠트렸네. 오늘 오후 3시에 체육관에서 교총배 배구대회! 교총배 배구대회 연습을 합니다. 선수들은 한 사람도 빠짐없이 다 참가하도록 하세요. 체크합니다. 체크한다 했습니다. 세 십니다. (무대 밖으로 퇴장한다.)

2장 운동장

원주	(무대를 빙글빙글 돌며) 원주 돌아 원주 돌아 원주 돌아 원주 돌아
이선생	(원주가 무대를 도는 동안 무대 한 구석에 등장해서 퇴근 준비를 해서 무대 가운데로 나오다 원주를 보고) 원주야, 원주 이리 와봐. 원주야, 왜 집에 안 갔니? (원주를 붙잡고 답답하다는 듯) 원주야, 이게 뭐야? 어디서 이렇게 진흙을 묻혔어? 비 오는 날은 선생님이 뭐라고 했어?

원주	비 오는 날? 운동장 안 돼. 운동장 안 돼.
이선생	알고 있으면서.
원주	안 돼. 안 돼.
이선생	씻자. (원주를 무대 구석으로 데려간다.) 이게 뭐야? 이래가 지고 집에 어떻게 가?
원주	집에 가. 집에 가. (선생님 얼굴을 잡고 빤히 쳐다보며) 집에 가. 집에 가.
이선생	아니 집에 가는 거 아니야. 원주 예쁘지?
원주	원주 예쁘지. 원주 예쁘지.
이선생	응. 원주 예쁘게 씻고 집에 가자. 이리 와봐. 자 손 들어. 만세! (원주 만세를 하면 웃옷을 벗긴다.) 바지 벗고(바지를 벗긴다.)
추선생	(무대 밖에서 목소리만)이 선생님! 연습하러 안 가요?
이선생	예~ 저기 조금만 … 먼저 가세요.
변선생	(무대 밖에서 목소리만) 이 선생님! 늦었어요. 교감선생님 불호령 떨어집니다.
이선생	(계속 씻긴다. 원주가 다시 얼굴을 잡고 빤히 쳐다보자) 원주 예뻐. 원주 예쁜데 씻어야 더 예쁘지?
원주	씻어 씻어. 씻어 씻어.
이선생	머리도 감자. 머리 숙여.
유선생	이 선생님, 시간 다 됐어요~
이선생	네~ (머리 급하게 감겨 주며) 원주야, 선생님 지금 바쁘거든. 선생님이 씻겨줄테니까 …
원주	아~ 눈 아퍼 눈 아퍼.

이선생	미안해 (다 씻기고 옷을 입힌 후 원주의 두 손을 잡고) 원주야, 비 오는 날은 운동장 안 돼.
원주	운동장 안 돼 운동장 안 돼.
이선생	비 오는 날은?
원주	운동장 안 돼 운동장 안 돼.
이선생	마른 길~
원주	마른 길 마른 길.
이선생	첨벙 첨벙 아니고 마른 길
원주	마른 길 마른 길.
이선생	집에 잘 찾아 가자.
원주	집으로 가 집으로 가.
이선생	응 착하다.
원주	(무대밖으로 사라지며) 집으로 가. 집으로 가.
이선생	(원주가 가는 걸 지켜보다 무대반대편으로 퇴장한다.)

3장 체육관

선생님들 뛰어서 무대로 등장한 후 배구연습을 한다. 이어 교감 등장한다.

교감	자자 다 모였습니까?
선생님들	네.
교감	이쪽으로 서 보세요. (선생님들이 옆으로 한 줄 서면 인원 체크를 한다.) 세터 어디 갔어? 세터?
변선생	이로사 선생님이 아직 …
교감	내가 그렇게 얘기했는데 강조했는데 … 지금 뭐하고 있어?

변선생	오라고 얘기 했는데 …
교감	얘기 했어요?
선생님들	네
교감	선배들이 돼 갖고
유선생	(두 손을 위로 하고 앉으면서 아부하듯이) 강승한(교감이름)! 강승한!
교감	쓸데없는 소리하지 말고 일어나. 자 이리로 서세요. 지금부터 똑바로 연습했는지 확인해보겠습니다. 교총배 배구대회 작년에도 우승했고 재작년에도 우승했어. 우리학교가. 올해 놓치면 교장선생님 불호령 떨어집니다. 알겠습니까?
선생님들	네. 할 수 있습니다.
교감	언더토스부터 연습하겠습니다. (공을 던져준다. 추 선생이 오버토스로 받자 화를 내며) 언더토스라니까! (오버 토스하는 쉬늉을 하며)이게 언더야? 영어선생이 언더하고 오버도 몰라? (다시 연습하다 스파이크를 때렸는데 유 선생의 볼을 강타하고 유 선생은 쓰러진다.) 뭐하는 거야 지금. 훈련을 제대로 한 거야 안 한 거야? 자세를 낮게 잡고 있어야 할 거 아니야!
유선생	(급하게 일어나며) 우리 교감선생님 힘도 세셔라~
변선생	유 선생님이 영광이랍니다.
교감	영광 같은 소리하네. 영광굴비야? 이로사 선생은 도대체 어떻게 된 거야?
이선생	(급히 뛰어 들어오며) 죄송합니다. 죄송합니다.
교감	(손가락질 하며) 너 뭐야?

이선생	늦어서 죄송합니다.
교감	지금 뭐하는 거야?
이선생	우리 반 애가요. 운동장에서 …
교감	너만 선생이야? 너만 선생이야? 이 사람들은 뭐야?
선생님들	(갑자기 연습하는 척 한다.)
교감	(이선생의 어깨를 툭툭 치며) 너만 사정 있어? 너만 선생이야?
이선생	우리 반 애가 특수반 애라서 …
교감	니도 특수하네. 선배들이 우습게 보여?
선생님들	(다시 연습하는 척 한다.) 선배들은 이렇게 연습하는데 니는 후배가 돼서 뭐하는 거야?
이선생	(고개만 숙이고 아무 말도 못한다.)
교감	(시계를 보고) 이 선생이 25 늦었으니까 지금부터 운동장 나가서 운동장 25바퀴 돌고 오세요.
이선생	(울먹이는 목소리로) 선생님!
교감	빨리 안 해요? (다른 교사들은 눈치 보며 서서히 운동장을 달린다.)
이선생	(더 큰 목소리로) 선생님! (교감 돌아서기를 기다려서) 제가 잘못한 건 맞는데 왜 다른 선생님들한테까지 그러세요?
교감	뭐라고요? 당신도 나 우습게 보여? 교무도 날 우습게 보고 교장도 날 우습게 보고…
이선생	우리 반 애가 특수반 애라고 말씀드렸잖아요.
교감	너희반 애가 특수반 애지 니가 특수반이야? 에이(주머니에서 뭔가를 꺼내 땅바닥에 패대기치면서) 배구대회고 뭐고 너희들이 다 알아서 해 (무대 밖으로 퇴장한다.)

변선생	(교감을 따라 나가다 돌아서서) 유난을 떨어. 유난을 (교감 따라 나간다)
유선생	지만 성질 있어?(퇴장한다)
추선생	아이고 젊은 것이! 빨리 교감선생님한테 가서 사과해.
이선생	선생님, 교감 선생님이…
추선생	시끄러워(퇴장한다)

이선생 무대 가운데서 혼자 울고 있고 원주가 등장 한다.

원주	(무대를 빙글빙글 돌며)집으로 가. 집으로 가. 집으로 가. 집 으로 가.
이선생	원주야, 너 왜 아직 집에 안 갔어?
원주	선생님 선생님. 선생님 선생님. (이선생이 우는 걸 발견하고 멈춰서 얼굴을 빤히 쳐다보면서) 선생님, 아퍼? 아퍼 아퍼?
이선생	(고개를 돌린다)
원주	(원주 선생님 얼굴을 잡고 쳐다보면서) 선생님, 울어? 울어 울어?
이선생	(울먹이면서) 선생님 마음이 아퍼
원주	마음이 아퍼 아퍼? (자기 가슴에 손을 얹고) 마음이 아퍼 아 퍼? (잠시 생각하다 선생님을 안는다) 선생님 사랑해 사랑 해. 선생님 사랑해 사랑해.
이선생	(힘차게 원주를 끌어 안으며) 사랑해

음악이 흐르고 조명 out

저자 소개

전국교사연극모임(http://cafe.daum.net/momzit2014)
'연극으로 학교를 즐겁게'를 모토로 1992년에 창립된 이후 연수, 워크숍, 지역
공연, 교육연극 연구, 관극, 여행과 같은 다양한 활동을 전개해 왔다. 특히 여
름과 겨울에 열리는 '놀이와 즉흥으로 연극 만들기' 연수는 교사라면 누구나
꼭 한 번은 가 봐야 할 연수로 손꼽힌다. 뿐만 아니라 일 년에 네 번 발간하여
그동안 30권이 넘게 발간된 회보 '몸짓'은 연극 이야기와 살아가는 이야기가
쌓이는 보물 곳간으로, 삶을 나누는 소통 공간으로 자리매김하고 있다.
여러 지역 교사극단과 연극으로 유기적인 관계 맺으며 성장해 가고 있는 전국
교사연극모임에는 인천 '나무를 심는 사람들', 부산 '조명이 있는 교실', 충북
'딴짓', 제주 '책상밀락', 천안 '초록칠판', 광주 '꿈틀', 경남 '연늪', 강원 '연어',
진주 '무대가 된 교실', '아산연극교사협의회', 서울 '징검다리', 울진 '거침없이'
등이 함께하고 있다. 연극으로 즐겁고 자유롭게 놀고 싶다면 누구나 참여할
수 있는 전국교사연극모임에는 교사뿐 아니라 300여 명의 개인회원들도 활동
하고 있다.

정진경   중학교에서 국어를 가르치면서 연극과 도서관 동아리 활동을 한다. 너무 일찍 철이 든 탓인지 넘치는 배려심과 오지랖으로 어깨에 너무 많은 짐을 지고 살았던 게 억울한 듯, 나이에 맞지 않는 소녀 감수성을 감추지 않고 머리에 꽃 단 여자처럼 멋대로, 맘 가는 대로 자유롭고 싶어 한다.

김종욱   까만 도화지 같은 삶을 살다 글쓰기와 연극을 만난 이후 글쓰기와 연극으로 까만 도화지를 스크래치하며 살아간다. 초등학교에서 아이들과 함께 웃음꽃 농장을 가꾸고 연극을 하며 살면서 밤엔 극단 '딴짓' 식구들과 연극을 하며 논다. 무대에서는 진지한 배우로, 삶에서는 자유를 갈망한다.

백인식   어쩌다 마주친 연극이 늘 탈출하고 싶었던 학교에서 버틸 수 있게 해 주었다. 선생님들이 연극의 즐거움을 알 수 있도록 오지랖 넓게 다니는데, 수학 선생이라 말하면 황당해들 한다. 고요한 마음을 지니는 법을 배우고 싶지만 꼰대 소리 듣지 않도록 늘 조심 조심. 나이 들어가는데도 놀 것들이 계속 나타나는데, 학교를 그만두면 작은 헌책방을 마련하여 전교연샘들, 놀기 좋아하는 사람들과 어울리며 늙어 가고 싶어 한다.

강병용 내성적이고 소심한 성격을 고치려는 목적으로 대학 때 연극부에 가입한 이후 연극을 통해 열정과 몰입을 경험하고 창작의 희열을 맛보았다. 아직도 연극의 맛을 떨치지 못하고 교사극단 '조명이 있는 교실'에서 활동하고 있으며, 가는 학교마다 연극부를 만들어서 학생들과도 연극의 기쁨을 나누고 있다. 최근에는 사회 교사에서 국어 교사로 전과하여 수업 시간에도 연극 활동을 펼치고 있다.

이미연 학교에서 국어과 연극 사이를 오가며 살다가 자퇴를 한 지 4년 반, 오전에는 연극 선생님으로 살면서 인생이 즐겁기를 원하는 많은 사람들을 만나고, 오후에는 영화를 좋아했던 인연으로 매일 영화등급위원회에 출근해서 개봉 전 영화를 보는 호사를 누리고 있다. 좋아하는 일을 하면서 산다는 건 참 행복한 일이라는 걸 감사해 하며, 길은 늘 끝나는 곳에서 새롭게 시작된다는 것을 믿고 오늘도 걸어가고 있다.

서호필 고등학교 국어교사이다. '연극'과는 인연이 없다가, 의자에 똑바로 앉아서 교사의 말을 잘 듣는 것이 교육이 아닐 거라는 고민을 하던 중에 2000년, 교육연극을 만났다. 신나게 놀고 떠들다가 아이들과 이것을 나누는 교육을 하고 싶다는 생각을 하면서 2000년 이후 담임으로, 교과교사로, 동아리 지도교사로 연극을 가지고 놀고 있다. 연극은 몸에 새겨져 있는 삶의 나이테를 읽어낼 수 있는 마법의 열쇠라고 생각하며, 오늘도 열심히 아이들에게 마법의 주문을 가르치고 있다. "네가 이제부터 주인공이야. 자 시작!" 아이들과 만나기 어려울 때는 지게를 지고 산에 올라 선녀를 찾기도 하고, 텃밭에서 무, 고추와 야외공연을 한다.

변채우 대학 때 처음 만난 연극이 이제는 삶이 되었다. 초등학교에서 아이들, 선생님들과 연극으로 놀면서 가끔은 배우가 되어 무대에 선다. 연극으로 반짝 반짝 빛나는 아이들을 보며 즐거워하고 있다.